URBAN
DIGITAL POWER

城市数字力

城市产业重构时代的新竞争力

冯亚军 著

中国言实出版社

图书在版编目(CIP)数据

城市数字力：城市产业重构时代的新竞争力 / 冯亚军著. -- 北京：中国言实出版社, 2023.7
ISBN 978-7-5171-4486-1

Ⅰ.①城… Ⅱ.①冯… Ⅲ.①城市经济—竞争力—研究—中国 Ⅳ.①F299.2

中国国家版本馆 CIP 数据核字 (2023) 第 097016 号

城市数字力：城市产业重构时代的新竞争力

责任编辑：郭江妮　刘　琳
责任校对：邱　耿

出版发行：中国言实出版社
　　地　址：北京市朝阳区北苑路180号加利大厦5号楼105室
　　邮　编：100101
　　编辑部：北京市海淀区花园路6号院B座6层
　　邮　编：100088
　　电　话：010-64924853（总编室）　010-64924716（发行部）
　　网　址：www.zgyscbs.cn　电子邮箱：zgyscbs@263.net

经　销：新华书店
印　刷：三河市双升印务有限公司
版　次：2023年7月第1版　2023年7月第1次印刷
规　格：710毫米×1000毫米　1/16　27.5印张
字　数：280千字

定　价：88.00元
书　号：ISBN 978-7-5171-4486-1

城市数字力：城市产业重构时代的新竞争力

Urban Digital Capability: New Competitiveness of Industry Restructuring

冯亚军 著

中国言实出版社

全书摘要

当前以互联网、大数据、人工智能为代表的新一代信息技术正在加速与实体经济融合，新产品、新模式、新业态持续涌现，深刻地影响着经济发展动力和方式，重构经济发展格局。一方面，新一代信息技术改造传统生产和服务模式，变革传统生产方式和商业模式，提升传统产业生产效率；另一方面，新一代信息技术催生新的经济增长动能，培育新产业、新业态，并依托我国巨大的消费市场，形成新的经济增长点。随着新一代信息技术的快速发展和跨界融合，数字经济作为发展最快、创新最活跃、辐射最广的经济活动，已成为全球经济增长重要的驱动力，被越来越多的国家所关注并上升为国家战略。

城市作为区域经济增长的引擎、社会发展的平台和治理决策的载体，具有吸纳要素资源、促进产业发展、创造社会价值、改善民生福祉等功能。伴随着全球科学技术的飞速发展和城市化进程的加速，城市在国家和区域经济发展中的引领作用日益突出。城市间的竞争与发展曾在我国经济社会过去几十年飞速发展中扮演着重要作用。当前，我国经济增长已经从数量规模增长阶段发展到高质量发展阶段，面临着旧动能的出清和新动能的培育，以及新冠疫情、乌克兰危机和气候变化等机遇与挑战，如何科学高效地培育我国城市发展竞争力、城市发展的核心竞争力又是什么，已成为亟待解决的问题。

本书在深入分析数字经济内涵、特征以及在城市不同发展阶段核心竞争力的基础上，提出“城市数字力”的概念，认为“城市数字力”是数字经济时代背景下城市发展的核心竞争力，并对中国10座城市的数字力发展现状和发展经验进行实证研究；另外，本书放眼全球，对世界主要国家与地区数字经济发展历程和特征进行对比研究，以期对我国数字经济的健康发展有一定的借鉴意义；最后，本书总结提炼了我国城市数字力发展特征及我国数字经济整体发展态势，并展望了未来发展方向，具有较强的综合性、创新性和前瞻性。

本书一共分为三大部分，共十四章。总体结构如下：

第一部分为理论篇，包括第一至二章，涵盖数字经济内涵及数据价值、城市数字力内涵及评估指标体系。

第二部分为城市篇，包括第三至十二章，涵盖我国十座城市的数字力发展现状及发展经验的实证研究。

第三部分为附录，共有二章。一章着眼于全球，对美国、欧盟和日本数字经济发展历程和发展特征进行总结梳理，以期对我国数字经济发展提供有益的借鉴和启发。另外一章着眼于国内，梳理、提炼我国城市数字力发展的规律和特征，并对我国数字经济整体态势及未来发展重大问题进行展望。

目　录

理论篇

理论篇摘要

身处技术飞速进步、经济快速发展的社会中，每过一段时间人们就需要有新词汇来描述这些新变化，以便于理解正在发生的变革和未来趋势。“数字经济”就是这么一个新词汇。当前，数字经济已上升为国家重要发展战略。那么，我们该如何理解数字经济，数字经济与过往的经济形态有何不同、具有哪些基本特征呢？

城市作为一个具有较强自组织功能的独立系统，具有吸纳要素资源、促进产业发展、创造社会价值、改善民生福祉的功能，是区域经济增长的引擎。随着新一代信息技术对产业结构、经济增长动力和发展格局的冲击，由自然生态资源、地理区位优势、传统产业资源所构成的城市竞争力不断受到挑战，城市“数字力”成为城市发展的核心竞争力。如何衡量城市数字力对城市发展数字经济具有重要指导意义。

理论篇分为两章。第一章对数字经济发展背景进行整体概述、从不同的范式探究数字经济内涵与特征；第二章结合数字经济时代城市发展的特点，提出“城市数字力”概念，并综合各类机构的数字经济评价体系，提出“城市数字力评价指标体系”，并在全国选取了30个具有代表性的城市进行了量化评估，从实证角度进一步探究城市数字力对城市发展的价值。

第一章 数字经济的内涵及数据价值

摘要

近年来，受到新冠疫情全球大流行、局部地区冲突加剧、世界经济整体增速放缓等因素的影响，逆全球化思潮抬头。同时，以大数据、互联网、人工智能、云计算等为代表的新一代信息技术迅速发展，与经济社会各领域紧密融合，形成了一种继农业经济、工业经济之后的主要经济形态——数字经济，并表现出强大的韧性。数字经济发展速度之快、辐射范围之广、影响程度之深前所未有，正在成为重组全球要素资源、重塑全球经济结构、改变全球竞争格局的关键力量。本章一方面重点探究了数字经济的概念内涵与特征，首先从业内引用较为广泛的版本出发进行探究，接着从通用技术与经济形态更替之间关系的角度来进一步理解数字经济，最后综合两者，阐述数字经济的内涵与特征，以丰富和发展相关理论研究。另一方面本章对数据及数据价值进行了分析，并通过案例说明了数据使用所带来的安全隐患。

引言

一、数字经济为全球经济复苏和经济高质量发展注入新动力

近几年，伴随着新型冠状病毒感染疫情在世界各地持续频发，世界经济一度陷入低迷，2022年初爆发的乌克兰危机给世界经济的恢复又蒙上了一层阴霾，并对世界格局产生深远影响。单边主义和逆全球化的思潮抬头、低迷的全球经济现状、看不清的未来经济走势，似乎令世界进入了动荡不安的时期。与此同时，以大数据、互联网、人工智能、云计算等为代表的新一代信息技术迅速发展，与经济社会的方方面面紧密融合，形成了一种继农业经济、工业经济之后的主要经济形态——数字经济，并表现出强大的韧性。尤其是在抗击新冠疫情期间，在线教育、远程医疗、协同办公平台等新兴技术大显身手，对提升防疫效率、稳定经济社会发展发挥了重大作用。数字经济已成为引领技术革命、赋能产业转型升级和影响国际竞争格局的关键力量，为全球经济复苏和社会进步注入了新活力。

中国信通院统计数据显示[1]：从总量和占比来看，参与测算的47个国家2020年数字经济增加值达32.6万亿美元，同比名义增长3.0%，占GDP（国内生产总值）比重为43.7%，已成为全球经济发展的活力所在。在增速方面，在测算的47个国家中，有35个国家GDP为负增长，47个国家GDP平均同比名义增长为-2.8%。在此背景下，2020年全球数字经济名义同比增长3.0%，显著高于同

1 中国信通院.全球数字经济白皮书：疫情冲击下的复苏新曙光[R].2021.

期 GDP 增速 5.8 个百分点。从经济结构上看，产业数字化是数字经济发展当之无愧的主引擎，占数字经济比重高达 84.4%。从产业渗透上看，数字融合渗透以第三产业为主，一二三产业数字经济占行业增加值比重分别为 8.0%、24.1%和 43.9%。

二、发展数字经济已成为世界主流经济体共识

自 2008 年国际金融危机后，以欧美为代表的发达经济体不断推进再工业化和制造业回流，对高科技产业、战略新兴产业的重视程度不断提升。新冠疫情发生以来，各国进一步加强对国家经济技术和产业链安全的关注，加快了对数字产业战略规划的步伐。根据 OECD（经济合作与发展组织）的统计，截至 2021 年底，占全球 GDP 份额 90%的 60 多个国家与地区已部署了 AI 战略；超过 15 个国家与地区提出量子技术战略并进行投资布局[2]。数据显示，2021 年全球主要国家的数字前沿产业领域的战略性政策规划文件数量是 2017 年的 1.5 倍。例如，美国自 2011 年以来陆续发布《美国创新战略》系列，2020 年以来又发布了《关键与新兴技术国家战略》及《2021 年美国创新与竞争法案》等战略。欧盟自 2020 年以来通过了《数字欧洲计划》《2030 数字罗盘计划：欧洲数字十年之路》等。德国自工业 4.0 之后，又发布了《国家工业战略 2030》《“创新德国”未来一揽子研究计划》等战略计划。日本 2020 以来发布了《科学与技术基本计划第六版》《科技创新“六五计划”》等。

在我国，发展“数字经济”已上升为国家战略，政策力度不断加大。党的十八大以来，我国不断出台相关政策文件，对数字

2 中国信通院.2021 全球数字产业战略与政策观察[R].2021.

经济进行重点扶持。自2020年以来，我国陆续发布了《“十四五”数字经济发展规划》《不断做强做优做大我国数字经济》等政策文件，党的二十大报告进一步指出要加快建设数字中国，大力发展数字经济。

2022年1月，国务院发布《“十四五”数字经济发展规划》指明了数字经济未来5年的发展方向，即到2025年数字经济迈向全面扩展期，数字经济核心产业增加值占GDP比重达到10%，数字化创新引领发展能力大幅提升，智能化水平显著提升，数字技术与实体经济融合发展成效显著，数字经济治理体系更加完善，数字经济竞争力和影响力稳步提升。《求是》杂志于2022年1月发表了习近平总书记《不断做强做优做大我国数字经济》的重要文章，指出数字经济发展速度之快、辐射范围之广、影响程度之深前所未有，正在成为重组全球要素资源、重塑全球经济结构、改变全球竞争格局的关键力量。文章还指出要加强关键核心技术攻关、加快新型基础设施建设、推动数字经济和实体经济融合发展、推进重点领域数字产业发展、规范数字经济发展、完善数字经济治理体系、积极参与数字经济国际合作。这意味着发展数字经济已上升为国家战略。《“十四五”数字经济发展规划》作为数字经济的顶层设计，为数字经济的发展奠定了政策基础，而《不断做强做优做大我国数字经济》则代表着我国最高领导层对数字经济的重视。

参考文献：

1. 中国信通院.全球数字经济白皮书：疫情冲击下的复苏新曙光[R].2021.
2. 中国信通院.全球数字产业战略与政策观察[R].2021.

第一节 数字经济的内涵与特征

身处技术飞速进步、经济快速发展的社会中，每隔一段时间人们就需要用新词汇来描述这些新的变化，以便于理解正在发生的变革和未来趋势。数字经济就是这么一个新词汇。谈到“数字经济”，相信很多读者脑海中会联想到互联网、人工智能、云计算、物联网等，还会想到国内外知名的公司，如亚马逊、腾讯、阿里等，甚至会想到最近国内热门概念，如“东数西算”、大数据中心以及传统产业数字化转型等。

“数字经济”这一概念的正式提出由来已久，至少可以追溯到1996年，被誉为“数字经济之父”的唐·泰普斯科特（Don Tapscott）在其专著《数据时代的经济学：对网络智能时代机遇和风险的再思考》中首次提出这一概念，将数字经济作为网络智能时代经济社会运行的新范式。1998年美国商务部发布了《兴起的数字经济》，指出并通过大量案例探讨了数字信息技术对社会经济发展将产生十分深远的影响[3]。近年来，随着移动互联网、人工智能、大数据等新一代信息技术的快速发展和应用普及面的扩大，平台经济、共享经济为代表的新型商业模式不断涌现，数字经济概念及范围界定也发生变化。为凸显新一代信息技术及其衍生出的新商业模

3 Margherio, Lynn, Dave Henry, Sandra Cooke, Sabrina Montes. The Emerging Digital Economy, Secretariat on Electronic Commerce. U.S. Department of Commerce, 1998.

式，Van Ark 提出了“新数字经济”的概念[4]。Reinsdorf 等指出广义的“数字经济”包括所有利用数字化数据信息的经济活动[5]。

我国较早提到“数字经济”的重大场合和文件包括 2016 年的世界互联网大会、G20 杭州峰会、2017 年《政府工作报告》等。2021 年 6 月，国家统计局发布《数字经济及其核心产业统计分类（2021）》，按照“数字产品制造业（01）”“数字产品服务业（02）”“数字技术应用业（03）”“数字要素驱动业（04）”“数字化效率提升业（05）”五大类对数字经济进行统计分类。其中，前四类被称为“数字经济核心产业”，大致对应于“数字产业化”；第五类则大致对应于“产业数字化”。2022 年 1 月，国务院正式发布的《“十四五”数字经济发展规划》首次明确了“数字经济”定义，即数字经济是继农业经济、工业经济之后的主要经济形态，是以数据资源为关键要素，以现代信息网络为主要载体，以信息通信技术融合应用、全要素数字化转型为重要推动力，促进公平与效率更加统一的新经济形态。

当前，数字经济已成为我国重要战略发展方向。关于数字经济的内涵，本节首先从业内引用较为广泛的版本出发，接着从通用技术与经济形态更替之间关系的角度进一步理解数字经济，最后综合两者，阐述数字经济的内涵与特征，以丰富和发展相关理论研究。

一、生产力与生产关系的范式

4 Bart Van Ark. The Productivity Paradox of the new digital economy[J]. International Productivity Monitor,2016:3-18.

5 Marshall Reindorf and Gabriel Quiros. Measuring the digital economy[J]. IMF Staff Report, Washington D. C.,2018.

除了国家对数字经济定义外，业内广泛引用的是中国信通院的版本，即数字经济是以数字化的知识和信息作为关键生产要素，以数字技术为核心驱动力量，以现代信息网络为重要载体，通过数字技术与实体经济深度融合，不断提高经济社会的数字化、网络化、智能化水平，加速重构经济发展与治理模式的新型经济形态。具体来看，数字经济包括四个方面（见图 1-1）：

一是数字产业化，即信息通信产业，具体包括电子信息制造业、电信业、软件和信息技术服务业、互联网行业等；二是产业数字化，即传统产业应用数字技术所带来的产出增加和效率提升部分，包括工业互联网、两化融合、智能制造、车联网、平台经济等融合型新产业、新模式、新业态等；三是数字化治理，即技术与管理相结合的治理模式，包括多元治理、数字化公共服务等；四是数据价值化，包括数据的采集、数据的确权、数据的标注、数据的定价、数据的交易、数据的保护等[6]。

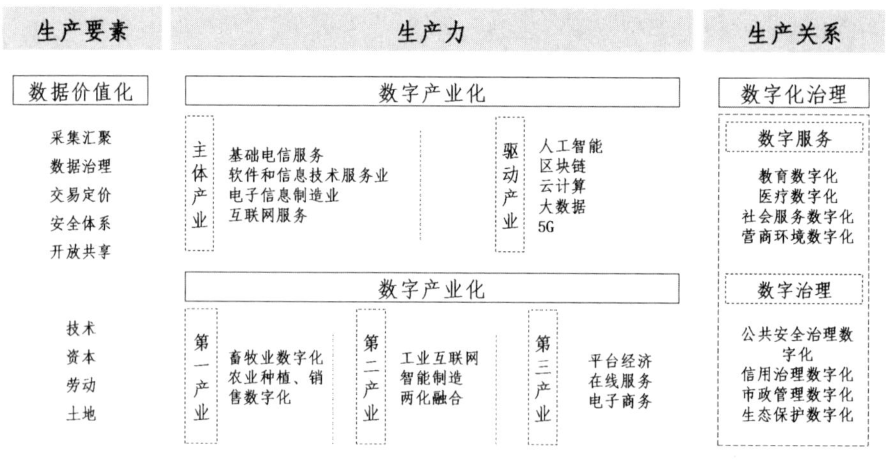

图 1-1　生产力与生产关系的范式图[7]

6 中国信通院.中国数字经济发展白皮书[R].2021.

7 中国信通院.中国城市数字经济指数蓝皮书[R].2021.

二、工业革命与经济形态更替的范式

今天出现的新概念、新事物，总能在人类历史发展的长河中找到影子。人类发展至今已经经历了三次完整的工业革命，目前正在经历第四次，本节将通过总结通用技术的演化和历次工业革命的特征比较来更深刻、更全面地理解数字经济。

1. 通用技术是推动时代变更的关键力量

回顾历史，在数字经济时代之前，人类经历了游牧经济、农耕经济、工业经济和信息经济，到底是什么因素决定了不同的经济形态和经济时代呢？又是什么力量推动经济时代的不断演进呢？

英国作者 Richard G. Lipsey 与 Kenneth Carlaw 在其著作《经济转型：通用技术和长期经济增长》中指出，社会经济的持续发展是靠“通用技术”的不断出现而持续推动的。“通用技术”（General Purpose Technology，GPT）须满足四个方面的特征，分别是可识别、可塑性强、应用广泛、溢出性强。作者通过研究历史演进中的各种技术的发展，归纳总结了 26 种通用技术（见表 1-1），具体分为三类，即产品、处理过程和组织系统。其中，产品包括轮子、蒸汽机、铁路、汽车、飞机、互联网等；处理过程包括写作、打印、人工智能等；组织系统包括工厂体系、大规模生产、精细生产等。通过观察这些通用技术，可以发现两点规律：第一，通用技术是从根本上改变人类生活与生产方式，促进社会结构进步的技术；第二，通用技术发明出现的速度越来越快。公元前 1 万多年漫长的历史长河中，只出现了 7 项通用技术，差不多平均一两千年才出现一种。而中世纪之后，平均每一两百年就出现了 1 项通用技术。时间来到了 18 世纪，每一百年出现的通用技术超过了 2 项；19 世纪出现了 4 项，20 世纪出现了 7 项。而在该书出版之际（2005 年）的 21 世纪，已经出现了 3 项通用技术。

表 1-1 26 种通用技术

序号	GPT	溢出效应	时期	分类
1	驯化植物	新石器农业革命	公元前 9000 年—公元前 1000 年	处理过程
2	驯化动物	新石器农业革命、畜牧业	公元前 9000 年—公元前 1000 年	处理过程
3	冶炼矿石	早期金属工具	公元前 9000 年—公元前 1000 年	处理过程
4	轮子	机械化、波特的轮子	公元前 9000 年—公元前 1000 年	产品
5	写作	贸易、记录保存	公元前 9000 年—公元前 1000 年	处理过程
6	青铜	工具和武器	公元前 9000 年—公元前 1000 年	产品
7	铁	工具和武器	公元前 9000 年—公元前 1000 年	产品
8	水轮	机械系统	中世纪（公元 450 年一公元 1450 年）	产品
9	三桅帆船	探索新世界、发展海洋贸易	15—16 世纪	产品
10	印刷	科学教育、金融信用	15—16 世纪	处理过程
11	工厂体系	工业革命、可互换零件	18 世纪	处理过程
12	蒸汽机	工业革命、机床	18 世纪	产品
13	铁路	郊区、通勤、工厂灵活位置	19 世纪	产品
14	铁轮船	全球农业贸易、国际旅游、无畏战舰	19 世纪	产品
15	内燃机	汽车、飞机、石油工业、移动战争	19 世纪	产品
16	电力	集中发电、工厂电气化、电信通信	19 世纪	产品
17	汽车	郊区、通勤、购物中心、长途国内旅游	20 世纪	产品
18	飞机	国际旅游、国际体育联盟、流动战争	20 世纪	产品
19	大规模生产	消费主义、美国经济增长分类	20 世纪	组织系统
20	电脑	数字革命	20 世纪	产品
21	精益生产	日本经济的增长	20 世纪	组织系统

22	互联网	电商、众包、社交网络、信息战		产品
23	生物技术	转基因食品、生物工程、基因治疗		处理过程
24	商业虚拟化	无纸办公、远程办公、软件代理	21 世纪	处理过程
25	纳米技术	纳米材料、纳米亿元、量子点太阳能电池、靶向癌症治疗		产品
26	人工智能	自动汽车、库存机器人、工业机器人		处理过程

2. 历次工业革命的比较

人类近现代历史始于18世纪中后期的第一次工业革命，至今已经走完了三次工业革命，目前正在经历第四次工业革命。每次工业革命，都以关键通用技术为核心，产生一批伟大的发明，造就一批时代精英和其背后的商业帝国。不仅如此，关键通用技术还渗透到社会娱乐、文化、生活方式中，促进世界格局演变（见表1-2）。

表 1-2 历次工业革命的比较

	第一次工业革命	**第二次工业革命**	**第三次工业革命**	**第四次工业革命**
历史时期	18 世纪中后-19 世纪 40 年代	19 世纪 60 年代末-20 世纪初	20 世纪 40 年代-21 世纪初	21 世纪初-今
革命类型	动力革命	动力革命	信息革命	智能革命
核心技术	蒸汽机	电力	电脑、半导体芯片	以人工智能为代表的数字技术
主要发明	蒸汽船、火车、榨棉机等	电灯、内燃机、汽车、飞机等	电脑、半导体芯片、互联网、卫星、电视、雷达、核能、DNA 等	人工智能、大数据、云计算等
受益行业	瓷器制造、纺织业、运输业	通讯行业、大众娱乐、化学工业	电脑和芯片改变了很多行业	所有可以最早利用新技术改造的行业

代表企业	韦奇伍德瓷器	福特、杜邦、贝尔、通用电气	IBM、微软、英特尔、谷歌、苹果、孟山都、纳斯达克交易所	苹果、谷歌、脸书、亚马逊、腾讯、阿里、百度
生产特点	以大规模生产为主	以大规模生产为主	个性化产品和服务开始出现	平台化、个性化
管理方式	机械论		控制论、信息论、系统论	

通过纵向对比每次工业革命，可以发现每次工业革命都具有如下四方面特征：

第一，每次工业革命都伴随着一项核心技术。首先是蒸汽机，其次是电力，再次是计算机及半导体芯片。接下来是围绕人工智能、大数据等数字技术的智能化革命。

第二，每次工业革命均是影响社会的重大变革，其影响力的广度、深度和时间长度都是巨大的。第一次工业革命时期，瓦特改进了蒸汽机后，很多存在已久的行业开始发生变化。首先采用蒸汽机进行生产的行业是瓷器行业，这是一个已经存在了近千年的古老行业，由于生产效率较低，这个行业一直处于供不应求的状态。当瓷器行业采用了蒸汽机后，不仅令瓷器的产量剧增、质量稳定，而且也让瓷器的应用范围渗透到很多领域。另外一个广为人知的被蒸汽机改造的行业是纺织业。长久以来，纺织业一直采用家庭作坊式的手工作业。蒸汽机进入英国的纺织业后，产量迅速提升，以至于必须要打开国际市场才可以将源源不断生产出来的产品消化掉。不仅英国国内的家庭纺织业，整个世界的家庭纺织业在日后的几十年内随着各地纱厂、织布厂的建立以及运输效率的提升而陆续消失了。英国也由此走上崛起之路。到了第二次工业革命，电力的发明和广泛应用又改变了原有行业和世界秩序。首先，电力发明之前，人类主要依靠信鸽和马力来传递信息，电话和电报的发明彻底改变了通信产业。电力还促进了电影、收音机等大众娱乐产业的发展，并催生了化学工业，令化肥、农药、各类人造纤维、建筑材料等走进了人类视野。类似种种的改变和催化，不胜枚举。但正如第一次工业革命时期生产蒸汽机的公司很少，此时生产电力的公司也只有那么几家，不过得益于“电力”的公司却是成千上万的。二战结束后，人类迎来了第三次工业革命，主要是围绕信息的采集、处理和传输，如计算机、半导体芯片、人造卫星、雷达等。现在我们已经无法找出哪一个行业不曾受到计算机的影响了，即便是传统的农业也不例外。

第三，每次工业革命都带来更加精细化的分工和更大范围内的合作。蒸汽机的发明以及纺织厂的建立，颠覆了传统家庭作坊式的手工作业的同时，也催生了更加细致的分工，一个工人不再从头到尾生产布匹，而是参与其中一个或几个环节的作业。标准化零部件的发明使得零部件的生产和机械（如汽车、飞机）成品的生产可以分离，原来由一家工厂完成所有的零部件生产并最终组装为成品，现在可以进行产业链上下游的分工协作。而现在我们知道生产手机芯片主要是ARM，而全世界生产智能手机的公司几乎都不自己生产芯片，但智能手机产业却发展得如火如荼。新冠疫情的发生，使得全球供应链一度断裂，引发全球股市震荡。至今，一个城市的封闭可能会导致一个区域甚至数个国家的供应链受到影响。生活在后疫情时代的我们对此有着深刻的感受。

第四，每次工业革命都涉及最有价值的生产要素。第一次工业革命是煤炭和钢铁；第二次是石油，此后我们所熟悉的许多战争都与此相关；第三次则是资本。在信息技术时代，不得不提到硅谷。硅谷的很多创业型公司之所以可以迅速成长，除了世界顶尖人才外，还离不开华尔街金融资本的加持。美国的亚马逊公司长期没有利润，但不妨碍其可以拿到风险投资的注资和股票市场的高估值。

三、数字经济的内涵与特征

本书综合以上两种范式，认为数字经济是以数据为核心生产要素，以人工智能、大数据、云计算为核心通用技术，通过数字技术与实体经济充分融合，提升经济运行效率、创造经济增量，并将广泛、深刻、长久地改变人类政治经济社会生活的一种新的经济形态。它具有以下四个特征：

第一，数字技术成为数字经济的核心通用技术。

以人工智能、云计算、大数据、区块链、物联网等为核心的数字技术，不仅会推动传统产业数字化转型升级，涌现大量数字技术与传统产业相结合的新业态和新模式，还将催生数字经济领域的新产业，集中体现在数字经济核心产业，包括数字产品制造、服务和数字技术应用等。可以将前者视为数字技术对经济存量的效率提升和行业重构，后者视为数字技术带来的经济增量。一方面，数字技术与教育、医疗、传媒、娱乐等行业的融合，极大提升了信息传递效率，提升了企业响应市场需求的能力。尤其是在新冠疫情期间，在线医疗、教育、办公和政务等领域取得了爆发式增长。另一方面，新的数字技术发展不断推动人工智能、区块链、大数据、集成电路等领域进入商业化阶段，改变了生产方式，重构了产业结构。例如，云计算的普及彻底改变原有的IT产业链结构。云计算技术发明之前，整个IT行业围绕着微软（软件）和英特尔（硬件）展开，行业内的其他公司只能作为陪跑者，赚取微薄的利润。此时，主要操作发生在终端电脑上，操作系统也在终端，所以操作系统及兼容性就显得十分重要。但在云计算普及之后，PC端操作系统的重要性日渐下降，因为所有应用均在服务器端，消费者可以根据自身偏好来选择终端类型。在苹果电脑、手机或华为电脑与手机上使用云计算服务的体验几乎是一致的，这个时候提供云计算的厂商（亚马逊、阿里云、华为云等）就变得十分重要。面对庞大繁杂的数据，特别是非结构化数据（图片、声音、视频等），传统信息处理方式已经捉襟见肘。人工智能的发展显著提高了大数据自主分析能力，利用人工智能芯片和机器学习算法，对海量数据进行分析，找到隐含规律，辅助人类做出合理决策，从而使数据焕发新价值。

第二，数据成为数字经济的核心生产要素。

从生产要素演变来看，数据资源成为数字经济发展的核心生产要素。在“农业经济一工业经济一数字经济”的发展演进中，生产要素体系不断扩容，每一次的技术一经济范式的变革都伴随着核心要素资源的转变。在农业经济时代，以自然资源为主，经济发展对自然资源的依赖度十分高。土地成为这一时期的核心要素资源。在工业经济时代，伴随着蒸汽机和电力技术的发明和应用，机器化大生产取代人工，土地、人才、资本和技术成为这一时期的核心要素资源。在数字经济时代，土地、人才、资本和技术仍然是核心要素资源，但对数据要素资源的依赖度越来越高。

生活在当下的人们除了吃饭和睡觉外，基本上每时每刻都在与数据打交道。作为一个普通的上班族，早晨起来用智能手机查看天气情况，开车用的导航系统、公司的打卡系统、与工作产生的各类文档等，都以数据的形式出现。如果从事金融行业或互联网行业的话，那么可能还会查看海量的交易信息、汇率信息或者计算机语言代码等。即便是一位退休人士，那么大概还会用到如微信、抖音等各类移动互联网应用产品，以便于更好地与社会保持连接。此外，广阔的工业制造领域的数据量随着工业互联网和物联网的普及将会成倍地增长。根据国际数据公司发布的《数据时代 2025》显示，2025 年全球每年产生的数据将从 2018 年的 33ZB（1ZB=10 万亿 GB）增长到 175ZB。庞大的数据量及处理数量的需求，催生了大数据概念，也使数据本身成为一种资源。数据已成为数字经济时代的生产要素，如同土地、劳动力、技术和资本一样，而且是最为关键的生产要素。

第三，数字基础设施成为数字经济的新基础设施。

过去几十年，“铁公机”（铁路、公路和机场）曾经在我国经济迅速腾飞过程中发挥重要作用。时至今日，我国的高速公路及高速铁路长度均全球第一，且高铁技术还输出到全球其他国家。在数字经济时代，新的基础设施变成了特高压、5G 基站、大数据中心、工业互联网、宽带、无线网络、传感器、智能充电桩等基础设施。例如，2022 年 2 月，国家发展和改革委员会（以下简称“国家发改委”）等四部门联合印发通知，同意在京津冀、长三角、粤港澳大湾区等 8 地启动建设国家算力枢纽节点，并在全国范围内规划了 10 个国家数据中心集群，由此“东数西算”工程正式全面启动，可以预见该项工程将提升国家整体算力水平，带动数字经济相关产业的发展。

第四，数字产业化和产业数字化转型是数字经济的主要方向。

数字产业化指的是数字技术形成产业的过程，为数字经济发展提供基础技术、产品、服务和解决方案等。按照最新的国民经济统计分类，数字产业化包括数字产品制造、数字产品服务、数字技术应用和数字要素驱动四类产业。数字技术创新是数字产业化的根本动力。当前，数字产业从过去的计算机、手机、互联网和移动互联网等加速向以人工智能、云计算和大数据等为主的新兴产业转变。数字经济与实体经济的不断融合，加速向各行业领域全面渗透，产业数字化成为数字经济的另外一个主阵地。根据中国信通院的统计测量，2021 年我国数字产业化规模为 8.35 万亿元，同比增长 11.9%，占数字经济比重达 18.3%，占 GDP 比重达 7.3%，数字产业化正在经历由量变到质变的提升过程；产业数字化规模达到 37.18 万亿元，同比增长 17.2%，占数字经济比重达 81.7%，占 GDP 比重达 32.5%，日益成为经济发展的重要引擎[8]。

参考文献：

1. 李海舰等.中国数字经济前沿[M].北京：社会科学文献出版社，2021.
2. 吴军.浪潮之巅[M].人民邮电出版社，2018.
3. Richard G.Lipsey，Kenneth I.Carlaw，Clifford T.Bekar.Economic Transformations：General Purpose Technologies and Long Term Growth.[M].Oxford University Press，2005.
4. 汤潇.数字经济：影响未来的新技术、新模式、新产业[M].人民邮电出版社，2019.
5. 马化腾等.数字经济：中国创新增长新动能[M].中信出版社，2017.

8 中国信通院.中国数字经济发展报告（2022）[R].2022.

第二节　数据价值与数据安全

数据是数字经济时代的核心生产要素，但其本身存在已久，是如今的数字科技使其被广泛使用。类似石油、天然气等自然资源，只有产生了足够成熟和廉价的技术后人类才能大规模利用它。到底什么是数据，数据与信息又有何区别，数字化和数据化是否相同？数据价值是什么，对我们的社会经济生活等各方面产生怎样的作用？广泛使用数据所带来的安全隐患以及该如何安全地使用数据？本节将逐一展开讨论。

一、认识数据

1. 数据与信息

数据是对客观世界的一种描述和记录。如大盘指数、CPI 指数（居民消费价格指数）等。而信息是对客观数据的一种主观解读，大盘指数是高还是低，基金经理是否要进行调仓；CPI 指数是高还是低，国家宏观经济政策是否要对此进行针对性的调整。这些判断，均需要结合当时的环境做出综合研判。因此，不同的人在不同的时间和不同的区域分析同样的数据都有可能产生不同的结果。

2. 数字化与数据化

数字化，英文表述为 digital 或 digitalization。首先，数字化是一个技术概念，指将描述客观事物的数据转化为计算器可以处理的 0 与 1。其次。数字化是表述时代更替的概念，表示人类社会从工业时代进入数字时代，来到了一切皆可数字化的时代。

数据化历史悠久，是指对客观世界进行描述和记录的过程，在计算机发明之前就已经存在。最早可以追溯到新石器时代的结绳计数，后来还演化为结绳计事、结绳为约等。《九家易》云："古者无文字，其为约誓之事，事大大其绳，事小小其绳。结之多少随物众寡，各执以相考，亦足以相治也。"时至今日，人类记录客观事物的能力和技术日新月异，从文字、数字到声音、图片、视频等形式越来越丰富，而且数据量级已经达到 BB（BrontoByte，千亿亿亿字节）了。此外，随着新一代通信技术的日益成熟，人类传输数据的速度进入了微波、光纤时代。

从 2009 年起，大数据开始成为时代热词，受到广泛关注。大数据概念最早出现在著名未来学家托夫勒的著作《第三次浪潮》[9]中，其中提到大数据是第三次浪潮中最华彩的乐章。2001 年高德纳咨询公司提出数据增长受到 3 个方面的挑战和机遇——量(Volume)、速度（Velocity）、多样性（Variety），合称 3V。后人在此基础上增加了一个 V，即真实性（Veracity）。麦肯锡 2011 年给出的大数据定义是：数据量大到超出了典型数据库软件的采集、储存、管理和分析等能力的数据集。维克托·迈尔—舍恩伯格及肯尼斯·库克耶 2013 年[10]出版的《大数据时代：一场改变我们生活、工作和思维的革命》，认为大数据的第一特征是"大"，即数据量大到传统的概率统计、抽样估计方法已经落伍了，必须采用一种新方法。第二特征是"多样化"或者说"混杂性"。传统的执着于"精确性"是信息匮乏时代的产物，是针对"小数据"而言的，最重要的就是减少错误，保障质量。但随着数据量的增加，

9 1980 年 3 月作家托夫勒的著作《第三次浪潮》出版，书籍阐述了由科学技术发展所引起的社会各方面的变化与趋势。
10 2013 年是指第二次出版时间（来自亚马逊平台）。

错误概率会有所提升，因此“大数据”用概率说话，而不是板着确凿无疑的“面孔”。第三特征是“相关性”，即找到事物之间的相关性已经足够好了。注意并非放弃寻找事物间因果关系，而是当客观世界复杂到无法用精准的函数关系或因果关系来解释的时候，这种相关关系已经足够好了。2015 年国务院印发的《促进大数据发展行动纲要》指出大数据是以容量大、类型多、存取速度快、应用价值高为主要特征的数据集合，正快速发展为对数量巨大、来源分散、格式多样的数据进行采集、存储和关联分析，从中发现新知识、创造新价值、提升新能力的新一代信息技术和服务业态。

按照格式来划分，数据可分为结构化数据和非结构化数据。结构化数据是指可以采用数据表结构来展示和存储的数据。非结构化数据指视频、图像、声音等，是大数据技术和人工智能（深度机器学习）发展关注的重点，通过深度机器学习，提取和发现非结构化数据的特征，从而转化为结构化数据表。

二、理解数据价值

现实中收集的数据可能是杂乱无章、毫无规律可言的非结构化数据。经过预处理，转化为方便人们理解或者计算机识别的结构化数据。再通过数据分析技术对此开展进一步分析，得到具备指导决策的信息，从而实现经济回报，数据价值也因此得到释放。由此可见，数据价值产生与否的关键在于“决策”。守着一大堆的数据，无法通过数据分析技术产生可供决策的信息，或者决策产生错误等，都将导致数据价值无法释放。本节将通过数据分析在体育、医疗、汽车、信用体系四个社会经济生活不同场景的案例来展示数据价值。

1. 数据分析取胜竞技体育

相信大部分的读者都应该看过或听过一部名为《点球成真》的电影，它是由美国著名的好莱坞影星布拉特·皮特于2011年拍摄的，并在次年的奥斯卡中拿下包括最佳影片和最佳男主角在内的六项大奖提名。棒球是美国最流行的竞技体育项目之一。在美国职业联赛中，很多城市都拥有自己的职业球队，包括一些小城市。但是这些小城市的棒球俱乐部与大城市的俱乐部的差距很大，无论是在教练水平、球员素质，还是在硬件设施等方面。民间将这一现象概括为“金钱资本的游戏”。大城市俱乐部通常资金实力雄厚，可以聘请资深教练，在全国范围内物色拔尖球员，所以像电影中的小城市奥克兰“运动家”俱乐部，只能在有限的预算条件下，不断提升自己的联赛成绩，即便努力培养了一些好苗子，也很容易被头部俱乐部以更高的薪水挖墙脚。影片中的奥克兰“运动家”俱乐部经理Billy Bane在预算有限且3大球队主力都已离开的情况下，启用了名不见经传的分析员Peter Bran。这位耶鲁大学经济学硕士建立了一整套评估球员表现的大数据模型，抛弃了传统的球探凭借历史经验挑选单个球员的做法，把焦点放在组建一支可打胜仗的球队上。即从球队整体角度出发，在每个位置均采用数据表现最好的球员，即便该队员在其他方面具有明显缺陷，但只需要考虑其最佳位置和强项表现就可以了。采用这一方式，小球队奥克兰“运动家”俱乐部竟然成功地创造了美国棒球职业大联盟的20场连胜的纪录，而球队经理Billy也因此收到了顶尖球队波士顿“红袜队”1200万美金的职业邀请。

时至今日，数据分析在体育行业中的应用已经十分普遍了。在2021年的日本东京奥运会上，一位来自奥地利的公路自行车女选手安娜·基森霍夫（Anna Eisenhower），在无任何团队支持的情况下，摘取了奥运会金牌。公路自行车仅仅是她的业务爱好，她真正的职业是瑞士洛桑联邦理工大学的研究员。她成功的秘诀之一在于很早就开始研究东京天气和气温情况，并且充分利用自己的数学专业和强大的计算能力制定了一个热适应过程表、比赛全程体能表及速度配置表，并根据这些精确计算的结果进行训练和比赛，最后获得了冠军。

2. 数据分析预测患病风险

20世纪最伟大的发明是DNA发现和测序技术的进步，使得人类对自身及其他生物体的认知上升到基因高度，探索遗传密码，甚至通过基因工程创造出新物种。伴随着人类处理数据能力的进步，当前基因检测技术已经发展到第四代，基因检测成本和速度以超摩尔定律的趋势下降，为开展大规模个性化医疗提供了保障。利用基因数据分析来降低患病风险的案例，最为大众所熟知的是好莱坞知名女星安吉丽娜·朱莉了。她的母亲和姨妈均因患乳腺癌去世，2013年通过基因检测技术，朱莉被发现携带了一种“缺陷”基因（BRCA1）。根据数据分析发现她患乳腺癌和卵巢癌的概率分别是87%和50%。为了降低得病概率，她决定接受预防性乳腺切除手术[11]。

硅谷科技圈的达人们不乏基因科学技术的拥趸。谷歌创始人之一谢尔盖•布林[12]，2006年通过基因检测发现携带着与母亲同样的LRRK2突变基因，该基因使布林患帕金森氏综合征的概率被提升到50%～55%之间。布林开始尝试改变生活方式，坚持锻炼和健康饮食，将患病率降低一半，另外配合一些其他治疗方式，布林患病的概率已经降低到10%。在布林之前，“苹果之父”乔布斯，对自身所有DNA和肿瘤DNA进行了测序，并设计了针对其基因特性的治疗计划，相对于同类型胰腺癌患者一般几个月的存活期而言，乔布斯的生命延长了八九年。相信在不远的未来，大部分人都有机会享受个性化的诊疗服务。

3．数据分析助力新能源汽车发展

近几年，新能源汽车的发展可谓是风生水起，渗透率已经达到10%以上。随着新能源汽车车载信息系统的日益完善和车辆信息化程度逐步提高，大量结构化数据、非结构化数据和实时数据将会在车辆日常行程中不断积累。为解决当前新能源汽车安全问题，结合大数据分析技术，挖掘数据背后蕴含的丰富价值，推动新能源汽车产业发展，工业和信息化部（以下简称“工信部”）于2016年在北京建立新能源汽车国家监测管理平台，接收新能源汽车实时运行产生的海量数据，并结合车辆档案、气象、道路建设等数据，形成新能源汽车多源异构的数据库。新能源汽车大数据分析

11 因携带BRCA1易感基因型好莱坞女星朱莉切除乳腺防癌［EB/OL］. https://www.360zhyx.com/home-research-index-rid-28748.shtml.

12 名人做了基因检测后生活中真实的改变［EB/OL］. https://www.sohu.com/a/210019120_99893074.

应用领域非常广阔，包括动力电池大数据分析、车辆运行大数据分析和充电大数据分析三大方面。

充电桩和充电站等充电基础设施作为电动汽车的能量提供者，快捷、便利和经济的充电设施可以增强消费者购买电动汽车的意愿，是电动汽车发展与推广的根本[13]。国网天津滨海公司为解决充电桩的选址问题贡献了“数据智慧”[14]。作为电网公司，国网天津滨海公司已积累大量的电力能源数据，但仅有这些数据并不能为充电桩选址提供指导，经过分析研讨，公司决定利用外网将地理信息数据和现有电力能源数据进行融合分析。通过建立算法模型，逐步优化迭代，目前只需要向产品中输入拟建设的充电桩经纬度，即可自动分析判断选址的合理性，并提出选址优化建议，在优化充电桩布局和提升充电站利用效率等方面发挥重要作用。

4. 数据分析与社会信用体系建设

中国征信体系主要分为公共征信机构、垂直领域的社会征信机构和近年来发展迅速的商业查询平台。这类查询平台以公开信息为基础，利用大数据、人工智能等技术，及时、准确地为个人和企业客户提供多种数据维度商业信息。

2014 年《社会信用体系建设规划纲要（2014—2020 年）》的发布，打开了数字化征信市场的窗口。同年 10 月天眼查创始人柳超从清华科技园创业大厦 50 多平方米的开间起步，踏上了商业查询领域的创新之旅[15]。作为数据挖掘领域的专家，柳超曾在微软和腾讯主管数据挖掘工作，认为数据的价值不在于稀缺性，而在于

13 余承其等.大数据分析技术在新能源汽车行业的应用综述——基于新能源汽车运行大数据[J],机械工程学报,2019 55(20):3-15.
14 天津大数据为充电桩选址精准“画像”[EB/OL].https://mp.weixin.qq.com/s/tsyd4WC6E3ivzIT7s5gUHA.
15 专访天眼查柳超:持续挖掘数据背后价值[EB/OL].https://mp.weixin.qq.com/s/cRY8Xs3DTYP_A7GDAwzQPw.

数据分析、挖掘、联系之后得出的“洞见”型结论。2019 年 4 月天眼查成为企业征信备案重新开放后首批获得企业征信牌照的企业之一（此外还有两家，分别是中电联征信、爱信诺征信），也是行业内首家获牌照的商业查询平台厂商。艾瑞咨询《2021 年中国商业查询发展研究报告》显示，天眼查凭借着超 60%的用户渗透率和超 3 亿的用户成为商业查询行业的领军企业。天眼查目前已收录全国近 3 亿家社会实体信息，涉及金融、通信、法律、科技、制造、批发、零售等行业，实现 300 多种维度信息及时更新。

三、关于数据价值的反思

在享受数据带来更多生活便利和商业价值的同时，我们自身一切似乎都在被默默地“监视”着，人们甚至有时候会自我调侃，例如，购物网站监视着人们的购物习惯，支付软件记录着人们的每一笔消费，实时通信软件似乎比最亲密的家人了解我们。本节通过国内外比较有代表性的案例来阐述数据在使用过程中可能会遇到的问题，并对数据保护常规做法进行反思。

1．谷歌街景在德遭到抵制，“告知和许可”“模糊化处理”是否继续有效

通常，当涉及个人数据使用时会采用“告知和许可”“模糊化处理”等做法，然而有时候这些做法可能未必有效。互联网时代以来，较早进入公众视野的侵犯个人隐私的事件之一是 2010 年“谷歌街景”服务在德国遭到抵制[16]。谷歌图集采样车在街道穿梭用摄像机记录着整个街道和周边环境。用户通过谷歌进行搜索，

16 德政界强烈反对谷歌“街景”称将侵犯百万人隐私[EB/OL]. https://world.huanqiu.com/article/9CaKrnJn2Kj.

或者在谷歌地图服务中找到某个具体地点，就可以看到该地点的3D效果图。与以往只能看到一个抽象化的城市地图不同，用户可以看到一个细节丰富的画面。但是德国的政界、媒体和民众进行了强烈抗议，认为这样做侵犯了个人隐私，犯罪分子可能会利用它来寻找犯罪目标，银行可能会利用它来审查申请住房抵押贷款人的房屋情况，安全保护公司会利用此来推销产品等，这些都将导致个人信息的滥用。谷歌迫不得已按照当地居民和企业主的要求，对发布的图像做模糊化处理，但当地民众认为这将会产生反作用，因为对于盗贼来讲，这意味着“此地无银三百两”。有时候即使数据的收集和使用者并无意将数据用作其他目的，但最终却产生了意想不到的“创新”使用。这使得已经普遍得到认同的个人隐私保护的做法——“告知和许可”的意义大打折扣。

2. 国内Cookie隐私第一案，“匿名化处理”后是否属于个人信息

在国内，提到网络隐私安全问题，就不得不提及被业内誉为Cookie隐私第一案——南京鼓楼区的朱女士诉百度案[17]。之所以成为广泛关注的第一案，是因为它发生在互联网蓬勃发展、个人隐私保护和网络安全保护等相关法律尚不健全的时候，而且一审和二审法院给出两份截然不同的判决。

2013年朱女士在家中和工作单位上网浏览相关网站过程中，发现在特定网站上出现与该其使用百度浏览器搜索的关键词（如“减肥”“人流”“隆胸”等）相关的广告。朱女士认为，百度公司利用网络技术，在未经其知情同意的情况下，对其搜索的关键

17 Cookie隐私第一案终审：法院判百度不侵权[EB/OL]. https://tech.sina.com.cn/i/2015-06-12/doc-ifxczyze9463119.shtml.

词进行记录、追踪，在相关网站上显示其兴趣爱好、生活学习、工作特点等内容，并利用记录关键词对其浏览过的网页进行广告宣传，侵犯了个人隐私权，给正常的工作和生活造成了负面影响。

一审认定，百度公司在朱女士不知情、不愿意的情况下，利用 Cookie 技术收集朱女士信息并进行商业利用，侵犯了其隐私权，支持其要求百度公司停止侵权的诉讼请求。

二审给则给出 180 度大转弯的结果，主要基于以下三点考量。

其一，百度公司收集、利用的是无法与网络用户个人身份识别对应的信息，即该信息的“匿名化”特征不符合“个人信息”[18]的“可识别性”要求。百度信息收集和个性化推送的对象是浏览器，并未定向识别浏览器背后的用户身份。因此，既然不属于个人信息，更何谈隐私呢？其二，百度公司并未直接将数据向第三方或公众展示，即无任何“公开”[19]行为。其三，基于当时互联网领普遍应用的信息技术——Cookie 而产生的个性化推荐服务仅涉及匿名信息的收集与利用，网络服务提供者对此依法明示告知即可。

匿名化是指将所有能揭示个人身份的信息都删除掉或用特殊的符号代替，如名字、生日、身份证号、社保卡号等，使得数据在被分析和共享的同时，不会侵犯个人隐私。但随着数据量的增加和数据种类的增多，利用大数据技术对数据进行交叉验证可以较高概率地识别个人身份。2006 年 8 月，美国在线（AOL）为进行社会研究，发布了大量旧有的搜索数据，期待从中获得启发式的观点。这些数据均经过了精心的匿名化处理（即以特殊的数字符

18 当时法律认定“个人信息”的标准为是否可以“识别”个人身份。
19 当时法律认定侵犯个人隐私的标准为是否“公开”。

号代替用户的个人信息，包括姓名和地址等）。然而《纽约时报》通过对搜索记录进行全面分析，很快发现数据库中的“4,417,749号”代表的是位于佐治亚州利尔本的一位62岁的寡妇塞尔玛·阿诺德。

3. 滴滴因数据泄露风险上市遇阻，以“安全之名”或铸成安全隐患

2021年7月1日滴滴悄悄在纳斯达克上市，鲜有新闻报道，直到7月2日对滴滴启动的审查程序才揭开滴滴上市的大幕。滴滴全球拥有约1500万司机服务和约5.0亿用户，仅中国大陆就拥有约1300万司机和3.8亿用户。2017年滴滴因安全事故被要求进行整顿，安装了桔视行车记录仪，可全程录音录像，收集乘客的面部、声音等信息。至2020年10月，桔视仅用3年时间就已经将滴滴地图基础数据准确率提高到95%以上，平均每天新增轨迹数据超108TB，所有行车轨迹数据和使用场景均涉及用户隐私，海量道路数据、个人信息数据存在一家公司，对公共安全也构成了潜在的风险隐患。[20]

20 国内火爆的“滴滴打车”，为何赴美上市遭到禁止？原因值得深思！[EB/OL].https://baijiahao.baidu.com/s?id=1707705450962750807&wfr=spider&for=pc.

第二章　城市数字力内涵与评估

摘要

作为区域经济增长的引擎、社会发展的平台和治理决策的载体，伴随着全球科学技术的飞速发展和城市化进程的加速，城市在国家和区域经济发展中的引领作用日益突出。随着以数字技术为核心的新一轮产业变革的深入推进，以往通过传统要素资源建立的竞争优势将受到挑战，数字经济成为城市竞争的前沿阵地。本章依次对竞争力、城市竞争力、城市不同发展阶段竞争力的关键影响要素进行研究，提出数字经济时代背景下城市发展的核心竞争力——“城市数字力”，以丰富和发展城市竞争力的内涵。另外，在梳理总结研究机构、政府部门对数字经济发展评价体系的基础上，构建了以数字基础设施、数字技术创新、数字产业化、产业数字化和数字化治理为核心维度的城市数字力评价体系，并在全国选取了30个具有代表性的城市进行了量化评估，从实证角度进一步探究城市数字力对城市发展的价值。

第一节　城市数字力是城市竞争力的关键要素

一、城市竞争力的内涵与构成要素

城市作为区域经济增长的引擎、社会发展的平台和治理决策的载体，具有吸纳要素资源、促进产业发展、创造社会价值、改善民生福祉等功能，在区域经济社会发展中发挥重要作用。伴随着全球科学技术的飞速发展和城市化进程的加速，城市在国家和区域经济发展中的引领作用日益突出。推动我国经济社会过去几十年飞速发展的一个重要因素就是城市之间的竞争，在城市建设、经济增长和民生服务等方面形成了你追我赶的局面。

当前，中国经济增长已经从数量规模增长阶段进入高质量发展阶段，面临着旧动能的出清和新动能的培育，以及新冠疫情、乌克兰危机和气候变化等宏观因素的影响，这些都会对城市竞争力提出新的要求。学术界对于“城市竞争力”的研究主要聚焦于起源、内涵、评价模型、指标体系和评价方法等。本书从城市竞争力的概念内涵、理论模式和构成要素三个方面国内外主流研究成果的综述出发，提出数字经济时代背景下“城市数字力”的概念，并认为“城市数字力”是城市发展的核心竞争力。

1. 城市竞争力的概念内涵

竞争力理论的研究起源于世界管理大师迈克尔波特于1980年至1990年期间相继发布的三部著作，即《竞争战略》（关于企业竞争，三大竞争战略）、《竞争优势》（关于产业竞争，五力模型）、《国家竞争优势》（关于国家竞争，钻石模型），被业界称为“竞争三部曲”，为竞争力理论和城市竞争力的研究奠定了基础。此外，较早开始城市竞争力研究的还有美国巴克尔内大学的克雷斯尔（Peter Karl Kresl）关于城市竞争力的理论探索和实证研究，以及北卡罗来纳大学的龙迪内利（Dennis A. Rondinelli）关于大都市区竞争问题的研究等。自20世纪90年代起，伴随着全球贸易壁垒消除、经济全球化进程加速、科技发展日新月异，城市在区域和国家参与全球化竞争中扮演着重要角色，因此这一时期的城市竞争力研究也主要聚焦城市如何在区域和国际竞争中形成和保持竞争力。

然而，学界关于城市竞争力的概念内涵界定并没有达到一致，而是基于不同的视角进行阐述，归纳起来，可以分为以下三种视角。

一是从财富创造的角度认为城市竞争力是一座城市利用各种生产要素，不断创造财富和价值的能力。例如，郝寿义和倪鹏飞在中国城市竞争力研究中提出："城市竞争力是指一座城市在国内外市场上与其他城市相比所具有的自身创造财富和推动地区、国家或者世界创造更多社会财富的现实的和潜在的能力。"

二是从生产力发展的角度认为城市竞争力是一座城市的生产效率，包括企业劳动生产效率和城市产出效率，前者对于企业发展和创造就业岗位具有重要作用，后者则取决于包括企业在内的各类主体的协同发展。例如，迈克尔波特就曾在《国家竞争优势》中指出，劳动生产率是一国经济发展的决定因素，认为当地企业的产出效率是地域竞争力的核心，因此城市竞争力的关键是营造有利于企业发展的营商环境，以促进本地企业发展并吸引高效率企业的进驻。

三是从资源配置的角度认为城市竞争力是一座城市聚集和利用各类市场资源的能力。例如，上海社会科学院在《国内若干大城市综合竞争力比较研究》中指出“就城市经济来说，竞争力就体现为市场化占有、配置和利用生产要素权利的大小。”宁越敏在《城市竞争力的概念和指标体系》中指出“城市竞争力本质上是为城市在其所从属的区域内进行资源优化配置的能力”。

综上所述，不同学者从不同的视角对城市竞争力内涵进行了阐述，其共性之处在于大多把城市看作一个生产单位或生产场所，从占有资源、配置资源和创造财富的角度对城市竞争力进行解构。本书认为城市不仅是一个生产场所，还是一个现代社会生活的空间，重构了人与人、人与社会间的关系，再造了社会治理的体系。从农村到城市，人们脱离了原有的乡土文明和血缘家族关系网络，进入了城市，以新的社会身份生活，需要重新构建陌生人之间的社会关系。同时，随着城市规模的不断增长和人口的高度聚集，城市系统的韧性也在不断削弱。近年来的城市内涝和疫情的发生凸显了城市治理的重要性，城市不仅是一个物理空间，更是一种功能和服务。所以，本书认为城市竞争力是即通过完善的治理体系、良好的社会文化环境，在全球范围内聚集多样化的、高质量的生产要素，促进科技创新，形成开放包容文化氛围，实现经济与社会可持续高质量发展的能力。

2. 城市竞争力的理论模型和构成要素

城市竞争力概念诞生之后，关于城市竞争力的理论模型和构成要素的研究取得了大量的成果，本书对国内外主流研究成果进行了梳理（见表2-1）。

表 2-1 国内外学者和机构关于城市竞争力理论框架和构成要素

序号	国内/外	学者或机构	理论类型	理论名称	构成要素
1	国外	迈克尔波特	解释性	钻石模型	①四个核心要素：生产要素，需求条件，相关产业和支持产业的表现，企业的战略、结构和竞争对手 ②两个变量：机会、政府
2	国外	韦伯斯特	解释性	四要素模型	经济结构、区域禀赋、人力资源、制度环境
3	国外	索塔罗塔和林纳马	解释性	六要素模型	企业、基础设施、人力资源、网络成员、高效政策网络、生活环境
4	国外	贝格	解释性	迷宫模型	部门趋势和宏观影响、公司特质、 贸易环境、创新与学习能力
5	国外	加德纳	解释性	金字塔模型	经济结构、创新活动、区域可达性、劳动技能、环境、决策中心、社会结构、区域文化
6	国外	龙迪内利	量化指标	大都市区国际竞争力模型	当地城市环境、国民经济中影响国际竞争力的要素、对国际贸易协定的服从、大都市当地企业和产业的竞争力
7	国外	克雷斯尔	综合性	双框架模型	①显示性框架：制造业增加值、商品零售额、商业服务收入 ②解释性框架：经济类（生产要素、基础设施、城市区位、经济结构、城市环境）、战略类（政府效率、城市战略、公私部门合作、制度弹性）
8	国内	上海社会科学院	量化指标	三要素模型	总量、质量、流量
9	国内	北京国际城市发展研究院（IUD）	综合性	城市价值链模型	①价值活动：实力、能力、活力、潜力、魅力 ②价值流：平台（基础平台、操作平台等）、条件（政策体制、政府管理等）
10	国内	倪鹏飞	综合性	弓弦模型和飞轮模型	①弓弦模型：软硬实力 ②轮模型：整体竞争力、环境竞争力

11	国内	宁越敏和唐礼智	解释性	双框架模型	①四核心要素：经济综合实力、产业竞争力、企业竞争力、科技竞争力 ②六支撑要素：金融环境、政府作用、基础设施、国民素质、对外对内开放程度、城市环境质量
12	国内	郝寿义	量化指标	六要素模型	综合经济实力、资金实力、开放程度、人才及科技水平、管理水平、基础设施及住宅
13	国内	石忆邵	量化指标	七要素模型	城市经济实力、城市资金实力、城市市场发展状况和效益、城市人才及科技水平、城市开放程度、城市基础设施和服务设施、城市政府管理水平
14	国内	沈建法	量化指标	三要素模型	经济、社会、环境

在城市竞争力的理论模型方面，现有文献可以分为解释性框架、量化指标体系和综合性三类。

第一，解释性框架理论模型侧重于分析城市竞争力构成要素及相互间的关系。例如，迈克尔波特于 1990 年在《国家竞争优势》中提出的“钻石模型”，包括 4 种核心要素和 2 种关键变量，前者包括企业战略、企业结构和竞争对手，相关产业和支持性产业的表现，生产要素和需求条件；后者包括机会和政府（见图 2-1）。虽然波特理论模型研究的是国家竞争力（宏观）和企业竞争力（微观），但对于城市竞争力（中观）也具有重大启发意义，企业竞争力是城市竞争力的微观基础，国家竞争力是城市竞争力的宏观表现。

第二，量化指标体系理论模型侧重于对城市竞争力的构成要素进行度量。例如，龙迪内利（Dennis A. Rondinelli）在对大都市区国际竞争力的研究时提出，当地城市环境、国民经济中影响国际竞争力的要素、对国际贸易协定的服从、大都市当地企业和产业的竞争力等 4 个一级指标，并采用大量的子指标和经济数据对一级指标进行综合赋值。其指标体系虽然较为全面，但缺乏对各指标（或要素）间关系的分析，而且聚焦于经济类因素，对非经济类因素的关注较少，主要原因是经济类因素对城市竞争力的影响易于观测。

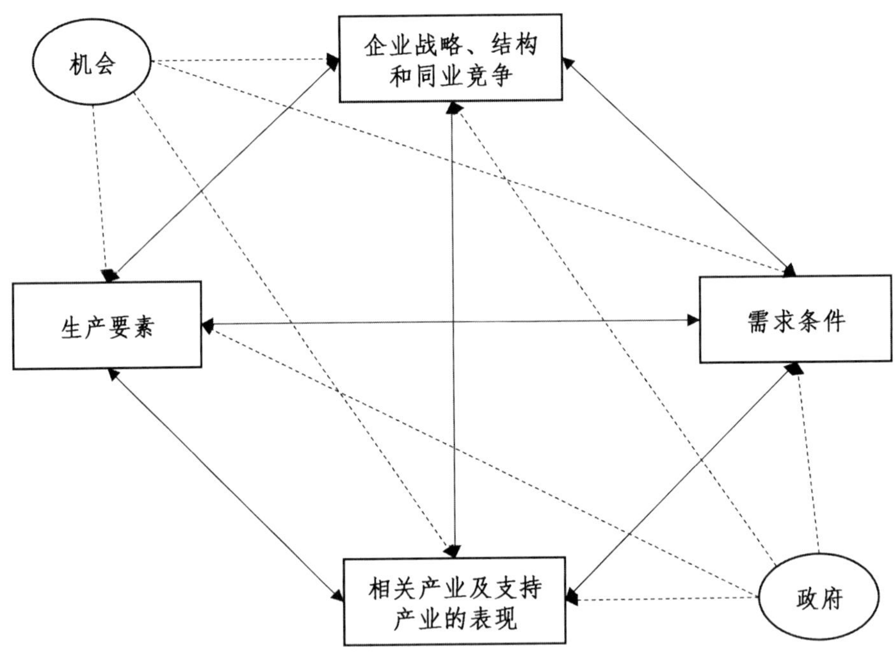

图 2-1　迈克尔波特的"钻石模型"

第三，综合性理论模型则兼顾前两者，既对构成要素间的关系进行解释，也对指标体系进行度量。例如，对城市竞争力做了开创性研究的美国学者克雷斯尔（Peter Karl Kresl）提出的"双因素理论"，将显示性框架和解释性框架相结合。显示性框架以制造业增加值、商品零售额、商业服务收入为定量指标对城市竞争力进行排序；解释性框架则将影响城市竞争力的因素分为经济因素和战略因素。其中，经济因素包括生产要素、基础设施、城市区位、经济结构、城市环境，战略因素包括政府效率、城市战略、公私部门合作、制度弹性。其理论特点是既有定量计算也有定性分析，采用多个变量对抽象的城市竞争力进行量化。同时，还关注非经济类的因素，但这些因素存在难以量化的问题。北京国际城市发展研究院（IUD）的“城市价值链模型”，认为城市竞争主要体现在各自价值链之间的竞争，因此城市应该明确定位、制定价值链发展策略。同时还提出由城市实力、城市能力、城市活力、城市潜力和城市魅力 5 个子系统构成的评价模型，设置了 5 个一级指标、23 个二级指标和 140 余个三级指标，将定性分析和定量计算结合起来，是国内目前指标体系较为全面的研究，但有些指标也存在难以量化的问题。此外，国内比较有代表性的学者倪鹏飞提出的“弓弦模型”和“飞轮模型”。其中，“弓弦模型”认为城市竞争力是由多种要素所构成的力量系统，各要素及力量以其表现方式的不同分为两类,即硬力和软力。其中，硬竞争力包括劳动力、资本力、科技力、区位力、设施力、结构力和聚集力；软竞争力包括文化力、制度力、管理力、开放力和秩序力。并把硬力比作弓，软力比作弦，城市产业比作箭，相互作用，形成城市竞争力。还通过对中国 20 多个城市竞争力和基础设施进行了量化分析，但该指标体系也存在着软指标难以量化的问题。

学者们在提出城市竞争力的理论模型同时，也根据其研究的时代背景和所处环境提出了很多影响城市竞争力的因素，可以归纳为硬性要素和软性要素。硬性要素包括城市区位禀赋、基础设施、产业结构、自然资源等，软性要素包括城市制度环境、人力资源、社会文化、科研教育、城市治理、城市规划、对外开放程度等。

通过梳理现有文献，发现一个较为普遍的规律，即早期的学者较多地关注硬性因素，如城市区域条件、自然资源、人口规模等经济类要素，而中后期的学者则逐渐将软件要素纳入考虑范畴，如城市环境、社会文化、创新能力等。这主要是由于，一方面，硬性要素对于城市竞争力的影响显而易见且容易观测；另一方面，在不同的经济、社会发展阶段，影响城市竞争力的关键要素是在不断变化的[21]。在城市形成的早期，城市的区位条件、自然资源、人口规模等是关键要素，属于“要素驱动阶段”；随着城市发展壮大，资本投入（机器、设备、厂房等）、基础设施建设、经济产业结构、开放程度、利于经济增长的制度体系等是关键要素，属于“投资驱动阶段”；随着资本投入和基础设施建设的边际效应递减，大量重复建设的产能逐渐饱和，再增加资本投入对提升城市竞争力的作用边际效用递减，城市发展进入“创新驱动阶段”，这一阶段的关键要素是科技创新能力、科研教育体系、利于激发创新的制度环境和文化环境等，通过技术创新提高劳动生产率和资本边际生产率，进而提升城市竞争力。

综上所述，关于城市竞争力影响要素的研究越来越综合，不仅考虑了硬性要素，还包括软性要素，如制度、文化、教育、创新、环境、规划等。然而，随着以数字技术为核心的新一轮产业变革的深入推进，城市竞争已经进入新阶段，以往通过传统要素资源建立的竞争优势不断受到挑战。数字化时代，虽然城市区位、自然资源、基础设施、资本投入等要素优势等仍然是城市竞争力的重要基础，但其静态性和规模报酬的边际递减特征限制了竞争优势的内生增长。相反，数据生产要素以及数字技术带来的生产

21 仇保兴.城市定位理论与城市核心竞争力[J].城市规划,2002,26(7):11-53.

工具、生产方式和生产关系的变革能够随着时间推进和经验积累不断深化和完善自身，进而形成持久且递增的竞争优势。同时，数字化引发的新业态、新模式对消费理念、生产组织方式的冲击，将导致传统资源优势、经验优势不复存在，加剧传统竞争优势被替代的风险。城市要突破传统资源禀赋制约和地域要素集聚限制，获得持久的竞争优势，就必须借助数字化、智能化、网络化的技术手段，以非流动的区位资源禀赋吸引、汇聚流动的数据生产要素，在新的竞争格局中改善自身竞争地位，城市竞争将越来越体现为城市在数字领域的竞争。因此，本书认为，在数字经济时代，城市发展进入了“数字驱动阶段”（见图2-2），研究城市竞争力必须要将“城市数字力”纳入进来。

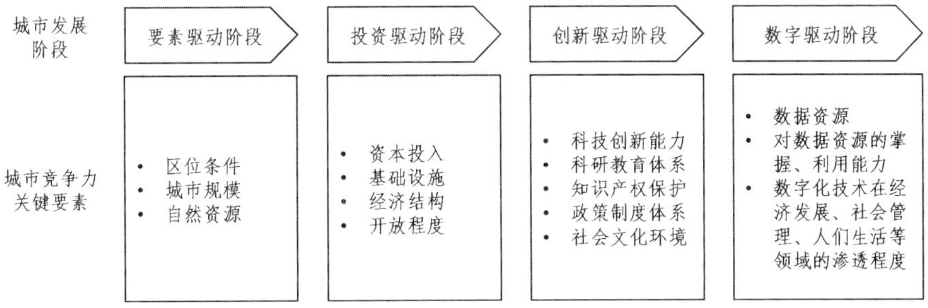

图2-2　城市发展阶段与城市竞争力的关键要素

“数字力”是对数据资源的掌握、开发和利用能力，也是数字技术赋能构成城市竞争力的其他要素资源，并融合发展形成重构城市发展格局的关键力量，更是数字经济时代背景下城市发展的核心竞争力。

“城市数字力”具有以下三个特征。

第一，以数据作为核心要素资源。“城市数字力”集中体现在对“数据”资源的掌握和利用能力，以“数据”作为关键要素资源。随着数字技术的日益成熟，数据作为生产要素在生产经营、社会管理等各领域发挥越来越重要的作用，成为关键要素资源。而且，相对于传统生产要素，数据具备“可复制、低边际成本、规模报酬递增”的优势特征，突破了传统生产要素的资源总量限制。

第二，对经济发展、社会生活产生“全面性”与“系统性”影响。“城市数字力”将对城市这一生产经营、社会发展和决策治理的空间和功能载体进行全面系统地“更新”，推动城市从物理空间转变为物理与虚拟相融合的多维空间，使提供医疗、教育、消费、养老等多项服务的功能系统转变为智能系统。在企业端，数字力帮助企业实现研发、设计、制造、销售、运营管理等多个环节的数字化、网络化、智能化，数据资源成为最重要的生产资源，企业和产业链间协同更加高效、供给与需求更加匹配；在个人端，数字力使人们从繁重、重复的体力劳动中解放出来，更多地从事脑力性、创造性的工作。同时，人们的工作与沟通方式也因此发生改变，越来越多的远程办公、在线沟通成为可能；在公共服务端，数字力将使城市的公共服务变得更加高效、精准和个性化。医疗、教育、购物、娱乐、出行、养老等每一个场景都将借助数据、算法和算力的力量，为人们提供精准和个性化的服务；在城市治理端，数字力给城市装上了“智慧大脑”，实现对市场监督、社会治理、公共安全、应急管理等全方位运行状态的掌握、研判、决策、调度，全面提升城市运行效率。

第三，对构成城市竞争力的其他要素资源产生“重构性”与“颠覆性”影响。当数字力赋能基础要素资源时，衍生出数据生产要素以及物联网、工业互联网、数据中心等新型数字基础设施；当数字力赋能各类经济主体时，催生大批新型数字产业，并带动传统产业数字化转型，为城市经济发展注入新动能；当数字力赋能研发创新时，借助数字技术提升技术研发与创新的效率，加速科技成果转化落地；当数字力赋能社会治理时，借助数字技术提升对城市社会、经济和民生等各领域的治理效率。

基于上述分析，本书将城市竞争力的构成要素分解为五大方面，包括基础力、经济力、创新力、数字力和治理力（见图2-3）。

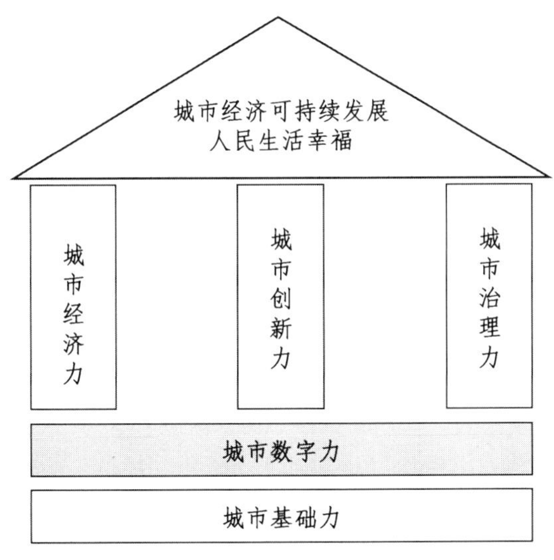

图2-3　城市竞争力五要素模型

基础力，即基础要素资源的竞争力，包括区位条件、城市规模（面积和人口）、基础设施（交通、水利等）、自然资源、生态环境等；经济力包括GDP总量、三大产业结构、人均GDP、人均可支配收入、亩均GDP水平、资本投入强度等方面的竞争力；创新力包括科技创新能力、研发投入强度、科技人才培育水平、高端人才和技术的吸引力等；治理力包括政府对城市经济、社会、文化的管理能力和效率以及政策制度体系完善程度等。

二、城市数字力对城市竞争力的作用机理

伴随着新一轮科技革命和产业变革席卷全球，人类社会进入数字经济时代。全球多国将发展数字经济上升至国家战略高度，并建立完善的政策体系大力推动其发展。在这一时代背景下，城市数字力已成为城市发展的核心竞争力。数字力对于城市竞争力的作用机理主要体现在以下五个方面。

1. 数据生产要素成为城市竞争新焦点

习近平总书记指出："数据是新的生产要素，是基础性资源和战略性资源，也是重要生产力。""要构建以数据为关键要素的数字经济"。数据成为经济发展的关键要素，这与其边际成本递减和规模报酬递增特性密切相关。一方面，在数据交易发生时，商品的卖者不会失去数据的使用价值，发生的不是商品的让渡而是数据的复制，因此数据要素的再生产过程主要是数据的复制，几乎不需要耗费额外的劳动，边际成本接近于零。这也导致了一个主体对一个数据集的利用，并不会阻止其他主体对该数据集的利用，或减少其他主体对该数据集利用的可能性和质量，使数据资源具有矿产、资本、劳动力等传统生产要素资源所不具备的非排他和非竞争的特性；另一方面，数据资源作为生产要素介入经济体系的各个领域、各个环节，能够动态联动人才链、资金链、创新链上的不同主体、不同要素，共同发挥协同作用。同时，资金、技术等要素的大量投入能够驱动生成更多的数据资源并在不同领域中流动，进而形成数据要素对其他要素的乘数效应，全面提升社会资源的配置效率，促进产业转型和经济持续发展。

任何数字化进程都离不开数据支撑，对数据资源掌握的多寡、应用能力的强弱是衡量城市竞争力的重要内容。数据虽不具有直接使用价值，也不直接形成具有使用价值的物质形态，但其形成并广泛渗透进经济、社会生活的方方面面，能有效提高生产效率、增加产品和服务价值、改善居住生活体验，同时其挖掘、储存、处理和应用的范围可以超越地理意义上的城市边界，改变传统区位竞争格局，使其成为数字经济时代各城市竞相构筑的新型竞争优势。

2. 数字基础设施增强城市经济开放度

城市作为一个通过不断地与外界交流，获取自身发展所需的物质和能源的开放系统。城市开放的深度和广度直接影响其配置资源的深度和广度，进而影响城市在区域的竞争优势。传统上，城市的开放程度更多地依赖其所处的区位、交通便利度等因素。在数字经济时代，由大数据、云计算、人工智能、5G、物联网、工业互联网等新一代数字技术高度交叉融合所形成的新型数字基础设施，极大改变了城市开放格局。大数据、云计算、人工智能等数据存储、处理技术可以实现对数据的实时采集、存储和深度挖掘，5G、物联网、工业互联网等连接技术可以实现人、机、物的全面互联和高效互通。数据要素在数字基础设施上加速流动，一方面可以帮助企业更加有效地获取市场信息、提高供需双方精准匹配效率，从而降低市场开辟成本和新产品开发失败率，同时基于人工智能的海量数据实时分析能够实现企业业务的自动化决策和处理，提高企业运营效率和市场竞争力，使企业具备更强的竞争优势和对外开放能力；另一方面，数字基础设施引发人类社会经济生活的“空间”概念发生革命性变革，传统经济活动中存在的区域隔阂、地理障碍以及时间约束不复存在。根据梅特卡夫法则，数字基础设施形成的信息交流网络使用者越多，整个网络和网络各节点的价值也越大，进而吸引更多参与者，带来覆盖范围的几何倍增，不断扩展城市数字基础设施平台辐射的时空边界，打破不同部门之间协作壁垒和信息共享壁垒，实现产业跨区域、跨领域的深度融合发展。例如，新疆的棉花可以通过浙江的电子商务平台销往全国各地，而浙江的线上商品交易活动又依托贵州的数据中心。

3. 数字科技多维度推动城市产业重构

数字科技发展聚焦大数据、云计算、人工智能、5G、物联网、区块链等领域，正加速世界从“网联”向“物联”“数联”“智联”不断跃迁，是目前创新要素最多、应用范围最广、辐射带动作用最强的技术创新领域，最主要特征是升级换代、架构演进、深度融合。数字科技的应用主要体现在数字产业化和产业数字化两个方面。前者是数字技术创新及产业化的过程，由新技术供给创造出新消费需求，给经济带来新的增长点；后者强调用数字技术来经营管理企业，把数字技术应用到产品和服务中去，侧重于优化生产组织形式，提高经济产出效率和发展质量。一方面，数字科技通过新技术创造新需求、构建新产业，如物联网、大数据、区块链等新兴产业；另一方面，通过数据要素价值在生产经营各环节的释放，解构传统经济利益各方的价值关系，形成对原有生产模式的颠覆式创新，包括创造新的生产工具与方法，扩展新的生产对象与产品，建立新的组织与管理模式以及模糊物理、数字和生物之间的界限，实现跨越部门、软硬件、制造与服务的创新与融合，促进产业链融合与重构。

数字科技对产业链、组织链、价值链的深度改造，提高了产业结构的协调性、适应性和效益性，有助于增强产业集聚能力，促进社会资源配置最优化，实现产业结构升级与经济增长的良性循环。

4. 数字产业丰富壮大城市经济产出

数字产业涉及的技术领域广泛、创新活动活跃、产品多样性突出，特别适合大量中小企业发展。传统经济模式下，中小企业往往由于资源、技术、管理、资本、规模等约束而发展受阻。数字化的深度推进，使中小企业充分利用数字技术对生产、经营、管理等环节的全方位改造更为可能，帮助其构建柔性、灵活、稳定的供应链，增强其关键核心技术攻关能力，提高其融资和抗风险能力。借助数字技术的赋能，不仅有利于培育适合中小企业发展的商业环境，降低创业门槛，提高劳动生产率，而且还有助于更高效地满足各类长尾需求，为中小企业发展带来创新创业机会。中小企业作为数字产业的基础性力量和实体经济发展的主力军，其蓬勃发展既丰富了城市经济的产出主体，又有力支撑了城市经济的数字化转型。

数字产业化和产业数字化的持续发展，使数字化理念和技术广泛渗透进人类的生产、工作和生活中。尤其是新冠疫情的冲击，迫使人们将各种社会关系借助数字技术向线上数字化空间迁移，使我国数据资源的来源和使用得到了极大丰富，催生出一批新场景、新业态、新模式。例如，生产方面，大数据通过对海量数据进行深度挖掘，发挥数据在优化生产、降低能耗、精准营销等方面的巨大作用。5G、物联网、人工智能等数字技术的融合应用，在智慧出行、智能制造、医药研发、金融服务、城市治理等领域衍生出丰富的产品业态和商业模式；工作方面，远程办公、在线教育等平台，解决了物理空间隔离带来的诸多不便。短视频、直播、网约车等平台经济，创造出数以万计的灵活就业岗位；生活方面，电商平台、社交网络等极大拓展了人们的购物渠道和社交范围。共享单车、分时租赁等共享经济，实现了社会闲余资源的集约化和统一化利用。数字技术在产业中的应用，使产品和服务趋于多元化、多样化和个性化，丰富了城市经济的产出内容，提高了城市经济的韧性和张力。

5. 数字技术提升城市治理精细水平

在数字经济时代，人工智能、大数据、区块链、物联网等新一代信息技术与城市治理紧密融合，催生出新型城市治理模式，呈现出数字化、网络化、智慧化的基本特征。例如，大数据提升了城市治理决策的科学性。利用大数据技术对城市经济运行、人口流动、社情民意等多维度数据进行分析挖掘，实现基于数据的科学精准决策。人工智能技术助力城市实现精细化管控。城市治理涉及的面广类多，人工智能可以为城市精细化管理提供技术支撑，满足社会公众对个性化公共服务的需求，提高公共服务供给效率。区块链技术为建立低成本、高可信度的信任机制提供了可能。基于区块链不易篡改、难伪造、可追溯的特点，可以有效地避免信息伪造、信息丢失现象，并降低信息收集成本。

参考文献：

1. 董旭、吴传清.城市竞争力评价的理论模型、体系与方法——一个文献综述[J].湖北经济学院学报,2017(1):6-71.
2. 罗涛,张天海等.中外城市竞争力理论研究综述[J].国际城市规划,2015(30):7-15.
3. 杨晓兰、倪鹏飞.城市可持续竞争力的起源与发展评述[J].经济学动态,2017(7):96-110.
4. Peter Karl Kresl, Balwant Singh. Competitiveness and Urban Economy:Twenty-four Large US Metropolitan Areas[J].Urban Study,1999,36(5-6): 1017-1028.
5. 于涛方.国外城市竞争力研究综述[J].国外城市规划,2004,19(1):28-34.
6. 郝寿义,倪鹏飞.中国城市竞争力研究:以若干城市为案例[J].经济科学,1998(3):50-56.
7. 上海社会科学院城市综合竞争力比较研究中心.国内若干大城市综合竞争力比较研究[J].上海经济研究,2001(1):14-24.
8. 宁越敏,唐礼智.城市竞争力的概念和指标体系[J].现代城市研究,2001(3):19-22.
9. 景治中,周加来.城市竞争力的影响因素分析[J].现代商贸工业,2008.
10. 苗颖.中国区域中心城市房地产价格与城市竞争力耦合协调性研究[D].重庆: 重庆大学,2017.
11. 姜辉.城市开放度与全球配置创新资源能力的关系——以杭州为例[J].城市发展研究,2019.
12. 钞小静, 薛志欣, 孙艺鸣.新型数字基础设施如何影响对外贸易升级——来自中国地级及以上城市的经验证据[J].经济科学,2020.
13. 李开孟、申海燕.产业链重构和我国现代产业体系构建的战略性思考.中咨研究.[EB/OL]. https://mp.weixin.qq.com/s/Em8nyNn_mSUF0HfbTqzJ8A.
14. 孙伟.以数字科技驱动城市治理水平持续提升[J].新经济导刊,2020.
15. 李直、吴越.数据要素市场培育与数字经济发展——基于政治经济学的视角[J].学术研究, 2021(1):114 120.
16. 任保平、李培伟.数字经济培育我国经济高质量发展新动能的机制与路径[J].陕西师范大学学报(哲学社会科学版),2022(1):121-132.
17. 数字经济深刻影响新时代社会和经济的发展[EB/OL].http://www.sic.gov.cn/News/611/9743.htm.
18. 孙伟.以数字科技驱动城市治理水平持续提升新[J].经济导刊,2020(1):32-36.
19. 高阳,李晓宇,周卓.琪数字技术支撑现代社会治理体系的底层逻辑与实现路径[J].行政管理改革,2022(4):30-36.

第二节　城市数字力评价指标体系及实证研究

城市数字力，作为数字经济时代背景下城市发展的核心竞争力，对一座城市能否延续现有竞争优势或实现弯道超车发挥着重要作用。但是，当前关于城市数字力评估指标体系的研究还处于空白状态，然而关于（城市）数字经济评价指标体系的研究已经取得了一些成果。鉴于城市数字力是数字经济时代背景下影响城市竞争力的关键要素，无法脱离构成城市竞争力的其他四大要素（基础力、经济力、创新力和治理力）而独立存在。因此，本书在现有数字经济评价指标体系的基础上，结合“城市数字力”的内涵与作用机理，提出数字经济背景下衡量城市数字力的指标体系，并在全国选取了30个具有代表性的城市进行了量化评估，从实证角度进一步探究城市数字力对城市发展的价值。

一、数字经济评价体系综述

近年来，数字技术的迅猛发展，并与各行各业深度融合，对原有经济体系进行深度重塑，经济发展已进入以数字技术驱动为核心的新阶段。学术界和政府机构都积极构建数字经济评价体系，以衡量数字经济发展状况，这对理解新经济体系的整体形势具有重要且深远的意义。

1. 研究机构建立的评价体系

研究机构往往从测度数字经济运行状态、总结数字经济发展特征的角度出发建立评估体系。不同研究机构基于其不同的研究背景和资源积累，研究侧重点有所差异。

2017 年 7 月，中国信通院发布的《中国数字经济发展白皮书（2017）》构建了“数字经济指数（Digital Economy Index，DEI）”。DEI 指数是景气型指数，用于综合反映全国数字经济的波动轨迹、有效监测数字经济的发展态势。该指数从宏观经济、基础能力、基础产业、融合应用四个层面选取相关指标，涵盖先行指标、一致指标、滞后指标三大类共 50 个指标。这是国内最早提出的系统观测和评价全国数字经济发展状况的指标体系。

2020 年起，中国信通院政策与经济研究所开始发布“城市数字经济竞争力指数（DECI）”（见表 2-2），旨在从多维度评价中国城市数字经济竞争力，总结城市数字经济发展的典型路径和经验借鉴。该指数从数字创新要素、数字基础设施、核心数字产业、数字融合应用、数字经济需求、数字政策环境六个方面构建评价指标体系，并将各地数字经济发展路径归纳为综合经济实力驱动型、产业集群驱动型、数字政策环境驱动型、融合应用驱动型、创新要素驱动型和市场需求拉动型等六类。该指标体系不仅从数字经济供给侧选取了典型指标，还关注了数字经济需求侧的发展状况，但在数字化治理上仅考察了政策支持环境，不能全面反映各领域数字化治理对城市数字经济发展的影响。

表 2-2　中国信通院·城市数字经济竞争力指数（DECI）指标体系

一级指标	二级指标	三级指标
数字创新要素	信息通信技术	R&D 研发投入强度
	信息化人力资本	每万人口信息传输、软件和信息技术服务业就业人员数、每万人口中 R&D 人员数
数字基础设施	信息基础设施	移动互联网普及率、互联网宽带普及率、固定宽带平均下载速率
核心数字	信息通信技术	每万元 GDP 信息产业主营业务收入

产业	产业	
数字融合应用	企业数字化	每百家企业拥有网站数、企业电子商务采购和销售额占比
	行业数字化	农业数字化投入占比、工业数字化投入占比、服务业数字化投入占比
	政府数字化	政务服务数字化、人民政府网站访问热度
数字经济需求	数字经济消费	网上零售额占比
	数字经济领域投资	信息传输、计算机服务和软件业固定资产投资完成额占比
	数字贸易	信息通信技术产业省外贸易额占比
数字政策环境	数字经济政策支持	数字经济政策指数

自2017年起，赛迪研究院每年发布《中国数字经济指数(DEDI)》（简称“DEDI指数”），并对指标体系进行更新完善。2020年的DEDI指标体系选取了四个具有典型性的一级指标，即基础指标、产业指标、融合指标、环境指标（见表2-3），且所采用的三级指标细致、深入，但没有考虑科技创新在数字经济发展中发挥的潜在且深远的影响。此外，赛迪研究院连续多年发布《中国数字经济百强城市发展研究白皮书》，对全国（不包括港、澳、台地区）4个直辖市和294个地级市的数字经济发展情况进行综合评估。该评估体系（见表2-4）与DEDI指数的指标选取维度大体相同，但具体测度指标有所差异，不仅考虑了创新要素，还加入了反映城市居民生活体验的服务类指标，指标体系更加完善，也更贴近城市数字经济发展目标。

表2-3　赛迪·2020年中国数字经济发展指数指标体系

一级指标	二级指标	三级指标

基础指标	传统数字基础设施	4G用户数、4G平均下载速率、固定宽带用户数、固定宽带平均下载速率、互联网普及率、网页数量、域名数量
	新型数字基础设施	数据中心招标数量、数据中心招标金额、5G试点城市数量、规划5G基站数量、IPv6比例
产业指标	产业规模	电信业务总量
	产业主体	信息通信技术领域主板上市企业数量、互联网百强企业数量、独角兽企业数量
融合指标	工业和信息化融合	“两化融合”水平、生产设备数字化率、数字化研发设计工具普及率、应用电子商务比例、实现网络化协同的企业比例、“两化融合”达标企业数量、关键工序数控化率
	农业数字化	数字农业农村创新项目数量、淘宝村数量
	服务业数字化	第三方支付金融牌照数量、电子商务交易额、互联网医院数量、国家信息化教育示范区数量、智慧景区数量
环境指标	政务新媒体	政府网站数量缩减比例、政务机构微博数量、政务头条号数量
	政务网上服务	政府网上政务服务在线办理成熟度、政府网上政务服务在线服务成效度
	政务数据治理	政务数据治理平台项目数量、政务数据平台建设资金投入、政务数据治理工作推动力、省级以上政务数据开放平台建设情况

表 2-4　赛迪·2020年中国数字经济发展指数（城市）指标体系

一级指标	二级指标	一级指标	二级指标
基础指标	电信企业情况	产业&融合指标	电子信息制造业发展水平
	5G基站建设情况		信息传输、软件和信息技术服务业发展水平
	数据中心建设情况		工业互联网发展水平
	固定互联网宽带接入情况		电子商务发展水平
	移动电话用户情况		大数据产业发展水平

环境指标	政府信息主动公开水平		制造业与互联网融合发展水平
	公众参与政务工作水平	服务指标	生活服务应用活跃度
	城市信用水平		网上购物应用活跃度
	减轻企业负担工作情况		金融支付应用活跃度
	主管单位成立情况		教育学习应用活跃度
技术指标	技术创新能力		医疗健康应用活跃度
	专利情况		
	技术合同成交情况		
	高新技术企业情况		

2018 年 3 月，紫光集团旗下新华三集团数字经济研究院发布了《中国城市数字经济指数白皮书（2018）》，该指数选取数据及信息化基础设施、城市服务、城市治理、产业融合四个维度共 51 个指标，对全国 100 个重点城市进行评估分析，并根据评估结果将这些城市分为观望者、觉醒者、新兴者、追赶者和领导者五类。该指数每年更新，一、二级指标基本保持稳定，三级指标每年有所调整，如 2021 年该指数的指标体系（见表 2-5）。新华三构建的城市数字经济指标体系的突出特点是关注了各主要影响因素的运营成效，但在基础设施、产业融合、城市治理、城市服务之外，没有考察数字技术创新的影响和价值。

表 2-5 新华三集团·2021 年中国城市数字经济指数指标体系

一级指标	二级指标	三级指标
数据及信息化基础设施	信息基础设施	固定宽带应用渗透率、移动网络应用渗透率、城市云平台、信息安全
	数据基础	城市大数据平台、政务数据共享交换平台、开放数据平台
	运营基础	运营体系、运营机制
城市服务	政策规划	覆盖民生领域的政策数量、民生领域的

		数字化政策项目
	建设运营	教育数字化、医疗数字化、交通服务数字化、民政服务数字化、人社服务数字化、扶贫数字化、营商环境数字化、生活环境数字化、均衡性指标
	运营成效	示范工程应用、城市服务综合指数
城市治理	政策规划	覆盖治理领域的数量、治理领域数字化项目的数量
	建设运营	公共安全治理数字化、信用治理数字化、生态环保数字化、市政管理数字化、应急管理数字化、自然资源管理数字化、均衡性指标
	运营成效	示范工程应用、城市治理综合指数
产业融合	数字产业化	数字产业化驱动产业、数字产业化主体产业
	产业数字化	农业、金融、制造业、能源、生活服务、交通物流、科教文卫、医疗健康
	运营成效	示范工程应用、产业生态、产业融合综合指数

此外，上海社科院、财新智库、腾讯研究院等研究机构也从不同范围、不同视角对数字经济发展状况进行了量化评估。2017年起上海社科院发布《全球数字经济竞争力指数》，通过构建由数字基础设施、数字产业、数字创新、数字治理等四个维度构成的全球数字经济竞争力评价体系，对全球120多个国家及重点城市的数字经济进行综合评价，该评价体系具有较强的国际视野。2017年5月，财新智库联合数联铭品推出“中国数字经济指数”，利用网络大数据挖掘手段，度量数字经济对整个社会效率提升的能力。该指数涵盖数字经济产业、数字经济融合、数字经济溢出、数字经济基础设施四个维度，对全国31个省级行政区进行动态评价，每月更新，动态性强，对指标监测要求高。2019年腾讯研究

院首次发布“数字中国指数报告”，该指数涵盖数字产业、数字文化、数字生活和数字政务四个板块，汇集腾讯旗下微信公众平台、微信支付、腾讯云、腾讯地图、腾讯游戏、腾讯视频、微信、财付通、微信城市服务数据及京东、滴滴、猫眼等友商相关数据，对数字化发展最显著的产业、消费、政务三大领域进行综合评估，全面刻画了我国31省市自治区和351个城市的数字化发展趋势，动态呈现数字中国版图演化，该评价指标体系具有明显的腾讯及互联网公司色彩。

2. 政府部门制定的评价体系

政府部门多从数字经济发展状态监测、决策参考和成果考核角度出发制定评价体系，特别是近年来，数字经济在经济总量中的占比越来越高，国家对数字经济的政策引导越来越强，制定适合本区域发展特点的数字经济评价体系成为地方政府的共同选择。

2017年12月《基于大数据的苏州数字经济》一书发布，该书结合数字经济发展特征和苏州产业结构特色，建立了一套全面的苏州数字经济指标体系（见表2-6），通过对300多个网站的268.4亿条来自互联网、政府、企业等渠道的数据分析与测算，指出了苏州数字经济发展的长板与短板，为苏州数字经济发展提供了理论支撑和参考建议。这是首个针对地方数字经济发展水平的评价体系，具有一定的创新和示范意义。

表2-6　中国（苏州）数字经济指数指标体系

一级指标	二级指标	一级指标	二级指标
发展环境	信息基础设施	数字化融合发展	电子政务

	知识产权		数字消费
	核心政策推动		社交媒体
信息产业	ICT 硬件产品制造业	数字化融合发展	电子政务
			数字消费
	ICT 软件和信息服务业		社交媒体

2018 年 7 月福建省发布《2017 年福建省数字经济发展评价报告》，结合福建省实际情况，构建了福建省数字经济指数（简称“FJDEI 指数”）（见表 2-7）。FJDEI 指数涵盖数字新基础、数字新机制、数字新产业、数字新民生、数字新生态五个维数共计 28 个指标，对全省及九市一区的数字经济发展水平进行综合评估，并划分为三个梯队。该指标体系的特点是对政务机制数字化、生态管理数字化进行了重点考察，二者实质是城市数字化治理的重要领域，可以合并为一个大的考察维度。

表 2-7 福建省数字经济指数指标体系

一级指标	**二级指标**	**一级指标**	**二级指标**
数字新基础	固网宽带普及率	数字新民生	精准扶贫数字化
	移动用户普及率		交通数字化
	城市级数据中心		社会治安数字化
	城市级大数据平台		公共就业服务数字化
	政务数据共享		市政基础设施数字化
	数据开放		医疗数字化
	大数据运营管理		教育数字化
数字新机制	重大改革试验数字化		社会保障数字化
	放管服改革数字化	数字新生态	垃圾处理数字化
	对外开放合作数字化		水资源管理数字化

	证照合一数字化		大气管理数字化
数字新产业	双创服务数字化		土壤环境管理数字化
	电子商务		
	两化融合		
	电子信息产业		
	特色经济产业化		

2018 年 12 月浙江省印发了《浙江省数字经济发展综合评价办法（试行）》，该办法明确了浙江省数字经济发展综合评价体系涵盖基础设施、数字产业化、产业数字化、新业态新模式、政府和社会数字化五个方面（见表 2-8），基于该评价体系，浙江省每年对全省及各市、县（市、区）的数字经济发展状况进行综合评价和分类排名。浙江省数字经济发展综合评价办法的特点是明确了综合评价工作流程及各项指标的计算方法和数据来源，具有很强的系统性和可操作性。同时将该省在产业数字化领域的两大特色“电子商务”和“数字金融”单列重点考察。

表 2-8 浙江省数字经济发展综合评价指标体系

一级指标	二级指标	三级指标
基础设施	网络基础设施	城域网出口带宽、固定宽带端口平均速度、每平方公里拥有移动电话基站数量
	数字网络普及	固定互联网普及率、移动互联网普及率、付费数字电视普及率（含 IPTV）、信息进村入户覆盖率
数字产业化	创新能力	数字经济核心产业 R&D 经费和营业收入的比例、每亿营业收入拥有发明专利数、规模以上电子信息制造业新产品产值率

	质量效益	数字经济核心产业增加值占GDP比例、数字经济核心产业劳动生产率、规模以上信息制造业亩均税收
产业数字化	产业数字化投入	企业从事信息技术工作人员的比例、企业每百名员工拥有计算机数、企业信息化投入相当于主营业务收入比例
	产业数字化应用	企业应用信息化进行购销存管理普及率、企业应用信息化进行生产制造管理普及率、企业应用信息化进行物流配送管理普及率
新业态新模式	电子商务	人均电子商务销售额、网络零售额相当于社会消费品零售总额比例、工业企业电子商务销售额占营业收入的比重
	数字金融	银行机构网上支付业务量所占比例、银行机构移动支付业务量所占比例
政府和社会数字化	数字民生	人均移动互联网接入流量、高速公路ETC收费车辆通过率、建成区智慧城管覆盖率、智慧养老平台服务人次所占比例、区域内实现移动支付的二级及以上医院占比
	数字政府	人均政府数字化财政投入、政府应用指数、政府服务网上办理率、民生事项“一证办通”实现率、公共数据开放数量和质量

此外，广西、河北、湖北、重庆、贵州、天津等省市也结合自身数字经济发展特点及统计工作现状，制定了数字经济发展评估指标体系，规范了数字经济统计监测管理办法。2018年8月广西发布的数字经济发展评估指标体系涵盖数字化基础能力、数字产业化发展水平、产业数字化发展水平、公共服务数字化水平、数字经济发展生态五个维度共46个指标。2021年9月河北省发布

的数字经济发展评估指标体系涵盖基础设施、数字产业化、产业数字化、数字创新、数字民生和数字营商环境六个维度。2022年3月湖北省发布的数字经济发展评估指标体系涵盖基础设施、创新能力、数字产业化、产业数字化四个维度共26个指标。各政府机构制定的评价体系的共同特点是所采用的指标依托统计部门的数据，并对统计部门的数据采集提出新要求。

综上所述，各研究机构及政府部门制定的数字经济发展评估指标体系从不同视角、不同范围揭示了数字经济的运行状态和发展路径，为我们理解数字经济理论内涵、探索数字经济发展规律点明了关键维度。同时计量指标的设置和采集，既让我们直接认识到监测数字经济的核心统计点，也间接督促数字经济统计体系完善、助力数字经济决策机制优化，进一步促进数字经济发展。由于数字经济内涵尚处于不断深化和外延的发展阶段，没有明确的范围界定，且数字经济涉及面广、纵深度强，难以形成统一、系统、规范的评价体系，以全面、客观反映数字经济发展的内在机理。因此，当下阶段结合研究对象特点、研究关注领域及计量指标获取优势构建数字经济发展评估指标体系，都是对发现数字经济内在规律的有益探索。

二、城市数字力评价体系

结合城市数字力对城市竞争力的作用机理及数字经济的评价体系，本书认为城市数字力评价维度应涵盖数字基础设施、数字技术创新、数字产业化、产业数字化和数字化治理五大核心维度。

具体指标体系构建应遵守以下四个原则：一是系统性。指标体系不是简单的指标堆砌，而是一个层次分明的整体，不同维度的指标处于不同层级，形成一定的秩序，同一层级的指标之间、指标层与指标层之间，有着明确的逻辑关系。指标体系中的单个指标能反映评价对象发展的某个侧面，而指标的综合又能反映整体情况。二是可比性。包括最终计算结果的横向对比和纵向对比以及多变量分析。通过不同区域数字经济发展指数的比对，可以发现评价测度方面的差距。三是科学性。指标的选择以定量指标为主、定性转辅，尽量排除主观因素的影响；另外指标体系力求对城市数字经济发展的现实情况和未来潜力进行严谨、准确地反映。四是可操作性。由于在理论上非常理想的测度指标往往面临数据难以获得的困境，因此在指标的设计中需要考虑数据的可获得性，在指标的科学合理性与可获取性间寻找平衡。

综合考虑上述指标选择原则，本书提出 18 个二级指标（见表 2-9）。（1）数字基础设施包括网络通信设施、应用基础设施、行业基础设施 3 个二级指标。（2）数字技术创新包括研发投入强度、独角兽企业数量、每万人拥有的新增发明专利数量、每万人拥有的高新技术企业数量 4 个二级指标。（3）数字产业化包括信息通信技术主板上市企业数量，计算机、通信和其他通信设备制造业总产值，信息传输、软件和信息技术服务业总产值，以及电信业务总量 4 个二级指标。（4）产业数字化包括电子商务发展水平、互联网医疗发展水平、数字支付发展水平、两化融合发展水平 4 个二级指标。（5）数字化治理包括制度体系、治理能力和治理效果 3 个二级指标。

表 2-9　城市数字经济评价指标体系

一级指标	指标编号	二级指标	单位
数字基础	1	网络基础设施	——

设施	2	应用基础设施	——
	3	行业基础设施	——
数字技术创新	4	研发投入强度	%
	5	独角兽企业数量	家
	6	每万人拥有的新增发明专利数量	件/万人
	7	每万人拥有的高新技术企业数量	家/万人
数字产业化	8	信息通信技术主板上市企业数量	家
	9	计算机、通信和其他通信设备制造业总产值	亿元
	10	信息传输、软件和信息技术服务业总产值	亿元
	11	电信业务总量	亿元
产业数字化	12	电子商务发展水平	家
	13	互联网医疗发展水平	家
	14	数字支付发展水平	家
	15	两化融合发展水平	——
数字化治理	16	制度体系	——
	17	治理能力	——
	18	治理效果	——

三、城市数字力评价方法

1. 评价方法与步骤

第一，原始数据处理

获取每座城市各项指标的基础数据集后，先对各项二级指标的得分进行“无量纲化”处理。无量纲化是为了在多项指标综合评估中，消除计算单位差异和指标数值的数量级等差异，确保数据指标的可比性问题。无量纲化公式：

当指标为正向指标，即数据较大为优，公式为：

$$x_{ij}^{'}=\frac{\{X_{ij}-min_j\ (X_{ij})\}}{\{max_j\ (X_{ij})-min_j\ (X_{ij})\}}$$

当指标为负向指标，即数据较小为优，公式为：

$$x_{ij}^{'}=\frac{\{max_j\ (X_{ij})-X_{ij}\}}{\{max_j\ (X_{ij})-min_j\left(X_{ij}\right)\}}$$

x_{ij}为指标无量纲化前的数值，$x_{ij}^{'}$为指标无量纲化后的数值，$max_j\left(x_{ij}\right)$为第 j 个指标的最大值，$min_j\left(x_{ij}\right)$为第 j 个指标的最小值。

第二，确定指标权重

采用熵值法确定各项指标权重。根据信息熵的定义，可以利用信息熵值来判断某项指标的离散程度，信息熵值越小，说明该指标的离散程度越大、提供的信息量越大，该指标对综合评价的影响（即权重）就越大；如果某项指标的值全部相等，则该指标在综合评价中无效。因此，各个指标的权重可利用信息熵进行计算，为多指标综合评价提供基础。

具体计算步骤如下：

确定第 i 座城市的第 j 项指标比重：

$$y_{ij}=\frac{x_{ij}^{'}}{\sum_{i=1}^{n}x_{ij}^{'}}$$

计算第 j 项指标的熵值：

$$H\left(x_j\right)=-k\sum_{i=1}^{n}y_{ij}lny_{ij}$$

其中，k 为调节系数，$\boldsymbol{k}=\frac{\boldsymbol{1}}{\boldsymbol{lnn}}$

熵值$H(x_j)$越小，表示该指标提供的信息量越多，影响程度也越大。

由于当$y_{ij}=0$时，lny_{ij}无意义，则定义为：

$$y_{ij}=\frac{1+x_{ij}^{'}}{\sum_{i=1}^{n}(1+x_{ij}^{'})}$$

将第 j 个指标的熵值转换为权重：

$$W_{ij}=\frac{1-H(x_j)}{m-\sum_{j=1}^{m}H(x_j)}$$

第三，计算城市得分

综合每座城市各项指标无量纲化后的指标数值以及对应的权重，通过加权平均的方法得到每座城市一级指标得分和总得分以及对应的排名。

2. 评价范围及数据来源

评估范围。为了解不同城市数字力发展水平及发展路径的差异，本书选取我国四大一线城市、部分副省级城市、部分省会城市和其他具有区域代表性的城市（共计 30 座），对其数字力发展水平进行量化评估。

评估时间。本书研究目的是通过横向对比来揭示不同城市数字力发展规律，因此采用横截面数据。当前各城市统计年鉴和相关统计公报披露的相关数据截止时间是 2020 年，因此，本书对各城市数字力的评估以 2020 年为评估年份。

数据来源说明。本报告所需的数据来源主要有四类：一是年鉴和公报等数据，如《中国统计年鉴》《中国城市统计年鉴》《城市国民经济与社会发展统计公报》《省科技经费投入统计公报》《省信息通信业发展蓝皮书》《省互联网发展状况报告》《软件和信息技术服务业年度统计数据》《中国科技统计年鉴》《中国高技术产业统计年鉴》；二是网站公开数据，如政府网站公开数据，以及各城市相关新闻报道数据等；三是测算评估数据，如产业数字化是通过构建制造业、服务业的数字化水平进行量化评估而得；四是综合权威机构发布数据和各城市公开数据拟合而成的数据。

四、城市数字力评价结果

1．城市数字力排名结果

因数据来源有限，本书仅就现有数据（采集2020年的数据），基于上述城市数字力评价方法，对我国30座城市的数字力进行综合评价（见表2-10）。

从整体来看，每座城市数字力差异明显。2020年城市数字力指数排名前10位的城市分别为北京、上海、深圳、杭州、广州、南京、苏州、宁波、厦门、成都，排名第11至第15位的城市分别是武汉、青岛、无锡、福州、天津。东部经济发达地区城市数字力指数较高，在前10名城市中东部城市占据了9位。中部武汉、西南部成都、西北部西安表现相对较好。从单项维度来看，在数字基础设施方面，北京、南京、无锡、杭州、苏州在感知网络、宽带网络等新型网络、大数据、云计算以及行业应用智慧基础设施等方面较为领先；在数字技术创新方面，北京、深圳、上海、杭州、西安集中了强大的智力资源位列前五名；在数字产业化方面，北京、深圳、上海、杭州、广州的ICT等相关核心产业全国领先；在产业数字化方面，上海、北京、广州、南京、杭州的各产业数字化融合发展具有较强的领先优势；在数字化治理方面，深圳、杭州、广州、上海、北京排名较为领先。

表 2-10 30 座典型城市数字经济排名情况

城市	总排名	单维度排名				
		数字基础设施	数字技术创新	数字产业化	产业数字化	数字化治理
北京	1	1	1	1	2	5
上海	2	6	3	3	1	4
深圳	3	11	2	2	6	1
杭州	4	5	4	4	5	2
广州	5	14	6	5	3	3
南京	6	2	8	7	4	12
苏州	7	4	7	11	8	13
宁波	8	9	20	22	7	6
厦门	9	8	19	14	10	8
成都	10	21	13	6	11	15
武汉	11	23	9	12	9	9
青岛	12	16	23	20	13	7
无锡	13	3	16	17	15	27
福州	14	12	28	16	23	10
天津	15	20	12	10	21	19
西安	16	27	5	9	28	16
嘉兴	17	9	15	28	12	25
郑州	18	15	25	21	22	11
合肥	19	19	11	18	20	21
重庆	20	25	22	8	18	24
佛山	21	22	14	24	16	18
东莞	22	18	10	19	25	23
长沙	23	26	17	13	17	20
温州	24	7	27	26	14	26
济南	25	17	26	15	27	17
常州	26	13	18	29	19	29
贵阳	27	24	30	25	30	14

沈阳	28	28	21	23	29	22
南昌	29	29	29	27	24	28
太原	30	30	24	30	26	30

2. 城市数字力指数与GDP相关指标的关联性分析

城市经济规模和发展程度与城市数字力之间呈现何种关联性？传统上的经济强市是否在城市数字力方面的表现也同样优秀呢？这是在分析城市数字力发展水平时常常面临的问题。

考察30座城市数字力得分与其GDP、人口和人均GDP之间的相关性，结果如表2-11所示。可见，城市数字力指数与GDP、人均GDP之间均存在显著的正向关联，而与常住人口的关系较弱。其中与GDP的关系更为紧密，相关系数为0.87。

表2-11 城市数字力指数与GDP、常住人口和人均GDP的相关性（N=30）

	城市数字力指数	GDP	常住人口	人均GDP
城市数字力指数	1.00			
GDP	**0.87**	1.00		
常住人口	0.57	**0.85**	1.00	
人均GDP	**0.70**	0.56	0.11	1.00

以城市数字力指数为被解释变量（y），以城市GDP为解释变量（x），线性拟合函数为：

$$y = 0.196x(R^2 = 0.934)$$

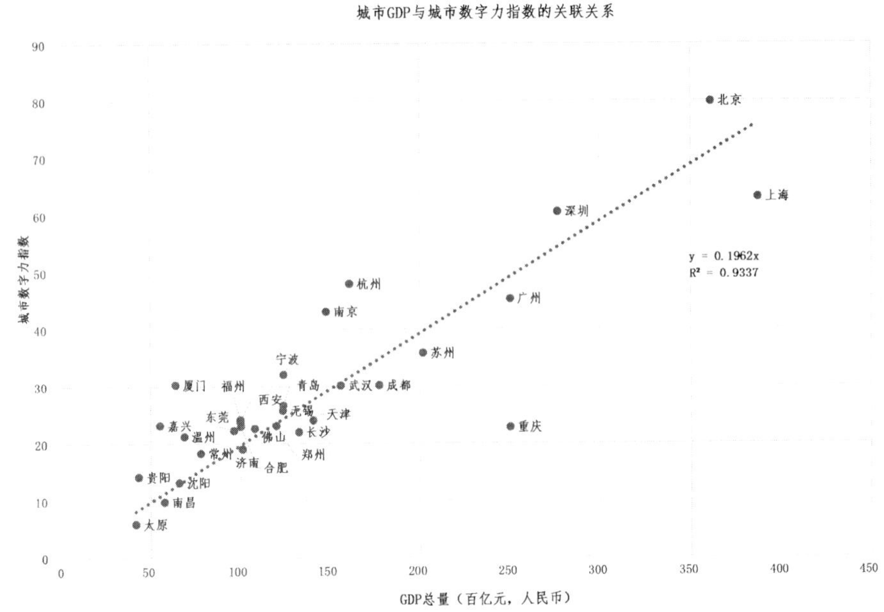

图 2-4　城市 GDP 与城市数字力指数的关联关系

以城市 GDP 为横轴，以城市数字力指数得分为纵轴（见图 2-4）。可见，北京、上海、深圳三座城市在城市 GDP 和城市数字力方面的表现均较为突出，属于国内城市数字力超级强市。处于拟合直线上方的城市，其城市数字力的表现优于相同 GDP 能级的城市，反之亦然。城市数字力正在不断重塑城市之间的竞争格局。重庆虽然 GDP 总量与广州基本相当，但在城市数字力方面广州的表现远远领先于重庆；南京 GDP 总量虽然略小于武汉，但其城市数字力发展水平较武汉高；杭州 GDP 总量小于苏州，但其城市数字力水平较苏州高。

3. 城市数字力效率分析

本书将数字基础设施、数字技术创新、数字化治理三个指标的平均值作为投入，将数字产业化和产业数字化作为产出，选取我国30座典型城市进行实证研究[22]，进而考察哪些城市的数字生产率较高，而哪些城市较低。

总体上，数字投入和数字产出存在统计上的显著正向相关性，其相关系数达到0.9030。线性拟合函数为：

$$y = 0.875x(R^2 = 0.903)$$

基于城市数字力投入和产出的组合，可将30座城市分为6大类（见图2-5）。

右上部（①）为投入和产出均高的城市，共计有4座城市，包括北京、上海、深圳和杭州，这四座城市也是数字竞争力总体排名较高的城市，说明其数字生产效率也较高。

右下部（②）为投入高、产出低的城市，目前无城市落入这一象限。

中上部（③）为投入中等、产出较高的城市，共计有2座城市，包括广州和南京。

中下部（④）为投入中等、产出较低的城市，共计有8座城市，包括苏州、宁波、武汉、厦门、青岛、无锡、福州和西安，说明这些城市的数字生产效率较广州和南京较低。

左上部（⑤）为投入低、产出高的城市，目前无城市落入这一象限。

左下部（⑥）为投入和产出均低的城市，共计有16座城市。

22 备注：本书数据来源主要有四类，一是年鉴和公报等数据，如《中国统计年鉴》《中国城市统计年鉴》《城市国民经济与社会发展统计公报》《省科技经费投入统计公报》《省信息通信业发展蓝皮书》《省互联网发展状况报告》《软件和信息技术服务业年度统计数据》《中国科技统计年鉴》《中国高技术产业统计年鉴》；二是网站公开数据，如政府网站公开数据，以及各城市相关新闻报道数据等；三是测算评估数据，如产业数字化是通过构建制造业、服务业的数字化水平进行量化评估而得；四是综合权威机构发布数据和各城市公开数据拟合而成的数据。鉴于数据来源的多样性和统计口径的差异性，实证研究结果存在一定偏差可能性。

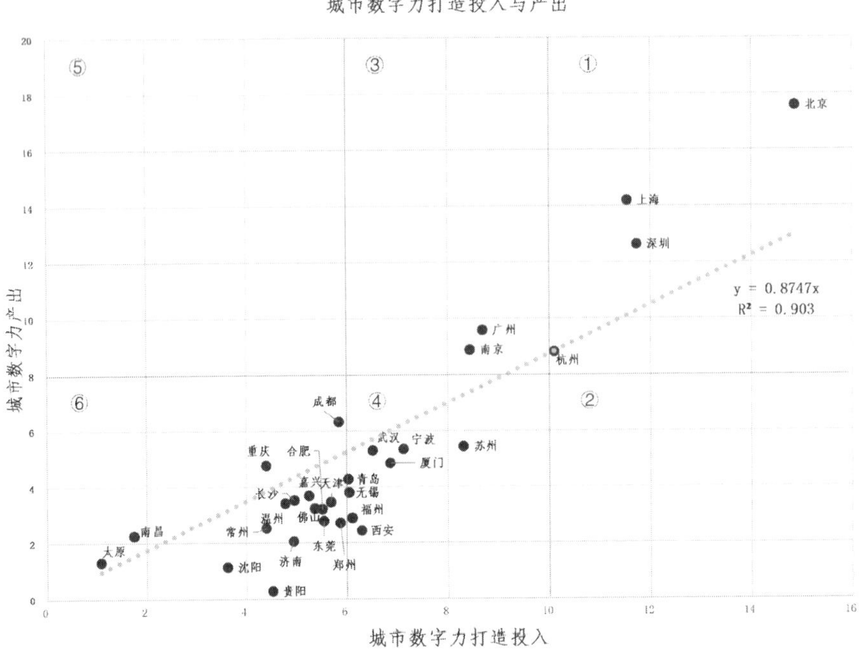

图 2-5 城市数字力打造投入与产出分析

基于投入产出的概念，进一步分析各城市的数字生产率。

$$城市数字生产率P_i = \frac{数字产出O_i}{数字投入I_i}$$

i 代表城市，O 代表产出（Output），I 代表投入（Input）。

其中，数字产出用数字产业化和产业数字化得分的平均值代替，数字投入用数字基础设施、数字技术创新、数字化治理得分的平均值代替。数字生产率越高表明投入产出效果越好。

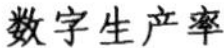

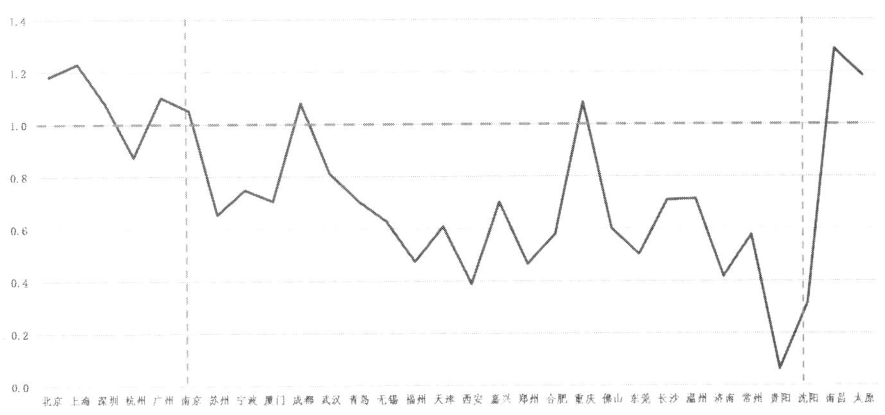

图 2-6　城市数字生产率比较

以数值 1 为边界，可以发现“两头高，中间低”的现象（见图 2-6）。总体排名靠前和相对落后的城市，如北京、上海、南昌、太原等，在生产率的表现上相对突出，而排名中间（从第 7 名到第 28 名）的城市生产率普遍不高。其原因可能是数字化水平较高的城市，在数字化创新应用方面渗透率较高，进一步促进数字领域的投入，形成正向循环，产生更高的数字生产率；而数字化水平不高的城市，发展潜力巨大，只要给予少量的投入，数字产出边际效应相对较高。而处于中间位置的城市，其开展各行业的数字化转型时，一方面不具有技术优势，另一方面历史包袱较重，在数字化转型中遇到较大的困难。值得注意的是成都和重庆这两座西南部城市的生产率均高于 1，表明具有较为良好的发展预期。相反，一些城市的数字总产出尚且可以，但数字生产率表现一般，说明这些城市的数字力发展可能存在一定的隐忧，需要更加重视数字领域的投入及转化效率。

参考文献：

1. 中国信通院.中国数字经济发展白皮书（2017）[R].2017.
2. 中国信通院政策与经济研究所.城市数字经济竞争力指数(DECI).
3. 赛迪研究院.2017 中国数字经济指数(DEDI).
4. 新华三集团数字经济研究院.中国城市数字经济指数白皮书(2018)[R].
5. 上海社会科学院.全球数字经济竞争力指数[R].
6. 腾讯研究院.数字中国指数报告[R].2019.
7. 段立新,凌鸣,张晓宏.基于大数据的苏州数字经济[M].苏州大学出版社,2017.
8. 福建省经济信息中心.2017 年福建省数字经济发展评价报告[R].2018
9. 王振等.全球数字经济城市竞争力发展报告（2021）[M].社会科学文献出版社,2022.

城市篇

城市篇摘要

随着数字经济时代的来临，城市数字力成为城市竞争力的核心。为了深入研究中国城市数字力建设现状和发展规律，本篇在前文关于30座城市定量研究的基础上，以北上广深四座一线城市及长三角、珠三角、中部城市圈中较有特色的城市作为进一步研究对象，包括北京、上海、深圳、杭州、广州、南京、苏州、武汉、无锡和合肥。实践篇将分别对上述10座城市的数字力打造现状、打造经验和典型案例展开深入分析。其中，数字力打造现状部分全面总结了城市在数字基础设施、数字技术创新、数字产业化、产业数字化和数字化治理方面所取得的突出成绩；数字力打造经验部分提炼了城市在建设数字力过程中积累的宝贵经验，以期为其他城市提供有益借鉴；典型案例部分挑选了具有代表性的企业数字化转型、数字产业化带来的新业态、新模式案例等，期待通过各具特色、亮点纷呈的鲜活案例来对我国城市数字力建设态势进行呈现。

第三章 北京

政策引领、创新驱动、培育“专精特新”增强发展活力，打造全球数字经济标杆城市。

摘要

北京市作为全国的政治中心、文化中心、国际交往中心和科技创新中心，拥有人才、技术、政策、基础设施等丰富的资源优势，城市数字力发展水平也一直处于全国领先地位，在我国信息化、网络化、数字化发展进程中，扮演着创新引领者、产业先行者、市场排头兵等重要角色。得益于北京在城市数字力方面的领先优势，2021 年北京数字经济增加值规模达到 1.6 万亿元，占全市 GDP 比重达 40.4%；数字经济核心产业实现增加值 8918.1 亿元，占全市 GDP 比重达 22.1%。当前北京立足自身定位，提出“建设全球数字经济标杆城市、打造全球数字经济发展‘北京标杆’”的发展目标。

本章通过对北京市数字新基建、数字科技创新、数字产业化、产业数字化及数字化治理等多角度分析，全面展现北京近年来在城市数字力打造方面取得的成绩。另外，总结提炼了北京在城市数字力打造过程中关于政策先行先试、知识产权保护、培训专精特新等方面的先进经验。最后，通过北京冬奥会的案例来展现数字科技在重大体育赛事领域的应用，并从北京中关村的发展历程和经验中探索区域创新发展路径。

第一节 北京城市数字力打造现状

北京市作为全国的政治中心、文化中心、国际交往中心和科技创新中心，拥有人才、技术、基础设施、政策等丰富的资源优势，城市竞争力处于全国乃至全球领先地位，在我国信息化、网络化、数字化发展进程中，扮演着创新引领者、产业先行者、市场排头兵等重要角色。得益于北京在城市数字力方面的领先优势，近年来北京市数字经济规模持续攀升，企业主体呈现出基础扎实、竞争力强的特点。北京市统计局数据显示，2021 年北京数字经济增加值规模达到 1.6 万亿元，同比增长 13.1%，占全市 GDP 总量中所占比重达到 40.4%；数字经济核心产业实现增加值 8918.1 亿元，同比增长 16.4%，占全市 GDP 比重为 22.1%，比 2015 年提高 5.6 个百分点，超过全国平均水平（7.8%），高于上海、浙江、江苏等地区。

一、深入推进数字基础设施，激发数据要素潜力

1. 通信网络

截至 2022 年一季度末，北京累计开通 5G 基站 5.64 万个，实现五环内室外连续覆盖，每万人拥有 5G 基站数 25 个，居全国首位，在全市 52 个市级重点商圈、重点景区实现 5G 网络全覆盖。获评全国首批“千兆城市”，具备 29.3 万个具备千兆网络服务能力的 10GPON 端口。根据中国国家 IPv6 发展监测平台显示，北京

市的 IPv6 综合发展指数、终端活跃链接数指数分别为 76.77%和 83.79%，排名全国首位[23]。

2. 工业互联网

北京市是我国工业大数据交互的核心枢纽，拥有国家工业互联网大数据中心、国家顶级节点指挥运营中心。截至 2022 年 7 月，工业互联网标识解析国家顶级节点（北京）已上线 41 家二级节点，累计标识注册量 123.52 亿、标识解析量 68.47 亿，接入企业节点 19317 家。工业互联网平台数量、接入资源量、国家级智能制造系统方案供应商数量均居全国首位。

3. 车路协同体系

北京在自动驾驶领域敢为人先。早在 2017 年北京便出台了全国第一个自动驾驶道路测试管理细则。2021 年，北京出台国内首个无人配送车管理实施细则和《北京市智能网联汽车政策先行区总体实施方案》，设立了国内首个智能网联汽车政策先行区，首次突破了自动驾驶车辆早晚高峰测试限制，率先实施异地测试结果互认。构建了“车路云网图”深度融合的软硬件体系，发布了首个基于真实场景的车路协同自动驾驶数据集 DAIR-V2X，开放了自动驾驶数据以赋能车路协同发展。全市完成城市道路智能化改造 60 平方公里，累计开放 1000 公里自动驾驶测试道路，累计测试里程超过 300 万公里[24]，建成了全球首个高级别自动驾驶示范区，已经累计发放 225 张智能网联测试牌照[25]。

4. 数据中心

23 中国国家 IPv6 发展检测平台[EB/OL].https://bigscreen.china-ipv6.cn/#/.
24 北京建成全球首个高级别自动驾驶示范区[EB/OL].https://www.chinanews.com.cn/cj/2022/01-07/9646776.shtml.
25 北京高级别自动驾驶示范区：累计发放 225 张测试牌照 (baidu.com) [EB/OL]. https://baijiahao.baidu.com/s?id=1724435316611352010&wfr=spider&for=pc.

2021年，北京发布了《北京市数据中心统筹发展实施方案（2021—2023年）》，提出按照“四个一批”总体思路，以集约化、绿色化、智能化为目标，打造世界领先的高端数据中心发展集群。《2021—2022年北京及周边地区数据中心市场研究报告》显示，2021年北京及环京地区传统数据中心市场规模约357亿元，市场规模全国排名第一，在运营数据中心机柜数量约49万架，仅2021年就新增了8.7万架，其中5.6万架位于环京区域，可有效承接北京市数据中心的产业溢出[26]。

二、强大科教资源优势，助力数字技术不断突破

北京是全国乃至全球科技创新资源最聚集的城市之一。2014年以来，北京坚持“四个中心”功能建设，全力推进科技创新中心建设，在《国际科技创新中心指数2021》中排名第四。全社会研究与试验发展（R&D）经费投入总量由2012年的1063.4亿元增加到2021年的2629.3亿元，年均增长10.6%。其中，2021年北京研发投入强度超过6%，每万人发明专利拥有量183.1件，是全国平均水平的10倍左右，全市基础研究经费422.5亿元，约占全国的1/4。涌现出马约拉纳任意子、超大规模智能模型“悟道2.0”、新型基因编辑技术、“天机芯”、量子直接通信样机、超导量子比特芯片、“长安链”等一批全球领先的科技成果，为北京创新发展注入强大活力。

在数字经济主战场上，北京重点聚焦人工智能、量子信息、区块链等前沿领域，以及集成电路、硅基光电子、第三代半导体器件等重点领域关键核心技术的突破。

26 2021年北京及周边地区IDC市场发展简析[EB/OL].http://news.idcquan.com/news/193986.shtml.

在人工智能领域，智源人工智能研究院发布的《2020 北京人工智能发展报告》显示，北京拥有全国近 50%的人工智能高层次学者。得益于其优越的科技资源和人才优势，一大批全球领先的原创性科技成果相继涌现。例如，清华大学朱军团队研发的全球首个针对算法模型本身进行安全检测的技术平台 RealSafe；清华大学计算机系唐杰团队发布的可提供海量中英文文献检索的科技情报大数据挖掘与服务平台,涵盖了超过 2.7 亿学术论文数据和 1.33 亿学者数据；智源研究院建立的超大规模智能模型“悟道 2.0”（1.75 万亿参数），通过开放大模型 API（应用程序接口）等形式助力各类创新主体提高智能应用研发效率。

在量子信息领域，北京起步较早，牵头成立北京量子信息科学研究院，并产出一批重大原始创新成果，量子计算达到国际先进水平。早在 2016 年清华大学和山西大学联合团队就将纠缠态的高能光子对穿过 10 英里（约 16.1 公里）长的自由空间通道。2021 年由北京量子信息科学研究院发布的长寿命超导量子比特芯片，首次突破 500 微秒，打破了世界纪录[27]。2022 年清华大学团队首次实现通信距离达到 100 公里的量子直接通信新系统，是目前世界上最长的量子直接通信距离[28]。近期，量子信息领域又取得了重大突破，北京量子信息科学研究院袁之良团队首创量子密钥分发开放式新架构，实现了 615 公里光纤量子通信。该架构不仅可以确保量子通信的安全性，还能大幅降低系统建设成本，为我国建设多节点广域量子网络奠定了基础。此外，北京市的一些大型高科技企业如百度、京东等科技巨头也在量子计算领域积极布局。

27 500 微秒！长寿命超导量子比特芯片，北京创造新世界纪录[EB/OL].https://www.thepaper.cn/newsDetail_forward_14796225.

28 上海证券报.创纪录！我国量子通信又有新突破[EB/OL].https://view.inews.qq.com/a/20220413A09MLM00.

在区块链领域，北京在科研基础与技术实力方面均处于国内领先水平。顶尖高校与科研机构相继在北京设立区块链技术研发中心或实验室。如国家区块链技术创新中心、北京大学发起设立区块链研究中心、清华大学组建区块链技术联合研究中心等，研究范围涉及区块链底层技术、区块链安全、平台与标准、区块链金融等多个领域，并且已经取得了多项创新成果。其中，国家区块链技术创新中心由北京微芯区块链与边缘计算研究院（简称“微芯研究院”）牵头建设。微芯研究院曾牵头发布了国内第一个自主可控的区块链软硬件技术体系“长安链”。根据中国电子学会区块链分会联合多家单位发布的《2022 中国区块链城市创新发展指数》报告，北京在综合指标以及研发、人才、产业发展等多个单项指标均位于榜首。同时，区块链技术行业应用初见成效。例如，海淀区不动产登记事务中心应用区块链技术，实现了“不动产登记+用电过户”同步办理；北京互联网法院推出“天平链”，实现了自动验证该电子数据的完整性和存证时间。

在集成电路领域，北京市在碳基集成电路和新型磁存储领域具备国际领先优势。北京大学彭练矛院士团队开发的高密度高纯半导体碳纳米管阵列薄膜晶圆制备技术，突破了超大规模碳管集成电路发展的材料瓶颈。北京航空航天大学赵巍胜团队发明的自旋协同矩效应可实现高速读写非易失自旋存储器件，已被列入格罗方德的 MRAM 发展路线图。该团队还成功研制了国内首个 80nm 自旋转移矩——磁随机存储器器件（STT-MRAM），关键参数达到全球领先水平。此外，北京聚集了在光电子材料生长、光电子器件制备、平台工艺等领域的 30 多支优秀团队，如北京大学周治平团队、清华大学黄翊东团队、中科院半导体所刘峰奇团队、中科院微电子所王文武团队等。其中，北京中科院微电子所还率先搭建了国内首个具有完整硅光子工艺流片能力的平台，为北京实现全链条创新奠定了硬件基础。

近年来，为全面推进国际科技创新中心建设，北京系统推进“三城一区”和中关村国家自主创新示范区的建设，实施科技成果“三权”改革等。深化科技奖励制度改革，出台促进科技成果转化条例、“科创30条”“科研项目和经费管理28条”等法规政策。出台实施“人才五年行动计划”“中关村国际人才20条”出入境政策和外籍人才绿卡直通车、积分评估等政策。在《2021年全球创业生态系统指数报告》中，北京位列世界城市第三，并连续两年位居中国营商环境榜首。

三、大力发展数字产业，培育“高精尖”未来产业

1. 软件和信息服务业

北京早在2013年便获得“中国软件名城”的荣誉，2019年又荣获“国家首批综合型信息消费示范城市”，是我国软件信息服务产品体系最完整、创新创业最活跃的城市，拥有涵盖基础软件、应用软件、信息技术服务、互联网信息服务、嵌入式软件等领域的完整产业链。从营业收入看，2018年产业规模首次突破万亿元大关，2021年迈上2.2万亿新台阶，同比增长26%，位列全国第一。行业人均营业收入突破200万元，是2017年的1.8倍，规模以上企业平均营业收入达5.7亿元，是2017年的1.9倍。软件和信息服务业增加值占全市GDP比重从2017年的11.3%上升至16.2%，对北京市经济发展贡献度日益提升，软件和信息服务业作为北京市战略性支柱产业地位进一步凸显。

从企业规模看，达到百亿规模的北京软件企业已有 18 家，入选 CBInsights 独角兽榜的有 60 家，上市的有 260 多家，还有一批头部企业，如跨入“千亿俱乐部”的字节跳动。在“2021 年中国互联网综合实力前百家企业”中北京企业占了 34 家；“2021 年度软件和信息技术服务企业竞争力前百家企业”中北京企业占了 36 家；“国家鼓励的重点软件企业”北京企业占了 58 家，入选企业数量和产业集聚效应均居于全国首位[29]。

北京市软件和信息服务业营收情况（2012—2021年）
（单位：亿元，%）

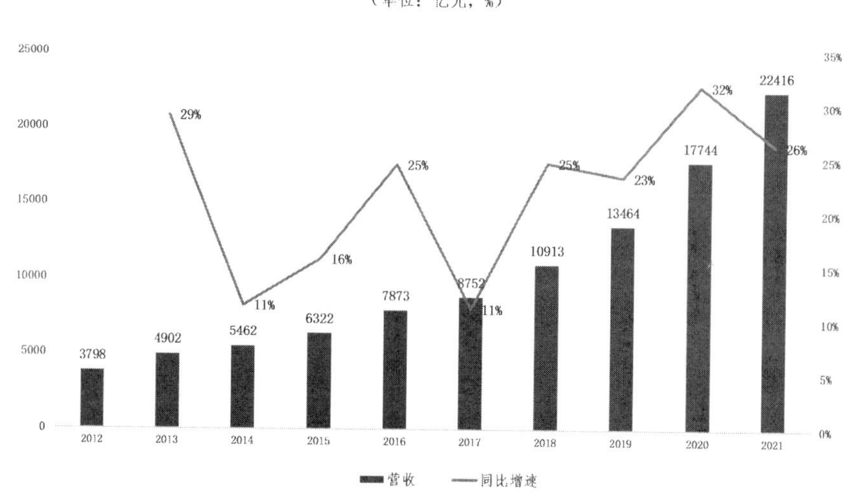

图 3-1 2012—2021 年北京市软件和信息服务业营收情况[30]

从产业分布看，《2021 北京软件和信息技术服务企业综合实力报告》对达到领先水平且具有代表性的百家企业进行了分析，结果显示，海淀区有 63 家，朝阳有 23 家，合计占比超过 80%；经开区、通州区第一次进入榜单，共有 4 家。从业务模式看，百家企业以行业应用软件为代表的企业服务占据主体地位。同时百家企业呈现多元化的特征，既有传统的软件产品、解决方案、定制

29 中国新闻网. 北京软件和信息服务业稳健增长去年实现营收 2.2 万亿元[EB/OL]. https://baijiahao.baidu.com/s?id=1735892670106270961&wfr=spider&for=pc.
30 数据来源：北京市统计局。

开发模式，也有云服务、开源等先进模式。从研发投入看，百家企业累计投入研发经费高达 1217 亿元，研发投入占比达到 32%；百家企业累计发明专利达到 34796 项。其中，前 10 企业的研发投入之和达到 908 亿元，占比 74.6%；发明专利达到 20352 项，占比 58%。从出海收入看，百家企业中 51 家企业拥有海外收入，其中，16 家企业的海外收入突破 1 亿美元。百家企业拥有海外分支机构共计 232 个，海外员工 6267 人，产生海外收入 245.28 亿美元。其中，海外收入最高的企业达到 192.3 亿美元[31]。

2. 网络安全产业

北京市党政机关、央企总部、行业龙头聚集，奥运会、冬奥会等重大活动频繁举办，先天对网络安全拥有大量需求。在京重点高校、科研院所能够为网络安全建设提供人才支撑。二者为北京网络安全产业发展提供了坚实基础。经过多年发展，北京在防火墙、数据防泄漏、防病毒、身份管理与认证、网络安全服务、云安全服务和大数据安全等领域均有布局，形成了较为完整的网络安全产业结构。

北京产业集聚优势明显。2020 年北京市网络安全产业规模突破 700 亿元，占全国的 41%；企业数量 850 家左右，占全国的四成。2022 年北京网络安全企业数量达到 932 家，位居全国首位，头部企业效益凸显[32]。网络安全营收规模全国排名前 10 的企业有 5 家在北京，北京市网络安全上市企业共 8 家，占全国的 40%。

国家网络安全产业园作为工信部与北京市共建的网络安全产业园，包括海淀园、通州园、经开区信创园三个园区，已累计集

31 北京软件和信息服务业协会.2021 北京软件和信息技术服务企业综合实力报告[R].2022.
32 国家网络安全产业园区·通州园政策发布会在京举行[EB/OL].https://baijiahao.baidu.com/s?id=1702180324799523396&wfr=spider&for=pc.

聚 196 家企业，其中经开区信创园开园仪式上已签约落地 30 家信创企业，涉及龙芯、华为、飞腾等自主核心芯片项目，统信操作系统 UOS 项目，浪潮、联想、同方计算机等高端研发及智能制造项目，构筑了信创产业的“四梁八柱”[33]。

3. 新一代信息技术产业

根据《北京市“十四五”时期高精尖产业发展规划》，北京市新一代信息技术产业将重点布局人工智能、先进通信网络、超高清视频和新型显示、产业互联网、网络安全和信创、北斗、虚拟现实七大细分领域，特色产业集群主要分布在海淀区、朝阳区、北京经济技术开发区。北京新一代信息技术产业的发展有着起步早、发展快、引领作用强的特点。在 2016—2020 年期间，北京新一代信息技术产业产值规模呈现逐渐增长态势，2020 年产值规模达 2345.4 亿元，同比增长 17.9%，复合增长率约 13%（见图 3-2）[34]。新一代信息技术产业已经成为北京市经济增长重要引擎。

在人工智能产业人才、创新成果和产业生态体系等方面北京均处于国内领先水平。根据北京智源人工智能研究院（以下简称“智源研究院”）联合多家机构共同发布 2021 年人工智能全球最具影响力学者——“AI 2000 榜单”，北京在人工智能 17 个细分领域全国领先，高影响力学者数量共计 63 名、82 人次，占全国总人次的 36%，位居榜首。不仅高影响力学者数量居全国之首，学术成果也相当显著，拥有超 4000 位在国际顶级期刊或顶级会议发布过论文的人工智能领域学者，占全国的近 30%。截至目前，北京人

33 信创产业发展观：成为数字化转型的驱动引擎[EB/OL].https://baijiahao.baidu.com/s?id=1687579471885571476&wfr=spider&for=pc.
34 数据来源：北京市统计局、前瞻产业研究院。

工智能相关企业数量约 1500 家，占全国的 28%，居国内首位，培育了 30 余家人工智能独角兽企业。[35]

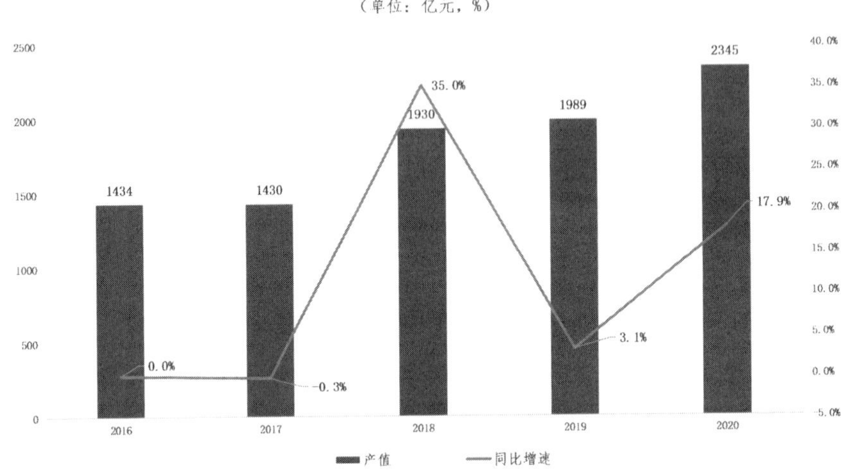

图 3-2 2016—2021 年北京市新一代信息技术产值情况

北京有着全国最完整的北斗产业链布局。截至 2019 年，规模以上企业约 116 家，产业规模超过 500 亿元，已形成“南箭北星”的产业格局，即在大兴区、经开区建设商业航天产业基地以及商业火箭创新中心，做强“南箭”；在海淀区建设商业卫星产业基地等，做强“北星”。依托北京强大的科技研发资源，商业航天产业在北京快速发展，成功建设运营中国首个低轨卫星物联网“天启星座”。2022 年 2 月，天启星座 19 星（延安号/平安 2 号）搭载长征八号遥二运载火箭于中国文昌航天发射场成功发射，标志着天启低轨物联网星座开启第二阶段组网建设[36]，加速卫星产业商业化进程。

35 17 和 1500+，北京人工智能产业领跑全国[EB/OL].https://www.ncsti.gov.cn/kjdt/xwjj/202106/t20210608_33977.html.

36 人民网.天启低轨物联网星座开启第二阶段组网建设[EB/OL].https://baijiahao.baidu.com/s?id=1725888495790782687&wfr=spider&for=pc.

四、深化传统产业数字赋能，实体经济提质增效

1. 工业数字化转型

近年来，北京市立足首都的城市战略定位，探索北京在“疏解非首都功能”背景下通过“两化”深度融合引领新旧动能转换的发展模式，通过推动企业智能化升级、赋能产业链升级、完善智能制造产业生态，不断发挥智能制造对产业数字化的引领带动作用。

首先，不断完善政策体系。北京市先后发布了《关于推进“互联网+制造”的指导意见》《北京市“十三五”时期软件与信息服务业发展规划》《北京市推进“两化”深度融合推动制造业与互联网融合发展行动计划》《北京市“十四五”时期高精尖产业发展规划》等重要政策文件，搭建产业升级的政策基石。其次，疏解非首都功能，为先进产业发展腾挪空间。“十三五”期间共清退2154家一般制造业企业，为首都的先进制造业特别是高新技术产业的发展腾出了更大的空间，也为北京构建高精尖经济结构创造了条件。再次，建设行业标杆性智能工厂。北京自2017年启动实施“智造100”工程，累计实施103个示范项目，示范企业人均劳动生产率提高100%以上，产品研制周期平均缩短26%，涌现出福田康明斯、三一智造、小米等一批智能制造行业标杆，国家级智能制造系统方案供应商数量居于全国首位37。最后，推动全市工业企业上云。截至2020年9月，北京市东方国信、用友、航天云网三家双跨平台平均工业设备接入数已达75万台，服务工业企业近80万家。全市规模以上工业企业上云、上平台率达40%以

37 打造数字标杆 融入新发展格局 下好北京“十四五”高质量发展“先手棋”[EB/OL].https://www.qlwb.com.cn/detail/18279595.html.

上，中小企业上云、上平台用户突破20万[38]。据统计，2021年，北京数字化效率提升业增加值达到7333.8亿元，增长9.3%；规模以上工业企业生产设备数字化率超54%，关键工序数控化率超53%[39]。

2. 服务业数字化转型

在数字消费内容产业培育方面，北京正在加速推进数字应用场景建设和推广，如支持新兴超高清融媒体视听业态与8K超高清视频制作，推动电竞平台与精品游戏研发基地建设等。目前中关村科学城数字文化产业园已累计引入企业80余家，发放在京过审游戏版号40余个，举办近1400场次电竞赛事活动[40]。同时，北京数字出版快速发展，2020年北京市数字出版产业收入规模达3604.19亿元，比上一年增长了27.8%[41]。

在数字贸易产业发展培育方面，北京迈上发展的快车道。作为我国数字服务出口的桥头堡，北京正着力打造数字贸易示范区。根据联合国贸易和发展会议关于"可数字化交付服务贸易"口径，2017—2020年，北京市数字服务贸易进出口总额由502亿美元增长至619.9亿美元，年均复合增长7.3%，占服务贸易的比重由35%提升至51%。同时，北京数字贸易的重点领域实现持续突破。2020年，北京离岸服务外包合同执行金额达77.8亿美元，同比增长2.7%；文化贸易出口30.1亿美元，同比增长6.4%；技术贸易实现合同金额76.31亿美元，其中出口38.9亿美元，占比51.0%。根据《北京市关于促进数字贸易高质量发展的若干措施》，到2025年北京数字贸易进出口规模达到1500亿美元，占全市进出口总额比重25%，

38 北京：构建工业互联网发展新高地[EB/OL].http://www.szzg.gov.cn/2020/szzg/gzdt/202009/t20200923_5398516.htm.
39 北京全面加快建设全球数字经济标杆城市[EB/OL]. http://tjj.beijing.gov.cn/tjsj_31433/sjjd_31444/202204/t20220408_2669178.html.
40 国际消费中心城市建设迎一周年，北京打造"数字+"消费新范本[EB/OL]. http://jxj.beijing.gov.cn/jxdt/gzdt/202207/t20220713_2771043.html.
41 2020年北京数字出版产业收入规模超3600亿元[EB/OL].https://m.gmw.cn/baijia/2021-12/28/1302739680.html.

其中，数字服务贸易占全市服务贸易的比重将达到75%。可以预见，未来几年北京数字贸易将加速发展。

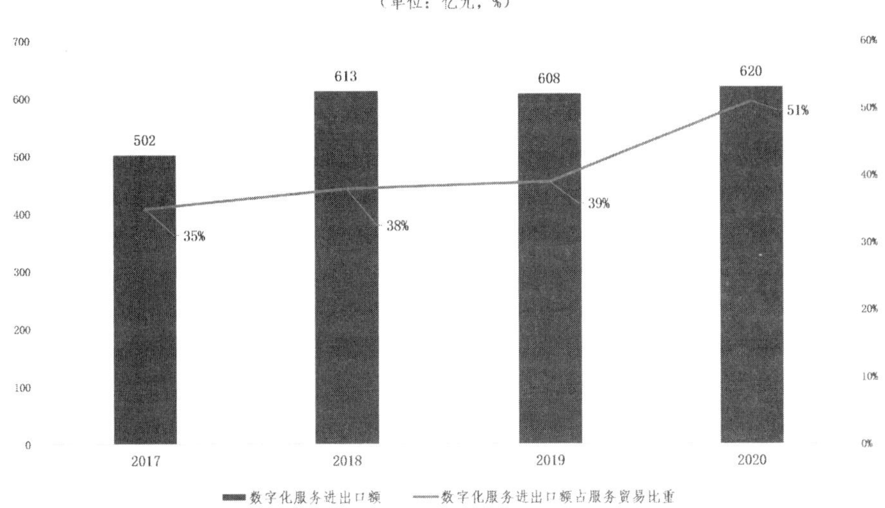

图 3-3 2017—2020 年北京市数字服务贸易进出口额及占服务贸易的比重

3. 农业数字化转型

北京市大力推进乡村振兴战略规划和数字农业农村建设，农业数字化水平有显著提升。农业生产领域，建设农业智慧平台，利用实时、动态的农业物联网信息采集系统，实现快速、多维、多尺度的农业信息实时监测，助力农业生产。在 2019 年农业农村部公布的 150 个“互联网+农技推广的云平台”项目中，北京市有 35 个项目上榜，占比超过 20%[42]。利用“北斗+农机”模式，提高农机生产效率，目前已推广应用 350 余台自动导航驾驶农机[43]。农产品销售领域，北京通过直播销售、小程序、线上消费节、农商

42 赞！北京 35 个！2019 数字农业农村新技术新产品新模式优秀项目公布[EB/OL]. https://mp.weixin.qq.com/s/PB8L1DZTBKLPVWF9Wq8JYA.

43 北京日报.无人驾驶拖拉机用上北斗高精度定位技术，350 余台套智能农机播种小麦[EB/OL].https://baijiahao.baidu.com/s?id=1714864105459407434&wfr=spider&for=pc.

对接等方式，积极推进农产品电子化交易，充分利用线上渠道，为农产品销售助力。

企业总部位于北京的中粮我买网、本来生活网等10家企业进入全国农业电商企业前20强。农村新基建领域，北京市全面提升宽带及5G在农村的建设水平，基本实现4G通信网络的全量覆盖、重要交通干线5G网络广度覆盖。北京移动目前家庭宽带已覆盖2010个行政村，农村覆盖用户数达100多万户，全市所有光纤入户的行政村已具备千兆带宽接入能力[44]。农村治理领域，平谷区启动“百姓通数字乡村治理”试点，建立钉钉“百姓通”。目前已覆盖20个村、1.2万居民，重点推广使用的“一户一钉”激活率超过70%，基本实现了基层治理组织数字化工作[45]。此外，建设农村管理信息化平台，应用智能分析和3S等信息化技术，实现“三资”管理、社会稽查等十二项功能，能够为政府、企业、农户提供农村土地、合同、产业、资金、资产等多方面服务保障[46]。

五、以人为本、数据赋能，建立数字化治理体系

1. “三京”建设

北京通过建设“京通”“京办”“京智”三个终端，打造智慧城市的统一服务入口。其中，“京通”是为自然人和法人提供多项便民服务的一站式平台，是实现政务事项“一网通办”“掌上办”“一次办”的重要抓手。如“京通”已经上线的针对老年人“数字鸿沟”问题的长者专版，足不出户“出生一件事”办理服务，助力酒店实现“无证”入住的电子证照服务，以及针对特

44 让农村用上高品质网络北京移动开展“乡村数智化工程”[EB/OL].https://view.inews.qq.com/a/20211207A0514Z00.
45 北京平谷“百姓通”促进乡村治理数字化[EB/OL].https://new.qq.com/rain/a/20220315A04Y8B00.
46 北京平谷区请来了“信息管家”[EB/OL].https://baijiahao.baidu.com/s?id=1737567942040888833&wfr=spider&for=pc.

定人群的定向服务等。“京办”定位为北京市政务服务统一平台，为市、区、街、居4级的政务工作人员提供协同办公服务。目前平台已完成对全市近6万名政务工作人员的身份认证，信息汇聚形成“可信数字身份库”，有效支持了50多家委办局、600多个政务系统业务运行[47]。“京智”已为49个部门开通服务，为政府决策提供辅助。截至2021年12月底，已与459个信息系统联网，实现772类数据和3893个城市运行监测指标的接入。

2. 北京国际大数据交易所建设

2021年3月，北京国际大数据交易所正式成立，是国内首家基于“数据可用不可见，用途可控可计量”新型交易范式的数据交易所，旨在打造国内领先的数据交易基础设施和国际重要的数据跨境流通枢纽，同时也是北京市落实建设“国家服务业扩大开放综合示范区”和“中国（北京）自由贸易试验区”的重点项目[48]。北京国际大数据交易所已累计引进近千个数据产品，数据交易调用量超过1300TB，已招引150余家数据服务及合作单位入驻，北京数据托管服务平台也已正式上线，成为全国首个支持数据跨境流转的数据托管服务平台。

3. 数字信用体系建设

北京在全国城市信用环境监测方面一直处于领先水平，是国内较早开展信用建设的省市之一。目前，北京已建成全市统一的公共信用信息服务平台，以全市大数据平台统一归集共享为依托，归集53个部门、1838项、近9亿条信用数据，累计向“信用中国”网站报送“双公示”信息155万条，数据合规率高达99%。

47 北京全力打造“京通”“京办”“京端”建设！数字认证积极赋能[EB/OL].http://stock.10jqka.com.cn/20220701/c640185963.shtml.

48 激活数据市场价值 北京国际大数据交易所成立[EB/OL].https://www.sohu.com/a/458474599_210640.

同时，北京全力打造京津冀地区信用信息共享应用机制。近年来，京津冀共同签署了《京津冀社会信用体系合作共建框架协议》《京津冀区域协同社会信用标准框架合作协议》，并联合编制了《京津冀守信联合激励试点建设方案（2020—2024 年）》，推进“信用+医疗”“信易贷”“信用+旅游”“信用+审批”“信用+家政”等区域一体化信用应用。此外，三地联合打造了“信用京津冀”网站，累计公示 408 万条三地行政许可、248 万条统一社会信用代码[49]。

参考文献：

1. 唐立军,朱柏成.北京数字经济发展报告（2021-2022）[M].社会科学文献出版社,2022.
2. 方力,贾品荣,姜宛贝.北京高质量发展报告（2022）[M].社会科学文献出版社,2022.
3. 专访北京市经信局局长:推动全球数字经济标杆城市建设取得新突破[EB/OL]. https://baijiahao.baidu.com/s?id=1736870421073741114&wfr=spider&for=pc.
4. 北京市“十四五”时期国际科技创新中心建设规划[EB/OL].https://www.ncsti.gov.cn/kjdt/lqjs/sjwj/202111/t20211124_51855.html.
5. 北京研发经费投入十年来年均增长 10.6%[EB/OL].https://news.sciencenet.cn/htmlnews/2022/9/487033.shtm.
6. 北京研发投入强度全国第一，多项科技创新成果领跑全球[EB/OL].https://baijiahao.baidu.com/s?id=1728456615938068496.
7. 北京量子信息科学研究院官网.http://www.baqis.ac.cn/news/?mid=225.
8. 关于北京发展区块链技术的现状、问题与对策[EB/OL]. https://www.changfeng.org.cn/data/admin/enclosure/2022-01-13/61dfe30a58e6e.pdf.
9. 朱晶.集成电路前沿技术趋势研判及对北京的启示[J].电子技术应用,2021(12):51-56.
10. 北京市“十四五”时期国际科技创新中心建设规划[EB/OL]. https://www.ncsti.gov.cn/kjdt/lqjs/sjwj/202111/t20211124_51855.html.

49 京津冀区域信用协同发展跨入新纪元[EB/OL].https://baijiahao.baidu.com/s?id=1649437372011719239&wfr=spider&for=pc.

第二节 北京城市数字力打造经验

作为首都，北京聚集了大批国家部委、央企及国企总部，也是国内大量头部企业的注册地，总部经济效应突出，数字化转型意识相对超前，城市数字经济发展顶层设计较为完善；同时北京也是我国智力资源最密集的城市，创新主体和创新成果丰富，科技成果转化诉求强烈；浓厚的创新氛围孕育了大批中小型科创企业，为经济发展注入强大活力。本节主要围绕上述三个方面对北京城市数字力打造的相关经验进行总结。

一、完善城市数字经济顶层设计

为加快推动北京市数字经济创新发展，打造全国数字经济发展先导区和示范区，北京市于 2020 年 9 月出台《北京市促进数字经济创新发展行动纲要（2020—2022 年）》，成为北京发展数字经济，打造城市数字力的纲领性文件。同月，为推动数据要素资源高效整合以及数据要素的价值化，北京又发布《北京国际大数据交易所设立工作实施方案》，还积极推进数据跨境流动安全管理试点。此外，为建设国际科技创新中心，构建高精尖经济结构，北京市于 2021 年出台《北京市“十四五”时期高精尖产业发展规划》，提出构建“2441”高精尖产业体系（见表 3-1），并对前沿数字产业、传统制造业和现代服务业的数字化转型提出发展目标。

表 3-1 北京市“2441”高精尖产业体系

两个国际引领支柱产业	新一代信息技术产业	人工智能、先进通信网络、超高清视频和新型显示、产业互联网、网络安全和信创、北斗、虚拟现实
	医药健康产业	创新药、新器械、新健康服务

"北京智造"四个特色优势产业	集成电路	集成电路创新平台、集成电路设计、集成电路制造、集成电路装备
	智能网联汽车	智能网联汽车整车、智能网联设施和关键部件、智慧出行服务
	智能制造与装备	智能机器人与自动化成套装备、智能专用设备、智能制造系统解决方案、智能终端、航空航天、轨道交通
	绿色能源与节能环保	氢能、智能电网和先进储能、绿色制造系统解决方案、智慧节能环保综合服务
"北京服务"四个创新链接产业	区块链与先进计算	先进计算系统、区块链开源平台、区块链应用
	科技服务业	研发设计、检验检测与工程技术服务，创业孵化、技术转移与科技金融服务，知识产权服务与科技咨询服务
	智慧城市	底层通用技术、城市感知体系建设、城市数据融合服务、城市运营开放平台
	信息内容消费	原创精品游戏与世界级电竞平台、信息消费体验服务
一批未来前沿产业	——	生物技术与生命科学、碳减排与碳中和、前沿新材料、量子信息、光电子、新型存储器、脑科学与脑机……

关于北京市数字力建设和数字经济发展的相关政策整理如表3-2所示。

表3-2 北京市相关政策文件（2020—2022年）（部分统计）

年份	文件名称
2020	《北京市促进数字经济创新发展行动纲要（2020—2022年）》
2021	《数字经济领域"两区"建设工作方案》
2021	《北京市"十四五"时期高精尖产业发展规划》
2021	《京津冀区域产业协同发展规划》
2021	《北京市"十四五"时期智慧城市建设控制性规划要求（试行）》
2021	《北京市"十四五"时期知识产权发展规划》
2021	《北京市"十四五"时期高精尖产业发展规划》

2020	《关于推进北京市金融公共数据专区建设的意见》
2020	《北京市关于促进北斗技术创新和产业发展的实施方案（2020 年—2022 年）》
2020	《北京市关于打造数字贸易试验区的实施方案》
2020	《北京国际大数据交易所设立工作实施方案》
2021	《北京市关于加快建设全球数字经济标杆城市的实施方案》
2021	《北京市智慧城市规划和顶层设计管理办法》
2021	《“十四五”时期北京市智慧城市发展行动纲要》
2021	《北京新型智慧城市感知体系建设指导意见》
2021	《北京市关于促进高精尖产业投资推进制造业高端智能绿色发展的若干措施》
2021	《关于促进高精尖制造业项目落地三年行动计划》
2021	《“新智造 100”工程实施方案》
2021	《北京市支持卫星网络产业发展的若干措施》
2021	《北京市高精尖产业发展资金管理办法（修订版）》
2021	《数据交易服务指南（通则）》
2021	《北京市关于促进数字贸易高质量发展的若干措施》
2021	《北京市数据中心统筹发展实施方案（2021-2023）年》
2021	《北京市人工智能算力布局方案（2021—2023 年）》
2021	《北京市数据中心统筹发展实施细则（试行）》
2021	《北京市数据分类分级指南（试行）》
2021	《“两区”试点企业数据保护能力评估测试办法（试行）》
2021	《北京市智能网联汽车政策先行区总体实施方案》
2021	《打造京津冀工业互联网协同发展示范区框架合作协议》
2021	《北京市氢能产业发展实施方案（2021—2025 年）》
2021	《京津冀工业互联网协同发展示范区建设方案（2021—2023 年）》
2021	《应对疫情防控常态化促进中小企业健康发展若干措施》
2021	《北京市 2021 年智慧城市建设重点工作任务》
2021	《北京城市码二维码编码规则（试行）》
2021	《关于加强政务诚信建设的实施意见》
2021	《重点职业人群诚信记录建设指引》
2021	《关于进一步规范公共信用信息归集共享和应用制度的实施意见》
2021	《关于开展北京市政务诚信建设评价迎接 2021 年国家营商环境评价工作的通知》

2022	《北京市数字消费能级提升工作方案》
2022	《北京市数字经济全产业链开放发展行动方案》
2022	《北京市数字经济促进条例》

二、加速释放高端创新要素价值

作为全球十大科技创新中心之一，北京具有打造城市数字力得天独厚的资源优势。一方面，北京市各类知名高校、研究所、科研机构数量远远领先于全国其他城市，且其科研经费投入比例较高。2021年全社会研究与试验发展(R&D)经费投入总量达2629.3亿元，投入强度超过6%。另一方面，北京市科技创新成果丰硕。2021年，每万人发明专利拥有量183.1件，是全国平均水平的10倍左右。同时，北京还拥有“独角兽之都”的称号。根据胡润研究院发布《2021全球独角兽榜》显示，2021年全球共有独角兽企业1058家，中国301家。其中，北京91家，企业数量全国第一，全球第二（仅次于美国旧金山），累计估值超过3万亿元，以电子商务、软件服务、人工智能等产业领域的企业最多。

此外，北京市出台了促进科技成果转化条例、科技成果权属改革方案以及支持高精尖产业发展人才等政策，全方位全流程保证前沿数字技术成功落地。在科技成果转化保障方面，北京市出台了《促进科技成果转化法》《北京市促进科技成果转化条例》。在科技成果权属方面，以海淀区国家纳米科学中心为改革试点单位，出台《国家纳米科学中心赋予科研人员职务科技成果所有权或长期使用权试点暂行管办法》和一系列配套文件[50]。在落地技术转让所得税优惠方面，将技术转让所得免征额由500万元提高到

50 海淀驻区科研院所职务科技成果赋权改革取得案例突破[EB/OL].https://zyk.bjhd.gov.cn/jbdt/auto4510_51816/auto4510_54705/auto4510/auto4510/202109/t20210910_4485440.shtml.

2000万元，降低科技成果转让成本，鼓励科技创新和成果转化。2021年，海淀区共24家企业享受税收优惠新政，合计减免所得额20.62亿元[51]。此外，推动科研成果证券化。2021年，首单专利许可知识产权证券化项目在深圳证券交易所审核通过，总规模不超过人民币10亿元[52]。

三、"专精特新"增强经济活力

北京中小企业具备企业主体数量多、科技含量高、市场活力强等鲜明特点。在广大的中小企业中，拥有核心技术的"专精特新"企业处于产业链和供应链的关键环节，呈现出"高精尖、高研发、高成长"特点。目前，北京已培育出4126家"专精特新"中小企业、1141家市级"小巨人"、257家国家级"小巨人"、38家单项冠军、20家隐形冠军。超过30%的企业营业收入复合增长率高于20%，超40%的核心技术产品填补国际或国内空白，超50%的核心产品属于关键领域补短板，超60%的研发费用占比在5%以上[53]。

为了促进"专精特新"中小企业健康有序发展，北京构建政策、服务、资金、创新、环境"五位一体"的工作体系。一是政策方面。近年来，北京市相继出台《关于推进北京市中小企业"专精特新"发展的指导意见》《北京市关于促进"专精特新"中小企业高质量发展的若干措施》等文件，不仅对促进"专精特新"企业发展进行了顶层设计，还制定了详细的落地措施。二是服务方面。针对"专精特新"企业构建了"金字塔形"梯次培育体系，

51 海淀"两区"建设高效推进[EB/OL]. https://new.qq.com/rain/a/20220407A0815I00.
52 北京市首单专利许可知识产权证券化项目在深交所成功获批[EB/OL]. http://news.sohu.com/a/465619921_121106842.
53 最新！北京市已培育"专精特新"中小企业4126家[EB/OL]. https://www.sohu.com/a/552565998_121123521.

形成滚动发展、梯次培育的格局。三是资金方面。将“专精特新”企业纳入信贷绿色通道。截至2022年3月，已累计放款1336笔平均利率低至3.6%的一年期以下的产品。此外，还推出针对“专精特新”出口型企业的绿色理赔通道及费率优惠。四是创新方面。建立“产业链龙头企业出题、中小企业答题”协同创新模式，促进“专精特新”企业成为“单打冠军”和“配套专家”。为“专精特新”企业提供免费智能化绿色化诊断、数字化平台和系统解决方案。五是环境方面。对企业发展中面临的困难和问题，按照“无事不扰、有求必应”的原则，及时掌握并推动解决[54]。

参考文献：

1. 方力，贾品荣，姜宛贝.北京高质量发展报告（2022）[M].社会科学文献出版社，2022.
2. 唐立军，朱柏成.北京数字经济发展报告（2021-2022）[M].社会科学文献出版社，2022.
3. 杨靖国：北京“五位一体”支持“专精特新”中小企业[EB/OL]https://3g.163.com/dy/article/H7GHA7T705520TZH.html?spss=adap_pc.

第三节 北京城市数字力打造案例

案例一、北京冬季奥运会的数字实践

在2022年北京冬奥会上，数字科技与赛事紧密结合，5G、人工智能、虚拟现实、智慧医疗等一些数字化科技成果在冬奥会上得到了运用。根据国际奥委会统计，北京冬奥会全球收视超过20亿人次，转播内容总生产量达到6000小时，超过上届平昌冬奥会4500小时，关注热度超过历届冬奥会。

54 出政策供服务，北京市经济和信息化局这样助力“专精特新”企业发展[EB/OL].http://jxj.beijing.gov.cn/jxdt/gzdt/202205/t20220516_2711234.html.

1. 保障赛事顺利运行

实时管控赋能。人工智能和超高速赛道摄像机的运用使得比赛过程中的细节捕捉成为可能，快速生成图片和视频，精确分析运动员的表现，为赛事裁判公正、科学提供技术保障。三维追踪器技术可以对运动员和器械的运动轨迹进行跟踪，跟踪数据将成为日后训练的重要依据。高精度天气预报。

高精度天气预报系统“睿图——睿思”将大数据和人工智能新技术结合，为冬奥山地赛场实现“百米级、分钟级”气象预报，保障各项赛事有序进行。保障医疗服务。数字化医疗服务体系为奥运赛事提供了强大的医疗保障。院前智慧急救解决方案（EMIS）为冬奥会提供了一体化综合院前急救服务，通过连接120急救中心、救护车及车内的医疗设备、通信设备、医院急诊科等泛IT解决方案，实现院前、院内无缝衔接与业务协同，赋能医疗机构提升院前急救效能。奥运诊室运用远程超声机器人诊断系统对闭环管理区内的患者进行超声诊断，实现了“医患无接触”诊断。支持餐饮服务。北京冬奥会的餐厅里从点餐到取餐，全部由机器服务，包括智能点餐系统、智能传送设备、汉堡机器人、炒菜机器人、煲仔饭机器人甚至咖啡机器人等约120台餐饮机器，在满足各国运动员用餐需求的同时，实现无接触智能送餐。

2. 疫情的数字化管控

此次疫情在全球范围内的扩散，对北京冬奥会构成了不小的挑战。数字技术在北京冬奥会控制疫情影响方面发挥了重要作用。根据冬奥手册，全球范围内的赛事参与者需要安装名为“My2022”的APP，并在抵达北京前14天将自己的健康状况上报，纳入“健康监控系统”（HMS）。冬奥期间，结合核酸检测和健康通行码对相关人员进行大数据管理，自动实时采集体温并在出现异常数值时向数字监控系统发出警报。

3．全面支持赛事传播

由时速 350 公里、集高铁、5G、4K 技术于一身的复兴号智能动车负责往返于冬奥会三个赛区之间，打造了全球首个高铁 5G 超高清奥运演播室，实现 5G 高清赛事直播。据国际奥委会统计，奥林匹克社交媒体账号在北京冬奥会期间受到全球大量年轻人的关注，粉丝数量增长超过 1000 万。全球有 6400 多万人通过奥运网站和手机 APP 收看了这场盛会。YouTube 的奥运频道观众人数较 2018 年平昌奥运增长 58%[55]。

4．带动相关产业发展

引领文创产业发展。冬奥数字藏品在北京冬奥会期间受到全球追捧。国际奥委会官方授权的“冰墩墩”数字盲盒于北京时间 2 月 12 日凌晨在 nWayPlay 平台发售，每个 99 美元，由于 IP 热度高，冰墩墩数字产品在二次交易时出现了价格暴涨。例如，北欧联合北京 2022 吉祥物别针，原价 99 美元，最高报价达到 88888 美元，暴涨了近 1000 倍[56]。4 款 “雪娃”“冰娃”运动形象数字藏品出现了“开售即秒磬”的现象。

促进数字货币推广落地。北京冬奥会开创了在奥运会期间使用数字货币的先河。在无人售货车、自助售货机、无人超市等场景中，增加了除现金和 VISA 外的支付方式。中国人民银行官方信

55 “数字冬奥” 掀开数字全球化的新篇章[EB/OL].http://ex.cssn.cn/gjgxx/gj_bwsf/202203/t20220311_5398066.shtml.
56 新浪科技.冰墩墩 NFT，值 88888 美元？[EB/OL].https://finance.sina.com.cn/tech/2022-02-16/doc-ikyamrna1006421.shtml.

息显示，冬奥会期间人民银行与河北省、石家庄、张家口以及其他金融机构形成“三横一纵”数字人民币支付试点布局，协调推进冬奥会支付服务环境建设。为助力数字人民币试点应用落地，张家口地区在冬奥会期间开设53家银行网点，在冬奥会核心区新建3个临时金融服务区，改造提升4家银行网点[57]。

丰富自动驾驶应用场景。北京冬奥会期间，围绕着各项赛事项目和服务保障，自动驾驶在冬奥会期间大放异彩。其中，无人配送车和无人零售车为园区内的游客提供餐饮服务保障；智能清洁车为园区内的卫生清洁做了大量的服务保障；智能巡检机器人为园区内的安全巡逻提供无人化安保；无人驾驶小巴为游人提供出行服务；自动驾驶车队为游客参观提供无人驾驶体验等等。通过北京冬奥会，自动驾驶场景应用加快落地，确立了北京在全国自动驾驶领域的领先地位。

案例二、北京中关村的创新发展之路

中关村国家自主创新示范区起源于20世纪80年代初期的中关村电子一条街，经过30余年的发展和国家多次重大决策部署，如今已成为我国首个国家级自主创新示范区，并正在加快建设具有全球影响力的科技创新中心，是我国创新发展的一面旗帜。

1. 发展现状

2012年10月经国务院批复，中关村创新发展示范区空间规模扩展为488平方千米，构建了“一区十六园”[58]发展格局，培育形成新一代信息技术、生物与健康两大主导产业集群以及先进制造、

57 新浪财经.人民银行石家庄中支：全面推进冬奥会张家口赛区数字人民币试点工作[EB/OL].https://baijiahao.baidu.com/s?id=1723570906900517403&wfr=spider&for=pc.

58 包括海淀园、昌平园、顺义园、大兴—亦庄园、房山园、通州园、东城园、西城园、朝阳园、丰台园、石景山园、门头沟园、平谷园、怀柔园、密云园、延庆园。

现代交通、新能源与节能环保、新材料四大重点产业集群和以科技服务为核心的现代服务业集群。2021 年中关村国家自主创新示范区工业总产值规模达到 15369 亿元，占全市规模以上工业总产值的比重为 64.4%；规上企业研发费用同比增长 21.5%，技术收入占总收入的比重为 24%[59]。

2. 发展历程

第一阶段（1983 年—1988 年），起步于 20 世纪 80 年代的“电子一条街”。1978 年 3 月，全国科学大会提出“科学技术就是生产力”，将发展科学技术提升到战略高度，并发布了《关于科学技术体制改革的决定》。海淀区是当时我国最大的智力密集区，而中关村又是海淀区的核心，将科学技术成果转化为市场产品的热情被改革政策点燃。在政府的支持下，一批“下海”经商的科技人员聚集于中关村地区，探索将科技成果转化为生产力的路径。例如，被称为“中关村民营科技第一人”的陈春先辞去中国科学院物理研究所的工作，创办了北京等离子体学会先进技术发展服务部。至 1987 年，以“两通两海”（四通公司、信通公司、科海公司、京海公司）为代表的近百家科技企业聚集于此，被人们称为“电子一条街”。这一阶段的主要产业是电子产品贸易。

第二阶段（1988 年—1999 年），进入“北京市新技术产业开发试验区”时期。中关村的探索和尝试引起了社会广泛关注。不仅有新华社《国内动态清样》的系列调查报告，还有中央调查组对中关村地区新型科技企业的深入调查与肯定。1988 年 5 月，国务院批准在中关村建立“北京新技术产业开发试验区”（简称“试验区”）。同时北京出台了《北京市新技术产业开发试验区暂行

59 数据来源：《北京市 2021 年国民经济和社会发展统计公报》，中关村科技园区管理委员会官网。

条例》，标志着北京市新技术产业开发试验区正式成立，也是我国首个新技术产业开发园区，后来经过 1994 年和 1999 年的两次调整，形成“一区五园”的空间格局[60]。这一阶段，中关村的主导产业从电子产品贸易向技术研发和生产制造转变。

第三阶段（1999 年—2009 年），进入“中关村科技园区”时期。1999 年，经国务院批复“试验区”变更为“中关村科技园区”。2005 年，国务院出台支持做强中关村科技园区的 8 条政策措施，2006 年，中关村科技园区总面积被调整为 23252.29 公顷，形成“一区十园”的格局[61]。这一阶段中关村初步形成了涵盖研发设计、生产制造、商贸服务的完整产业链。

第四阶段（2009 年—今），进入“中关村创新示范区”时期。2009 年，国务院批复同意支持中关村科技园区建设“国家自主创新示范区”（简称“中关村示范区”），明确要求将中关村建设成为具有全球影响力的科技创新中心，成为创新型国家建设的重要载体，并同意在中关村示范区开展试点工作，如实施股权激励、科技金融改革创新等。至此，中关村成为中国首个国家级自主创新示范区。2012 年“中关村示范区”的空间布局调整为“一区十六园”。

3. 经验总结

由此可见，中关村科技园或者中关村示范区，并非传统产业园，而是在国家的指导规划下，纳入政策覆盖范围的一系列片区的统称。中关村所取得的成绩既离不开多元市场主体的创新创业，也离不开市场化机制在资源配置中的作用，更离不开政府的组织、

60 丰台园、昌平园、电子城、亦庄园等纳入试验区的政策区范围。

61 包括海淀园、丰台园、昌平园、德胜园、电子城、亦庄园、石景山园、大兴生物医药产业基地等。

协调、规划和保障等多种作用。中关村发展的典型经验可以归纳为如下三个方面：

第一，充分发挥市场和政府两个主体的作用，打造优良的创新生态环境。中关村从一批科研人员“下海”经商，探索科技成果转化为市场应用的道路起步，到发展为“试验区”“科技园”和“示范区”，都遵守着“以企业为主体，以市场为导向”的原则，充分发挥市场在技术、资本、资源等多方面的配置作用。同时，中关村的创新发展，也离不开国家在政策层面的引导和扶持，形成市场和政府协同作用、共同发力的创新环境。

第二，坚持创新引领发展，瞄准国际前沿领域。中关村充分发挥海淀区人才集聚的优势，跟紧全球技术发展趋势，培育创新型领军企业和新兴产业集群。2017 年，北京市发布了《加快科技创新发展新一代信息技术等十个高精尖产业的指导意见》，中关村作为我国创新发展的示范区和战略性新兴产业策源地，重点发展新一代信息技术、集成电路、医药健康、智能装备产业、节能环保、新能源智能汽车、新材料、人工智能、软件和信息服务、自动驾驶以及科技服务业等产业。

第三，汇聚高端人才，培育发展主体。中关村通过“海聚工程”“高聚工程”、中关村硅谷创新中心、中关村渥太华孵化器等平台，汇聚全球一流高端人才。此外，还通过支持高校院所、领军企业或中介服务组织等共建一批国际化人才创新创业基地，开展外籍高层次人才取得永久居留资格程序便利化试点等工作。

参考文献：

1. 唐立军,朱柏成.北京数字经济发展报告（2021-2022）[M].社会科学文献出版社,2022.
2. 北京市科学技术委员会、中关村科技园区管理委员会官网,http://zgcgw.beijing.gov.cn/.
3. 北京到底有多少个中关村科技园？[EB/OL].https://baijiahao.baidu.com/s?id=1711574034632628230.
4. 中关村国家自主创新示范区统筹发展规划（2020—2035 年）[EB/OL].http://zgcgw.beijing.gov.cn/zgc/zwgk/ghjh/10864037/index.html.
5. 中关村：创新发展的一面旗帜[EB/OL].http://www.qstheory.cn/economy/2019-01/11/c_1123975913.htm.
6. 刚刚召开的这个发布会 解锁了“中关村经验”[EB/OL].https://www.sohu.com/a/335656006_355034.

第四章　上海

高位规划引领、建设特色园区、挖掘应用场景，打造“国际数字之都”新名片。

摘要

上海作为我国的国际经济、金融、贸易、航运、科技创新中心，实力雄厚，城市数字力发展水平处于全国领先水平。2021 年上海 GDP 实现 43215 亿元，在全国所有城市排名第一；数字经济增加值占 GDP 的比重已超过 50%，其中，数字产业化增加值超过 1000 亿元，产业数字化规模超过 1 万亿元，占 GDP 比重超过 40%，成为驱动上海经济发展的主引擎。2021 年上海提出了推动“经济、生活、治理”全面数字化转型、建设具有世界影响力的“国际数字之都”的发展目标。

本章通过梳理上海在数字基础设施、数字科技创新、数字产业化、产业数字化和数字化治理方面的发展现状，总结提炼出上海在打造城市数字力过程中的三大经验，即高位规划引领、特色产业园区承载和数字应用场景牵动，以期对其他城市的发展有所助益。另外，上海在数据价值化上的探索和元宇宙上的规划布局也极具地方特色，有很强的创新和示范意义，通过案例分析，以飨读者。

第一节 上海城市数字力打造现状

上海作为我国的国际经济、金融、贸易、航运、科技创新中心，城市数字力发展水平处于全国领先水平。2021 年，上海 GDP 实现 43215 亿元，在全国所有城市排名第一。中国信通院《中国城市数字经济发展报告（2021）》显示，上海数字经济竞争力排名仅次于北京，位居全国第 2 位，属于数字需求最为旺盛、数字基础设施最为完善以及数字创新要素、核心数字产业、数字融合应用、数字政策环境表现突出的综合引领型城市。上海数字经济增加值占 GDP 的比重已超过 50%，其中，数字产业化增加值超过 1000 亿元，产业数字化规模超过 1 万亿元，占 GDP 比重超过 40%，成为驱动上海经济发展的主引擎。2021 年首个工作日，上海市政府发布《关于全面推进上海城市数字化转型的意见》，提出上海推动“经济、生活、治理”全面数字化转型、建设具有世界影响力的国际数字之都的发展目标。

一、超前布局数字基建，筑牢城市数字力发展根基

2020 年 4 月，上海率先出台《上海市推进新型基础设施建设行动方案（2020—2022 年）》，2021 年 12 月又印发《上海新一代信息基础设施发展“十四五”规划》，着力构建以泛在智能、融合高效、绿色开放为显著特征的国际一流数字基础设施体系。

上海市统计局数据显示，上海“新基建”2020 年、2021 年分别完成新增投资 710 亿元、913 亿元，占全市固定资产投资总量的比重分别为 8%和 9.6%。截至 2021 年底，千兆光网接入能力已覆盖 961 万户家庭；家庭宽带用户平均接入带宽达 386.95Mbps，比

上年末增加 117.04Mbps；互联网省际出口带宽 31900Gbps，比上年末增加 3037Gbps；互联网国际出口带宽 8902.32Gbps，比上年末增加 1960.39Gbps。IPTV 用户数 559.53 万户，比上年末减少 5.31 万户。累计建设超 5.4 万个 5G 室外宏基站、14 万个室内小站，5G 基站密度达 7.6 个/平方千米，实现全市域 5G 网络基本覆盖，下载速率 400Mbps 以上。累计推进超 700 项 5G 应用项目，涉及智能制造、健康医疗、智慧教育等十大领域。5G 用户数达 1028.41 万户，比上年末增加 415.68 万户[62]。工业互联网方面，累计建成工业互联网平台 26 个，二级节点 11 个、标识解析注册量 10 多亿。启动建设首期规模为 100P 的市级公共算力服务平台和全国一体化算力网络长三角国家枢纽节点，在建机架规模约 6 万个[63]。启动运行国家（上海）新型互联网交换中心，建成临港、虹桥 2 条国际互联网专用通道，已服务特斯拉、携程、上海电气等 13 家企业。上海已经初步构建起实用高效、智能绿色、安全可靠的新型基础设施体系，为经济社会各领域的数字化转型提供了坚实支撑。

二、强化科技创新源动能，提升城市核心竞争力

上海既是我国科技创新的排头兵，也是区域创新格局的重要组成部分。加快建设具有全球影响力的科技创新中心是国家赋予上海的使命。2021 年，上海市全社会研究与试验发展（R&D）经费投入 1700 亿元，占全市 GDP 的比例约为 4.1%；牵头承担 929 项国家重大专项项目和 554 项国家重点研发计划项目，获得 4472 项国家自然科学基金项目；启动实施一批市级科技重大专项，包括量子信息技术、硅光子、人工智能、智慧天网、超限制造等专项；

62 数据来源：《2021 年上海市国民经济和社会发展统计公报》
63 “新基建 大空间”之一：上海全面发力新基建 着力扩大精准有效投资[EB/OL].https://mp.weixin.qq.com/s/xGxx8WmzGLlSjYhIAZAyfw.

科技创新综合水平跻身全球主要创新型城市前列，在世界科技创新集群中排名第八。

在数字经济主战场上，上海聚焦集成电路和人工智能产业核心关键技术攻坚，持续增强科技供给和自主创新能力。

在集成电路领域，近年来上海瞄准世界科技前沿，加强颠覆性技术研究布局，加快推进国家重大战略任务以及硅光子等市级科技重大专项的实施，在硅光子成套工艺与装备材料、先进射频、毫米波等技术领域取得突破。其中，在硅光子领域，上海未雨绸缪，提前发力。鉴于光子芯片相较于电子芯片的优越性以及我国在光子芯片的领先优势，大力发展光子芯片是实现芯片自主可控的有效路径之一。2017 年，上海市政府将“硅光子”列入首批市级重大专项，大力布局硅基光互连芯片研发和生产，旨在掌握关键核心技术，打造硅光芯片全产业链，摆脱对国外供应商的依赖。2017 年 9 月，上海微技术工业研究院“超越摩尔”8 英寸研发中试线投入运营，成为国内首条、国际领先的微机电系统（MEMS）中试线[64]。目前上海已经建成 8 英寸硅光子集成工艺平台，具备 90nm 工艺节点完整硅光芯片流片能力，构建起研发——中试——封测——产业化的完整产业链。

在人工智能领域，上海打造国内首个人工智能创新应用先导区，推动建设“国家新一代人工智能创新发展试验区”；开展人工智能相关规划研究并设立专项举措，聚焦人工智能发展面临的痛点难点问题，布局基础理论研究和关键技术攻关。其中，在人工智能相关规划领域，上海市发布了《人工智能标准化体系建设的

64 上海大力培养芯片制造人才，国内首条 MEMS 中试线向研究生开放[EB/OL].https://stcsm.sh.gov.cn/xwzx/mtjj/20210817/4bd8db4d1ef04d70921714953c8ad9e5.html.

指导意见》《上海市人工智能产业发展"十四五"规划》《上海新一代人工智能算法创新行动计划（2021-2023）》等支撑政策，其中《人工智能标准化体系建设的指导意见》是国内首个针对基础共性、关键技术、核心产业、行业技术和安全伦理等重点领域展开的标准编制工作，推动了技术标准与行业发展的深度融合。在算法领域，上海人工智能取得了多项创新成果。在基础算法方面，上海人工智能实验室联合商汤等单位发布国际领先的新一代通用视觉技术体系"书生"（Intern）、开源平台体系 OpenXLab 等。"书生"旨在系统化解决当下人工智能视觉领域中存在的任务通用、场景泛化和数据效率等瓶颈问题。开源平台体系 OpenXLab 是全球首个覆盖科研和工业需求的决策 AI 平台，打通了决策 AI 研究与产业需求的闭环链条。在应用算法方面，天壤发布国产自研蛋白质结构预测平台 TRFold2。冰洲石研发了全球首个由人工智能发现并获批进入临床试验的乳腺癌药物 AC0682。联影智能获得 CT 骨折医疗人工智能三类证，进入临床应用[65]。

上海持续提升新兴产业领域的创新能力，在新材料、智能制造、航空航天、海洋装备等领域攻克了一批关键技术，支撑引领重点产业高质量发展。例如，由上海树图区块链研究院研发完成并发布面向 Web3.0 的 Conflux OS 操作系统，由上海微创医疗机器人（集团）股份有限公司研发并成为国内首款获准上市的四臂腔镜手术机器人——图迈腔镜手术机器人，由上海水务局、上海工业控制系统安全创新功能型平台等共同打造建设的基于"数字孪生"的智能水务系统工业安全测试试验床等。

65 2021 年上海人工智能发展十件大事[EB/OL]. https://www.sheitc.sh.gov.cn/gydt/20220120/a5f39deffefa4fe78e14f07d0cf977f7.html.

上海面向全球汇聚创新资源，积极融入全球科技创新网络。目前拥有 516 家外资研发中心和 5 个国际科技组织在沪设立代表处。截至 2021 年，持永久居留证外籍人才数量约占全国的 1/3，连续 11 年入选“外籍人才眼中最具吸引力的中国城市”。此外，上海还主动参与科技创新国际合作，累计与五大洲 20 多个国家和地区签订政府间科技合作协议，“一带一路”科技创新行动计划已累计在 23 个国家共建了 28 个联合实验室和 14 个国际技术转移与孵化服务平台。

此外，上海坚持科技创新与体制改革 “双轮驱动”，形成较为完善的政策体系，为科技创新提供了有力支撑。早在 2015 年上海就发布了“上海推进科创中心建设 22 条”，明确通过体制机制改革促进创新的总目标。2019 年，为推动科技体制改革向纵深发展，上海发布实施科改“25 条”，对事关全局的重大体制改革问题进行了深入谋划和科学布局。此外，上海还出台了《上海市促进科技成果转化条例》《上海市推进科技创新中心建设条例》等法律法规和配套政策。

三、汇集高端产业要素，打造数字科技的前沿阵地

上海是我国重点集成电路产业基地，拥有国内最完整的产业链、最领先的综合技术和最强的自主创新能力。从 1958 年起，随着上海元件五厂、上海电子管厂和上海无线电十四厂的相继建立，上海集成电路行业实现从无到有的发展。进入 21 世纪，上海抓住国际芯片产业布局调整的历史机遇，引入一批芯片制造厂商，如宏力半导体、台积电等。到 2003 年，上海已拥有 11 家芯片代工企业，同时还实现了中芯国际、上海华力微电子等企业的建立与

投产。这些巨头企业的进驻，不仅为上海培养了大量集成电路专业人才，还为上海集成电路产业的发展提供了重要支撑。如今，上海集成电路产业已经形成集设计、制造、封装测试、配套服务于一体的完整产业链。据统计，上海集成电路产业2021年销售规模为2578亿元，同比增长25%，占全国1/4。拥有国内40%的产业人才，从业人员超20万，集聚超过700家行业重点企业，拥有科创板一半的集成电路上市公司。目前，上海已形成张江科学城、临港新片区两极协同的空间格局。2021年，张江集成电路产业销售规模高达1702.56亿元，占全市总量的66%，同比增长32.45%。从细分行业来看，设计业、晶圆制造业、设备材料同比增长分别为40%、35%、28%[66]。芯片设计是张江科学城的龙头产业，聚集了一批国际领军企业和国内顶尖企业，包括高通、AMD、英伟达、博通、MARVELL、赛灵思等。临港新片区以“东方芯港”为依托，目前已集聚了150多家集成电路的相关企业，总投资规模约2500亿元，初步形成了覆盖芯片设计、芯片制造、装备材料，以及封测、测试等产业环节的产业集群[67]。

上海人工智能产业发展迅速，获批国家新一代人工智能创新发展试验区和人工智能创新应用先导区。据上海经济和信息化委员会披露，截至2020年，上海市拥有人工智能重点企业1149家，实现2246亿元产值，同比增长超50%，从业人员达18.7万人，占国内人工智能人才的1/3以上。上海交大、同济大学等11所高校成立了人工智能研究院，9所高校设置了本科人工智能专业，38

66 张江高科：做浦东生态打造者，打造产业创新生态圈[EB/OL].https://laoyaoba.com/n/825825.

67 上海集成电路产业规模占全国1/4 [EB/OLF].https://baijiahao.baidu.com/s?id=1719617084349260220&wfr=spider&for=pc.

所高校开设 104 个人工智能相关学科专业68。截至 2022 年 3 月，上海人工智能企业申请专利 3932 件，其中发明专利接近 80%。上海人工智能领域投融资活跃。根据 IT 桔子数据显示，2021 年，上海人工智能行业投融资金额达 412.23 亿元，同比增长近 100%，投融资事件数量达 175 件，全国占比超过 20%[69]。此外，为推动产业发展与产业标准深度融合，上海还发布了国内首个“人工智能标准化体系建设的指导意见”。[70]

根据上海市大数据重点企业专项统计结果显示，2019 年年度本市大数据重点企业总数达到 973 户，累计总产值达 2388.3 亿元，累计大数据业务收入达 591.9 亿元。在大数据重点企业所属的不同产业链环节中，应用层企业达 564 家，占比超过 50%，总营业收入达 1162.3 亿；技术层企业 393 家，占比近 40%，总营业收入达 988.2 亿，集中在大数据基础软件、大数据采集、大数据存储、大数据处理、大数据可视化、大数据安全等核心业务[71]。根据《2021 年中国大数据优质企业名录》统计数据，2021 年上海市大数据企业共 1651 家，全国占比 10%，仅次于北京市和广东省。

四、数字技术全面赋能，构筑实体产业发展新动能

上海是国内发展工业互联网较早的区域之一。早在 2016 年上海率先提出发展工业互联网的设想，并于 2017 年发布全国首个工业互联网三年行动计划。2020 年又发布了“工赋上海”三年行动计划。在新主体培育方面，培育了 39 家综合解决方案提供商和 15

68 世界人工智能大会开幕，近距离体验 AI 创新的魅力[EB/OL]. http://sh.people.com.cn/n2/2021/0708/c134768-34812114.html.
69 前瞻产业研究院. 2022 年上海市特色产业之人工智能产业全景分析[R]. 2022.
70 2021 年上海人工智能发展十件大事[EB/OL]. www.sh-aia.com/news/detail382.htm.
71 对市十五届人大五次会议第 0302 号代表建议的答复[EB/OL]. http://sheitc.sh.gov.cn/rddbta/20210903/86052e870c3644678088ce324b39ca0d.html.

家具有影响力的工业互联网平台，实现了12万家中小企业上平台，工业互联网的核心产业规模达到1000亿元。在新场景构建方面，引导工业企业开放196个应用场景，实施“揭榜挂帅”机制，推进国资国企数字化转型；在产业生态建设方面，深入推进“长三角工业互联网一体化发展示范区”建设[72]，先后落地国家首个工业互联网创新中心、标识解析国家顶级节点、首支地方性专项产业基金、首个地方性工业互联网协会等。截至2022年3月9日，上海国家顶级节点共接入64个二级节点，累计标识注册量突破600亿，累计标识解析量超400亿次，接入企业节点接近6万家，各项指标均位居五大国家顶级节点前列[73]。2021年，上海市5家企业被评为国家级智能制造试点示范工厂，20个场景被评为国家级智能制造优秀场景，示范工厂数量居全国城市首位、优秀场景数量居全国省市首位。[74]

2020年，上海提出建设具有国际影响力、国内领先的在线新经济发展高地，发布促进在线新经济23条，上海在线新经济爆发澎湃动能。市场占有率上，上海占据全国第三方支付60%市场份额、全国网络文学90%市场份额、全国网络游戏30%市场份额、全国本地生活服务70%市场份额[75]；业态创新上，叮咚买菜、盒马鲜生等引领全国优选买菜模式业态创新，小红书拿百亿流量扶持多品类视频创作，创造“种草经济”新模式，在线金融形成了第三方支付、互联网保险、消费金融、互联网票据等丰富新兴业态，推动在线金融全年增速超过两位数；龙头企业发展上，米哈游推出全

72 2021工业互联网创新发展促经济数字化转型大会成功举办[EB/OL].https://news.e-works.net.cn/category802/news90822.htm.

73 走进上海，看工业互联网标识解析赋能变革的滚滚浪潮[EB/OL].https://xw.qq.com/amphtml/20220310A07RM400.

74 上海斩获2021年度国家级智能制造试点示范“双料冠军”[EB/OL].http://www.cbmf.org/BMI/xyxxh/znzz/7139296/index.html.

75 大江东丨2700亿！上海，开局就是决战 起跑就是冲刺[EB/OL].http://sh.people.com.cn/n2/2021/0105/c134768-34511461.html.

球收入最高手游产品，爱库存被称为国内社交电商黑马，声网成为纳斯达克全球实时互动云第一股，宝尊成为电商代运营“隐形冠军”等；新生代企业成长上，上海20家企业入选工信部“2020中国互联网百强企业榜”，数量仅次于北京（31家）。企业家群体获得广泛关注，在胡润“2020中国新经济年度人物”榜单中，上海占据1/6，“80后”成为上海企业掌门人的重要标签；产业集群打造上，引进美团点评、字节跳动、SAP、360、哔哩哔哩、喜马拉雅、京东、文思海辉等20余个国内国际龙头和上下游企业沿中环产业带设立新总部，总投资超过1000亿元；产业载体建设上，2021年1月“张江在线”“长阳秀带”两个在线新经济生态园正式揭牌成立，首期建筑规划面积超过150万平方米，将对标国内外知名信息科技产业园区，打通“技术+产品+场景+服务+消费”覆盖全产业链的内外循环[76]。

五、建立“3＋2＋1”体系，打造精细高效治理模式

上海市政府一直非常注重利用先进数字技术提升经济社会的治理效率。继《关于全面推进上海城市数字化转型的意见》《上海市数据条例》以及《推进上海经济数字化转型，赋能高质量发展行动方案（2021—2023）》《推进上海生活数字化转型，构建高品质数字生活行动方案（2021—2023年）》之后，上海市又出台了《推进上海治理数字化转型实现高效能治理行动方案（2021—2023年）》，提出要构建“3＋2＋1”（3即“经济治理、社会治理、城市治理”应用体系；2即“一网通办”“一网统管”；1即“一体化数字底座”）的治理数字化转型工作体系。

76 对市十五届人大五次会议第0985号代表建议的答复[EB/OL].http://sheitc.sh.gov.cn/rddbta/20210910/bc184d21fd544df3939d24eb77f17aae.html.

其中，在政务服务和城市运行方面，上海以“一网通办”“一网统管”的建设应用为抓手，充分发挥数据赋能优势，对海量城市要素进行数字化分析，对城市复杂系统做智慧、动态、精细的调控，破解超大城市治理难题。2021 年底，“一网通办”总门户共接入 3458 项服务事项，全程可联网办结的事项占比达 87%。个人实名“一网办”用户达 6195 万人，同比增长 40.3%；法人用户突破 249 万户。推动 30 类电子执照在长三角地区三省一市共享互认，实现 126 项跨省通办服务事项。拓展“一网办”长三角地区线下专窗，开设线下专窗办理点 567 个，全程网办办件 537 万余件[77]。“一网统管”每天汇聚、共享、交换数据超过 10 亿条，分布在全市数以亿计的智能物联终端，让超大城市巨系统“透明、可控”。目前，全系统已支持全市 70 多个部门/单位、200 多个系统、1200 多项应用[78]。2022 年 5 月，上海市人大常委会表决通过《关于进一步促进和保障城市运行“一网统管”建设的决定》，进一步明确了“一网统管”的建设目标、运行体系，强调了“一网统管”在基层治理、疫情防控中的应用。

参考文献：

1. 《2021 上海科技进步报告》
2. 十年来上海科技创新事业的发展情况和成效[EB/OL].https://en.shio.gov.cn/TrueCMS/shxwbgs/2022n_9y/content/3154d25f-4245-4411-b2f3-289e1066dc93.html.

77 数据来源：《2021 年上海市国民经济和社会发展统计公报》。
78 “一网通办”“一网统管”齐头并进，牵引带动超大城市治理现代化[EB/OL].https://baijiahao.baidu.com/s?id=1735766208502547156&wfr=spider&for=pc.

第二节 上海城市数字力打造经验

上海，作为我国经济发展最活跃、开放程度最高、创新能力最强的城市之一，一直致力于建设具有全球影响力的科创中心城市。凭借其雄厚的产业基础、丰富的科技资源、强大的研发能力，上海市数字经济竞争力全国领先。上海在数字相关领域产业规划、特色产业园区建设和数字应用场景开发等方面的做法不仅颇具城市特色，而且还具有一定的借鉴意义。

一、高位规划布局，引领数字化转型

上海是中国经济的领头羊，其数字经济的政策规划也颇具城市特色和引领价值。

从2019年开始，上海先后发布《上海市数字贸易发展行动方案（2019—2021年）》《上海加快发展数字经济推动实体经济高质量发展的实施意见》，以推动数字技术与实体经济融合发展。进入十四五发展阶段，上海对城市数字力发展的政策规划更加系统，提到了推动整个城市数字化转型的高度。2021年上海出台《关于全面推进上海城市数字化转型的意见》，明确提出“要坚持整体性转变，推动‘经济、生活、治理’全面数字化转型，构建数据驱动的数字城市基本框架,并计划至2035年将上海打造成为‘具有世界影响力的国际数字之都’”。在此基础上，上海相继出台了《上海市促进城市数字化转型的若干政策措施》以及《推进上海经济数字化转型赋能高质量发展行动方案（2021—2023年）》《推进上海生活数字化转型构建高品质数字生活行动方案（2021—2023年）》《推进上海治理数字化转型实现高效能治理行动方案

（2021—2023 年）》三大核心方向的转型行动方案，构建了“1+4”的城市数字化转型政策体系。此外，针对十四五时期，上海专项出台了《上海市全面推进城市数字化转型“十四五”规划》和《上海市数字经济发展“十四五”规划》，作为近五年上海数字经济和城市数字化转型的指导性文件，目标是“到 2025 年，形成国际数字之都的基本框架体系”。

针对具体任务领域，上海也出台了多个专项政策规划。数字基础设施方面，上海出台了《上海市新一代信息基础设施发展“十四五”规划》《上海市信息通信行业“十四五”发展规划》《上海市推进新型基础设施建设行动方案（2020—2022 年）》等规划方案；数字产业化方面，上海出台了《上海市人工智能产业发展“十四五”规划》《上海市电子信息产业发展“十四五”规划》《新时期促进上海市集成电路产业和软件产业高质量发展的若干政策》《上海市培育“元宇宙”新赛道行动方案（2022—2025 年）》等政策方案；产业数字化方面，上海出台了《推动工业互联网创新升级实施“工赋上海”三年行动计划（2020—2022 年）》《上海市促进智能终端产业高质量发展行动方案（2022—2025 年）》《上海市促进在线新经济发展行动方案（2020—2022 年）》《上海市教育数字化转型实施方案（2021-2023）》《关于推动上海市数字广告业高质量发展的指导意见》等政策方案；数字治理方面，上海出台了《关于进一步加快智慧城市建设的若干意见》《关于加强本市数据安全工作的指导意见》《上海市数据条例》等政策法规。这些专项政策规划和行动方案提出数字经济在具体行业领域落到实处的框架、方向和路线，有力支撑了上海数字经济发展和城市数字化转型的总体目标。

二、特色产业园区，承载数字化转型

特色产业园区持续聚焦特定产业方向、特优园区主体、特强产业生态，为产业发展提供了优质平台，是保障产业高质量发展的前沿阵地。上海市从2020年起连续三年推出三批共53个特色产业园区（见表4-1）[79]，促进产业结构优化升级，承载城市数字化转型。据统计,2021年全市特色产业园区完成工业总产值近8000亿元，实现营业收入18426亿元。特色产业园区重点发展集成电路、生物医药、人工智能、先进材料、电子信息、新能源、智能制造、在线新经济、时尚消费品九大领域，涌现张江人工智能岛、漕河泾“元创未来”元宇宙产业园、“虹桥之源”在线新经济生态园等支撑城市经济高质量发展的优秀园区代表。

表4-1 上海特色产业园区清单

产业领域	园区数量	特色产业园区
集成电路	4	集成电路设计产业园、临港新片区东方芯港、智能传感器产业园、浦江创芯之城
生物医药	7	张江创新药产业基地、临港新片区生命蓝湾、东方美谷医药、湾区生命医药港、北上海生物医药产业园、青浦生命科学园、G60生物医药产业基地
人工智能	6	张江人工智能岛、西岸智慧谷、马桥AI创新试验区、临港新片区信息飞鱼、漕河泾元创未来、张江数链
先进材料	5	超能新材料科创园、碳谷绿湾产业园、奉贤化工新材料产业园、上海电子化学品专区、Innogreen创新绿洲
电子信息	5	G60电子信息国际创新产业园、新型显示产业园、临港松江科技城、金桥5G产业生态园、G60松江信创产业园

79 解读上海特色产业园区[EB/OL].https://mp.weixin.qq.com/s/zqVPK8xyVKVzckxneu4Zka.

新能源	5	临港南桥智行生态谷、临港新能源、嘉定氢能源、国际氢能谷、宝武（上海）碳中和产业园
智能制造	13	临港新片区大飞机园、北斗西虹桥基地、华东无人机基地、机器人产业园、外高桥智能制造服务产业园、闵行开发区智能制造产业基地、张江机器人谷、长兴海洋装备产业园、临港新片区海洋创新园、中以（上海）创新园、动力之源、虹桥数字物流装备港、上海金谷智能终端智造基地
在线新经济	5	张江在线、长阳秀带、市北数智生态园、虹桥之源在线新经济生态园、数智南大
时尚消费品	3	东方美谷美妆、新食尚都市产业园、江南智造国际设计港

地处张江科学城的“心脏”区域的张江人工智能岛，是国内首个“5G+AI”全场景商用示范园区，集聚了以IBM、微软、英飞凌大等为代表的跨国巨头，以同济大学上海自主智能无人系统科学中心等为代表的科研院所，以阿里平头哥、云从科技、小蚁科技、汇纳科技等为代表的“独角兽”企业，以及以红杉数字智能产业孵化中心、百度飞桨人工智能产业赋能中心等为代表的创新平台。目前，张江人工智能岛拥有100余家企业（机构）和7000余位人工智能研发人员，是上海单体园区中或在同样面积中，人工智能企业人才最集聚、技术最高端的区域[80]。

漕河泾“元创未来”元宇宙产业园作为上海市发展元宇宙产业的两大核心载体之一（另外一个载体是张江数链（元宇宙）特色产业园区），目前已经聚集了100余家重点企业、250余家人工智能全产业链企业以及约90家集成电路企业，包括微软技术中心、

80 在张江人工智能岛，看见未来的模样[EB/OL]. https://baijiahao.baidu.com/s?id=1736807162080191214.

腾讯优图实验室、ARM 智能计算产业技术创新联合体等创新平台机构，以及商汤、依图、米哈游等知名企业[81]。

地处虹桥国际中央商务区长宁片区的“虹桥之源”在线新经济生态园，依托虹桥国际开放枢纽的国家战略引领优势和“数字长宁”的品牌先发优势，聚焦人工智能、数字健康、数字出行、数字消费等四大重点产业，汇集了携程智慧出行产业园、联合利华 U 创孵化器、苏河汇全球共享经济数字贸易中心等多个功能平台，以及科大讯飞人工智能项目、虹桥临空跨国公司（总部）科创园、机场集团“5G+数字孪生”项目、联影智慧医疗总部等产业载体。并计划到 2025 年，培育 10 家以上在线新经济龙头企业、100 家以上有影响力的在线新经济成长型企业、2000 家以上在线新经济企业[82]。

三、发掘应用场景，带动数字化转型

上海作为经济总量全国领先的超大型城市，拥有丰沛且高质的数字流量，仅地铁方面就有超过 770 公里的总里程和日均 1000 多万的客流量。在推动城市数字化转型过程中，上海格外重视发掘潜在数字应用场景，以“场景生成”牵动“产业育成”。

2020 年，在“工赋上海”三年行动计划部署下，上海面向全市征集了近 200 个工业互联网场景，并于 2021 年正式启动首批十大场景建设，涵盖化工产品供应链态势感知、汽车全生命周期的两网贯通、船舶船体分段数字孪生、民机产品数字化协同建模与仿真等多行业领域。2021 年，上海开展了数字生活标杆应用打造

81 徐汇“元创未来”元宇宙产业创新园被评为上海“元宇宙特色园区”[EB/OL]. https://m.thepaper.cn/baijiahao_18640686.

82 长宁区“虹桥之源”在线新经济生态园正式发布[EB/OL]. https://www.shcn.gov.cn/col3991/20220621/1217086.html.

工程，聚焦人民群众最关心、最直接、最现实的问题，重点打造了 11 个场景（见表 4-2），提升“健康慧服务、成长全赋能、居住数空间、出行畅体验、文旅智享受、消费新方式、扶助准触达、数字无障碍”等八个方面的数字生活感受度。

表 4-2 上海市数字生活重点场景清单

序号	重点场景	主要内容
1	便捷就医少等待	以患者需求为核心，深化精准预约、智能预问诊、互联互通互认、信用就医（先离院后付费）等场景应用，推动“三医”联动，促进分级诊疗，实现患者就医体验、医院服务流程、医疗治理体系和健康产业生态优化。
2	为老服务一键通	在部分社区，打造“一键就医全程无忧、一键订车温暖出行、一键咨询政策通晓”服务。以“一键通”智能终端设备为依托，整合为老“医、食、住、行、康、养、护、询”等服务资源，协同各部门汇聚共享涉老数据、重塑优化线上线下服务流程，构建完善智能便捷的养老服务体系。
3	快捷停车助通畅	聚焦重点区域“停车难”，开展停车预约、无感支付、错峰共享、智慧停车场等便利化服务，实现医院、学校、商圈、景区、交通枢纽等重点区域，以及花博会、进博会等重大活动期间出行便利。
4	数字酒店智管家	为改善游客体验、促进酒店转型、优化行业管理，聚焦在线预订、自助选房、一体化健康申报、快捷办理入住、智能房控、客房信息服务、快速离店等环节，完成 600 家“数字酒店”场景建设。
5	数字赋能示范校	针对教育资源分布不均、教育个性化与精准化水平有待提高等，打造一批数字化赋能为特征的示范学校，推广数据驱动的大规模因材施教、线上线下融合教学等数字化教育模式，构建优质教育数字资源库。
6	智能出行即服务	加快推进交通设施和场所数字化能级提升，以政企合作方式，开展涵盖公交、地铁、出租车等各类出行方式，综合行前信息查询、行中服务实现、行后支付出行等各环节的交通出行服务。新建 100 个“一键叫车”扬招点。

7	数字商圈无忧购	推进南京路步行街、虹桥商圈等商圈、商街开展AR/VR等数字技术应用，融合线上线下服务，打造在全国具有示范引领性的数字商圈、商街；打造数字商圈公共服务平台，提升商圈数字技术应用能力，推进商业全樋路数字化升级，发展高水准的数字商务服务业。
8	一站服务舒心游	围绕文旅资源联动性不够、场馆数字化水平参差不齐、产品创新度不高等问题，构建一站式旅游服务平台，推进网络直播、人工智能、虚拟现实等技术对文旅场馆（景区）的数字化赋能，推动红色文化资源和传播数字化。
9	数字社区生活圈	以住宅小区为载体，推进物流快递、就餐零售、医疗健康、停车充电等各类居民生活急需的社区新型终端设备进小区。结合各类传感设备布设，开展小区运行体征“画像”。加快全市智慧社区标准化建设。
10	智慧早餐惠民心	依托布点网订柜（店）取、智能取餐等项目，助推早餐门店线上线下融合发展。鼓励发展“门店+分布式智能取餐柜”，支持在商务楼宇、产业园区等探索设置早餐自助柜，实现网订柜取和现场自助购买双重功能。形成早餐地图，便利市民通过“随申办”查询早餐网点。
11	民生保障贴心达	串联各部门数据，以自然人和所属家庭为分析单元，为市民提供涉及“五险一金”、长护险、低保救助金、残疾人阳光补贴、养老津贴等全市各类民生保障政策的精准服务、主动服务、直达服务，变人找政策为政策找人。

2022年7月15日，上海又提出了实施“场景申城”行动计划，通过动态遴选发布应用场景需求榜单、推广应用场景“揭榜挂帅”机制、开展应用场景“市民体验评价”，进一步发掘数字应用场景。上海计划，到2025年，建成至少100个生活数字化转型标杆场景，推动上海建设成为全球数字生活的新兴技术试验场、模式创新先行区、智能体验未来城；形成1000个数字化标志性工业应用场景，推进数字技术全方位、全角度、全链条赋能制造业发展。

第三节 上海城市数字力打造案例

案例一、出台多项举措，探索数据价值化

数据已经成为数字经济时代的关键生产要素，也是城市数字力建设的根基。随着数据价值化发展，我国数据要素市场格局逐渐明晰，正在形成包含数据交易主体、数据交易手段、数据交易中介、数据交易监管的“四位一体”市场格局。上海在数字价值化领域积极探索，形成了以上海数据交易所、《上海数据条例》为代表的特有经验。

1. 上海数据交易所

2021 年 11 月 25 日，上海数据交易所揭牌成立。上海数据交易所的设立是为了突破数据要素市场发展过程中碰到的“确权难、定价难、互信难、入场难、监管难”问题。

表 4-3 主要数据交易所对比

基本内容	贵阳大数据交易所	北京国际大数据交易所	上海数据交易所
架构模式	原混合所有制公司制，计划股改为 100% 国资公司制	国资主导公司制	国资主导公司制
注册资本	5000 万元	2 亿元	2 亿元
交易类别	数据源、模型算法等八类	数据服务、API、数据包、数据报告等四类	金融、交通、通信等八大类
品种划分	按行业、数据类别	按数据类别	按合作公司
交易品种数量	4000+	/	20
合作机构数量	2000+	60+	100

交易方式	撮合交易	新型数据交易系统 IDeX	系统性的数商体系，包含数据交易主体、数据合规咨询、质量评估、资产评估、交付等
合约形式	数据招投标	基于区块链的“数字交易合约”，涵盖交易主体、服务报价、交割方式、存证码、数据、算法和算力等	标准化合约
数据确权服务	简单提供	提供数据确权、测试沙盒等	整理并规范化数据产品基本情况
交易系统	自主开发、7×24 小时永不休市	基于区块链的新型交易系统 IDeX	全数字化数据交易系统，保障数据交易全时挂牌、全域交易、全程可溯
数据类型	由基础数据转为定制化数据	原始数据+成品类数据+个性化数据	成品类数据
交易指南	/	已经牵头发布	/
数据储备	/	与北京政务资源网的联通和金融公共数据专区的对接	与多家合作单位对接
技术支撑	/	基于区块链构建交易连续、真实、可追溯的高可信动态交易账本	提供数据产品登记凭证。通过登记凭证和交易凭证的发放，实现一数一码，可登记、可统计、可普查。
合规保障	/	对交易参与主体实行准入审核和分级管理	不合规不挂牌 无场景不交易
交易范式	直接交易	数据可用不可见，用途可控可计量	通过登记凭证和交易凭证的发放，实现一数一码，可登记、可统计、可普查。

与贵阳大数据交易所和北京国际大数据交易所相比，上海数据交易所有五项创新之处：一是数商系统。打造涵盖数据交易主体、数据合规咨询、质量评估、资产评估、交付等多领域的“数商”新业态；二是数据交易配套制度。提供了一系列针对数据交易全过程的制度规范，包括从数据交易所、数据交易主体到数据交易生态系统的各种方法、规范、指引和标准，树立了“不合规不挂牌、无场景不成交”的基本规则，使数据流转交易有章可循；

三是数据交易系统的数字化。实现了数据交易的“全时挂牌、全域交易、全程可溯”；四是数据产品登记凭证。首次实现了一号一码，可登记、可统计、可普查；五是数据产品说明书。将抽象数据变成具体产品[83]。

2. 上海数据条例

伴随着一系列与数据及数据安全保护相关的法律法规和标准规范的发布，数据价值不断得到认可。从国家层面来看，目前已有《国家安全法》《网络安全法》《数据安全法》及《个人信息保护法》等数据安全保护的基础性法律。从地方层面来看，目前已有贵州、天津、海南等十余个省市公布实施了相关数据条例或发布了征求意见稿（见表 4-4）。

2021 年 11 月 25 日，《上海数据条例》（以下简称《条例》）正式出台。作为与上海数据交易所配套的法规政策，该《条例》具有以下四个创新点：一是明确个人数据权属和安全保护。与贵阳、天津等地发布的“大数据”条例不同，上海和深圳发布的“数据”条例不仅包括对公共数据的利用和开发，还涉及个人信息和数据安全。上海还特别要求图像采集、个人身份识别技术不得作为商场、楼宇等唯一验证方式，对个人信息保护较深圳更为严格；二是在临港新片区探索数据跨境流动。《条例》提出在临港新片区建立“国际数据港”，探索建设国家数据跨境流动试验示范区，开展数据跨境流动安全评估，搭建跨境数据流通公共服务平台，探索制定低风险跨境流动数据目录，促进数据跨境安全和自由流动；三是探索长三角区域数据合作。《条例》设“长三角区域数

83 落地浦东张江的上海数字交易所，是如何破局数据交易“五难”的？[EB/OL]. https://finance.sina.com.cn/jjxw/2021-11-27/doc-ikyamrmy5415906.shtml.

据合作”专章，明确本市与长三角区域其他省共同建立统一的数据标准体系和共享开放机制，共同推动建立跨区域数据异议核实与处理机制、数据对账机制，数字认证体系和电子证照等的互认互通等；四是试点首席数据官（CDO）制度。《条例》提出制定首席数据官（CDO）制度指导性文件，在部分政府、企事业单位进行试点，通过政府引领，深化各行业领域数据治理，为政策落地保驾护航。

表 4-4 各地区数据安全管理相关法规

地区	法规名称	实施时间	核心内容
贵州	《贵州省大数据发展应用促进条例》	2016 年 3 月 1 日	全国首部大数据地方性法规，该条例紧扣贵州省大数据发展应用的现实需求和趋势，对数据采集、数据共享开发、数据权属、数据交易、数据安全以及“云上贵州”等基本问题作出了宣示性、原则性、概括性和指引性规定，把贵州省在以大数据兴业、惠民、优政等领域的创新做法以地方性法规的形式确立下来，将大数据产业发展纳入了法治轨道。
	《贵州省大数据安全保障条例》	2019 年 10 月 1 日	该条例明确，大数据安全责任人，是指在大数据全生命周期过程中对大数据安全产生或者可能产生影响的个人或单位，包括大数据所有人、持有人、管理人、使用人以及其他从事大数据采集、存储、清洗、开发、应用、交易、服务等的个人和单位。

	《贵州省政府数据共享开放条例》	2020年12月1日	该条例对政府数据、政府数据共享、政府数据开放进行了明确，条例中所称的政府数据，是指行政机关在依法履行职责过程中制作或者获取的，以一定形式记录、保存的各类数据，包括行政机关直接或者通过第三方依法采集、管理和因履行职责需要依托政府信息系统形成的数据。
天津	《天津市促进大数据发展应用条例》	2019年1月1日	《条例》共八章五十七条，包括总则、政务数据、社会数据、开发应用、保障措施、数据安全、法律责任、附则。
海南	《海南省大数据开发应用条例》	2019年11月1日	《条例》分为六章，共五十七条，从总则、大数据开发与共享、大数据开发与产业促进、数据安全与保护、法律责任等方面做出规定，覆盖了大数据采集、汇聚、存储、管理、开放共享等各个环节。
山西	《山西省大数据发展应用促进条例》	2020年7月1日	《条例》从推动数据资源共享开放、培育大数据交易市场、推进大数据发展应用新业态、设立省政府专项资金、数据中心用电支持、税收优惠政策等方面作出规定。
吉林	《吉林省促进大数据发展应用条例》	2021年1月1日	《条例》明确管理部门、建立大数据全生命周期的管理体系、强化省大数据平台的核心作用、规定依目录进行管理的机制、大力推进公共数据共享和开放、促进大数据发展应用、强调数据安全和法律责任。
安徽	《安徽省大数据发展条例》	2021年5月1日	《条例》着眼于大数据的特征及其对经济发展、社会治理、行政管理、人民生活等方面产生的影响，从数据资源的归集整合、开发应用、安全管理和促进大数据发展的相关措施等方面进行规范。

深圳	《深圳经济特区数据条例》	2022年1月1日	《条例》内容涵盖了个人数据、公共数据、数据要素市场、数据安全等方面，率先在立法中探索数据相关权益范围和类型，明确自然人对个人数据依法享有人格权益，包括知情同意、补充更正、删除、查阅复制等权益；自然人、法人和非法人组织对其合法处理数据形成的数据产品和服务享有法律、行政法规及条例规定的财产权益，可以依法自主使用，取得收益，进行处分。
上海	《上海市数据条例》	2022年1月1日	《条例》共十章九十一条，分为总则、数据权益保障、公共数据、数据要素市场、数据资源开发和应用、浦东新区数据改革、长三角区域数据合作、数据安全、法律责任和附则。
山东	《山东省大数据发展促进条例》	2022年1月1日	《条例》分为总则、基础设施、数据资源、发展应用、安全保护、促进措施、法律责任和附则，强调数据跨境审查，明确数据收集、持有、管理、使用等数据安全责任单位向境外提供国家规定的重要数据，应当按照国家有关规定实行数据出境安全评估和国家安全审查。
福建	《福建省大数据发展条例》	2022年2月1日	《条例》对数据采集生成、汇聚共享、开放开发中的主要问题进行制度设计，明确划定了政府及有关部门的职责权限。
浙江	《浙江省公共数据条例》	2022年3月1日	《条例》是全国首部以公共数据为主题的地方性法规，明确了公共数据范围、平台建设规范、收集归集规则。
重庆	《重庆市数据条例》	2022年7月1日	《条例》分为总则、数据处理和安全、数据资源、数据要素市场、发展应用、区域协同、法律责任等8章，60条。

黑龙江	《黑龙江省促进大数据发展应用条例》	2022 年 7 月 1 日	《条例》重点在数据资源、培育数据要素市场、数据政策导向和促进措施等方面作出规定。
辽宁	《辽宁省大数据发展条例》	2022 年 8 月 1 日	《条例》从培育壮大数据要素市场、突出工业大数据特色、夯实新型基础设施底座、全面保障数据安全等方面进行了制度设计。

案例二、依托自身优势，率先布局元宇宙

元宇宙是当前最火的科技名词之一，研究机构、资本机构、科技公司和地方政府都纷纷投入元宇宙领域。尽管从整体上看，元宇宙的软硬件技术和商业模式尚不成熟，国家层面也尚未出台明确支持元宇宙发展的政策规划，但不可否认，元宇宙是城市数字力创新发展的集成体现。2022 年 7 月发布的《上海市培育“元宇宙”新赛道行动方案（2022—2025 年）》是国内首个省级行政区推出的元宇宙开展行动计划，具有显著的风向标意义。

1．元宇宙新赛道的价值

元宇宙是数字世界与物理世界融合的产物，通过众多前沿技术的融合应用，搭建一个不同于移动互联网的全新数字空间，颠覆了人类时空交互方式，对个人和社会带来广阔的价值新空间。个人层面上，元宇宙构建的沉浸化、实时性和多元化的虚拟世界，丰富了人类的体验空间；元宇宙的数字化减少了物理隔阂、社会地位等因素造成的社交障碍，为个体实现自我价值提供了更多手段。社会层面上，元宇宙为各行各业发展提供了“第二曲线”，赋能实体经济全面升级。

元宇宙作为第三代互联网，存在“构建、映射、接入和应用”四大技术支柱，每一个支柱对应一系列技术，也代表着成熟的元宇宙商业系统涉及的重要产业链。要构建完整的元宇宙生态，离不开5G/6G、大数据、云计算、人工智能、区块链、物联网、数字孪生、AR/VR/XR（混合现实）、清洁能源、分布式存储等一系列前沿信息技术的集成创新和融合应用，离不开超强算力、超大存储及一系列数字基础设施的支撑，更离不开智能头显、神经设备、脑机接口等终端交互设备的配合，这些领域的突破，无疑将有效带动相关产业链上下游企业的发展。元宇宙包括七大最核心的细分赛道，分别是文旅元宇宙、商贸元宇宙、政务元宇宙、工业元宇宙、金融元宇宙、教育元宇宙、健康元宇宙，每个应用领域的发展都将对现有经济社会系统进行解构和重构，创造新的消费需求和商业模式，从而给经济发展带来重大机遇。

2. 上海发展元宇宙的优势

元宇宙实际上是一个提前被政府和产业界预热起来的未来产业，发展元宇宙离不开硬件、软件、内容、生态的支撑。上海敢于并能够提出明确的发展规划，与其在数字化上厚积的基础优势密不可分。

首先，上海有完善的硬件配套体系。在元宇宙底层信息技术研发方面，上海具备扎实的科研实力。目前全市集聚了全国约50%的5G人才、40%的芯片人才及30%的AI人才，拥有上海张江综合性国家科学中心，新一代信息产业科创板上市企业市值规模全国第一；上海及其所处长三角地区庞大的制造业产业集群，有足够的能力实现元宇宙终端设备制造与更新升级；上海数字基础设施体系完善。截至 2022 年 5 月底，已建成 5G 室外基站达到 52400 个，5G 移动电话用户数超 924 万户，互联网数据中心达到 36.1 万个标准机架，上架率达到 65%，居全国前列[84]。同时，作为国家算力枢纽节点之一，上海还在积极试点“东数西算”、区域算力调度等示范应用[85]。

其次，上海有强大的软件系统开发能力。操作系统、开发引擎、3D 建模、实时渲染、数字孪生、导航定位等是元宇宙时空生成必不可少的软件系统。上海软件业综合实力全国领先，至 2020 年底软件和信息服务业规模突破万亿元[86]，形成了以浦东软件园为代表的软件业集群。2022 年 1 月，商汤“数字内容引擎”的算力基座落户上海临港新片区，提供多种开发者需要的关键能力，令开发者能更加便捷地生成数字人、三维场景等数字内容。

再次，上海有丰富的场景和数字内容。上海庞大的城市规模使其在元宇宙场景开发和数字内容创作上具有先天优势。例如，中国商飞利用数字孪生等技术，在“元宇宙”中进行飞机设计；宝武搭建 3D 数字工厂，实现混合协同办公；中山医院、瑞金医院提供了医疗+元宇宙场景；上海市历史博物馆对镇馆之宝“百子大礼轿”在内 16 件文物进行 1：1 的数字孪生，形成数字藏品；豫园股份落地“乐游豫园”元宇宙文旅场景；上海银行等多家银行机构采用数字员工，从事标准化工作。

84 布局元宇宙新赛道，上海为何能领先一步[EB/OL].https://baijiahao.baidu.com/s?id=1737867271741675723&wfr=spider&for=pc.
85 上海已建 5G 室外基站 5.24 万个 5G 移动电话用户数超 924 万户[EB/OL].https://news.cnstock.com/news,bwkx-202207-4916614.htm.
86 上海软件信息服务业规模破万亿[EB/OL].https://sdxw.iqilu.com/share/YS0yMS03NjExNzA4.html.

另外，上海有构建元宇宙生态的基础条件。金融支撑上，上海是国际金融中心，既有丰富的金融资源支持元宇宙各领域的融资需求，又有活跃的金融创新氛围支持元宇宙背景下金融体系的构建。上海明确提出支持龙头企业探索NFT（非同质化代币）交易平台建设，研究推动NFT等资产数字化、数字IP全球化流通、数字确权保护等相关业态在上海先行先试。制度保障上，上海出台了《上海市培育“元宇宙”新赛道行动方案（2022—2025年）》等多项支持元宇宙发展的明确政策，同时，国内领先的区块链技术和数据价值化探索也将有助于构建元宇宙背景下的新经济系统。

此外，也是当前很重要的一点，上海有庞大的元宇宙早期用户。在元宇宙众多应用领域中，以游戏为代表的文娱元宇宙将是最先实现商业化运作的领域。上海被业内誉为“全球电竞之都”，庞大的电竞玩家群体将是元宇宙第一批潜在用户。根据上海交通大学发布的《全球电竞之都评价报告》，截至2021年，上海电竞公司、俱乐部、明星团队数量约占全国80%，全国每年500多项具有一定影响力的电竞赛事中，超过40%在上海举办[87]。

3. 上海布局元宇宙的特点

第一，强调虚实交互，创新元宇宙发展路径。目前元宇宙产业存在三条路径，正在齐头并进。一是游戏和社交路径，是美国Meta（原名为Facebook脸书）等互联网巨头企业提出的，其本质是虚拟空间，即在线上构建的虚拟世界或社交空间。韩国等国家在此方向上积极行动，但有一定“脱实向虚”的意味；二是数字孪生路径，数字孪生的应用早于元宇宙概念，已经在工业生产、城市交通、城市管理等多个领域得到了广泛应用。例如，上海市

87 《全球电竞之都评价报告》：上海排名第二[EB/OL]. https://m.tgbus.com/e3/news/177115.

虹口区建立的规模较大的航运数字孪生系统，基本是按照现实世界复制的虚拟数字孪生系统；三是实体经济路径，即通过创造一些虚实互动的空间来推动实体经济发展，包括产业、商业、政务、文旅、教育、办公、文化产业等。这也正是上海市提出的元宇宙创新发展路径[88]。2021 年 12 月，上海发布《上海市电子信息产业发展“十四五”规划》，首次提出发展元宇宙，并强调了元宇宙发展的三大内容，即底层核心技术研发、感知交互的新型终端研制和系统化虚拟内容建设，意味着上海的元宇宙发展战略不仅在于构建一个虚拟世界，更加注重技术端、载体端和内容端的协同发展[89]。

第二，规划明确细致，践行“以虚强实”发展路径。《上海市培育“元宇宙”新赛道行动方案（2022—2025 年）》围绕元宇宙发展中面临的重要问题，明确了“产业高地建设、数字业态升级、模式融合赋能、创新生态培育”四大主要任务和“关键技术突破、数字 IP 市场培育、工业元宇宙标杆示范、数字人全方位提升、数字孪生空间建设、行业龙头企业引育、产业创新载体培育、数字空间风险治理”八大工程，构建了元宇宙发展的“四梁八柱”。在主要任务中，上海强调了关键技术、基础设施、交互终端、数字工具在产业高地建设中的核心内容，点明了虚实交互、业态升级聚焦商业、教育、文旅、娱乐领域，指明了虚实融合、赋能实业关注智能制造、医疗健康、协同办公、数字城市方向，提出了创新生态培育优先发展创作者经济、数据要素流通、标准规则体系。在八大工程中，开展关键技术联合攻关、揭榜挂帅行动，制

88 复旦大学赵星教授：中国元宇宙要走自主可控道路 上海“虚实交互”方案或为最优解[EB/OL].https://www.cls.cn/detail/1048751.

89 上海市促进绿色低碳产业发展、培育“元宇宙”新赛道、促进智能终端产业高质量发展三个行动方案相关情况[EB/OL].https://www.shio.gov.cn/TrueCMS//shxwbgs/2022n_7y/content/cd4225f5-d0be-4e5b-be85-7c954ae04b06.html.

定促进数字创意、数字资产、数字艺术品、数字影视版权、数字人民币发展的规范制度，推动航空、汽车、核电、生物医药等领域“元宇宙+工业互联网”的标准化，组织数字人在数字营销、在线培训、电商直播、影音娱乐、服务咨询等多场景应用的供需对接，培育城市观光、医疗协作、教育共享、交通运输等领域的城市数字空间运营商，招引一批关键技术、基础设施、智能终端、数字工具和集成应用等领域的硬核科技企业，布局、建设一批市级“元宇宙”产业创新园和“元宇宙”技术应用研究中心，强化“元宇宙”设施、数据和资金的安全。此外，上海明确了“到 2025 年，元宇宙相关产业规模达到 3500 亿元，带动全市软件和信息服务业规模超过 15000 亿元、电子信息制造业规模突破 5500 亿元”的产值发展目标，以此牵动元宇宙相关产业及现有实体产业协同发展，践行“以虚强实”发展路径。通过以上规划布局，按照“虚实融合、由软带硬、由平台到生态”的总体思路，上海将“元宇宙”蓝图逐步落到实处。

参考文献：

1. 《上海市数字经济发展“十四五”规划》
2. 《上海市数据条例》
3. 三大数据交易所比较分析 [EB/OL]. https://www.sohu.com/a/529100236_121123712
4. 18 省市公布『数据条例』[EB/OL]. https://www.163.com/dy/article/H8PR00BE0511A72B.html.
5. 临港新片区:将探索建设国家数据跨境流动试验示范区[EB/OL]. https://www.thepaper.cn/newsDetail_forward_15545743.
6. 沪制定促进绿色低碳产业发展、培育“元宇宙”新赛道、促进智能终端产业高质量发展三个行动方案[EB/OL]. https://sghexport.shobserver.com/html/baijiahao/2022/07/08/793060.html.
7. 国内首个政府级元宇宙方案：《上海市培育“元宇宙”新赛道行动方案（2022—2025 年）》[EB/OL]. https://new.qq.com/rain/a/20220710A07M4C00.

第五章 深圳

精准施策、开放创新、携手当地科技巨头，打造全球数字先锋城市。

摘要

作为中国设立的首个经济特区，深圳的发展历来举世瞩目，全市 GDP 从 1979 年的 1.96 亿元提升至 2021 年的 30664.85 亿元，增长 1.56 万倍，是我国改革开放取得伟大历史成就的一个缩影。当前，深圳城市数字力发展水平在全国处于领先地位，为深圳保持领先发展奠定了坚实基础。

本章从 40 年来深圳产业发展脉络讲起，回顾深圳从“三来一补”到工业化集约化生产、从劳动力密集型到高科技密集型的转变的发展路径。然后，全面梳理了深圳在数字科技创新、数字产业化以及产业数字化领域所取得的突出成绩，着重笔墨总结了深圳政府在城市数字力打造方面发挥的重大作用。本章最后以妈湾智慧港作为案例，探究数字化与传统基础设施的融合创新，并从深圳高新区的发展历程和经验中探索深圳产业从“三来一补”到高科技产业转型升级的路径，特别是展现了一个高校智力资源匮乏的城市如何突破本地科教资源瓶颈。

第一节 深圳城市数字力打造现状

1979 年深圳市正式设立，一年后深圳经济特区设立。深圳从一座小渔村成长为中国改革开放的“排头兵”和中国对外开放的重要港口，用 40 多年书写了一座国际化大都市从无到有的历史，也见证了中国改革开放的伟大成就，是改革开放的一个缩影。深圳市 GDP 从 1979 年的 1.96 亿元提升至 2021 年的 30664.85 亿元，增长 1.56 万倍（见图 5-1），按不变价计算，年均增长率近 26%；深圳市人均 GDP 从 1979 年的 606 元提升到 2021 年的 173663 元，40 年间增长 286 倍，与北京、上海、广州同列为超一线城市，GDP 总量仅次于上海和北京[90]。

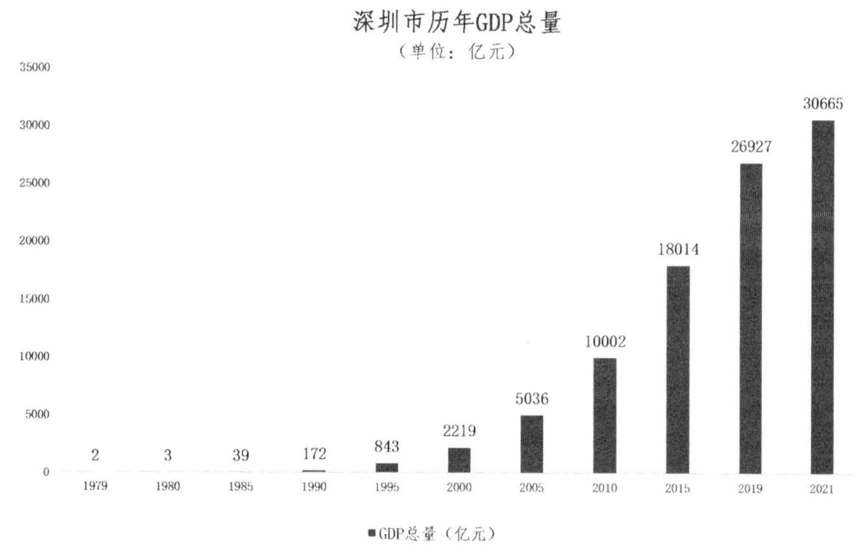

图 5-1 深圳市历年 GDP 总量

90 王帆. 深圳开启 3 万亿级 GDP 时代，透视背后发展新动能. 21 世纪经济报道[EB/OL]. https://view.inews.qq.com/a/20220129A0306000.

40 多年来，深圳市产业发展先后历经从“三来一补”到工业化集约化生产，以及从劳动力密集型到高科技密集型的转变。深圳特区处于初创时期，以“三来一补”为主要模式承接广东各地、香港及海外的产业转移，逐渐形成纺织服饰、玩具、建材、家具、珠宝、食品、皮革等优势产业。进入 21 世纪，深圳确立了高新技术、金融、物流、文化四大支柱产业。2008 年国际金融危机后，深圳谋划布局战略性新兴产业，先后出台生物、互联网、新能源、新材料、文化创意、新一代信息技术等产业领域的政策文件。2018 年，深圳在原有支柱产业的基础上积极布局七大战略性新兴产业（新一代信息技术、高端装备制造、生物医药、数字经济、新材料、海洋经济、绿色低碳产业），开启了“科技创新”之路，经济发展的创新性和内生动力明显增强。2021 年深圳数字经济核心产业增加值突破 9000 亿元，占全市 GDP 比重为 30.6%，总量和比重都位居全国第一。

深圳的发展也离不开一位好邻居——香港。香港与深圳共同成为中国对接国际的两大“窗口城市”、国外企业对华贸易的必经之地，也使得国外的资金、技术、人才和管理经验逐步在这里汇集、积淀。香港经济以贸易与物流、旅游、金融及专业服务为支柱，而内地的自然资源、劳动力资源丰富且价格低廉，两地的知识梯度、经济梯度促使了香港与深圳形成“前店后厂”的产业链分工结构。

一、政策后发、效果先至，新基建的深圳速度

北京、上海、广州在 2020 年初就推出新基建行动方案，而深圳 7 月才出台《深圳市关于加快推进新型基础设施建设的实施意

见（2020—2025 年）》，提出首批新基建项目达到 95 个，合计投资额约 4119 亿元，其中社会投资和政府投资比例为 6：4。2022 年 3 月，深圳发布《深圳市推进新型信息基础设施建设行动计划（2022—2025 年）》，提出了 6 大任务、10 大重点工程和 28 条具体举措。到 2025 年底，基本建成泛在先进、高速智能、天地一体、绿色低碳、安全高效的新型信息基础设施供给体系，打造新型信息基础设施标杆城市和全球数字先锋城市。

目前，深圳市已率先实现独立组网全覆盖，成为全球 5G 独立组网第一城。累计建成 5G 基站 5.1 万个，5G 用户超 900 万户，5G 流量占比达 30.78%[91]，在全国率先实现 5G 网络全市覆盖。宽带普及和光纤入户建设也处于国际先行梯队，固定宽带普及率达 51.5%，光纤接入用户占比达 94.2%[92]。重点公共场所已基本实现免费 WLAN 全覆盖，目前正在加快千兆光网的部署，物联感知网也已初具规模，实现 NB-IoT 网络市区重点区域感知设备的初步覆盖。在 2021 年度第一期全国移动网络质量专项评测中，有 4 项评测被评为“网络质量卓越城市”。在算力设施方面，深圳提出以鹏城云脑和深圳超算中心为依托打造全球智能计算和通用超算高地。在工业互联网方面，深圳市物联网核心企业数量突破 2500 家[93]，截至 2021 年深圳市已累计新建和改造多功能智能杆近 7106 根。

二、追求科技自立自强，打造原始创新策源地

深圳是全国四大综合性国家科学中心之一。2021 年，深圳全社会研究与试验发展（R&D）经费投入占地区生产总值比重达 5.46%，

91 深圳：建设数字孪生城市和鹏城自进化智能体[EB/OL].http://www.ce.cn/xwzx/gnsz/gdxw/202204/14/t20220414_37490209.shtml.

92 深圳加快推进新基建工程建设.深圳晚报[EB/OL].https://www.sohu.com/a/408993051_162758?_trans_=000014_bdss_dkhkzj.

93 深圳市物联网核心企业超过 2500 家[EB/OL]. https://news.cnstock.com/news,bwkx-202007-4566303.htm.

国家高新技术企业2.1万家，PCT国际专利申请量连续18年居全国城市首位；获评国家科学技术奖13项、中国专利金奖5项；战略性新兴产业增加值占地区生产总值比重提升至39.6%。在科学技术部（以下简称“科技部”）中国科技信息研究所发布的《国家创新型城市创新能力评价报告》中连续多年位居榜首。目前，深圳已建设基础研究机构12家、诺奖实验室11家、省级新型研发机构42家。累计建成国家重点实验室、国家工程实验室等各级各类创新载体2746个，科技创新能力持续提升。

在数字经济主战场上，深圳市聚焦5G、人工智能、半导体与集成电路、超高清视频显示、智能终端、智能传感器等领域的技术攻关。

在5G领域，深圳是我国首个5G独立组网全覆盖的城市，且在5G基站密度、产业规模、终端出货量和标准必要专利总量等方面均处于全球领先水平。5G中高频器件是指应用于5G中频（Sub-6GHz）和高频（毫米波）频段的射频器件，包括功率放大器、滤波器、射频开关、低噪声放大器等，直接决定着通信设备的信号功率、信号带宽、信号质量和系统功耗等多项核心参数，是通信设备的核心器件。然而，目前全球手机射频前端器件的五大供应商（均为外资企业）占据了全球97%的市场份额。为摆脱对国外射频前端器件的进口依赖，基于深圳在5G技术专业、应用市场和网络基础等方面的领先优势，2021年正式获批组建“国家5G中高频器件创新中心”，也是目前我国在5G移动通信领域唯一的国家级制造业创新中心。该中心围绕5G中高频器件领域重大需求，聚焦新型半导体材料及工艺、5G中高频核心器件、面向射频前端的硅基毫米波集成芯片等三大研发方向，成立至今已经申请发明专利65项，有效地支撑了我国5G中高频器件产业发展。

在人工智能领域，深圳在人工智能领域的技术创新非常活跃。根据深圳市人工智能协会发布的《2022年人工智能发展白皮书》，截至2021年底，深圳人工智能领域发明专利总授权为4.1万件，相关企业数量达到1432家，全国排名第三。近年来，为了掌握在新一轮国际科技竞争中的主动权，深圳持续推进人工智能行业的布局和规划，先后出台了《深圳市新一代人工智能发展行动规划（2019—2023年）》《深圳市建设人工智能创新应用先导区实施方案》《深圳经济特区数据条例》，公布《深圳经济特区人工智能产业促进条例（草案）》等文件，为人工智能等新一代技术的发展打造良好的生态环境。此外，围绕第三代半导体、人工智能、脑科学等前沿领域，深圳设立了10多家基础研究机构，如鹏城实验室、深圳人工智能与大数据研究院等，还拥有深圳超算中心与鹏城云脑两大具有国际先进水平的算力资源，人工智能算力投资位居全国第二位。

在半导体与集成电路领域，深圳是我国半导体与集成电路产业重要的设计、应用和集散中心。2021年，全市集成电路产业主营业务收入突破1100亿元，位居全国前列，汇集了华为海思、中兴微电子、汇顶科技等设计龙头企业。拥有超过1/5的全国电子信息百强企业和全国1/4的半导体及电子元器件进出口总额，形成了对半导体与集成电路的强大市场牵引力。2021年3月，科技部正式批复广东省和江苏省建设国家第三代半导体技术创新中心，聚焦第三代半导体关键核心技术和重大应用突破。相较于第一代和第二代半导体材料，第三代半导体具有更好的性能和市场前景。

目前，深圳市已成立了3个第三代半导体重要平台，包括第三代半导体器件重点实验室、深圳第三代半导体研究院、清华大学（深圳）研究院第三代半导体材料与器件研发中心。

几十年来，深圳走出了“市场化牵引科技创新发展”的特色道路，然而当面临更高水平的科技竞争时，其原始科技创新不足的问题凸显。近年来，深圳不断探索“基础研究+技术攻关+成果产业化+科技金融+人才支撑”的创新生态链，加强基础研究的规划和布局。为完善基础研究科技体系，深圳制定了一系列的政策文件，包括《深圳市关于加强基础科学研究的实施办法》《深圳市基础研究项目管理办法》等，并率先发布了《深圳经济特区科技创新条例》，以立法形式明确要求市级科技研发资金中每年基础研究的投入比例。深圳还积极引导社会资本参与基础研究，腾讯率先设立“科学探索奖”，首批50位青年科学家获1.5亿元奖励。深圳相继出台《深圳经济特区人才工作条例》《关于促进人才优先发展的若干措施》等文件，优化创新人才政策，增强对高科技人才的吸引力。此外，深圳还建立最严格的知识产权保护制度，出台营商环境改革20条，加快推进科技领域的“秒批”“不见面审批”等措施落地，进一步改善创新生态环境。

三、科技兴市、产业强链，助力数字产业发展

深圳数字产业迭代要追溯至1992年前后，深圳政府把发展信息产业作为“科技兴市”的突破口，并通过投资建设高新技术产业园区、实施各项政策优惠等措施招引电子信息类企业。随着入驻企业的增加，集群效应逐步凸显，初步形成了通讯、计算机、软件和电子元器件等门类齐全的电子信息产业集群，并逐步发展

为全球最完整的电子信息供应链体系。国际知名机构、硬件孵化中心 HAXLR8R 的创始人 Cyril Ebersweiler 在将总部从硅谷搬到深圳时表示“这里能够让我们在 1 公里之内找到任何想要的原材料，这是美国、欧洲和世界上任何地方都做不到的。”

2000 年初，华为、中兴、长城等一批信息技术企业通过自主研发掌握了核心技术，并在国内外市场占有一定的市场份额。与此同时，腾讯、迅雷等一批发展势头强劲的互联网应用企业也陆续创立，并迅速抢占互联网产业发展的高地，成为深圳市的支柱产业之一。当 2012 年首次提出“互联网+”概念时，深圳各行各业积极响应。其中，金融、物流等传统优势服务业率先采用先进互联网技术，推出了金融云服务平台、电子钱包、智能分拣设备等受到市场广泛接受的新产品，行业整体效率得到显著提升。以大疆、华星光电、赢领智商为代表的一批深圳工业互联网应用标杆企业，通过采用大数据、云计算等先进数字技术，促进了深圳制造业的智能化转型，实现了全行业的互联互通，产业链整体效率得到大幅提升。经历了 40 年的城市发展历程，深圳在电子信息产业、5G 技术、互联网应用、智能制造、新能源汽车、无人机制造等产业领域形成了全球最为丰富完善的供应链体系，竞争优势非常突出。

产业结构上，在 2016—2020 年期间，深圳高新技术、金融、文化、物流四大支柱产业增加值从 12522 亿元增加至 18479 亿元，年度复合增长率约为 10%（见图 5-2）。其中，高新技术产业是四大支柱产业中增加值贡献最大的产业，占比超过了 50%（见图 5-3）。高新技术产业内部又以电子信息产业为主。其中，电子信息制造业产值 2.2 万亿元，占全国的 20%左右；软件业务收入占全国的

10%左右，拥有11家全国软件百强企业[94]，包括华为、中兴通讯、腾讯、平安科技等一批具有核心竞争力的数字产业领军企业。

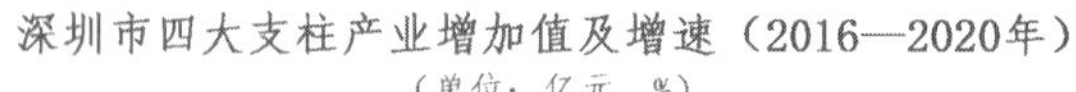

（单位：亿元，%）

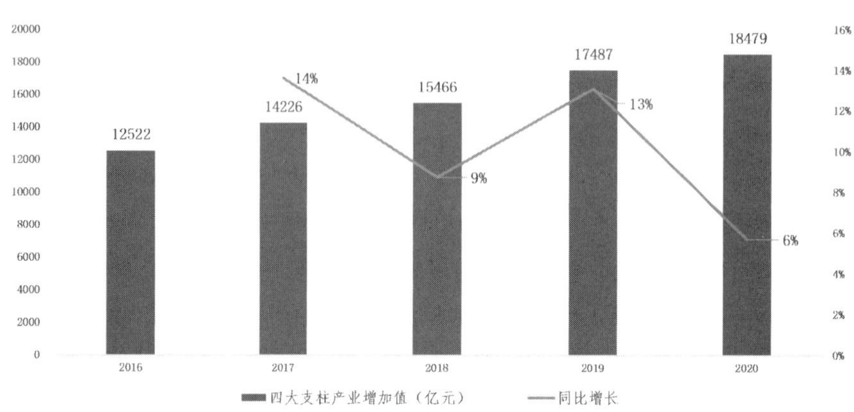

图 5-2 历年深圳市四大支柱产业增加值及增速[95]

深圳市四大支柱产业分行业增加值（2016—2020年）

（单位：亿元）

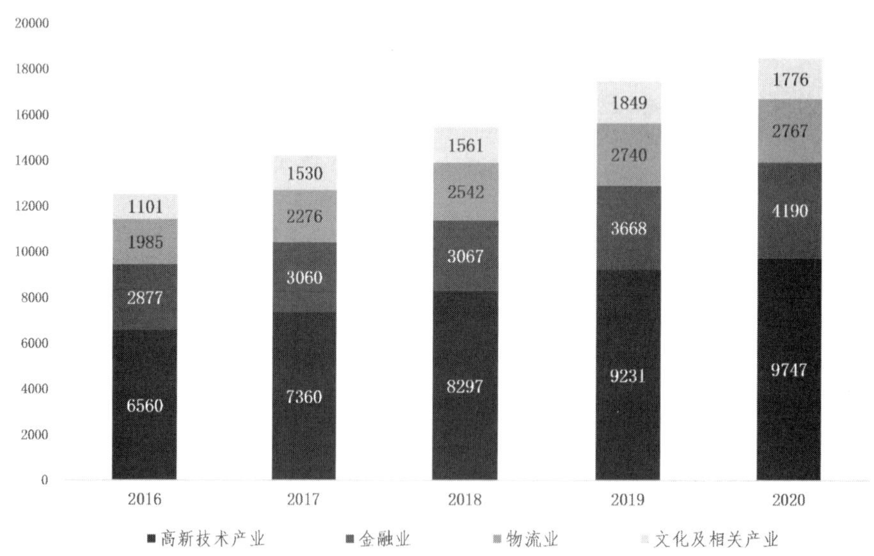

图 5-3 历年深圳市四大支柱产业分行业增加值

94 郑晨，朱茜. 2022年深圳市产业全景分析报告[R]. 前瞻产业研究院，2021:20-22.

95 数据来源：深圳市统计公报（2016-2020年）。

随着数字技术的不断进步以及与传统产业的融合加深，深圳市产业结构逐步升级迭代，形成了七大战略新兴产业，即新一代信息技术产业、数字经济产业、新材料产业、高端装备产业、绿色低碳产业、海洋经济产业和生物医药产业。2021 年，深圳市战略性新兴产业增加值达到 12146.37 亿元，同比增长 6.7%，占地区生产总值的 39.6%。具体来看，新一代信息技术产业贡献最大，2021 年新一代信息技术产业增加值高达 5641.66 亿元（见图 5-4）。

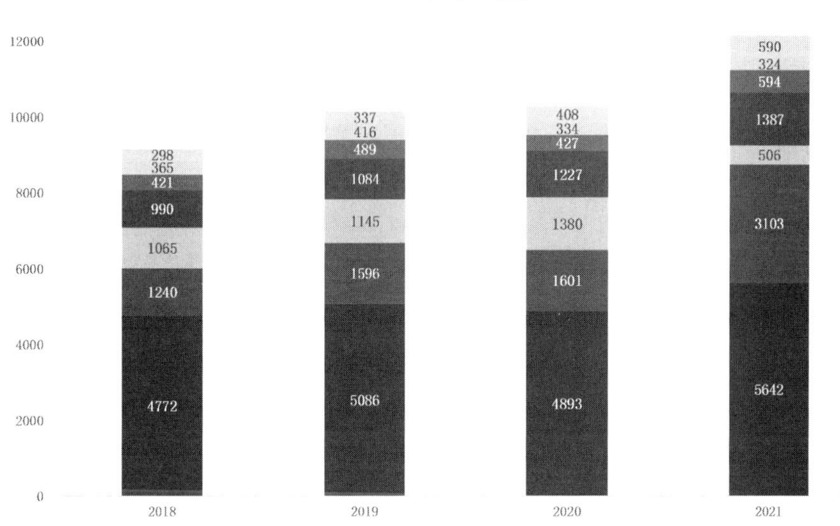

图 5-4 历年深圳市战略新兴产业分行业增加值

注：2021 年深圳市七大产业统计口径均发生变化，原数字经济产业更名为“数字与时尚产业”

四、需求驱动技术迭代，技术推动产业升级

随着腾讯、迅雷等互联网企业推出的数字内容付费模式在深圳这座年轻的高消费城市形成了广阔的市场，数字消费产业也逐步兴起。个人数字消费市场的增长以及多元化、个性化的需求倒

逼数字内容提供者不断创新。与此同时，企业端和政府端的大规模数字化改造需求也为数字科技企业提供了广阔的市场空间。如华为于 2020 年正式上线了服务于政企市场的云 Stack 基础设施。可见，市场消费需求驱动数字技术不断创新，数字技术进步又在推动传统产业提质增效，促进经济高质量发展等方面发挥重要作用。

深圳工业互联网建设及应用水平全国领先。一方面，工业互联网平台质量全国领先。在 2020 年 12 月工信部公示的跨行业跨领域工业互联网平台清单中，3 家深圳企业上榜，占据清单的 20%；另一方面，应用场景丰富程度全国领先。电子制造、机械装备、精密制造、医药生产、服装等领域的骨干企业大胆应用工业互联网解决方案。其中，华为、富士康入选国家级工业互联网示范企业，华星光电、海能达、研祥智能的智能工厂等项目入选国家智能制造离散型制造模式试点示范[96]。调查显示，通过工业互联网技术的大量应用，深圳市 52.6％的工业企业实现生产成本下降，53.3％的企业实现产品良品率提升[97]。例如，欣旺达公司通过“5G+工业互联网”融合技术对试点产线进行升级，实现了设备实时互联、生产数据可视化，实现试点产线产能提升 17%[98]。

五、数字政府、智慧城市、数据安全的先行者

数字政府建设方面，深圳一直走在全国前列。深圳市政府积极运用互联网技术推动政务数字化，加强信息公开程度。一体化政务服务能力评估连续三年（2018—2020 年）位列全国重点城市

96 全国领先！深圳工业互联网发展“成绩单”亮眼[EB/OL].https://new.qq.com/rain/a/20210120A0486E00.

97 先进制造业：挺起深圳经济“脊梁”.深圳特区报[EB/OL].https://baijiahao.baidu.com/s?id=1693390555480236127&wfr=spider&for=pc.

98 深圳数字经济领跑全国丨开局即决战 奋进“十四五.读创[EB/OL].https://baijiahao.baidu.com/s?id=1714750308064323090&wfr=spider&for=pc.

第一；线上政务服务事项覆盖率100%，99.94%事项实现“最多跑一次”。早在“十五”期间，网上信息发布、查询、申报和联合审批等线上政务服务已具雏形，2006年深圳市成为全国首个“国家电子政务试点城市”；“十一五”期间，深圳市政府全面推进电子政务建设，政府网站建设量、服务覆盖范围大幅增长；“十二五”期间，网上办事大厅、商业主体登记及许可审批信用信息公示平台等跨部门业务系统投入使用，实现政府各部门核心业务信息化全覆盖，政府公开信息发布率高达100%。

智慧城市建设方面，深圳市也名列前茅。根据中央党校发布的《电子政务蓝皮书：中国电子政务发展报告（2019—2020年）》，2020年全国重点城市网上政务服务能力总体指数排名，深圳市位列第一。2019年12月，深圳市政府联合华为共同设立的鲲鹏创新中心正式启动，汇聚了各类信息系统和数据，打通42个系统、100多类数据，形成了市区街道三级联动指挥体系。该系统主要提升了城市治理的五大方面：（1）数字政务方面，实现了98%的行政审批事项实现网上办理及95%行政许可事项实现“零跑动”；（2）智慧交通方面，建设全市AI智能信号灯控“一张网”，使高峰期机动车通行速度提升10%；（3）智慧机场方面，全面实现了刷脸登机、机位智能分配，出港航班准点率达90%，旅客平均等待时间缩短40%；（4）智慧医疗方面，基本实现医学检验和影像检查结果的互联互通互认，使患者平均排队时间减少约4分钟；（5）智慧气象方面，高密度部署高清摄像机，采集天空的云、雨、雾等图像数据，5G实时数据实时回传到云端，与气象雷达数据进行拟合，精准预测4小时以内的天气变化并精确到一公里范围。

数据安全方面，深圳市率先出台《深圳经济特区数据条例》。2020 年 4 月，深圳市出台《关于构建更加完善的要素市场化配置体制机制的意见》，数据首次作为与土地、劳动力、资本、技术等其他生产要素并驾齐驱的新型生产要素被写入其中。深圳是中国数据安全的先行者，肩负着打造数字经济创新发展试验区的使命，未来将持续在数据要素确权、数据要素交易和数据市场监管等方面率先开展更加深入的探索。

参考文献：

1. 续写“春天的故事” 深圳速度持续领先[EB/OL].https://news.ycwb.com/2022-07/13/content_40913475.htm.
2. 李凡,谢诗雨.数字经济的深圳实践:发展历程与经验启示[N].深圳特区报,2021.
3. 深圳数字经济产业规模全国居首[EB/OL].http://sz.people.com.cn/n2/2021/0825/c202846-34882875.html.
4. 《2022 年深圳市政府工作报告》
5. 《深圳市科技创新“十四五”规划》
6. 深圳：5G 第一城抢占数字经济高地[EB/OL].http://www.sz.gov.cn/cn/xxgk/zfxxgj/zwdt/content/post_9692396.html.
7. 我市获批组建国家 5G 中高频器件创新中心[EB/OL].http://www.sz.gov.cn/cn/xxgk/zfxxgj/zwdt/content/post_9365799.html.
8. 深圳有 3 支制造业创新“国家队”[EB/OL].https://m.thepaper.cn/baijiahao_20859159.
9. 深圳跻身全球人工智能第一阵营[EB/OL].http://www.sz.gov.cn/cn/xxgk/zfxxgj/zwdt/content/post_9690490.html.
10. 政策观察 | 信号！未来三年，深圳这样布局半导体与集成电路产业[EB/OL].http://fgw.sz.gov.cn/gkmlpt/content/9/9924/post_9924879.html#2645
11. 第三代半导体技术“国字号”重器将落地深圳，国家布局背后的深意 | 锐视角[EB/OL].https://www.sznews.com/news/content/2021-06/23/content_24324007.htm.
12. 支持基础研究深圳有“连招” 让科学家甘坐原始创新“冷板凳”[EB/OL].http://www.sz.gov.cn/cn/xxgk/zfxxgj/zwdt/content/post_9076351.html.
13. 科技创新引领高质量发展——深圳经济特区科技创新发展扫描[EB/OL].https://www.thepaper.cn/newsDetail_forward_7879445.

第二节 深圳城市数字力打造经验

作为中国改革开放的“桥头堡”和“实验田”，深圳40年来的发展成绩有目共睹。随着数字经济时代的来临，深圳通过精准的产业政策、开放创新的市场环境、快速的产业数字化进程和智慧城市的建设，打造全国领先的城市数字力发展水平。

一、精准施策，着力布局，做好数字时代的服务者

深圳自改革开放伊始对于新兴产业的发展便尤为重视，“数字产业”在深圳的发展已有较长历史，也因此为数字经济发展打下了坚实基础。2020年12月深圳市政府印发《深圳市数字经济产业创新发展实施方案（2021—2023年）》（以下简称《实施方案》），作为深圳开启数字经济时代的里程碑。《实施方案》明确了数字经济产业的定义及具体涵盖产业，确定了“数字产业化”和“产业数字化”两大主线，重点描述了高端软件、人工智能、区块链、大数据、云计算等12个重点领域以及提升科技创新能力、深化制造业数字化转型、加快服务业数字化应用、优化数字经济产业布局等9项重点任务，提出了组织领导、体制机制、资金支持、人才引培4方面的保障措施，可谓是一份大而全的纲领性文件，让各区发展有的放矢、有法可依。可以看出，《实施方案》是基于深圳市的产业现状及未来产业规划，经深入研讨后制定，契合深圳的特征及市场特征，也是深圳近年为数不多的核心政策，体现了深圳市政府在数字经济施政方面少而精的做法，以及较高的战略定力。此外，深圳市政府制定了数字产业扶持计划，为数字产

业链关键环节及相关公司与项目提供最多300万元的资助，同时设置了较为严格的审核方式，以求精准扶持。

深圳市一直是中国城市经济发展的排头兵，具有较为前瞻的发展视野，为紧抓数字科技发展趋势，在顶层设计方面，政府着力于探索数据安全立法及数字政府构建。数据安全方面，2021年7月市政府发布了《深圳经济特区数据条例》（以下简称《条例》）并于2022年1月1日起正式执行，内容涵盖了个人信息数据、公共数据、数据市场、数据安全等方面，是国内数据领域首部基础性、综合性立法。《条例》率先明确提出“数据权益”，并着重强化个人信息数据保护。对一些典型性问题，如APP通过误导欺骗等方式获取用户个人信息数据、大数据“杀熟”、强制个性化广告推荐等给予重罚。数字政府建设方面，2021年初深圳市率先发布《深圳市人民政府关于加快智慧城市和数字政府建设的若干意见》，要求聚焦“优政、兴业、惠民”，建设主动、精准、智能的数字政府。

以“服务者”视角促进市场、帮助企业，而不是过多的干涉市场发展是深圳市政府秉持的态度。深圳在打造全球手机制造基地时曾经遇到过一个难题，即手机入网必须通过工信部位于北京的检测中心长达3至6个月的检验才能上市，漫长的过程根本无法满足产品更新换代的需求，导致企业错失市场机会。深圳市政府得知情况后，第一时间向工信部提出成立深圳市检测中心的申请，并对该中心提供财政补贴和其他运营支持。这一举措迅速引发了深圳“山寨”手机业向自主品牌转型，并带动整个手机产业链的更新替代。为什么不干涉？其实是源于深圳市政府之前的经历。20世纪80年代末，为推动发展电子信息产业，深圳政府将一大批技术先进的电子企业引入进来，组建当时国内最大规模的电子信息产业集团（赛格集团），一度为深圳电子产业发展做了重要贡献，但后来的发展却不尽如人意；20世纪90年代，深圳重组了一批在电子、通讯、精密机器等领域拥有先进技术的国有企业到规模最大的市属国企（特发集团）中，试图让国有企业在高科技产业领域分得一杯羹，但特发集团最后几乎是举步维艰，不得不实施“债转股”以度过经营危机；2000年前后，深圳曾将汽车产业作为重要产业进行扶持，引进内地国有汽车企业，并在土地、财政等多方面给予了大量支持，但仅制造出少量样车并以倒闭收场。这些经验教训让深圳市政府明白过多的行政干预只会“拔苗助长”，产业发展主要还是市场行为。

二、开放创新，汇聚英才，铸就数字产业发展沃土

除了强大的电子信息制造业和软件业支撑外，驱动深圳市数字产业迅猛发展的因素还包括开放多元的文化与创新创业的氛围。自深圳市成立至今40多年来，深圳一直以多元开放、海纳百川的城市文化、敢闯敢干的创业氛围闻名中外。作为经济特区，其高度的市场化、国际化、法治化为产业稳健发展提供了优质土壤，而以科学技术为核心竞争力的数字产业在政府的大力支持和统筹下更是迅速发展。例如，针对“数字经济产业的关键核心技术受制于人”的问题，政府牵头企业、科研院所、高等院校等创新主体开展高端芯片、基础软件、工业软件等关键核心数字技术联合攻关，形成完整的具有自主知识产权的产品与解决方案；建设重大科技创新平台，并在保障安全规范的前提下鼓励向全社会开放，提高创新平台的应用效能；放宽数字产品市场准入，在尚未有国

家标准的数字产品领域支持市场主体联合制定团体标准，允许符合团体标准的数字产品在深圳销售、登记；推动向外企开放增值电信业务，逐步取消外资股比等限制，进一步优化营商环境等一系列措施[99]。

创新方面，科技部中国科技信息研究所发布的《国家创新型城市创新能力评价报告2021》（下称《报告》）显示，2021年国家创新型城市排名中深圳市位列首位。从创新能力的构成看，深圳市的创新治理力、成果转化力、技术创新力、创新驱动力均在全国72个创新型城市中排名第一位，其中创新治理力高达96.4分。此外，深圳创业密度居全国之首，平均每10人就有1人是创业者。中国青年报社社会调查中心在2020年发起的“你怎么看深圳”问卷调查显示，比起省会城市、中小城市和直辖市，更多受访者表示愿意在经济特区城市工作。“产业链完善、就业机会多”（56.3%）和“年轻新潮、生活有活力”（56.1%）是受访者认为深圳最有吸引力的地方[100]。

伴随着华为、中集、比亚迪、腾讯、大疆等先进制造业和数字科技领域的企业崛起和成长，“创新”成为深圳市经济发展的“源动力”。但创新只是一种结果，而真正的原因是在于制度创新带来的人才聚集。对一座城市来讲，如何能吸引人才？一是产业的虹吸效应。城市发展离不开产业发展，产业不断扩张又会吸引更多的人才涌入城市，形成城市发展的“飞轮效应”。根据2021年《财富》杂志公布的世界500强名单，大陆上榜企业135家，深圳共有8家企业上榜，上榜企业数量仅次于北京（59家）和上

99 苏州发展数字经济应该向深圳学习借鉴什么.苏州太湖智库[EB/OL]. https://mp.weixin.qq.com/s/1JR2x2AQJ3yLhKc15B35Hg.

100 你怎么看深圳”问卷调查结果发布：“产业链完善、就业机会多”成深圳最强吸引力[EB/OL].https://news.youth.cn/gn/202010/t20201015_12530663.htm.

海（9 家）。强大的产业不仅能有效吸引人才，更能培育人才。在深圳当下的创业潮中，很多优秀的创业者、投资人都来自华为、腾讯等头部企业。二是全力支持民营企业发展。在深圳市上榜企业中除了华润置地、深圳投资与招商银行之外，其他 5 家都是民营企业，且排名都在前 200 名，而北京和上海的上榜企业绝大部分都是国有企业。三是政府对于人才的重视。与同等能级的城市相比，深圳市缺乏大学和国家级研究机构，产业发展所需的高科技人才只能靠政府建立多层次的人才市场来吸引。早在 1987 年深圳市政府就出台了全国首个《关于鼓励科技人员兴办民间科技企业的暂行规定》，俗称“18 号文件”，文件中明确除了资金以外，商标、专利、技术等无形资产同样可以入股办企业，而且不受员工人数的限制。任正非正是靠这个文件创办了华为公司。1992 年深圳市政府首创了市领导率队奔赴海外招揽人才的方式，之后政府相继发布《关于加强高层次专业人才队伍建设的意见》《深圳市产业发展与创新人才奖暂行办法》等政策。2010 年深圳通过“孔雀计划”，每年投入不少于 10 亿元培养和引进海内外高层次人才，并把每年的 11 月 1 日定为“深圳人才日”。

三、构筑数字技术优势，推动产业数字化加速发展

深圳拥有电子信息制造业和软件行业的雄厚基础，培育了华为、中兴通讯、平安科技、腾讯等一批行业领军企业，掌握了关键核心技术，通过在 5G、工业互联网等数字新基建领域的充分布局，带动传统产业的数字化转型。首先，深圳提前布局 5G 产业，构建覆盖“5G+千兆光网+智慧专网+卫星网+物联网”的通信网络基础设施体系。其次，深圳产业数字化进程迅速与其工业互联网

建设密不可分。一方面，推进“工业互联网专家委员会”的建立，为工业互联网提供智力支撑；另一方面，积极推动华为、腾讯、富士康等龙头企业联合成立深圳市工业互联网联盟，促进行业资源对接和应用推广，快速有效地完成对传统工业产业的数字化改造。华星、创维、富士康等大批深圳工业巨头，借助5G+工业互联网，实现智能化转型，给深圳工业经济注入新活力[101]。最后，在大项目布局上，推动鲲鹏、信创形成一批应用场景解决方案，在电子信息等行业打造若干工业互联网标杆项目。

四、携手当地科技巨头，整合技术共筑智慧之城

作为科技创新之城，当地的高科技产业为深圳进行数字化治理提供了得天独厚的条件。首先，政府统筹成立智慧城市和数字政府建设领导小组，由市长亲自任组长。其次，深圳市政府携手当地科技巨头华为共建“鹏城智能体”，构建开放、立体感知、全域协同、精确判断和持续进化的智能系统，为城市治理、企业生产、居民生活带来全场景智慧体验。最后，充分整合5G、大数据、人工智能、区块链等技术，部署智能感知设备，融合摄像、射频、传感、遥感和雷达等感知单元，建立“天地空三位一体”的城市感知网络，并依托地理信息系统（GIS）、建筑信息模型（BIM）、城市信息模型（CIM）等数字化手段，开展全域高精度三维城市建模，构建可视化城市空间数字平台，打造“数字孪生城市”。深圳市“十四五”规划提出“打造全球数字先锋城市”的发展目标，其中数字政府、智慧城市建设是重要组成部分，计划到2025年，

101 深圳特区报.5G第一城抢占数字经济高地[EB/OL].http://www.sz.gov.cn/cn/xxgk/zfxxgj/zwdt/content/post_9692396.html.

高频服务事项实现100%“掌上办”，全面推行“i深圳”系列服务APP，推行“政策找人”“主动兑现”精准智能服务模式等。

参考文献：

1. 《深圳市关于加快智慧城市和数字政府建设的若干意见》
2. 张思平.深圳没有名牌大学，高科技产业是如何崛起的？[N].科技与创新2018全球智能化商业峰会主旨演讲,2018.
3. 深圳原副市长一针见血谈招商：天天找政府要政策的企业，没几个能成功！[EB/OL].http://www.china-plan.com/snsl_n.aspx?fid=130&id=2848.

第三节 深圳城市数字力打造案例

案例一、妈湾智慧港：数字技术为传统基建注入新动能

妈湾港成立于1986年9月30日，作为深圳前海湾的一个传统散杂货码头，主要以钢筋、水泥、砂石等基建材料进出口为主，为蛇口工业区乃至深圳特区城市建设做出了积极贡献。2017年，深圳市提出了建设“全球海洋中心城市”的目标，招商局集团积极响应，经过3年多改造升级，将妈湾港原4个散杂货泊位升级成2个20万吨级的集装箱专用泊位。2021年11月，妈湾智慧港正式开港，成为一个拥有5个泊位、年设计吞吐量300万标箱，并可供靠泊世界最大型集装箱班轮的现代化5G智能港，也是粤港澳大湾区首个5G绿色低碳智慧港口[102]。作为国内“5G+港口”创新的第一批试验田，妈湾港依托科教机构、科技企业云集的深圳市南山区，集招商芯、招商ePort、人工智能、5G应用、北斗系统、自动化、智慧口岸、区块链、绿色低碳共九大智慧元素于一身，具有探索设备远程控制、无人集卡、无人机、智能理货、智慧安

102 吴德群.妈湾智慧港开港！粤港澳大湾区首个5G绿色低碳智慧港口.深圳特区报[EB/OL].https://baijiahao.baidu.com/s?id=1716481145015065972&wfr=spider&for=pc.

全管理等五大应用。其中，设备远程控制主要涵盖36台场桥、60辆无人集卡和2台无人机，要求工作时延不超过20毫秒，无人驾驶时延不超过10毫秒，这些自动化控制场景都需要5G通信技术的保障；智能理货实现了无人装卸作业中的集装箱、集卡拖车等目标信息自动识别；无人机巡检可以减少巡检人员的负担，提升至检查点效率；智慧安全管理包括港区的全面监控、应急指挥和视频智能分析预警等，这些应用也都要基于5G高清摄像终端来收集数据[103]。

具体来看，妈湾智慧港具有4大技术特点。一是首创了一种全域全时全工况多元素的整体解决方案。通过移动端APP的方式，提高司机和码头的有效沟通。设备行为、人员行为、异常穿戴等，都可以通过监控视频自动识别。二是自主研发CTOS系统，对传统集装箱码头实行智能化协同控制。该系统主要功能是码头生产指挥与管理，包括智能堆场计划、智能配载、场桥智能调度、集卡智能调度等，提高码头船舶装卸能力、堆场利用能力以及闸口通行能力，降低翻箱率。三是首创全天候协同管控系统，实现人工驾驶集卡与智能驾驶集卡的混行、港区车辆的实时超长距漫游跟踪等，解决了特定场景的北斗高精度定位问题。四是首创“三双网络”架构。首创了“端侧CPE双发选收”“无线空口双平面”“传输网双路由”的网络架构，解决5G高效可靠保障港口生产业务的关键技术难题，确保港口业务的稳定性和连续性。

根据测算，与传统码头作业效率相比，妈湾智慧港作业人员将减少80%，综合作业效率提高30%，安全隐患降低50%，碳排放

103 陈姝，袁斯茹.“点亮深圳，5G智慧之城”发布会在深举行，深圳全力以赴打造5G全球标杆城市[EB/OL].https://baijiahao.baidu.com/s?id=1675250301084972790&wfr=spider&for=pc.

量降低 90%，进出口通关效率提高 30%以上[104]，运营效率将显著提高。妈湾智慧港为何能在短时间内完成数字化、智能化改造升级，从一个传统的杂货码头摇身一变成为中国乃至世界领先的 5G 智慧港？通过深入探究其发展历程，不难发现妈湾的成功离不开长时间以来的技术积累与基础设施建设。首先，在政府的引导与支持下，项目汇聚了各大数字化产业巨头，协作进行技术攻坚。2019 年 4 月深圳市工信局与招商港口签订《战略合作框架协议》，联合推进 5G 智慧港口建设。政府牵头推动 5G 智慧港口创新实验室建设，并号召有实力的民营企业、国有企业通力协作，汇聚了华为、中国移动等龙头企业开发港口环境下 5G 技术和解决方案，同时会同腾讯、阿里巴巴等互联网企业整合全球港口营运控制中心、单证中心、结算中心，搭建跨境电商、供应链金融等平台，延伸航运总部服务和船舶服务等功能；其次，政府对数字产业及数字新基建的大力扶持是妈湾港改造升级的基础。近年来，深圳市政府非常重视数字产业的发展，陆续出台 5G、AI、云计算等产业政策，并积极推进本地 5G 网络部署和相关新基建建设。优惠的产业政策、完善的 5G 网络基础设施等为妈湾港的数字化改造升级提供了坚实保障。

案例二、深圳高新区：锐意创新打造国际科技创新高地

深圳国家高新区成立于 1996 年 12 月，是科技部建设世界一流高科技园区十家试点园区之一。2019 年 4 月，深圳市政府决定实施高新区扩区，以便于更好地发挥高新区示范带动作用。如今，

104 陈体强.招商港口妈湾智慧港正式投产，深西母港竞争力大幅提升[EB/OL].https://www.163.com/news/article/GDOI1MCG000190H3.html.

深圳高新区已成为引领深圳科技创新的核心引擎和发展高新技术产业的示范基地。

1. 发展现状

2021 年，深圳高新区实现营业收入 22837.84 亿元，PCT 国际专利申请量 12420 件，拥有 5450 家国家高新技术企业，970 家年产值超亿元企业，185 家境内外上市企业。深圳高新区在科技部火炬中心开展的国家高新区综合评价工作中连续多年名列前茅，2021 年度位列全国第二，综合质效和持续创新能力位列第一。其中南山园区是深圳高新区中的核心园区，2021 年南山园区注册企业超过 8.5 万家，其中当年新注册港澳台及外资企业 510 家，科技型中小企业 1877 家，高新技术企业 2031 家，园区内有世界 500 强和中国 500 强企业共 19 家，上市企业总数超过 113 家，位居全国区（县）第二。此外，位于深圳中部和东部的高新区龙岗园区包括坂雪岗科技城和宝龙科技城两个子片区。其中，坂雪岗科技城片区形成以华为为龙头的 ICT 产业集群，通信技术领跑全球。2021 年龙岗园区实现规上工业增加值 1727.82 亿元，以龙岗区约 12%的土地面积聚集了该区 26.5%的规上企业，创造了龙岗区 78.6%的工业增加值[105]。

2. 发展历程

第一阶段（1985—1996 年）——“三来一补”，自由成长。深圳高新区的前身是于 1985 年 7 月启动建设的深圳科技工业园。20 世纪 80 年代初期，作为改革开放“试验田”的深圳，凭借改革政策红利吸引众多人才、资金，通过“三来一补”加工贸易模式

105 深圳高新区：高质量发展的“高产田”[EB/OL]. http://dzb.jinbaonet.com/gundong/2022/0228/100057780.html.

迅速成长起来。在此背景下，1985 年深圳市政府成立了中国第一个工业开发区——深圳科技工业园。

第二阶段（1996—2008 年）——规划引领，龙头集聚。20 世纪 90 年代初期，虽然“三来一补”发展得如火如荼，但由于低附加值的加工制造业进入门槛较低，市场竞争逐渐加剧，企业利润空间被日益压缩，且对生态环境产生负面影响。深圳市政府意识到“三来一补”发展模式难以持久，迫切需要进行产业升级。1993 年深圳市确立了发展高新技术产业的大方向。同时，部分企业开始探索转型之路，加大技术研发投入。例如，中兴于 1990 年研制出采用自有技术的数字程控交换机，并迅速占领了国内通信设备市场。为了更高效地统筹全市高新技术产业发展，深圳市于 1996 年在深圳湾畔规划了 11.5 平方公里的范围，设立深圳高新技术产业园区。1999 年深圳市出台了《关于进一步扶持高新技术产业发展的若干规定》，不仅将科技经费提高到财政预算的 2.5%，还对高新技术企业实行所得税“两免八减半”的优惠政策。随后，高新技术产业园区迎来了华为、中兴、联想、TCL、创维、长城等知名企业的陆续进驻。2008 年，深圳高新区以全市约 19%的工业用地和 12%的从业人口实现了高新技术产品产值 5328 亿元，占全市的 63.32%。同时，深圳高新区还孕育出一批优势突出的骨干企业，如华为、腾讯、中兴、比亚迪等。产值超亿元企业 230 余家，其中超百亿元企业 9 家，超千亿元企业 2 家。数字视听、软件、互联网、新能源、医疗器械等产业均居于国内一流水平，且通信产业集群处于全球领先水平[106]。

106 《深圳高新技术产业园区发展专项规划（2009 年—2015 年）》。

第三阶段（2009—今）——产业与城市综合发展。2008年的金融危机加速了全球技术变革和产业结构调整的步伐，科技创新成为全球竞争的焦点。深圳高新区亟须加快淘汰落后产能，促进产业升级，占领互联网、生物医药、新能源等高技术产业的制高点。便利的商业环境和宜居的生活环境对于产业园的进一步发展至关重要。然而，随着大量产业的集聚和发展，土地短缺问题浮出水面，园区内生活商务配套设施也严重不足，制约了深圳高新区的发展。2009年，深圳市出台《深圳高新技术产业园区发展专项规划（2009—2015年）》，总规划面积由11.52平方公里扩大到面积185.6平方公里，其中高新技术产业用地76.1平方公里，规划期至2015年。这一举措极大缓解了土地空间的制约，对于园区产业调整升级，淘汰落后产能，吸引高新技术企业集聚发展具有重大促进作用。

3. 经验总结

由此可见,深圳高新区凭借改革开放“试验田”的体制优势，因势利导地对“三来一补”形成的工业基础进行聚集、引导和升级，并通过完善的政策环境和浓厚的创新创业氛围，快速集聚了高端产业要素，培育了一批高新技术领军企业。深圳高新区的发展经验可以归纳为以下三个方面。

第一，形成良性的政府和市场互动机制。在深圳高新区的发展中，深圳市政府一直扮演“服务者”的角色，通过各种举措，优化产业发展环境，从土地、金融、人才、税收等方面为高新技术企业发展提供支持，形成了以企业为主体、以市场为导向的创业机制和包容开放的创新文化。第二，全球范围内聚集科技创新资源。与北京、上海、南京、武汉等城市相比，深圳是一个高校智力资源匮乏的地方。为突破本地资源限制，深圳高新区分别于1999年和2000年启动建设深圳虚拟大学园、深圳市留学生创业园。目前，深圳高新区拥有虚拟大学园孵化器、留学生创业园、深圳软件园、联合总部大厦、国际创新谷、生物孵化器等孵化器和专业园等，形成了行业齐全、层次分明、服务专业的企业孵化培育体系，实现了企业从创立到加速成长的全过程服务。其中，深圳虚拟大学园聚集了67所国内外知名院校资源，建成清华大学、北京大学等17家产业化基地，构建“一园多校、市校共建”的新型大学科技园区建设模式，被科技部、教育部认定为国家级大学科技园。此外，深圳高新区还建设了深圳市大型科学仪器共享平台，推动重大科研基础设施和大型科学仪器向社会开放共享，降低科创企业研发成本，助力企业创新发展。这些平台和机构不仅增强了深圳高新区对创新资源的汇聚能力，也带动了深圳高新区创新应用能力水平的大幅提升。第三，建立完善的产业投融资服务体系。由于科技型企业技术研究投入比传统企业要高，但在企业发展初期，由于企业信用程度低，且缺乏固定资产抵押担保或信用担保公司的担保，难以从正规金融机构获得融资。深圳高新区通过设立创业投资广场，吸收专业风险投资基金、券商投行部和非上市业务部、产权交易评估、会计师事务所、律师事务所及信用担保、专利服务等各类服务机构，为处于不同成长阶段的中小科技企业和初期创业者提供全方位服务。早在1997年全国首个由政府发起设立创业投资公司和风投基金——“深圳创新投”便成立了，至今深圳创新投集团仍是国内规模最大也最成功的本土创投公司。此外，大量的本土创投云集深圳，使深圳成为国内创投业最为集中的城市之一，创投公司数量占全国1/3，管理资金居全国首位。

参考文献：

1. 9大智慧元素加持，妈湾港从散杂货码头向智慧集装箱码头完美蜕变[EB/OL].https://www.163.com/dy/article/GOT77BN30530KEJV.html.
2. 深圳市高新技术产业园区管理委员会[EB/OL].http://stic.sz.gov.cn/szgxq/index.html.
3. 白雪洁,李栋,闫文凯.深圳高新区的发展经验与启示[J].现代管理科学,2014(7):22-24.
4. 金心异（长江产业经济研究院）深圳发展高新技术产业的主要经验[R].https://idei.nju.edu.cn/1b/6b/c26392a531307/page.htm.

第六章　杭州

推动两化融合发展、营造优质营商环境、增强科技人才引力，打造全国数字经济第一城。

摘要

杭州，古称临安，又名钱塘，素有“人间天堂”的美称。杭州历史上曾是重要的商业集散中心，这不仅得益于京杭大运河和通商口岸的便利，也得益于杭州自身发达的丝绸和粮食产业。近年来，在“数字中国”的大战略推动下，杭州数字基础设施不断完善、数字技术创新要素不断集聚、数字化治理不断创新，很多方面领先全国，已成为我国城市数字力打造的典范。根据中国城市科学研究会智慧城市联合实验室发布的《2019 城市数字发展指数报告》，杭州、上海、武汉、深圳、北京、郑州、广州、南京、宁波、青岛凭借出众的成绩成为前十名，成为数字一线城市十强，且杭州位居榜首。另外，根据中国信通院发布的《中国城市数字经济发展报告（2021）》报告，北京、上海、深圳、广州和杭州位居前五强。

本章首先总结杭州市在数字基础设施建设、数字科技创新、数字产业化创新发展、产业数字化升级及城市数字化治理等方面取得的突出成效，并着重分析电子商务、跨境电商、数字内容、云计算等杭州市特色的数字产业化细分行业。其次，提炼杭州在打造城市数字力方面的成功经验，分为要素保障和环境保障两大方面。最后，通过 Sup-ET“1+N”工业互联平台和火石创造产业大脑两个案例进一步展示杭州城市数字力的典型特征。

第一节 杭州城市数字力打造现状

早在21世纪之初，杭州市便提出了“实施一号工程，建设天堂硅谷”的战略计划。2014年杭州市进一步作出实施“一号工程”的决定，其核心是发展数字经济、推动智慧应用。2018年杭州市提出建设全国数字经济第一城的发展目标，并出台了《杭州市全面推进“三化融合”打造数字经济第一城行动计划（2018—2022年）》。经过多年的努力，杭州市已经为发展数字经济第一城打下了坚实的基础，全面提升了城市数字力发展水平。目前，杭州已聚集了全国约三分之一的互联网公司，培育了阿里巴巴、海康威视、大华股份、华三通信、信雅达、士兰微等一大批享誉国内外的数字产业领军企业。在数字经济“一号工程”的引领下，杭州市在电子商务、互联网金融、共享经济等领域创新发展，已形成具有全球影响力的电子商务、云计算、大数据、数字安防等产业集群。

近年来，杭州市数字经济核心产业增加值持续保持快速增长（见图6-1），成为高质量发展的引领力量。2020年杭州市数字经济核心产业实现营业收入1.29万亿元，同比增长15.4%，实现核心产业增加值4290亿元，同比增长13.3%，高于同期GDP增速9.4个百分点，占GDP比重达到26.6%[107]。其中，电子信息产品制造、软件与信息服务、数字内容和机器人产业分别增长14.7%、12.9%、12.7%和12.3%。规模以上工业中，高新技术产业、战略性新兴产业、装备制造业增加值分别增长8.6%、8.1%和11.8%[108]。

107 数据来源：《杭州市数字经济发展“十四五”规划》。
108 数据来源：《2020年杭州市国民经济和社会发展统计公报》。

杭州市数字经济核心产业增加值(2015—2021年)

（单位：亿元）

2015	2016	2017	2018	2019	2020	2021
2314	2688	3216	3356	3795	4290	4905

图 6-1 杭州市 2015—2021 年数字经济核心产业增加值[109]

一、日益完善，夯实城市数字力发展的新基座

21 世纪初，杭州市已经具备了以电信网和有线电视网为主体的网络基础。2017 年国家互联网骨干直联点落地杭州，极大提升了本地不同运营商互联网间的通信质量，促进了云计算、大数据、人工智能等产业的集聚发展。2019 年，我国首个国家（杭州）新型互联网交换中心试点正式成立，具备“一点接入、多点联通”的优势，进一步夯实了杭州互联网创新发展的网络基础；同年，杭州发布了《杭州市加快 5G 产业发展若干政策》，在政策的支持和推动下，杭州 5G 的下载速率、覆盖率、驻留时长占比等指标都位居全国前列，率先成为中国移动集团 5G 标杆城市。

截至 2022 年 8 月，杭州累计建设 5G 基站 29000 多个，并在全国率先完成部分区域的 SA 独立组网，实现 5G 商用的关键突破，获得全国“千兆城市”称号以及工信部颁发的“5G 网络覆盖最佳

109 数据来源：杭州市历年统计公报，2018 年后采取浙江数字经济口径，之前为杭州信息经济口经。

城市”称号。至此，杭州5G网络建设规模、网络质量和覆盖率均居全国主要城市前列，基站密度位列第一[110]。这些基础设施为增强城市数字力打下了坚实基础。

二、创新引领，打造数字经济技术创新策源地

近年来，杭州一直坚持“创新是引领发展的第一动力”，将全社会研究与试验发展（R&D）经费投入占GDP的比例作为评价科技创新实力的关键指标，形成以企业为主体、市场为导向、政产学研用深度融合的科技创新体系，为杭州市产业创新发展注入强大活力。2021年杭州R&D经费投入总量和强度均居全省第一，有效发明专利拥有量、PCT国际专利申请量均居省会城市第一。从R&D总量上看，2021年全市共投入R&D经费667亿元，占全省30.91%，同比增长15.2%；从R&D强度看，R&D经费投入强度达3.68%；从活动主体上看，企业、高校、政府属研究机构经费支出占比分别为78.9%、9.6%和11.4%。至2021年，科技创新综合实力连续10年稳居全省首位，在国家创新型城市创新能力评价中位居前列。此外，世界知识产权组织（WIPO）发布的《2022年全球创新指数报告》显示，在全球前100个科技集群中，杭州创新指数位居第14位，超过伦敦、洛杉矶等国际知名城市。

在数字经济主战场上，杭州在云计算与大数据、人工智能与区块链、数字安防、集成电路等领域具有技术和市场领先优势。

在云计算与大数据领域，近年来，杭州一直把云计算与大数据产业发展作为“一号工程”的重要建设内容，推进云栖小镇、杭州云谷等创新平台的规划建设，打造集技术研发、应用和服务

110 市经信局关于市政协十二届一次会议第143号提案的答复[EB/OL].http://jxj.hangzhou.gov.cn/art/2022/7/29/art_1229265379_4073096.html.

于一体的云计算产业生态。根据市统计局，2021 年，杭州云计算与大数据增加值增加至 1615 亿元，占全市数字经济规模的比重为 33%，国内市场份额第一，公有云（IaaS）市场份额亚太市场第一。杭州不仅拥有全国云计算产业的引领者——阿里云，还培育发展了华数媒体云、海康视频云、华三政务云等一批独具特色的云平台。根据前瞻研究院，杭州市云计算产业企业主要集中在产业链的上游，数量超 4 万家，网络设备和数据中心细分领域的企业较多，而 CPU、服务器、存储芯片细分领域的企业相对较少。

在人工智能与区块链领域，杭州是我国较早开展人工智能基础研究和创新应用的地区。早在 1982 年浙江大学就成立了人工智能研究室。目前，杭州拥有浙江大学、之江实验室等创新载体，计算机辅助设计与图形学、工业控制技术等 4 个人工智能相关国家重点实验室，以及人工智能协同创新中心等 5 个国家级创新平台。根据 2020 年 7 月发布的《中国人工智能城市产业发展总体指数》，杭州人工智能企业数量居全国第四、核心产业规模居全国第二、企业获投金额居全国第二、总体指数居全国第三，已进入国内人工智能产业的第一梯队。在区块链领域，杭州也已进入国内第一梯队。早在 2017 年杭州就创建了中国首个区块链产业园。目前杭州已经创造了多个“区块链+”的成功案例，如全国首款区块链取证 APP、全国首个区块链电子印章应用平台、全国首例区块链存证判决等。根据《2020 中国区块链城市创新发展指数》，杭州在区块链创新发展指数排名中位列全国第四，在区块链专利研发方面排名全国第二位（仅次于北京），专利申请方面排在全国首位。

在数字安防领域，杭州是我国数字安防产业的重要基地。近年来，杭州市数字安防产业集群高速增长，2021 年数字安防产业核心产业实现营收达 2720.8 亿元，同比增速 17.2%，全市泛安防产业整体规模超 6000 亿元，成功入选工信部《先进制造业集群》（第二批）。目前，杭州数字安防产业集群拥有 574 家规上企业，205 家上市和挂牌企业，共实施国家重点研发计划、科技创新 2030 重大项目和国家科技重大专项 27 项，拥有国家级创新载体 43 个，省级技术创新载体 186 家。杭州高新区（滨江）市场监督管理局数据显示，截至 2021 年，中国数字安防产业有发明专利申请活动的创新企业超过 6 万家，其中杭州市 4322 家，约占浙江省的 77% 和全国的 7%。杭州市发明专利超 2 万件，占浙江省比重超过 60%。随着人工智能、云计算、大数据等数字技术的不断升级和产业演变，数字安防产业正在加速向视觉智能产业跃迁。2021 年 7 月杭州发布“中国视谷”建设方案，并于 2022 年发布《关于促进智能物联产业高质量发展的若干意见》，提出要以“视觉智能”为突破口，并逐步发展为“智能物联产业”。

在集成电路领域，从 2018 年起，杭州集成电路设计业销售规模一直稳居全国前四。2021 年，杭州集成电路设计业的销售额增速高达 72.5%，全年销售额约 370 亿元。目前，杭州拥有 36 家销售额过亿元的集成电路设计企业，聚集了士兰微电子等上市企业，以及平头哥半导体、国芯科技等细分领域领先的中小型企业，掌握着高压高功率芯片、LED 芯片、嵌入式 CPU、固态存储、计算机接口控制器、光电集成电路等众多细分领域的核心技术。2021 年，杭州在“十四五”规划中明确将集成电路产业作为“制造业九大标志性产业链”之一，并将重点布局高端射频芯片、新一代光电芯片等，推动电子设计自动化（EDA）软件、半导体核心设备和关键材料的自主攻关。

近年来，杭州以科技创新驱动高质量发展为主线，以深化科技体制改革和健全创新治理体系为突破口，先后发布了《杭州市建设国家新一代人工智能创新发展试验区若干政策》《杭州市人民政府关于完善科技体制机制健全科技服务体系的若干意见》《杭州市科技成果转化资金管理办法》《杭州市天使投资引导基金管理办法》《杭州市新型研发机构管理办法》《构筑科技成果转移转化首选地的若干政策措施》《杭州市支持颠覆性技术创新若干政策措施》等系列支撑科技创新的文件，持续推进人才、资金、技术、产业等创新高端要素快速集聚，在重大科研平台建设、科技人才引入和产业发展等方面成果显著。在科研平台方面，之江实验室纳入国家实验室体系，先后启动大科学装置超重力离心模拟与实验装置、超高灵敏量子极弱磁场和惯性测量装置，全市拥有国家重点实验室 14 家，省实验室 4 家、省重点实验室 39 家、省级新型研发机构 28 个，新建西湖大学、中法航空大学等高水平高校和科研机构；在科技人才引入方面，累计有 94 位科学家入选全球“高被引科学家”，引育 611 位国家级领军人才；在科技产业发展方面，国家高新技术企业总量突破 1 万家，科技型中小企业总量达 2.2 万家；上市公司 269 家，其中 165 家为高新技术企业，数量居全国第四。

三、扬长补短，打造数字产业化发展的引领地

近年来，杭州市紧抓数字科技发展历史机遇，不断推动电子商务、云计算和大数据、物联网等优势产业提升，积极布局数字

内容产业和软件与信息服务产业，着力做强集成电路设计与制造等基础产业。

1. 持续擦亮“电子商务之都”招牌

近年来，杭州电子商务规模持续扩大，新模式新业态不断涌现。2021 年杭州网络零售额已达到 9952 亿元，占比浙江全省网络零售额 39.4%[111]，同比增长 11%，2015 至 2021 年的年均复合增长率 24%（见图 6-2）。

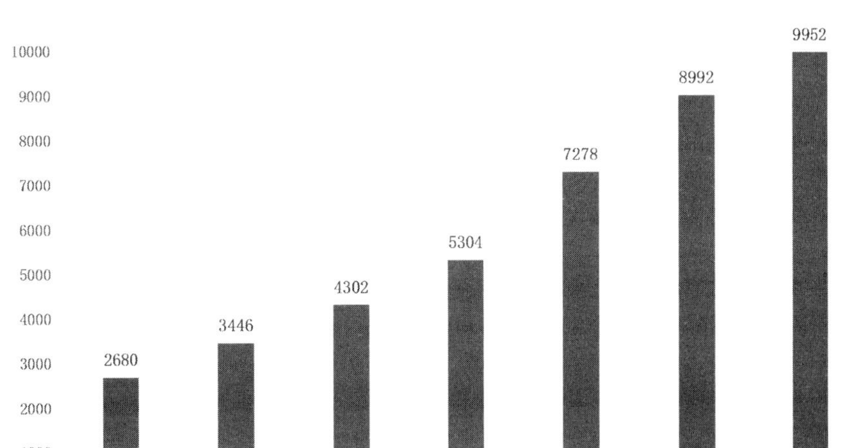

图 6-2 杭州市 2015—2021 年网络零售额

此外，依托国内“门类齐全、独立完整”的工业体系，杭州市凭借其在电子商务领域的领先优势，在跨境电商领域取得重大成绩和宝贵经验。早在 2015 年，经国务院批复，杭州成为我国首个跨境电商综合试验区，试验区设立后不到一年的时间，便形成了六体系两平台的发展模式，得到国家认可并在全国复制推广。

111 2021 年浙江省网络零售行业发展概况及行业发展趋势分析[EB/OL].https://www.163.com/dy/article/H9BTM8NP055360U6.html.

2021 年杭州市跨境电商进出口总额达 171 亿美元，其中，出口额为 131 亿美元，同比增速 16.5%。从 2015 至 2021 年，出口额从 23 亿元增加至 131 亿元，年均复合增长率约为 33.95%（见图 6-3）。

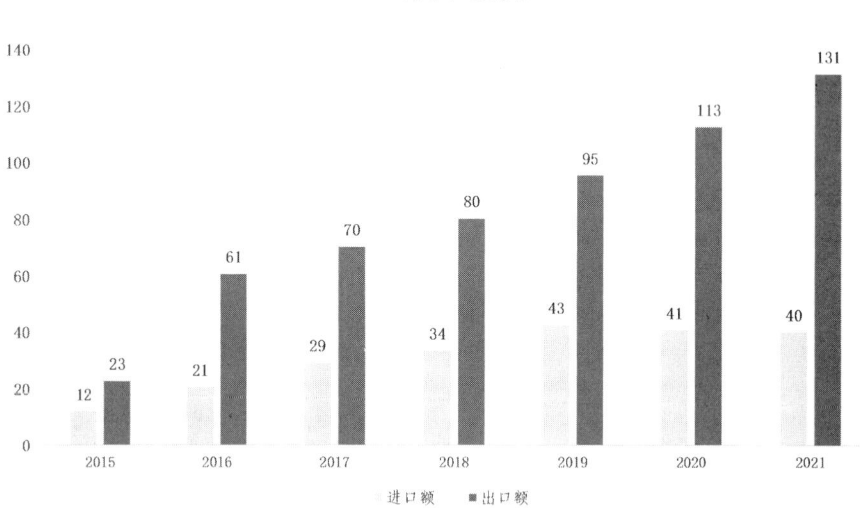

图 6-3 杭州市 2015—2021 年跨境电商进出口额

杭州电子商务规模的持续增长，离不开政策体系、产业生态、空间载体和持续创新等要素的支持。第一，产业政策体系不断完善。2013 年出台《关于进一步加快电子商务发展的若干意见》，2016 年出台《杭州电子商务“十三五”规划》，2020 年出台《加快杭州市直播电商经济发展的若干意见》等，至今已形成了一整套关于杭州电子商务发展基础环境、支撑体系、产业环境等完善的制度体系。第二，产业生态环境日益成熟。经过 20 余年的发展，杭州市已形成了由上游供应商、中游电商平台和相关服务商等共同构成的产业生态集群，并且集聚了一批电商领域的头部企业。如天猫、淘宝、网易严选等头部企业。第三，产业空间载体丰富多元。杭州共有电子商务园区 80 余个，能够为电子商务产业提供丰富多样的支撑空间。其中，被评为国家电子商务示范基地的就有杭州电子商务产业园、东方电子商务园、北部软件园。第四，新业态新模式不断涌现。例如，以网易严选的 ODM 模式与视频直播电商为代表的新型电子商务模式，带动全国电子商务的持续创新发展。

2. 全面发展云计算与大数据产业

2010 年杭州市被国家发改委、工信部确立为首批全国五个云计算服务创新发展试点示范城市之一。近年来杭州市云计算与大数据产业发展迅速。根据北京大数据研究院发布的《2020 中国大数据产业发展指数》，杭州位列第五（北京、深圳、上海和广州之后，）[112]。从 2015 至 2021 年，杭州市云计算和大数据产业增加值从 829 亿元增加至 1615 亿元[113]，年复合增长率约 12%（见图 6-4）。

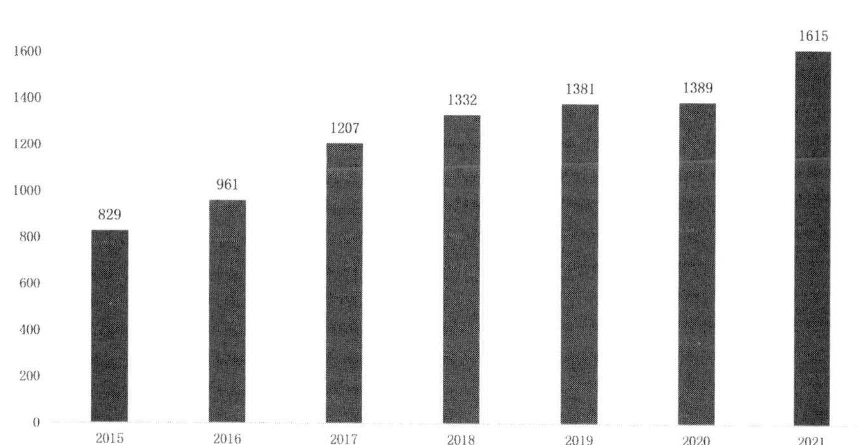

图 6-4 杭州市 2015—2021 年云计算与大数据产业增加值

杭州市云计算和大数据产业链条日臻完善，基本全覆盖。在大数据领域，2018 年发布的《杭州市大数据产业地图 V2.0》共收

112 2020 中国大数据产业发展指数[EB/OL]. https://www.sohu.com/a/424925014_492538.
113 数据来源：杭州市历年统计年鉴。

录了 385 家杭州市大数据企业，涵盖基础架构、数据技术、大数据应用、大数据周边服务四大板块 26 个细分领域，企业服务内容涵盖了数据采集汇聚、存储处理、挖掘分析、数据应用、大数据周边服务等全产业链。其中，大数据应用板块的企业数量占比最高（达 61%）。在云计算领域，杭州云计算企业服务涵盖 Iaas、Paas 和 Saas 三大服务模式。

杭州市云计算和大数据产业发展环境不断优化。首先，产业政策支撑。2017 年杭州市政府印发《关于加快推动杭州未来产业发展的指导意见》，将云计算、大数据作为未来产业发展的重要基础设施，提出云计算、大数据技术创新、产业发展和推广应用领跑全国的目标。后来，杭州又相继印发《杭州市“企业上云”运行动计划》《杭州市深化推进“企业上云”三年行动计划（2018-2022）》，在打造云平台、优化产业生态、人才培育和安全保障等多方面进行部署。其次，三大产业集聚区。目前杭州市云计算和大数据产业已经形成了三大产业集聚区，包括杭州国家高新技术产业开发区（滨江）、西湖区云栖小镇和余杭区未来科技城。最后，创新氛围浓厚。杭州市创业服务平台众多，目前拥有市级以上孵化器和众创空间数据 200 余家，国家级孵化器和众创空间约 90 余家。此外，杭州还成立了多家研究机构对云计算、大数据等新一代信息技术进行研究创新。

3. 大力建设“数字内容产业中心”

2014 年杭州市委十一届七次会议审议通过《关于加快发展信息经济的若干意见》，提出到 2020 年杭州要建成“六大中心”[114]，

114 六大中心：国际电子商务中心、全国云计算和大数据产业中心、全国物联网产业中心、全国互联网金融创新中心、全国智慧物流中心、全国数字内容产业中心。

其中之一为“数字内容产业中心”。随后，《杭州市全面推进“三化融合”打造数字经济第一城行动计划（2018—2022 年）》《之江文化产业带建设规划》《杭州市之江文化产业带建设推进计划（2018—2022 年）》《关于加快建设国际文化创意中心的实施意见》等政策文件的相继发布，不仅指明了杭州数字内容产业的发展方向，同时构建了符合数字内容产业发展要求的保障体系。据统计，2011 至 2021 年期间，杭州文化产业增加值从 400 亿元增长至 2586 亿元，年均复合年增长率高达 20.5%。2021 年全市文化产业实现增加值 2586 亿元，同比增长 8.7%，占地区生产总值的比重 14.3%；全市规上文化企业实现主营业务收入 8212 亿元，同比增长 11.6%，占全省的比重达到 61.5%[115]。由清华大学、中国传媒大学共同发布的《中国数字内容产业发展指数及评估报告（2021）》显示，杭州处于全我国数字内容产业发展的第一梯队。

杭州凭借其互联网产业和文化资源优势，数字内容产业领域的头部企业不断涌现。例如，成立于 2013 年的网易云音乐在激烈的市场中脱颖而出，成为业界的一匹“黑马”。网易云音乐在 2018 年至 2020 年期间的月活跃用户分为别为 1.05 亿、1.47 亿、1.81 亿，年均复合增长率 31%。同期，月度付费用户规模达到了 420 万、860 万、1600 万，年度付费率达到 4%、5.9%、8.8%。同期 总营收分别为 11.48 亿元、23.18 亿元、48.96 亿元[116]。正式成立于 2014 年的咪咕数媒是中国移动的全资子公司，前身为中国移动手机阅读基地，不断拓展数字内容业务，打造文化消费新场景新体验。

115 杭州日报.杭州文化产业迎“春风”-锚定“城市之窗”奋力打造国际文化创意中心[EB/OL]. https://hzdaily.hangzhou.com.cn/hzrb/2022/03/09/article_detail_1_20220309A016.html.

116 老虎证券 ESOP:年进账 48 亿，1.8 亿人同时在线，你以为网易云只能用来听歌？[EB/OL].https://3g.163.com/news/article/GBT41L06000190H3.html.

目前咪咕数媒的产品包括咪咕云书店、咪咕阅读、5G 融媒手机报和咪咕文学四大类型。

此外，杭州也特别重视产业支撑平台的建设。一方面，通过举办活动不断提升城市文化产业的影响力。2020 年杭州市成功举办第十六届中国国际动漫节，在疫情的影响下仍有 65 个国家和地区、2680 家中外企业机构、5886 名客商和专业人士通过线上、线下多种方式参与动漫节的各项活动，达成合作意向 1543 个，100 多部全球动画新片亮相动漫节，发布重大项目 14 个，现场签约金额 2.5 亿多元[117]。另一方面，重点规划、打造产业发展载体空间。例如，之江文化产业带（钱塘江杭州段沿线）围绕“一带一核五级多组团”的空间发展格局，着力打造了 6 个百亿级别的产业集群。此外，为了加快杭州文化产业集聚发展，2020 年杭州市认定了 40 家“杭州市文化产业园区”和 12 家“杭州市文化创意街区”[118]。

4. 全面布局软件与信息服务产业

多年来，杭州市政府高度重视软件与信息服务产业发展，将其作为转变经济增长方式、调整产业结构和实现产业升级的重要抓手。2005 年，杭州市出台《关于加快信息服务与软件业发展的若干意见》，提出要充分发挥“两大、两优、两新”[119]产业的现有优势，加快形成各自完整的产业链，全面推动信息服务与软件业发展。为加速杭州市信息技术服务业的发展，增强对服务业优先发展战略的支撑力，2009 年杭州市又进一步出台了《关于进一

117 科学防疫 鼓励国漫 精彩纷呈 第十六届中国国际动漫节圆满落幕[EB/OL].https://baijiahao.baidu.com/s?id=1679607728233092176&wfr=spider&for=pc.

118 杭州 52 家单位入选“杭州市文化产业园区、文化创意街区”[EB/OL].https://baijiahao.baidu.com/s?id=1660857488875650355&wfr=spider&for=pc.

119 “两大”是指通信业、软件业；“两优”指集成电路设计、数字电视；“两新”指动漫、网络游戏。

步推进信息服务业发展的若干意见》，明确了信息服务业的发展目标，即至2011年全市信息服务业主营业务收入突破1000亿元（年均增长率约25%），并在资金扶持、技术创新、人才培育、产业集群载体及政府管理职责等多方面提出保障措施。经过多年的精心培育和发展，杭州于2014年被工信部认定为“中国软件名城”。为了更好推进“中国软件名城”建设，杭州市又于2018年出台《加快国际级软件名城创建助推数字经济发展的若干政策》。软件和信息技术服务业在经济发展中的作用越来越大。从2015至2021年，杭州市软件和信息服务产业增加值从1596亿元增加至3933亿元，年均复合增长率约为16%（见图6-5）[120]。

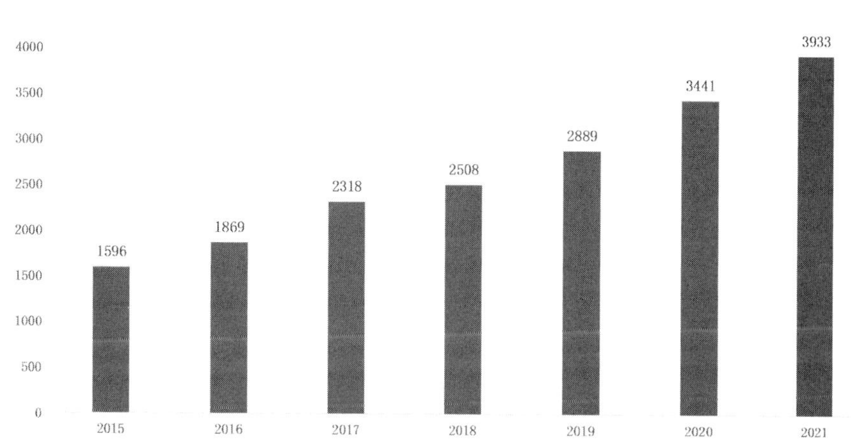

图6-5 杭州市2015—2021年软件和信息服务业产业增加值

行业头部企业集聚，带动效应显著。根据中国电子信息行业联合会发布的《2021年度软件和信息技术服务竞争力百强企业》榜单显示，海康威视、网易、大华、新华三等10家杭州企业入选。在云计算领域，阿里云以全球第三大云计算与人工智能服务商的身份引领行业发展；在人工智能领域，杭州获批国家新一代人工

120 数据来源：杭州市历年统计年鉴。

智能创新发展试验区，海康威视“视频感知”入选国家新一代人工智能开放创新平台；在区块链领域，区块链专利龙头企业数量位居世界前列，根据全球区块链企业 2021 年发明专利百强排行榜显示，蚂蚁集团以 1252 件专利的成绩排名世界首位，杭州复杂美科技以 88 件的成绩排名第 7，杭州趣链科技以 47 件的成绩排名第 14[121]；数字安防领域，海康威视、大华股份等先行启动视频安防设备关键核心技术攻关项目。

5. 全力发展电子信息产品制造

在各项政策支持和政府的精心培育下，杭州市电子信息产品制造业发展迅猛。《杭州信息经济智慧应用总体规划（2015—2020 年）》将电子信息制造业定义为杭州市十二大产业智慧产业之一。《杭州市全面推进“三化融合”打造全国数字经济第一城行动计划（2018—2022 年）》又进一步提出要加快推动基于万物互联的网络通信设备产业发展；大力发展可穿戴设备和智能家电，着力推动传统家电和各类电子消费品的智能化转型；深化集成电路设计产业化基地等建设，着力引进和布局建设大尺寸、下一代材料和特种先进工艺集成电路生产线，打造国家集成电路设计创新之都和全国高端存储芯片产业基地。经过多年的精心培育，杭州市电子信息产品制造业已成长为千亿规模的行业。从 2015 至 2021 年，杭州市电子信息产品制造业增加值从 558 亿元增加至 1214 亿元[122]，年均复合增长率约为 14%（见图 6-6）。其中，比较突出的是被评为国家级产业集群的数字安防产业，拥有海康威视、浙江大华、

121 IPRdaily.2021 年全球高相关度区块链授权发明专利排行（TOP100）[EB/OL].https://mp.weixin.qq.com/s/6AeEWX3tJj0JzQyW8xr-Ig.

122 数据来源：杭州市历年统计年鉴。

宇视科技等行业龙头企业，杭州市也因此获得了“全球安防之都”的美誉。

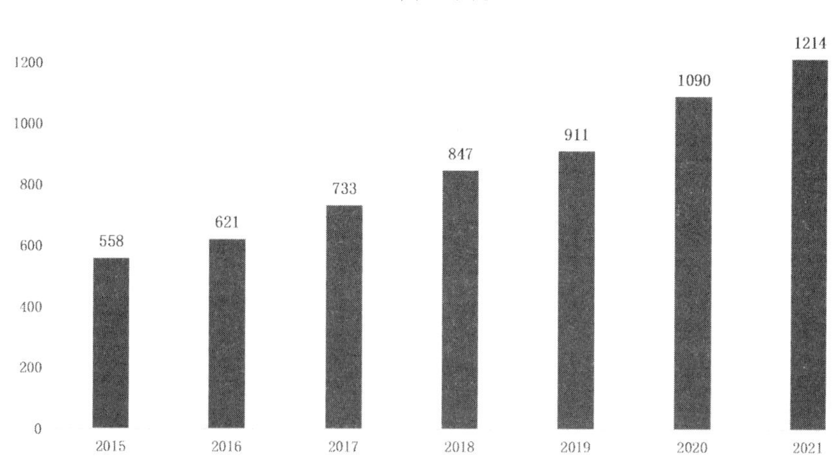

图 6-6 2015—2021 年杭州市电子信息产品制造业增加值

此外，杭州市还积极推动集成电路发展，加快突破“卡脖子”技术。2019 年推出“新制造计划”，将集成电路列为重点发展的战略性新兴产业，推动中欣晶圆、中电海康、紫光恒越等一批项目落地。其中，杭州中欣晶圆半导体大硅片项目竣工投产，填补了杭州在晶片制造方面的空白。在集成电路高端设计领域，中国工程院院士高文团队发布了完全国产的数字视网膜芯片“鸿芯图腾 GV9531”，成为国内首个符合我国自主第二代音视频编码标准的编解码芯片。

根据《杭州市数字经济发展“十四五”规划》，杭州重点布局高端射频芯片、RISC-V 开源平台、新一代光电芯片和企业级服务器芯片、视觉处理芯片和第三代半导体等先进领域；大力发展汽车、通信、医疗等重点领域具有自主知识产权的微机电系统（MEMS）技术和产品；推动电子设计自动化（EDA）工具、半导体核心设备和关键材料的自主攻关；到2025年集成电路相关产业规模力争达800亿元。

四、深化融合，建设产业数字化变革的示范地

在大力发展数字产业的同时，杭州市也一直在探索数字技术与传统产业的融合发展。其中传统制造业是融合发展的重心。在政府的大力推动下，杭州市制造业数字化转型取得了显著成效。根据浙江省经信厅和省统计局联合发布的《2021年浙江省区域两化融合发展水平评估报告》，杭州市2021年两化融合指数达到116，再次排名全省第一（见图6-7）。

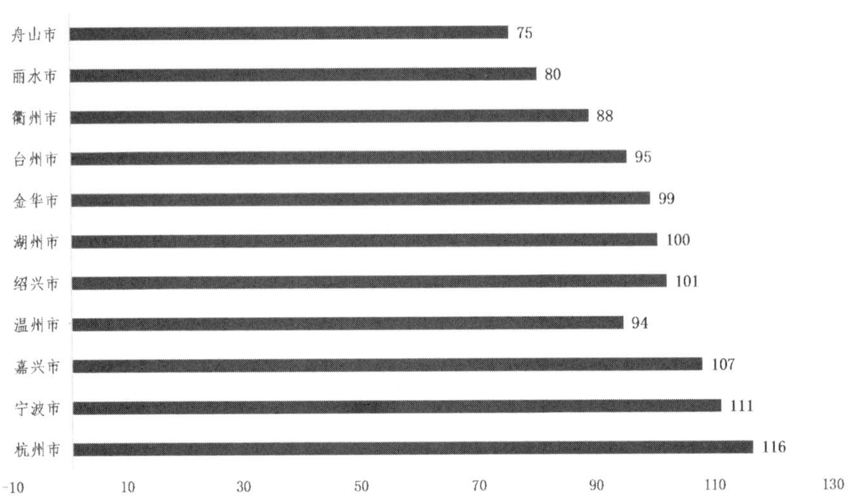

图6-7 2021年浙江省区域两化融合发展水平

制造业数字化转型升级在社会各界已达成普遍共识。在政府各类优惠政策、宣传推介活动等多方面的倡导下，在吉利集团、老板电器、春风动力等大企业的示范作用下，社会面基本形成了制造业数字化转型升级发展的共识。针对企业在数字化转型过程中的难点、堵点、痛点，杭州市政府通过“一企一档”“百千万”

工程和“工厂物联网专项行动”等举措，为企业数字化转型提供大量针对性服务。2019 年期间，杭州市政府组织完成制造业数字化攻关项目 139 个，数字化推广项目 1093 个，新增上云企业超过 1.5 万家，23 家企业被认定为全省数字化车间或智能工厂[123]。截至 2020 年年底，杭州市规上工业企业数字化改造覆盖率已达 97.4%[124]。

以工业互联网作为主引擎，初步形成数字化工程服务体系。杭州以工业互联网作为推动制造业数字化转型的主引擎，促使制造业转型从单点试验和局部推进向全产业链、全要素、全价值链的全面突破，支撑制造业向数字化、网络化、智能化转型发展。一方面，大型制造业企业凭借雄厚的资金实力与阿里等互联网龙头企业合作建设工业互联网平台，并逐步剥离信息化部门，积极开拓本行业的数字化工程服务业务。例如，2017 年阿里 ET 工业大脑在杭州中策橡胶和恒逸石化两家企业成功上线。在政府统筹下，阿里云、中控和之江实验室三方联合建设的“supET 工业互联网平台”，入选“国家工业互联网创新发展工程”和“2018 年国家工业互联网试点示范项目”。截至 2022 年 1 月底，连接 supET 工业互联网平台的各类工业设备达到 400 万台，形成工业模型数量 1400 个，新型工业 APP 数量 5 万余个，落地 14 个工业园区[125]。此外，吉利集团、万向集团、西子集团、传化集团、老板电器等制造业龙头企业也在积极部署工业互联网。其中，老板电器于 2020 年 11 月实现了对智能制造基地的全面改造升级，累计投入近 5 亿元，建成占地面积约 5 万平方米的行业内首个无人工厂，并成功入选浙江省首批“未来工厂”，成为当年唯一获选的家电企业。另一

123 数据来源：《2020 年杭州市政府工作报告》。
124 数据来源：《2021 年杭州市政府工作报告》。
125 杭州三个项目上榜 2021 年工业互联网试点示范项目名单[EB/OL].https://hznews.hangzhou.com.cn/jingji/content/2022-02/22/content_8177468.htm.

方面，积极强化多元化的数字化工程服务供给体系，培育发展数字化工程服务机构。杭州市经信局于 2019 年发布了第一批数字化工程服务机构 56 家，当前杭州全市已集聚各类数字化工程服务机构 400 余家。此外，杭州重点深化“1+N”工业互联网平台体系建设，推动平台型制造和组织型制造，赋能全省、全国制造业数字化转型。

五、全面推进，打造数字化治理方案的输出地

杭州是我国较早进行城市数字化建设的城市之一。早在 2000 年，杭州市政府就明确把“构筑数字杭州，建设天堂硅谷”作为“一号工程”。2013 年杭州市上城区成为国家首批智慧城市试点名单，取得最突出的成绩是“数字城管”和“城市数据大脑”。其中，“数字城管”是杭州数字化城市建设的第一步，“城市数据大脑”是杭州数字化城市建设的进一步发展，涉及城管、交通、医疗等多个关乎百姓生活的公共服务领域。

随着杭州市数字基础设施日益完善和数字技术不断普及，杭州市“城市大脑”项目在 2016 年的云栖会议上正式启动。首期试点是萧山区交通数字化治堵项目。经过一年的大数据交通治堵，2017 年杭州市高峰拥堵指数排名迅速从全国第 8 降至第 48 名，治堵明显效果[126]。为了更好地统筹城市大脑项目，2017 年 1 月杭州市便成立了数据资源管理局，在国内率先实现了城市数字化建设的机制改革。2018 年 5 月，杭州市政府发布了《杭州市城市数据大脑规划》，包含了八个“超级应用”，基本覆盖了城市管理和百姓生活的各个领域。城市大脑的应用范围从“数字治堵”逐

126 数据来源：高德地图《中国主要城市交通分析报告》、中国信通院《数字时代治理现代化研究报告：数字政府的实践与创新（2021 年）》。

步扩展到了“数字治城”。2020年6月，杭州市政府又通过了《关于做强做优城市大脑打造全国新型智慧城市建设“重要窗口”的决定》，提出到2035年，城市大脑深度融入市民群众日常生产生活。为推动与规范城市大脑赋能城市治理工作，杭州还制定了全国城市大脑领域的首部地方性法规——《杭州城市大脑赋能城市治理促进条例》。

截至2020年11月，杭州城市大脑中枢系统已迭代6个版本，包括11大系统、48个应用场景、204个数字驾驶舱，接入杭州全市96个部门、317个信息化系统项目，平均每天有超过2亿次的数据协同[127]。2020年新冠疫情发生以来，杭州市余杭区首创了“健康码”，凭借开发迅速、投入少、见效快、快速复制、方便调整等优势风靡全国。从单一领域到多重场景，从交通治堵到精准防疫，从杭州方案到全国复制，在城市大脑的牵引下，杭州城市数字化的覆盖面不断扩大，应用场景不断深化。

参考文献：

1. 浙江杭州：加大全社会研发投入，打造创新活力之城[EB/OL].https://www.most.gov.cn/dfkj/zj/zxdt/202203/t20220331_180039.html.
2. 《2022年杭州市政府工作报告》
3. 《2021年杭州市国民经济和社会发展统计公报》
4. 2021年杭州R&D经费投入总量全省第一[EB/OL].https://www.hangzhou.gov.cn/art/2022/9/20/art_812262_59065656.html.
5. 杭州科技创新比拼“硬实力”[EB/OL].https://www.hangzhou.gov.cn/art/2022/2/22/art_812266_59050352.html.
6. 刷新纪录！杭州创新指数跃升至全球第14位[EB/OL].https://www.hangzhou.gov.cn/art/2022/9/30/art_812262_59066344.html.
7. 2022年杭州市云计算产业链全景图谱[EB/OL].https://www.qianzhan.com/analyst/detail/220/221014-3d9fc1c5.html

127 城市大脑：集成更强，“进化”加速[EB/OL]．https://m.thepaper.cn/baijiahao_10064126#.

8. 打造国际数字产业集群，杭州的关键“密码”是什么？[EB/OL]. http://tzcj.hangzhou.gov.cn/art/2021/6/10/art_1621408_58891292.html.
9. 杭州数字安防产业集群官网[EB/OL]. https://szaf.aiit.org.cn/cluster/.
10. 杭州安防产业数字生态聚势焕新[EB/OL]. http://tzcj.hangzhou.gov.cn/art/2022/11/10/art_1621408_58891892.html.
11. 全国第四！杭州集成电路设计业发展再提速[EB/OL]. http://tzcj.hangzhou.gov.cn/art/2022/1/6/art_1621408_58891492.html.

第二节 杭州城市数字力打造经验

如今的杭州拥有“电子商务之都”“全球安防之都”和“移动支付之城”等城市名片，正在发展成为互联网、云计算、大数据、区块链、物联网和人工智能等数字经济核心产业的“高地”，也在不断向高质量发展的标杆城市迈进。杭州在城市数字力打造方面的成功经验可以归纳为如下四个方面。

一、审时度势，顺应产业发展趋势

产业发展方向很大程度上决定了一个城市的发展方向。2000年前后，促进城市发展的主要动力仍是工业化带来的各类要素的快速集聚，信息化以及由信息技术催生的新兴产业尚处于萌芽阶段。然而，到了20世纪90年代中后期杭州市电子商务的发展已初步规模，引起了政府的关注。2000年杭州市提出把“天堂硅谷”作为“一号工程”的战略部署。同年，杭州被确定为“全国电子商务试点城市”。2002年杭州市第九次党代会确立了“工业强市”战略，但“数字产业”同样也得到了关注，此次会议确定以国际信息化、电子政务、电子商务和数字电视4个试点和国家软件产业化、集成电路设计产业化2个基地建设为抓手，加快推进国民经济和社会的信息化。此后几年的时间里，杭州市在数字产业多个领域争取到了“先行先试”的机会和国家各级部门的支持，如2004年国家电子信息产业基地落地、2006年国家软件创新基地落地，这些为杭州城市数字力的打造奠定了坚实基础。

2008年的全球金融危机使得杭州市工业增速不断下降，为进一步发展经济，2009年杭州市政府出台了《关于实施“服务业优先”发展战略进一步加快现代服务业发展的若干意见》，决定加快由“服务业大市”向“服务业强市”的转变。杭州提出了加快信息与软件服务业技术创新，加快打造中国电子商务之都、全国文化创意产业中心、中国动漫之都、信息与软件服务业强市，实现信息与软件服务业跨越式发展的目标。十二五时期，杭州数字产业取得了长足发展。在2014年工信部对全国15个副省级城市进行综合排名中，杭州市软件和信息技术服务业城市竞争力位列第五，并被授予“中国软件名城”称号。

综上所述，顺应产业发展趋势，积极适应宏观经济环境，抓住城市产业结构调整窗口期，大力布局互联网产业以及与此高度关联的制造、金融、医疗、汽车、物流等产业，是杭州市打造城市数字力最直接的外在体现，是数字经济取得长足发展的关键成功因素之一。

二、科学引导，推动两化融合发展

产业发展竞争力很大程度上影响了一个城市的竞争力。制造业是我国国民经济的主体，也是经济持续健康发展的“压舱石”。随着，以大数据、云计算、人工智能等为代表的新一代数字技术的快速发展，不仅催生了大量的新业态、新模式，也对传统制造业的生产方式、管理模式产生了深远影响。长久以来，我国一直把“两化融合”作为制造业转型升级的重要方式。

2008 年全球经济危机之后，杭州市第二产业比重不断下降，至 2014 达到 41.9%，与此同时，其 GDP 增速在 15 个副省级省市排名中不断下滑，这使得杭州市逐步认识到“只有信息化带动的新型工业化才是实体经济的出路所在”。2014 年 7 月，杭州政府通过了《关于加快发展信息经济的若干意见》，对“发展信息经济，推动智慧应用”的“一号工程”做出了战略部署。由此，杭州两化融合步入了快速发展的轨道。杭州市政府通过举办座谈会、培训、论坛、讲座等一系列的“两化融合深度行”活动，重点推进装备制造、纺织服装、建材冶金等行业的“两化融合”工作，并进一步扩大杭州具有先发优势的纺织化纤、食品饮料、汽车零部件和精细化工等传统产业的优势和竞争力。

为了适应和引领经济发展的新常态，抓住新一轮科技革命和产业变革的历史机遇，国家层面做出了“互联网+”等政策部署。杭州先后出台了《加快推进杭州市智能制造促进产业转型发展的指导意见》《杭州市人民政府关于推进“互联网十”行动的实施意见》《杭州市智能制造产业“十三五”发展规划》《杭州市全面改造提升传统制造业实施方案（2017—2020 年）》《杭州市“企业上云”行动计划》等政策文件，将智能制造作为两化深度融合的主攻方向。2018 年杭州又先后出台《杭州市全面推进“三化融合”打造全国数字经济第一城行动计划（2018—2022 年）》《关于实施创新驱动战略、加快新旧动能转换推动制造业高质量发展的若干意见》，提出了到 2022 年要培育世界级工业互联网产业集群并不断深化应用，重点产业数字化改造覆盖率达到 80%以上，推动杭州市制造业实现“高端化、智能化、绿色化和服务化”，打造“1+N”工业互联网体系等发展目标。为了加快数字技术与制造业的深度融合步伐，2019年杭州市出台了《杭州市加快制造业数字化改造行动计划（2019—2021年）》，计划通过三年的努力，实现全市规上工业数字化改造覆盖率100%，用地3亩以上的规下企业数字化改造覆盖率达到80%，厚植杭州“网络化集成制造”和“产业生态自我进化”能力。

综上所述，借助数字技术手段，推进传统产业转型升级发展，进而提升传统产业竞争力，培育壮大城市数字力，是城市适应经济发展的新常态，也是迈向高质量发展的必然路径。

三、千方百计，增强科技人才引力

高科技人才是经济发展的基础资源要素。近年来，杭州市在人才引进方面做出了不错的成绩。根据泽平宏观联合智联招聘发布的《中国城市人才吸引力排名2021》，2017—2020年期间，杭州人才净流入占比分别为1.0%、1.2%、1.4%、1.6%，人才吸引力排名稳居前列（见图6-8）。与此同时，人才吸引力排名从2017—2019年的第5位升至2020年的第2位（人才吸引力指数高达99.2，仅次于北京）。2020年杭州流入人才的29.5%流向了IT、通信、电子及互联网等数字产业相关领域。

杭州以打造人才生态最优市为目标，2019年正式出台“人才生态37条”，提出高峰人才引育、体制机制改革、全球人才招引、人才西进等四大工程和七大计划，建设服务全省的人才高地、辐射全国的人才生态最优城市，最大限度激发人才活力共建杭州。其中，高峰人才引育计划以“高精尖缺”为导向，培养引进高峰人才，推出一系列具有首创性和符合地方发展特点的举措。例如，针对拟定攻关的关键核心技术，以“揭榜挂帅”的方式吸引领军人才、科研团队前来“揭榜”。针对数字产业，明确了相关领域领军人才培养数量，即到2022年要培育100名以上的数字化相关产业领军人才、50支以上的创新创业人才团队、1万名以上的“数字工匠”。

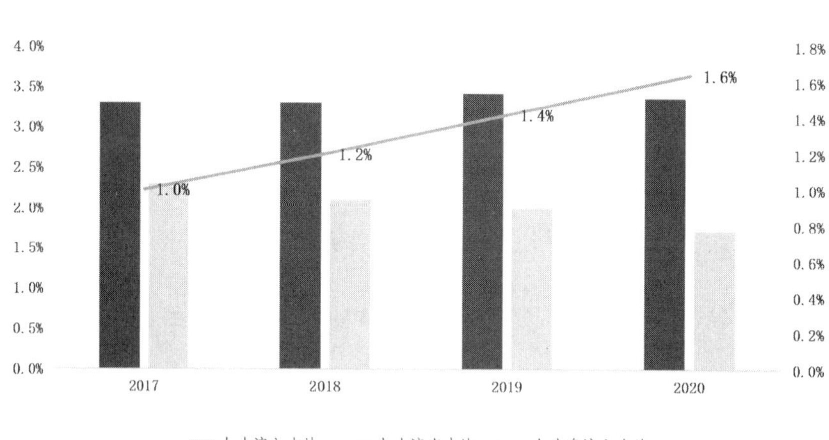

图6-8 杭州市2017—2020年人才净流入占比

此外，杭州在吸引高端人才方面还有两大特色[128]。一是重视发挥平台的集聚辐射功能。城西科创大走廊、城东智造大走廊等平台集聚全市80%以上高层次人才和创新创业项目；硅谷钱塘中心等6家海外孵化中心、杭州海外留学人才德国工作站等10家海外人才工作站联结大量优质国际资源；阿里巴巴、网易等知名企业，成为海外高层次人才创业创新重大平台；西湖大学签约百余名学术人才，17位全球顶尖人才担任讲席教授，在站博士后近300人。二是以赛会友，汇聚天下人才。自2015年首届“创客天下”海外

128 杭州奋力打造人才生态最优市[EB/OL].http://www.hangzhou.gov.cn/art/2021/11/7/art_812262_59044031.html.

高层次人才创新创业大赛启动以来，杭州坚持以高端国际赛事和国际人才交流与项目合作大会招揽一流英才，已累计吸引58个国家（地区）5770名海外人才来杭参会[129]。

四、数字赋能，打造优质营商环境

营商环境是一座城市的软实力和综合竞争力的重要体现，是企业发展的重要土壤。杭州城市竞争力的提升离不开政府不遗余力地借助数字技术优化当地营商环境。

一方面，以“最多跑一次”为改革主线优化政务服务环境。杭州市从2017年启动“最多跑一次”改革，逐步推进“互联网+政务服务”，全力打造移动办事之城，在短时间内实现“最多跑一次”全覆盖。如今，“最多跑一次”改革样本已经走向全国。2022年杭州市印发《杭州市国家营商环境创新试点实施方案》，提出通过3至5年的创新试点，杭州市营商环境竞争力提升至全球前列、全国领先，政府治理效能、集聚和配置各类资源的能力、市场主体的活跃度和发展质量等方面取得显著提升，形成可复制可推广的经验。

另一方面，以商事制度改革为重点优化营商环境[130]。首先是“零见面”智能审批。杭州按照“一网通办、一次采集、互信互认、全程复用”原则，以部门信息共享为基础，再造线上审批流程，将全程“零见面”智能审批延伸到开办企业全过程，实现24小时实时申请。其次，“一网管”智慧应用。从“年检改年报”到推动“双随机、一公开”监管常态化，从构建跨部门监管协调议事

129 杭州举办国际人才交流与项目合作大会[EB/OL].https://baijiahao.baidu.com/s?id=1682780643843695439&wfr=spider&for=pc.

130 商事制度改革的杭州探索[EB/OL]. http://finance.sina.com.cn/wm/2019-12-16/doc-iihnzahi7919524.shtml.

机制到企业信用联动监管平台上线运行，杭州商事制度改革在“宽进”的同时，也致力于构建企业主体、部门联合、社会共治的“严管”格局。最后，“自助式”智选赋能。杭州商事制度改革立足于重塑政务服务定位，着眼于优化实体大厅端、服务APP端、政务服务网PC端、自助服务机终端“四端”服务。

第三节 杭州城市数字力打造案例

制造业是中国实体经济的根基，是实现中国经济高质量发展的关键所在。杭州在数字技术以及数字产业化领域成绩斐然，并得到了广泛关注。然而，其实在制造业领域，杭州市也进行了新的部署，充分发挥数字技术领域的领先优势，积极推动“数实融合”发展，探索传统制造业升级之路。

案例一、Sup-ET“1+N”平台：工业数字化服务的“淘宝网”

工业互联网是新一代信息通信技术与工业经济深度融合的产物，通过对人、机、物全面连接，变革传统制造模式、生产组织方式和产业形态，构建起全要素、全产业链、全价值链全面连接的新型工业生产制造和服务体系，对提升产业链数字化、网络化和智能化水平，重构产业发展新格局，具有十分重要的意义。具体而言，工业互联网包括网络、平台、安全、数据四个部分，其中网络是基础、平台是核心、安全是保障、数据是要素。“网络”包括工业企业内外部的网络体系以及标识解析体系，是实现工业全要素泛在互联的基础；“平台”是工业全要素链接的核心，下连终端设备，上接前台应用；“安全”是工业互联网健康发展的保障，包括设备安全、控制安全、网络安全、数据安全和平台安全等多个方面；“数据”是关键生产要素。

我国工业互联网发展起步于2017年。2017年11月，国务院印发《关于深化“互联网+先进制造业”发展工业互联网的指导意见》；在此基础上，2018年6月工信部印发《工业互联网发展行动计划（2018—2020年）》。经过三年的努力，我国工业互联网发展取得了积极进展，累计带动总投资约700亿元，遴选了4个国家级工业互联网产业示范基地和258个试点示范项目，打造了一批高水平的公共服务平台，培育了一批龙头企业和解决方案供应商。为了巩固提升发展成效，工业互联网专项工作组制定出台了《工业互联网创新发展行动计划（2021—2023年）》，基于当前产业发展情况和未来发展趋势，确立了未来三年我国工业互联网发展目标。当前，我国工业互联网已经进入了快速发展期。

2018年，supET工业互联网平台创建于杭州。该平台的成立得益于三大因素。一是杭州拥有阿里云、浙江中控、之江实验室三家实力雄厚的“团队”。阿里云依托自身领先的技术和算法，负责平台技术和产品架构；浙江中控依托其在流程行业的工业自动化和工业控制领域的领先地位，负责提供智能制造的专业技术能力和丰富的工业应用场景；之江实验室结合其在工业领域的科研能力，提供基础科研技术支撑。二是杭州具备发展工业互联网的基础条件。杭州不仅拥有具备接入工业互联网的先进制造企业，还有发达的互联网与ICT技术产业。近年来，杭州“两化”融合发展指数、软件和信息技术服务业、电子信息制造业综合发展指数等均位居全国前列，电子商务规模、移动支付覆盖面、上云企业数量、网络基础设施水平等全国领先。三是杭州政府对于发展工业互联网以促进制造业转型升级发展十分重视。2018 年《浙江省人民政府关于加快发展工业互联网促进制造业高质量发展的实施意见》提出建立“1+N”工业互联网平台体系，杭州在此基础上加快工业互联网的发展，全面推动 supET 工业互联网平台建设，联合区域内的工业龙头企业和各类服务商打造 N 个行业级、区域级和企业级的工业互联网平台。

supET 工业互联网平台采用“1+N”的模式，即 1 个双跨基础平台，N 个领域和行业平台，促进工业互联网与消费互联网融通发展，推动新一代信息技术与实体经济深度融合。自 2019 年首次入选工信部跨行业跨区域工业互联网平台名单以来，至 2022 年已连续四年入选该名单。当前，阿里云 supET 工业互联网平台已服务汽车、钢铁、家电、化工、食品等数 10 个行业约 10 万家工业企业，如一汽集团、首钢集团、浙江中烟、老板电器等，积累沉淀了数百个工业模型以及通用仓库管理、协同生产、供应链管理等高活跃度的工业应用。其中，老板电器是一家专业研发生产吸油烟机、蒸箱、燃气灶、消毒柜、洗碗机等智能家居的公司，2020 年公司销售额突破 80 亿元，连续 15 年荣登亚洲品牌 500 强。但随着企业规模的扩大，传统管理模式也遇到一些挑战。例如，业务相关数据采集仍以人工采集为主，无法从设备实时获取，效率较低，时常出现错误或滞后的情况，同时关键管理数据无法进行指标化、系统化地呈现和预警。2020 年老板电器联合阿里云，对智能制造基地全面改造升级，打通 ERP、生产制造、设备物联、仓储物流等系统，不仅可以实时掌握和分析生产过程中的设备运行参数，还可以提升对生产经营数据掌握的时效性和准确度。

案例二、火石创造：产业大脑和产业大数据赛道上的新星

传统上，一座城市产业发展更多地依赖其区位、交通便利度等因素。在数字经济时代，由大数据、云计算、人工智能、5G、工业互联网等新一代数字技术高度交叉融合所形成的新型数字基础设施，正在加速各类生产要素的流动和扩散，城市间产业招商引资的竞争势必愈加激烈。同时，我国经济发展进入高质量发展阶段，面临着旧动能的出清和新动能的培育，各地亟需更加精准、高效、适配的产业发展模式，减少重复建设，提升资源配置效率。如何借助先进的数字技术手段重塑产业治理模式是至关重要的问题。

当前，“产业大脑”概念正在逐步兴起。该概念源于浙江省数字化改革大会。在数字化改革方面一直走在全国前列的浙江省在2021年的数字化改革大会上正式提出“产业大脑”的概念，并指出数字化改革是新发展阶段全面深化改革的总抓手，要加快构建“1+5+2”工作体系。在此基础上，浙江省制定了《浙江省数字经济系统建设方案》，提出以工业领域为突破口，以产业大脑为支撑，以数据供应链为纽带，以“未来工厂”、数字贸易中心及未来产业先导区等建设为引领，推动产业链、创新链、供应链融合应用。至此，以数字技术赋能，推进多链融合发展和经济高质量发展的“产业大脑”正式产生。杭州是浙江省最早建设产业大脑的地区，在2021年3月底召开的全市数字化改革大会上明确了产业大脑的建设重点工作并发布了具体应用场景。同时会议还发布了“产业雷达”和“一键入园”两大应用场景。

浙江省产业大脑是数字经济综合应用系统的重要组成部分，由地市、区县以“揭榜挂帅”方式申报行业产业大脑建设运营，形成“一行业一大脑”的发展格局。火石创造（杭州费尔斯通科技有限公司）是浙江省生物医药行业大脑和杭州市产业大脑建设业务和技术总体牵头单位。火石创造成立于2015年，位于杭州滨江区，是国内领先的现代产业数据智能服务商、中国产业大脑和产业大数据领域的准独角兽企业。火石创造组建了一支IT、数据技术、产业经济学和行业领域专家跨界复合型团队，早在2017年就发布了“产业大脑”及相关产品服务，形成了覆盖九大战新产业、300+细分领域，积累超过8亿法人动态本体的全球公域产业数据中心。截至目前，公司已承建了北京高精尖产业大数据平台、安徽省产业大脑、河南省产业大脑、浙江省生物医药产业大脑、杭州市产业大脑（数字经济系统）等项目，并为中国26个省份、60多个城市，以及中关村生命园、张江科学城、苏州工业园、成都高新区等150多个园区和数万家企业提供产业大脑相关数据智能服务。此外，火石创造还通过了国家高新技术企业、产业大脑省级研发中心、产业大数据工程研究中心、省级产业数字化服务商等认定，拥有40多项国家专利、90多项自主知识产权，成功入选浙江省重点研发计划项目。

除了浙江省生物医药行业大脑和杭州市产业大脑之外，火石创造在产业大脑方面的经典案例还有很多。例如，北京市产业大脑（高精尖产业监测大数据平台）由北京市科学技术委员会（以下简称“科委”）主导，服务于北京市重点高精尖产业的产业链瓶颈分析、运行态势监测，企业需求预测、外迁预警，强链补链精准招商，以及重大项目管理和任务协同等核心业务。平台一期覆盖北京市科委主管的五个高精尖产业，包括医药健康、人工智能、新材料、新能源汽车、科技服务业等。平台的建设和运营达到了创新赛道分析方式，提高创新服务效率，破解企业培育难题，提升精准招商成效的目标，在细分领域短板分析、产业资源投放决策、企业需求预测采集、优质企业外迁预警等方面实现了预期成效。上海张江科学城产业大数据平台围绕数字产业生态，打造数据驱动的产业发展模式，通过促进资源要素高效配置和经济社会的高效协同，全面提升产业链企业协同效率与融合创新能力，以及管理决策、产业治理和企业服务能力。该项目围绕产业提升发展所需的数据资源，构建张江科学城产业大数据平台，力争形成全国领先的产业数据资产，为产业决策、企业服务和招商服务等提供精准数据支撑。此外，该项目以建设集成电路、人工智能等世界级数字产业集群为牵引，对重点产业的产业链进行数字化解构，围绕空间布局、产业链布局、企业分布特征、产业要素等维度进行数据洞察。建立重点产业、园区和企业运行评价指标体系，沉淀产业知识体系，为甄别优质企业、精准施策、重点扶持、产业调整和产业投资提供依据和支撑，以数字化牵引资金、人才、技术、知识等要素的全球化配置。

参考文献：

1. 黎晓春,常敏.三化融合:建设全国数字经济第一城的杭州路径[M].浙江工商大学出版社,2021.
2. 中国工业互联网研究院.中国工业互联网产业经济发展白皮书（2021 年）[R].2021.
3. 阿里云 supET 工业互联网平台连续四年入选工信部国家双跨平台[EB/OL].http://tech.china.com.cn/roll/20220526/387890.shtml.
4. 解决方案应用实例 |阿里云 x 老板电器，打造行业首个无人工厂[EB/OL].https://developer.aliyun.com/article/806722.

5. 产业大脑：赋能发展的“最强大脑”[EB/OL].http://www.juece.net.cn/DocHtml/1/21/12/00005168.html.
6. 袁家军：全面推进数字化改革 努力打造“重要窗口”重大标志性成果[EB/OL].https://www.zj.gov.cn/art/2021/2/19/art_1229417725_59084025.html.
7. 火石创造官网.https://www.hsmap.com/aboutus/aboutus.

第七章 广州

前瞻布局、政府搭台、聚焦城市大脑，打造充满魅力的“智慧之城”。

摘要

作为国家中心城市、国际商贸中心和综合交通枢纽的广州，近年来紧抓数字技术浪潮，大力发展数字化产业，推动数字技术与传统产业的深度融合发展，数字经济得到了稳步有序发展，2020年规模已超过8000亿元，同比增长15.2%，占GDP比重约32%，位居国内数字经济发展的“第一梯队”。

本章首先讲述广州如何依托坚实的产业基础及有效的政策方针，通过对数字基建、数字科技创新、数字产业的着力布局，推动各行业及政府治理的数字化转型升级，完成广州城市数字力建设雏形。然后，总结广州在打造城市数字力方面的成功经验，包括重视顶层设计、数字基建和城市大脑建设以及有效推动传统产业数字化转型的举措等。最后，以琶洲岛一广州人工智能与数字经济试验区作为案例，展示广州数字科技前沿领域的创新和发展，并通过广州传统支柱产业代表广汽集团的数字化转型来展示数字技术对于传统产业升级的赋能作用。

第一节 广州城市数字力打造现状

广州，别称羊城，是广东省省会。广州曾是海上丝绸之路的东方发祥地，拥有两千年历史的大港，是国家中心城市、国际商贸中心和综合交通枢纽，城市综合实力全国领先。

随着数字经济时代的到来，城市数字力的打造和数字经济培育壮大是城市竞争的核心要义所在。2020 年广州正式把数字经济升级为城市发展的双引擎之一，并出台《广州市加快打造数字经济创新引领型城市的若干措施》，明确以广州人工智能与数字经济试验区为广州数字经济创新发展的核心空间载体，充分发挥海珠、番禺、黄埔、天河四区优势，沿珠江东部形成协同联动发展空间格局。2022 年出台国内首部城市数字经济地方性法规《广州市数字经济促进条例》，为广州建设成为具有全球影响力的数字经济引领型城市提供了法治保障。根据《广州重点产业白皮书——数字经济》显示，2020 年广州 GDP 突破 2.5 万亿元，其中数字经济产业增加值规模超过 8000 亿元，同比增长 15.2%，占 GDP 比重约 32%，已经成为广州经济的重要组成部分。

在工业内部，高新技术制造领域发展快速。2021 年，广州全年规上工业增加值同比增长 7.8%，高技术制造业增加值同比增长 25.7%，其中“电子及通信设备制造业”和“计算机及办公设备制造业” 增加值同比分别增长 34.7%和 14.5%。先进制造业增加值比上年增长 7.2%，占规模以上工业增加值的比重为 59.3%，其中高端电子信息制造业增加值增长 30.4%（见表 7-1）。集成电路、显示器、光电子器件和移动通信基站设备产量同比分别增长 58.6%、45.5%、40.2%和 24.4%。可见，数字经济核心产业中的计算机、通信和电子设备制造业增加值的增速显著高于工业增加值的增速，数字经济中的数字产品制造业已经成为推动工业经济增长的重要驱动力。

表 7-1 2021 年广州制造业增加值同步增长情况[131]

类别	工业增加值	高技术制造业增加值	电子及通信设备制造业	计算机及办公设备制造业	先进制造业增加值	高端电子信息制造业增加值
同比增长	7.8%	25.7%	34.7%	14.5%	7.2%	30.4%

在服务业内部，规上服务业十大门类中，“信息传输、软件和信息技术服务业”营业收入及营业收入增速均位列第一（见表 7-2）。可见，数字产业核心产业中的信息技术与软件服务业也成了服务业经济增长的主要引擎。

表 7-2 2020 年广州规模以上服务业各行业情况[132]

项目	企业单位数（个）	营业收入（万元）	营收同比增长
合计	**11666**	**140948283**	**1.30%**
按行业分			
交通运输、仓储和邮政业	1490	41419633	-8.0%
信息传输、软件和信息技术服务业	**2130**	**42415296**	**14.7%**
房地产业（不含房地产开发）	1766	10968357	6.2%
租赁和商务服务业	3253	24724218	-5.5%
科学研究和技术服务业	1493	13720875	12.3%
水利、环境和公共设施管理业	108	1482442	8.7%
居民服务、修理和其他服务业	448	1188358	2.7%
教育	275	1476213	-1.1%

131 数据来源：《2021 年广州市经济运行简况》《2021 年广州市国民经济和社会发展统计公报》。
132 数据来源：《2021 年广州市统计年鉴》。

卫生和社会工作	214	1460272	6.1%
文化、体育和娱乐业	489	2092618	-31.5%

一、稳步推进数字新基建，工业互联网优势较突出

随着数字科技的日新月异，全国各地掀起“新基建”热潮，广州率先开展数字新基建的广泛布局，印发《广州市推进新型基础设施建设实施方案（2020—2022 年）》，提出要加快建设 5G、工业互联网、物联网、智慧充电桩等数字基础设施。

在网络通信领域，广州在 5G 基站数量、网络覆盖及宽带光纤入户等方面均处于全国领先水平。截至 2020 年底，广州已建成 5G 基站 4.8 万座（包括室外站、室内分布系统和共享站点），全年新增 2.8 万座，实现了 5G 网络在中心城区和重要区市的全覆盖，在全省 5G 基站建站数中位居首位，在全国处于领先地位。新增 5G 用户约 540 万户，累计用户超 640 万[133]。截至 2021 年 12 月，广州市固定宽带用户达到 701.4 万，FTTH/O 光纤接入用户达到 648.3 万，电信业务总量达到 379 亿元，同比增长 26.3%，各项指标均位居全省首位[134]。

在工业互联网领域，广州工业互联网发展水平整体处于全国前列。广州陆续引进了树根互联、浪潮云等 20 多家国内知名平台，培育了百布网、中船互联等一批行业领先平台。截至 2020 年，工业互联网国家顶级节点二级节点接入数量已达到 23 个，占全国 77 个二级节点接入总数的 30%，接入企业数量超过 1000 家，标识注册量 32.9 亿个，累计解析量达 13.7 亿次，占全国的 48.6%，日均

133 广州建成 5G 基站 4.8 万座 5G 用户超 640 万户[EB/OL].https://www.chinanews.com.cn/cj/2021/01-14/9387261.shtml.
134 2021 年 12 月广东省通信发展情况.广东省通信管理局[EB/OL].https://gdca.miit.gov.cn/zwgk/txfz/art/2022/art_2f359d47899b40d79c6a36e5d9efa1fa.html.

解析量588.9万次，位列国家工业互联网标识解析五大国家顶级节点城市第一。此外，广州还拥有国家级超算中心、天河二号系统，综合科技水平和运算速度均稳居全国前列。

二、以科技引领产业发展，科创水平走在全国前列

近年来，广州贯彻落实创新驱动发展战略，推动科技创新从产业主导模式向“以科学引领产业”模式转变，科技创新水平处于全国前列，创新生态体系、科技成果转化和创新平台建设等领域成效显著。2021年，全社会研究与试验发展（R&D）经费投入占GDP比重约3.15%，比2016年提高了0.81个百分点。成功创建首批国家知识产权强市，专利、发明专利授权量分别比2016年增长2.8倍和2.1倍。高新技术企业突破1.2万家，比2016年增长1.6倍。华南技术转移中心上线“华转网”，实现了与港澳线上平台的互联互通。技术合同成交额2413亿元，是2016年的8倍，居全国城市前三。广州实验室、粤港澳大湾区国家技术创新中心启动运作，人类细胞谱系、冷泉生态系统研究装置列入国家专项规划，国家、省重点实验室分别增至21家和256家，形成“2+2+N”科技创新平台体系。在穗工作院士122人，全省总量第一[135]。在移动通信、新材料、新能源等前沿领域取得重大突破，建成了全球首个智慧地铁示范站，L4级（高度自动驾驶）自动驾驶技术全国领先。

在数字经济主战场上，广州围绕人工智能、物联网、工业互联网、云计算、区块链等数字技术领域，聚焦软硬件、底层平台等核心领域的技术攻关。

135 数据来源：《广州市人民政府工作报告（2022年）》。

在人工智能领域，广州已建设一批创新平台，如人工智能与数字经济广东省实验室、国家超级计算广州中心、广州人工智能公共算力中心等。同时，培育了一批具有国际竞争力的人工智能企业[136]。例如，专注于人工智能图像识别技术的图普科技，已经成长为国内最大第三方独立识别云平台，在互联网、新零售、泛安防三大领域快速落地应用。专注于L4级自动驾驶技术的小马智行和文远知行跻身胡润研究所《2022年中全球独角兽榜》榜单，成为全球领先的自动驾驶技术公司。其中小马智行专注于全栈式L4级自动驾驶技术，截至2021年贡献了广州全市50%以上的自动驾驶测试里程。

在物联网领域，物联网产业链主要包括感知识别层、网络传输层、平台管理层和应用服务层四个部分，其中感知识别层是指对物理世界进行感知、识别和信息数据采集，涉及芯片、传感器等设备的研发及制造。传感器是数据采集的源头，也是我国发展技术较为薄弱的环节。广州是我国传感器的重要的研发和制造基地，在传感器核心技术领域全国领先。2020年9月，广东省、广州市、广州开发区三级联动启动建设广东智能传感器产业园（位于广州人工智能与数字经济试验区鱼珠片区北侧），力争5年内建成具有国际影响力的智能传感器产业集聚区。一年后，8大重点项目签约落户产业园，包括粤港澳大湾区微纳元器件创新中心、东华软件华南总部、广纳东华纳米感知合资项目、大湾区虚拟混合现实实验室、子弥实验室、广东中星智能全国总部等。目前，黄埔智能传感器产业逐步完善，形成集研究开发、材料元件、设计制造、应用终端、应用软件于一体的产业生态，汇集了粤芯半

136 数据来源：《广州市科学技术局推进人工智能产业链“链长制”工作方案》。

导体、南方电网总部及其数字电网研究院、10余家传感器基础材料企业、15家国内领先的传感器设计制造和封装测试企业，以及70余家传感器应用终端企业，如小鹏汽车、高新兴、广州数控、国机智能等。例如，国内领先的MEMS半导体智能传感器设计制造企业——奥松电子，拥有一支超200余人的专职研发团队，近五年来年均研发经费投入占营业收入总额的20%以上，已申请获得300余项各项发明、实用新型及软件著作权等，2022年荣获由工信部认定的第四批国家专精特新“小巨人”企业称号。[137]

近年来，广州不断推进科技体制改革，推动“以科学引领产业”的科技创新新模式，修订《广州市科技创新条例》《广州市科学技术普及条例》，完善科技创新“1+9”政策体系，制定科技创新强市建设三年行动计划、“广州科创12条”“人才新政19条”等一系列政策文件。推进粤港澳大湾区规则对接和创新要素跨境流动，在国内率先实现省财政科研资金直接拨付港澳机构使用；广州超算中心打通全国首个将超级算力直达香港的网络专线，为两地科研发展和成果转化提供关键技术支撑和服务；推动落实人才“优粤卡”、个人所得税优惠、出入境便利等政策，在全省率先落实粤港澳大湾区个人所得税优惠政策。

三、三大数字产业活力足，数字前沿产业发展迅速

广州数字产业主要包括电子产品制造业、信息技术与软件服务业、电子商务、人工智能和大数据等数字前沿领域。

电子产品制造业是广州三大支柱产业之一。2021年广州电子产品制造业规上企业总产值达3352亿元，同比增长22.48%；高端

137 总投资近百亿元！全省首个粤港澳大湾区智能传感器产业园在广州黄埔揭牌[EB/OL].http://gdii.gd.gov.cn/mtbd1875/content/post_3516259.html.

电子信息制造业规上企业总产值达1925亿元，同比增长32.32%。其中，广州电子产品制造业重要战略性产业——超高清视频显示产业，相关产值已超千亿元，形成涵盖上游原材料零部件、中游显示面板、下游终端应用的完整产业链，汇集了TCL华星光电、LG、创维等重点企业，搭建了印刷及柔性显示制造业国创中心、新型显示国创中心等技术平台，在印刷显示、摄录设备研发领域取得多项全球领先的科技成果，是我国新型显示产业集群核心发展的区域之一[138]。

软件和信息技术服务业持续快速增长。广州软件产业规模从2000年的30亿元发展到目前的5800多亿元，增长了约190倍。同时，2021年广州信息传输、软件和信息技术服务业实现增加值1980亿元，占全市GDP比重达7%。2021年全市规上软件企业数量超2200家，网易、津虹、唯品会、三七、虎牙、多益、趣丸、荔支、世纪龙9家企业入选中国互联网百强、数量居全国第三，主板或海外上市企业40多家[139]。另外，根据工信部《2022年软件和信息技术服务业统计公报》显示，广州市软件和信息技术服务业收入在副省级中心城市中排名第四（前三位是深圳、杭州和南京）。

电子商务产业持续增长。广州作为中国经久不衰的港口城市，随着互联网及电子商务技术的兴起，依托自身产业及地理优势，大力发展直播电商与跨境电商。在直播电商方面，广州创造了多个全国第一。例如，出台全国首个直播电商三年行动方案《广州市直播电商发展行动方案（2020—2022年）》，成立全国首个直播电商产业联盟、直播电商研究院和直播电商智库，举办全国首个以城市为平台的直播电商节。2021年，广州在淘宝天猫平台的

138 广州加快打造“世界显示之都”［EB/OL］. https://gz.gov.cn/ysgz/xwdt/ysdt/content/mpost_8594360.html.
139 广州市加快软件产业发展解读[EB/OL]. http://gxj.gz.gov.cn/hd/cjwt/zcjd/content/post_8190524.html.

主播数、开播场次、直播商品数以及全国直播电商百强数量均位居全国首位。在跨境电商方面，广州也包揽了多个全国第一。例如，出台全国首个跨境电商RCEP专项政策《广州市把握RCEP机遇促进跨境电子商务创新发展的若干措施》；白云机场口岸跨境电商进出口交易额突破1000亿元，成为全国首个跨境电商业务迈进千亿元大关的空港口岸，并连续多年位居全国空港首位；拥有约19.3万家的跨境电商企业主体，是全国跨境电商企业数量最多的城市[140]。

在数字前沿领域，广州市聚焦发展人工智能、物联网、区块链等新兴数字产业，持续增强龙头企业引入力度，不断优化营商环境，行业已呈现集聚发展。在人工智能领域，广州成功获批成为国家人工智能创新应用先导区（第二批）。在物联网领域，省市区三级联合打造广东智能传感器产业园，力争5年内建成具有国际影响力的智能传感器产业集聚区。此外，根据广州市科技创新企业协会发布的《2021年广州独角兽创新企业榜单》，广州有16家企业上榜，其中人工智能6家、信息技术4家、电子商务3家、物联网1家、新材料与新能源1家、企业服务1家。这16家独角兽创新企业中有12家是高新技术企业，平均拥有知识产权约271件。

四、数字科技赋能传统产业，激发产业转型新动能

首先，在制造业数字化方面，以工业互联网平台为关键技术支撑，广州市制造业的数字化转型呈现出“集群化”的特征。广州市围绕传统产业“不想转、不敢转、不会转”三大难题，聚焦

140 《2021年度中国城市跨境电商发展报告》发布，第一梯队广州“出海”的机与危[EB/OL].https://baijiahao.baidu.com/s?id=1743369340555104184&wfr=spider&for=pc.

纺织服装、美妆日化、箱包皮具、珠宝首饰、食品饮料、定制家居等传统产业，相继发布《广州市深化“互联网＋先进制造业”发展工业互联网行动计划》《广州市深化工业互联网赋能改造提升五大传统特色产业集群的若干措施》《广州市推进制造业数字化转型若干政策措施》等政策文件，着力推进企业“上云上平台”。根据广州市产业链公共服务平台，截至2021年，六大传统产业数字化平台已连接设备708台，接入合作伙伴近50家，提供应用服务47个，累计推动6800家相关企业（含中小企业）开启了数字化转型进程[141]。其次，在服务业数字化方面，广州以科技赋能金融服务体系不断优化，相继建成广州股权投资基地、广州金融创新服务区、广州金融资产交易中心、广州股权交易中心等金融平台，风险投资、信贷担保、保险保障等业务快速发展，科技金融市场集聚效应显现，金融、科技与产业融合体系持续完善。此外，大数据衍生出的新产业、新消费和新组织形态催生了一大批行业领先的数据技术服务企业，如鼎甲、三盟、蓝盾、广电运通等。最后，在农业数字化方面，政府积极推进数字农业农村发展行动计划，以国家级和省级现代农业产业园为抓手，发展数字农业试验区。在企业端，政府建设“云上云”和一批数字农业产业园区，实现园区生产信息上云；在个人端，政府开展信息进村入户、农产品质量安全监管数字化、农村宅基地数字化等提升工程，实现全方位的数字化及信息集约化管理。

五、加速推动数字政府建设，营商环境再上新台阶

141 中国工业互联网研究院广东分院.广州市特色产业集群数字化转型成果白皮书（2021年）[R].2021.

广州市贯彻落实省委、省政府关于数字政府改革建设“全省一盘棋”的部署，在优化政务服务、提升监管能力、加快数据治理、夯实数字基础等方面取得了良好成效。2020 年，广州市“政务服务”指标在全国营商环境评价考核中位居全国首位，全国一体化政务服务能力考核在全国 32 个重点城市中位居第二[142]。

广州市数字政府建设成绩可以概括为以下五个方面。一是基本形成“一盘棋”工作格局。在市级层面成立了“数字政府”改革建设工作领导小组和广州市数字政府运营中心，并在区级层面成立了“数字政府”改革建设工作领导小组，形成横向联动、纵向贯通的全市数字政府改革建设工作协同体系。二是基础设施支撑能力不断增强。广州市已建成全市统一的“云网数”等政务服务信息化公共支撑平台，80%以上的市直单位已“上云”，大数据中心数据挂接率、规范性、鲜活率位居全省前列。三是智慧政务改革先行先试。广州市在全国率先推行“前台全面受理、后台分类审批、窗口统一出件”的一体化服务模式，实现群众办事“只进一扇门、只到一扇窗”的业务办理。四是全面提升“一网通办”服务能力。广州市已建成一体化行政审批系统，实现了市级政务服务事项 100%可网上办理、100%最多跑一次、 98%零跑动。五是超大城市智慧治理取得显著成绩。广州市创新打造“穗智管”城市运行管理平台，在全国率先建成五张涵盖“人企地物政”城市基础要素的全景图，探索超大城市的数字化、精细化的治理模式[143]。

参考文献：

1. 《2021 年广州市统计年鉴》

142 数据来源：《关于印发广州市数字政府改革建设“十四五”规划的通知》。
143 一文读懂：《广州市数字政府改革建设“十四五”规划》专题新闻发布会[EB/OL].https://www.sohu.com/a/580103252_502894.

2. 《2022 年广州市统计年鉴》
3. 《广州市科技创新“十四五”规划》[EB/OL].https://www.cgbast.org.cn/portal/policies/1496404024602177537.
4. 互联网十先进制造业，广州工业互联网发展走在全国前列[EB/OL].https://new.qq.com/rain/a/20210123A0A5JQ00.广州蓝皮书:广州数字经济发展报告（2021）[M].社会科学文献出版社,2021.

第二节 广州城市数字力打造经验

千年商都遇到数字经济时代，广州如何借助数字科技手段完成城市、经济、社会等各领域的数字化转型发展，打造数字经济时代下的城市核心竞争力。本节将总结归纳以下四方面的经验，以期对其他城市有一定的借鉴价值。

一、前瞻政策谋篇千年商都数字力顶层生态

1. 回顾过往

前瞻性的政策布局为产业数字化、数字产业化奠定了重要基础。广州市政府秉持基建先行、重视数字安全治理、各区县错位发展的基本原则；强调产业区域化载体建设、关键技术攻坚、人才引育等；在具体工作落实方面，重视优势数字产业细分领域着重培育、发挥政府在传统产业数字化方面的统筹作用，不断优化政务服务及公共服务领域的数字化建设。广州为增强城市数字力，促进数字经济发展陆续发布了多项政策，其中最为核心的三大政策则各有侧重，目标不断深化。

首先，发布首份纲领文件。根据《粤港澳大湾区发展规划纲要》和《国家数字经济创新发展试验区实施方案》对广州的定位要求，2015 年 3 月广州出台了《广州市加快建设数字经济创新引

领型城市的若干措施》，提出“1个目标、3个定位、22条措施”[144]。其次，明确具体工作方案。2020年广东省人民政府响应《国家数字经济创新发展试验区实施方案》之中关于建设广东省、浙江省、福建省、重庆市等六个地区为创新发展试验区战略安排，印发了《广东省建设国家数字经济创新发展试验区工作方案》。随后，广州市于2021年初牵头研究制定了《广州市建设国家数字经济创新发展试验区实施方案》，争通过2年左右的试验探索，构建形成与数字经济发展相适应的政策法规体系、公共服务体系、产业生态体系和技术创新体系；持续提升数字经济对地区生产总值贡献率和产业数字化的渗透率；完善穗港澳数字经济规则对接机制，把广州建设成为国家数字经济创新发展试验区（广东）核心区。最后，发布首部地方法规性文件。2022年5月广州发布了国内首部城市数字经济地方性法规——《广州市数字经济促进条例》，明确了“建设具有全球影响力数字经济引领型城市”的目标，并从数字产业化、工业数字化、服务业数字化、农业数字化、数字基础设施、城市治理数字化等方面提出具体要求。除三大核心政策外，广州关于数字政务、工业互联网、数字新基建的方案和规划也层出不穷，如《广州市“数字政府”改革建设工作推进方案》《广州市深化“互联网+先进制造业”发展工业互联网行动计划》《广州市加快推进数字新基建发展三年行动计划（2020—2022年）》《广州市黄埔区、广州开发区、广州高新区加快“新基建”助力数字经济发展十条》等。

144　“1个目标”即加快打造数字经济创新引领型城市。“3个定位”即粤港澳数字要素流通试验田、全国数字核心技术策源地、全球数字产业变革新标杆。“22条措施”即聚焦3个定位、未来技术、重点载体、设施完善、产业支撑、国际开放、关键要素等方面。

整体来看，广州以数字政府为切入点，在夯实“顶”和“底”前提下，着力推动各类经济主体的数字化转型，培育和发展高精尖数字产业，建立有效的数据安全体系，完善化公共服务数字化标准，全面推进广州智慧城市建设工作。

2. 展望未来

《广州“十四五”规划和二〇三五年远景目标纲要》（以下简称“十四五”规划）指出“加快数字化发展，建成国际一流智慧城市”，到2025年数字经济核心产业增加值占地区生产总值比重达25%，并从产业载体建设、数字新基建、数字产业化、产业数字化、数字社会和数字政府等方面提出具体要求。一是产业载体建设方面，围绕全面建设广州人工智能与数字经济试验区，推动琶洲核心片区（含广州大学城）、鱼珠片区和广州国际金融城片区良性互动发展。二是数字新基建建设方面，提出要高水平推进5G、工业互联网、大数据中心等设施建设。三是数字产业化方面，明确将新一代信息技术、智能与新能源汽车、生物医药与健康产业打造成为三大新兴支柱产业；聚焦发展智能装备与机器人、轨道交通、新能源与节能环保、新材料与精细化工、数字创意五大新兴优势产业，打造“动漫游戏产业之都”“全国电竞产业中心”。四是产业数字化方面，着力推动纺织服装、美妆日化、箱包皮具、珠宝首饰、食品饮料五大特色产业集群数字化转型，并深入推进服务业数字化转型，支持数字金融、数字会展、数字文化、数字旅游等加快发展。此外，“十四五”规划对数字社会建设、政府数字化转型也做出了明确指示，大力推进公共服务数字化、城乡数字化建设，推动数字化服务普惠应用、提高数字政务服务，通过搭建城市信息模型（CIM）平台完善数字广州基础应用平台等城市数字底座，构建数字孪生城市。

综上所述，广州市将以广州人工智能与数字经济试验区为核心，以人工智能与数字经济作为战略引擎推动广州经济在新一轮的数字化变革中的稳健高效发展。数字化、网络化、智能化是数字经济时代背景下城市和产业发展的大趋势，广州将以人工智能与数字经济试验区建设为契机，凭借广州市丰富的国家级科研平台和优秀的数字产业基础等优势，开辟出独具广州特色的城市数字力建设模式，引领中国城市数字经济发展。

二、各区数字产业差异化布局，同题不同解

广州因地制宜，分区分产业进行差异化的数字产业布局。按照 2020 年 3 月出台的《广州市加快打造数字经济创新引领型城市的若干措施》，以人工智能与数字经济试验区作为广州数字经济创新发展的核心空间载体，充分发挥海珠、番禺、黄埔、天河四区优势，沿珠江东部形成协同联动发展空间格局。各区根据自身产业基础，搭建各具特色的发展模式，以求“同题不同解”（见表 7-3）。

表 7-3 广州各区主导产业概览[145]

区域	主导产业	说明

145 数据来源：广州市各区政府官网。

黄埔区	工业互联网	包括工业机器人、智能装备传感器、先进控制器等产业，聚焦智能装备及机器人制造，2021 年规上工业总产值达 8771 亿元，目前已落户工业互联网标识解析顶级节点（广州），全区重点工业企业关键工序数控化率 86%。 黄埔区与广州开发区出台粤港澳大湾区首个元宇宙专项扶持政策——《促进元宇宙创新发展办法》，计划以最高补贴 500 万元等激励政策，培育引导相关企业聚集。
琶洲岛	人工智能与数字经济	以“一江两岸三片区”的空间布局为基础，建设广州人工智能与数字经济试验区（下文会作为案例详细描述）。
天河区	现代信息服务	粤港澳大湾区最大的软件业集聚区，吸引了 YY、虎牙直播等企业总部进驻。
越秀区	超高清视频	以花果山小镇为核心，打造中国超高清视频创新产业示范园区，目前已进驻近百家 4K/8K+5G 行业龙头和服务机构，助力广州打造“显示之都”。
番禺区	大数据	依托“华南智核”-—广州大学城、“湾区门户”-—广州南站广州大学城·中关村青创汇等核心项目，打造国家智慧城市试点区。
白云区	未来产业	未来产业包括第三代半导体、无人驾驶汽车、下一代通信技术、类脑智能、激光等离子五大产业。区域依托白云湖数字科技城为载体，建设粤港澳大湾区未来产业研究院，打造大湾区未来产业培育核心基地。
南沙区	智慧城市	作为广州市副中心，通过发力数字新基建，聚焦实施信息基础设施、人工智能、智慧城市、工业互联网、智慧充电设施五大专项工程，构筑智慧城市。在南沙区的“十四五”规划纲要中，重点强调了“全面推进数字南沙建设，争创国际一流智慧城区典范”。
花都区	先进制造业	西部依托汽车产业基地，延伸新能源汽车、高端装备制造等产业链条，打造“两千亿级汽车产业集群”。 南部依托中电科华南电子信息产业园，培育“千亿级智能电子产业集群”。 东部依托国际航空枢纽，强化与市空港经济区联动，加快建设“临空高科技产业集群”。
增城区	新型显示产业	引进超视堺 8K 项目、维信诺全柔 AMOLED 模组生产线，以及康宁玻璃、空气产品电子气体等上下游配套企业的生产集聚，构建完整的产业生态。

荔湾区	工业互联网	以白鹅潭沿江总部经济带为核心，多区协同实现产业体系数字化、网联化的转型升级，推进“企业上云”工程。
从化区	智能家居	以明珠工业园为核心，着力布局智能家居产业。

各区因地制宜的发展策略，一方面保证各区工作有重点、有侧重，提升各区域的竞争意识以及主观能动性；另一方面，加强城市产业的多样化、多极化，通过不同产业链、不同产业发展阶段的布局，能有效降低城市产业发展的系统性风险，提升城市抗风险能力，保障经济的稳健发展。

三、政府搭台驱动产业数字化进程稳步推进

广州政府致力于从顶层设计构筑云平台，让各大产业企业、生产单元“上云上平台”，统一化数字管理，倒逼数字化转型。在农业数字化方面，政府协同应用软件供应商搭建“云上云”平台，同时还建设一批数字农业产业园区，实现园区生产信息上云，开展信息进村入户、农产品质量安全监管数字化、农村宅基地数字化等提升工程。例如，业界首个落地的“5G+智慧农业”应用项目，由增城区联合中国联通共同搭建数字化管理系统，与农户共同建立水稻精准种植5G实验基地。据了解，该项目在增城区中北部共部署75套生产基地的田间系统、1个病虫害监测大数据中心和1个人工智能病虫害模型库，能实现实时采集农作物的生长环境因子、病虫害样本数据，为农户提供生产基地重要病虫害的实时预测、监测和预警服务[146]。

在制造业数字化方面，政府牵头组织各大机构、高校、企业共同开展重大技术攻关，帮助企业减轻研发负担。在服务业数字

146“万亩良田”掌中握！5G智慧农业管理平台亮相广州增城[EB/OL] https://static.nfapp.southcn.com/content/202204/21/c6422909.html.

化方面，广州依托其多年来在轻工业（纺织服装、小商品等）、物流贸易、软件信息等产业方面的深厚积累，大力发展直播电商、跨境电商等电子商务产业。在解决工业企业数字化转型方面，广州也遇到许多阻碍。传统行业中小微企业“不想转、不愿转、不会转”、企业上云数据安全、平台商介入打破原有供应链模式、自动化设备技术改造成本较高等问题，政府通过一系列有效措施，在宏观调控和战略布局层面，逐步解决转型中的阻碍推进企业稳步数字化。首先，借助大型企业全要素、全产业链、全价值链的全面链接优势，利用数字孪生、人工智能、5G 等技术实现协同研发、协同生产、协同物流，提升全产业链生产效率，起到带头示范作用，吸引中小型企业加强网络升级改造、提升平台应用等，推进小型企业适度数字化升级，加入大型企业产业互联网，共享集群制造资源。其次，数字化人才是产业数字化转型成功的关键因素。广州通过政策引导，帮助企业引进既懂新一代信息技术又有垂直行业经验的复合型人才。此外，广州也同样重视人才培育。政府牵头联合龙头企业、研究院所、高校，共同打造适合广州产业发展的工业互联网人才培养体系，为企业源源不断输入新血液。

四、聚焦城市大脑建设，构建数字孪生城市

2021 年 5 月，广州市政府印发了《广州市进一步加快智慧城市建设全面推进数字化发展工作方案》（以下简称《方案》），提出要高标准建设集数字政府、数字经济和数字社会于一体的广州智慧城市。为了响应《方案》要求，广州大力推进作为城市运行管理中枢的“穗智管”系统建设，实行“一图统揽、一网共治”的管理模式，该系统运用大数据、云计算、区块链、物联网、人

工智能等前沿技术，通过经济、医疗、城管、交通等各领域的大数据分析，对城市运行监测、预测预警、协同联动、决策支持、指挥调度五大功能进行提质增效。目前，“穗智管”核心底座已搭建完成，建成了城市运行体征指标体系“一张图”，实现对城市运行体征的实时监测和大数据分析应用，为广州打造数字孪生城市提供了底层技术支撑。当前，数字孪生技术逐渐从概念走向应用实施，广州正在与一些数字技术头部企业共同积极探索开发数字孪生城市运行框架和解决方案，力争构建完善高效的城市治理体系。高效的城市治理体系可加强城市韧性[147]。新冠疫情暴发后，广州利用数字化、信息化和智能化技术，降低了疫情防控对经济社会可能带来的次生风险，在严峻的考验中有力有效提升超大城市治理能力。根据全国城市数字治理排行榜，广州多项指标居全国前列（见表 7-4）。

表 7-4 广州数字化治理相关指标排名[148]

指数类别	全国排名
城市综合排名	3
珠三角数字中国指数	1
城市用云量	4
数字文化指数	2
数字政务指数	1

147 城市韧性指城市能够化解和抵御外界的灾害冲击，保持其主要功能免受显著影响且能够快速恢复的能力。
148 数字中国指数报告 2020[EB/OL].https://max.book118.com/html/2020/1216/8122020141003026.shtm.

第三节　广州城市数字力打造案例

案例一、广州人工智能与数字经济试验区：广州数字经济的主阵地

琶洲岛地处广州市核心位置，曾是海上丝绸之路重要始发港之一，随着数字经济时代和粤港澳大湾区战略的到来，它又凭借独特的区域优势成为广交会的举办地和人工智能与数字经济试验区。

2020年2月，《广州人工智能与数字经济试验区建设总体方案》正式发布，琶洲地区将与广州大学城、广州国际金融城和鱼珠地区共同建设广州人工智能和数字经济试验区（以下简称“试验区”）。试验区规划了“一江两岸三片区”空间格局，总面积约81平方公里。其中：南岸是试验区的核心片区（含广州大学城），总占地面积约48平方公里，定位为人工智能和数字经济产业创新集聚区。依托人工智能与数字经济广东实验室（广州）等重大创新平台、中山大学等丰富的高校科研和人才资源、树根、致景等龙头企业，重点发展人工智能、工业互联网、云计算、大数据等数字技术产业，打造一批新一代信息技术领域的原创性成果，形成人工智能和数字经济领域的原始应用创新示范效应。北岸包括广州国际金融城片区和鱼珠片区，占地面积33平方公里，定位为人工智能和数字经济产业融合发展区。广州国际金融城片区重点发展数字金融、数字贸易、数字文创等现代化服务业，鱼珠片区则布局工业互联网标识解析顶级节点等新型数字基础设施，推进

人工智能、工业互联网、5G、区块链等新技术与实体经济深度融合应用。

与此同时，广州发挥省、市、区联动的协同机制，累计出台30余项政策文件，不断强化试验区的核心地位。例如，广州印发的《广州人工智能与数字经济试验区产业导则》和《广州人工智能与数字经济试验区数字建设导则（试行）》，统筹各片区差异化布局；《广州市构建“链长制”推进产业高质量发展的意见》提出以试验区为引擎，培育世界级龙头和领军企业；《广州服务业发展“十四五”规划》定位试验区为服务业发展的“一核引领”；海珠区将试验区定位为广州“数字+会展+总部”融合创新的产业新高地等。

试验区的创新资源集聚力和科技成果影响力取得显著提升。目前广州大学城已经建成了7家孵化器（3家国家级、1家省级）和7家众创空间（4家国家级、1家省级）；国家超级计算广州中心承担和支持了一系列国家级、省市级科研项目和重要工程项目研究，同时在产品研发、气象研究、政务服务等产业经济和社会服务多方面发挥重大作用；人工智能与数字经济广东实验室（广州）与广汽共建工业智能研究中心，助推企业数字化转型[149]。

2021年，琶洲试验区实现主营业务收入3668.5亿元，其中新一代信息技术服务业营收540.3亿元。根据琶洲智库发布的《琶洲数字经济指数研究报告（2022）》显示，琶洲数字经济整体水平排在北京和上海之后，位居第三，高于广东和浙江。在数字创新水平方面，琶洲与北京维持较高水平。目前琶洲拥有331家高

149 广州推进人工智能与数字经济试验区建设 数字经济核心产业企业超1万家[EB/OL].http://www.cnbayarea.org.cn/city/guangzhou/zxdt/content/post_777472.html.

新技术企业、210 家科技型中小企业、13 家独角兽及独角兽企业，其中树根互联公司位居 2021 全球独角兽榜。在产业数字化方面，琶洲跃居第一，高于北京、广东、上海和浙江[150]。

案例二、广汽集团：数字化驱动传统产业科技转型

广州汽车集团股份有限公司（以下简称“广汽集团”）于 1997 年 6 月成立，是国内首家完成 A+H 股整体上市的国有控股股份制汽车集团。广汽集团主营业务包括汽车研发、整车、零部件、商贸服务、金融服务、出行服务六大板块，是国内产业链最为完整的汽车集团之一。广汽集团 2021 年实现营业总收入约 4297 亿元，同比增长 8.66%；汽车销量 214.44 万辆，同比增长 4.92%。

随着新一代信息技术加速发展，数字技术不断加深与各行各业的融合渗透，掀起了传统产业数字化改革的浪潮。广汽集团在 2020 年北京车展上发布汽数字化加速器 GDA 项目，明确数字化转型目标和实施路径，正式启动以数字化驱动企业向科技型企业转型的战略。

1. 改革难题

在数字化转型初期，广汽集团面临着一系列有待攻克的难题，概括为如下几个方面：

一是缺乏数字化转型认知和共识。集团整体层面没有数字化的整体规划，各层级公司和团队缺乏对数字化的有效认知，且数字化创新和应用的能力也不足。二是 IT 团队分散。大大小小的 IT 团队分布在各层级公司中，未形成统一的管理和调动机制。三是

150 琶洲数字经济指数再发布：经济、科创水平保持优势，数字化水平稳步提升[EB/OL].https://new.qq.com/rain/a/20230217A06WL600.

IT 系统重复建设严重。集团内部各企业根据各自业务需要，建设了大量分散的业务系统，相互之间缺乏共享接口，不仅产生大量的信息孤岛，也带来了成本的浪费。四是缺乏业务协同平台。不仅集团公司内部各业务环节未进行有效打通，而且产业链上下游之间也未形成有效的信息共享和协同。

2. 改革举措

针对上述难题，广汽集团围绕“组织改革、顶层设计和重点项目”启动了一系列转型变革，因地制宜地探索转型路径。

首先，改革体制机制，激发组织活力。具体包括 5 大方面：第一，针对数字化转型缺乏整体规划、IT 团队分散与重复建设的问题，广汽集团制定了数字化转型“五统一”原则[151]。第二，基于企业自身体制及制造业转型特点，广汽集团创建了“统一组织、两级架构”的数字化转型体制。在集团层面成立数据信息本部，负责统筹推进数字化转型，并授权下属企业大圣科技股份有限公司（以下简称“大圣科技”）负责数字化项目的落地执行。第三，针对 IT 团队分散的问题，广汽集团充分利用大圣科技市场化的组织体制优势，推动集团 IT 人员由大圣科技进行集中管理，形成基于前中后台管理体系的敏捷型组织。第四，针对 IT 系统重复建设的问题，广汽集团采取了“统谈统签”的模式，即由集团总部牵头统筹各方数字化重点需求，并委托大圣科技统一实施。第五，为强化集团数字化自主核心能力。广汽集团聚焦数字营销、软件开发、大数据、数字管控、智能网联等重点领域的研发，以增强自主可控的核心业务能力。

151 “五统一”，即统一规划、统一团队、统一建设、统一标准和统一投入。统一规划即在集团层面统筹数字化规划；统一团队即建立体系化、专业化的数字化团队；统一建设即集中建设，实现端到端的数字化应用及平台；统一标准即建立集团统一的技术、数据及安全标准；统一投入即建立集团统筹管理数字化投入，企业参与分摊的项目模式。

其次，绘制顶层蓝图，谋划转型战略。具体包括3大方面：第一，明确目标愿景。在广汽集团“十四五”规划的基础上，制定集团数字化转型愿景与目标，并由集团总部统筹启动数字化转型加速器项目（以下简称“GDA行动计划”）。第二，制定作战地图。分为两个阶段：阶段一（2020年—2022年），建立GDA1.0“四化两平台”[152]数字化作战地图，实现全价值链智能运营体系；阶段二（2023年—2025年），建立GDA2.0“五化两平台三生态”作战地图，推进广汽集团数字生态创新发展。第三，制定转型行动路径。广汽集团根据GDA行动计划的作战地图，滚动分解三年数字化转型实施路径，以集团统筹的数字化重点项目群为抓手，过程中不断强化传统基础架构能力，实现数字化创新场景落地。

再次，聚焦重点领域，推动成果落地。具体包括3大方面：第一，在管控方面，持续强化对国有资产的监管能力。结合自身特点及总部战略定位，广汽集团建立集团级财务核算一体化平台，实现了集团合并报表范围内250多家投资企业凭证级别数据透明化；并构建审计管理中心、数据分析中心、全面风险管理三大基础平台，提升了集团审计及风险管理系统的一体化程度。第二，在营销方面，全面提升“客店厂”端的竞争力。在自主品牌——广汽传祺领域，建立“客店厂”营销金三角数字化营销服务管理模式，打造顾客、经销商和厂家之间紧密互动的生态。在客户端，通过数字化手段打造直连用户的全域流量用户运营体系，提升线上成交比例；在店端，通过智能云外呼、数字门店等智能化工具，提升客户到店率；在厂端，对现有工厂进行数字化改造，并与上游供应商合作建设数字化供应链管理系统，降低库龄和交车周期。

152 “四化”包括营销个性化、大供应链智能化、产品开发协同化和管控透明化，“两平台”包括统一的数据平台和敏捷的运营平台。

在自主品牌——广汽新能源领域，全方位推进生产制造、质量管理、智能物流、产品定制和营销服务等业务环节的数字化转型，打造智能工厂。第三，在运营方面，逐步提升管理和运营效率。建设集团级大数据平台，建立数据治理和应用体系，整合并挖掘数据资产价值；建立敏捷运营平台，实现敏捷移动办公；搭建统一的客户画像平台，支持售后服务、客户研究等应用场景等。

3. 改革成效

尽管面临国际局势变化、芯片短缺及新冠疫情等外部环境的影响，广汽集团整体产销规模和新能源汽车板块均实现了逆市增长。2021 年，广汽集团的数字化转型项目（G 计划）成功入选国务院国资委国有重点企业管理标杆创建行动标杆项目。

接下来，以广汽埃安新能源汽车板块（以下简称“广汽埃安”）的数字化改革为例来说明广汽集团数字化改革的成效。针对职能重叠、流程节点多、数字化建设滞后等问题，广汽埃安围绕“组织变革、流程再造、数字赋能”，加速推进数字化变革。由广汽埃安成立数字化推进委员会、流程再造推进事务局、数字化推进办公室等三大机构，与大圣科技以及其他合作供应商团队密切配合。以“一站式决策中心”和“全面预算管理”两大数字化项目为抓手，拉通了预算编制——立项——财审——采购——招标——联签——合同——支付——核算等 9 大业务模块，将广汽埃安变革成果精准固化到 IT 系统中。其中，“一站式决策中心”实现了用户对各个审批业务自主分类和智能关注，提升审批效率，持续优化流程；“全面预算管理”实现了对预算编制、执行和分析全过程的数字化管控，实时监控流程处理状态，并通过大数据、智能分析手段为决策者提供丰富的数据支撑。经过数字化变革，广汽埃安全流程审批节点数减少了75%，单环节审批效率从平均18.8天减少至2天，审批时长节省90%。

参考文献：

1. 中国工业互联网研究院广东分院.广州市特色产业集群数字化转型成果白皮书（2021年）[R].中国工业互联网研究院,2021(12):2-7.
2. 《广州人工智能与数字经济试验区建设总体方案》
3. 广汽集团：体制先行、规划引领、项目驱动，创新数字化转型管理之道[EB/OL]http://gzw.gd.gov.cn/gkmlpt/content/4/4038/post_4038942.html#1332.
4. 大圣科技官网.https://www.ds.cn/detail-203.html.

第八章　南京

较早起步，以数字化转型驱动“产业地标”提质升级，打造“数字经济名城”。

摘要

南京，古称“金陵”，历史悠久，地理优势独特，是江苏省省会、副省级市、南京都市圈核心城市，国务院批复确定的中国东部地区重要的中心城市、全国重要的科研教育基地和综合交通枢纽。“十三五”以来，南京市以“数字产业化、产业数字化、数字化治理”为主线，加快建设新型基础设施，推进数字产业创新发展，推动数字科技及数字产业与实体经济深度融合发展，打造数字政府和数字孪生城市。2020 年南京全市数字经济规模约 8033 亿元，占当年 GDP 比重约为 54.2%，较全国高出 15.6 个百分点。

本章对南京市数字基础设施、数字科技创新、数字产业化、产业数字化和数字化治理等方面所取得的成效进行全面总结，进而提炼南京在城市数字力打造过程中的先进经验，最后，通过对南京市软件与信息技术服务业的发展历程以及江宁区智能电网产业集群的崛起之路进行梳理，进一步探究南京城市数字力发展的特色与优势。

第一节　南京城市数字力打造现状

南京，古称“金陵”，享有“六朝古都”“十代都会”的美誉，不仅拥有近2500年的建城史，还具有得天独厚的区位条件。今天的南京，不仅是江苏省省会、副省级城市、南京都市圈核心城市，还是国务院批复确定的我国东部地区重要中心城市、国家重要科研教育基地和综合交通枢纽。“十三五”以来，南京市全面贯彻落实国家数字经济发展战略，加快建设新型基础设施，以“数字产业化、产业数字化、数字化治理”为主线，推动数字产业创新发展和数字经济与实体经济深度融合，打造数字政府与数字孪生城市。

中国信通院华东分院发布的《南京市数字经济发展白皮书（2021）》显示，2020年南京全市数字经济规模约8033亿元。其中：数字产业化和产业数字化规模的规模分别为2984亿元、5049亿元，在数字经济中所占比例分别为37.1%、62.9%。南京2020年全市数字经济规模占当年GDP比重约为54.2%，较全国高出15.6个百分点。

2021年10月，南京发布《南京市“十四五”数字经济发展规划》，提出以数据为关键生产要素，为产业、生活和城市治理赋能，推进新业态与新模式的联动创新。南京市2022年政府工作报告指出，要高水平打造数字经济名城，加快“数字南京”建设步伐，大力发展数字经济，全面提升产业发展能级和竞争力。此外，《南京市制造业智能化改造和数字化转型实施方案（2022—2024

年）》《数字贸易发展行动方案（2022—2025 年）》等专项规划陆续出台，多方位地支撑南京城市数字力建设和数字经济发展。

一、通信枢纽城市，打造数字新基建先锋队

南京作为全国重要的综合通信枢纽城市，信息基础设施建设水平也处于全国领先地位。

1. 率先建成“双千兆”网络省会城市

以千兆光网和 5G 为代表，具有超大带宽、超低时延、先进可靠等特点的“双千兆”网络，是数字城市建设的基石。2021 年 3 月，工信部发布《“双千兆”网络协同发展行动方案（2021—2023 年）》，首次提出“千兆城市评价指标”，要求用 3 年时间，基本建成“双千兆”网络基础设施，实现城区和有条件的乡镇的全面覆盖。根据此评级指标，南京在全国率先建成双千兆省会城市。目前，南京城乡已经实现 100%的千兆光网覆盖率。到 2021 年底，全市已建成 5G 基站 2.2 万个，占全省 5G 基站的 20%；5G 基站每万人拥有量达 23.8 个，居全省首位。主城区、郊区中心区域均已实现 5G 网络全覆盖，5G 上下行吞吐率、终端接入成功率等关键指标处于全国领先水平。同时，南京市还积极推动 5G 技术在各行业的融合应用。据统计，目前在多领域已累计实施 340 个 5G 融合应用项目[153]。

2. 工业互联网平台建设成效显著

工业互联网是新一代信息技术与制造业深度融合所形成的新产物。工业互联网通过促进互联网、大数据、人工智能和实体经

153 我市建设信息基础设施、推进产业数字化等获国务院办公厅督查激励“智改数转”加速，激活澎湃动能[EB/OL].http://jxw.nanjing.gov.cn/gzdt/202206/t20220613_3444271.html.

济的深度融合，以支撑传统产业优化升级和先进制造业发展。目前南京工业互联网平台建设水平已经走在全国前列。根据36氪研究院发布的《2020年中国城市工业互联网指数》，南京以62.3分的成绩位居全国城市综合指数排名第六[154]。目前，全市共有7个项目入选工信部“2021年工业互联网试点示范项目”，占全省入选总数的43%，累计入选项目总数22个，位居全国前列[155]。已建成“1+1+13”工业互联网标识解析体系，包括1个标识解析国家顶级节点（南京灾备节点）、1个千万级解析能力的递归节点和13个行业标识解析二级节点，在全国处于领先地位。全市二级节点数量占全省总数的22%，已接入3.1万家企业，注册标识208亿个[156]。

二、科创资源丰富，创新城市建设全国领先

近年来，南京大力推进建设具有全球影响力的创新名城，科技创新能力跻身全国前列，全球科创影响力也在不断提升。2021年，南京位列国家创新型城市排行榜第4位，全社会研究与试验发展（R&D）经费投入占GDP比重达3.54%，比2017年提高了0.53个百分点。万人发明专利拥有量高达95.4件，居全国第三，技术合同成交额保持全省第一；高新技术企业总数达7801家，高新技术产业产值达1.47万亿元[157]；新晋独角兽企业5家、瞪羚企业146家，入库科技型中小企业1.68万家。在《2022年自然指数——科研城市》中全球排名第八，全国排名第三（仅次于北京和上海）[158]。

154 36氪研究院.2020年中国城市互联网发展指数报告[R].2021.
155 办公厅关于公布2021年工业互联网试点示范项目名单的通知[EB/OL] .http://jxw.nanjing.gov.cn/jxzl/202202/t20220217_3296769.html.
156 我市建设信息基础设施、推进产业数字化等获国务院办公厅督查激励“智改数转”加速，激活澎湃动能[EB/OL].http://jxw.nanjing.gov.cn/gzdt/202206/t20220613_3444271.html.
157 南京市科技信息研究所.2022 南京科技统计要览数据册[R].2022.
158 全球科研城市排名出炉，南京位列第八[EB/OL].http://kw.nanjing.gov.cn/kjzx/gzyw/202211/t20221130_3770585.shtml.

创新力量加速提升。网络通信与安全紫金山实验室成为国家实验室，取得多项世界领先的科技成果，如全球首个内生安全云平台、全球首个云原生算网操作系统、6G 光子太赫兹等。至 2021 年全市共有国家重点实验室 31 家、国家级孵化器 49 家、国家级众创空间 60 家、国家工程技术研究中心 15 家。开放创新成绩显著。通过实施“创业南京”“海外高层次人才引进”等计划，至 2020 年，已集聚 218 名科技顶尖专家，包括 9 名诺贝尔奖及图灵奖得主和 132 名国内外院士。

在数字经济主战场上，南京聚焦软件和信息服务、集成电路、人工智能、智能电网等重点产业链关键核心技术创新。2020 年南京在数字经济方面获得国家科学技术奖 24 项，位列全国第二；承担了 16 项国家重点研发计划，占总计划数量的 45%，其中数字经济类占 6 项。在集成光量子芯片、网络技术、人工智能算法、芯片设计、柔性电子、数字诊疗、先进制造等领域取得重大原创成果。

在软件和信息服务领域，作为中国首个“软件名城”，南京市软件与信息技术服务产业集群已经聚集 4000 多家涉软企业，创造了超过 6700 亿元的营收规模，累计 96 款产品入围“中国优秀软件产品”。此外，南京软件产业在前沿尖端领域取得了一系列的原创性成果。例如，由紫金山实验室联合未来网络产业公司、江苏省未来网络创新研究院研发的“广域确定性网络”，在全球范围内首次突破大规模广域确定性网络技术体系；由紫金山实验室发布的全球首个云原生算网操作系统，实现了异构、多方算网资源的统一管控，具备全局应用分发、广域服务互联、多方资源供给三大核心能力，可提供100W+系统业务租户，10W+算力资源集群，1W+链上交易结算服务。

在集成电路领域，近年来，依托南京市丰富的科教资源和雄厚的电子信息制造业基础，南京市集成电路产业规模和科技创新都取得了显著成绩。根据南京市发改委，至2021年南京集成电路规上企业数量达183家，营业收入约475亿元。2021年国家第三代半导体技术创新中心南京分中心启动建设，聚焦行业共性技术和重大瓶颈，提高源头技术供给能力，支持产业向中高端迈进。南京大学项目成果“功能集成光量子芯片”入选“十三五”科技创新成就展，实现了高维度的双光子纠缠光源和多光子源，突破现有量子光源的技术瓶颈和信息编码维度限制，为发展具有更高信息容量和更高安全性的量子信息技术提供了一条全新的路径。

在人工智能领域，南京市已经集聚了约400家人工智能企业，带动约1000亿元的相关产业规模，拥有各类人工智能类新型研发机构近50家，如南京新一代人工智能研究院、中科院自动化所、南京人工智能芯片创新研究院、南京图灵人工智能研究院等，为集群发展提供稳固的智力资源支撑。南京大学、东南大学、南京航空航天大学、南京理工大学、南京邮电大学等陆续成立人工智能学院。其中，南京大学人工智能学院在人工智能基础理论方法与共性关键技术方面持续突破，提出了“深度森林”学习技术，开创了“非神经网络式深度学习”的研究与探索。

作为全国唯一的科技体制综合改革试点城市，南京深入贯彻实施创新驱动发展战略，始终坚持科技创新与体制机制创新“双轮驱动”。自2018年起，连续5年发布聚焦“创新”的一号文，构建完善的创新政策体系。如《南京市优化营商环境100条》，其中有8条政策为全国首创，46条政策达到国内领先水平。此外，南京市发布了《关于促进南京市私募股权投资行业发展的实施细则》《“宁科贷”增量补贴、风险代偿实施细则（试行）》等政策文件，实施企业上市“宁航行动”计划，落实企业上市“千百十”工作方案，构建了多层次多维度的科技金融服务体系。

三、首座软件名城，奋力推进数字产业发展

结合南京市《关于实施产业链“链长制”的工作方案》提出的八大产业链[159]，本节重点聚焦南京市软件和信息技术服务业、电子信息制造业、智能电网、人工智能和区块链五大核心数字产业。

1．软件和信息技术服务业

自2010年被工信部授予“中国软件名城”称号以来，南京一直坚持高质量发展要求，实施创新驱动发展“121”战略，即建设1个具有全球影响力的创新名城、打造综合性科学中心和科技产业创新中心“2个中心”、构建1流创新生态体系，并将软件和信息服务业作为全市重点发展的主导产业。十多年间突飞猛进，南京市软件和信息服务业营收从2010年的1013亿元[160]增加到2021年的6702亿元，年均增速约19%。2021年，全市软件和信息服务业营收位列全省第一、全国15个副省级中心城市第三，仅次于深圳和杭州[161]。

在产业发展空间布局方面，南京已经形成了“一谷两园”的空间格局，即中国（南京）软件谷、南京软件园、江苏软件园，

159 分别为软件和信息服务、新能源汽车、新医药与生命健康、集成电路、人工智能、智能电网、轨道交通、智能制造装备。

160 汪小星.南京市软件产业发展现状、问题及对策建议[J].电子商务,2013(12):8-9.

161 数据来源：工业和信息化部《2021年软件和信息技术服务业统计公报》。

“一谷两园”对全市软件产业的贡献度超七成[162]。其中，规划总面积73平方公里的中国（南京）软件谷于2011年正式挂牌成立，是全国首批、江苏唯一的国家新型工业化（软件和信息服务业）示范基地，先后获得国家现代通讯软件产业基地、国家数字出版基地、国家级博士后工作站、国家创新人才培养示范基地等荣誉[163]。

在涉软企业和软件产品方面，南京市拥有4400家重点涉软企业，其中上市企业121家，8家中国软件业务收入百强企业[164]，如南瑞集团、熊猫电子、浩鲸云计算等。近年来，南京新引进了一批龙头企业总部和研发中心，如阿里巴巴江苏总部、小米华东总部、字节跳动南京研发中心、华为江苏鲲鹏基地、龙芯中科南方总部、航天科工信创平台公司总部等。“中国优秀软件产品”全市累计入围96项。电力自动化软件占据了国内50%以上的市场份额，处于绝对领先地位。通信软件市场份额超过30%，运输软件市场份额超过20%，继续保持细分领域的领先优势[165]。

在支撑平台和发展环境方面，南京市具备大量的科研机构、充沛的人才储备和不断强化的品牌影响力。第一，科研机构已成规模。不仅建设了紫金山实验室、图灵人工智能研究院等创新平台，还培育近130家省级以上软件类重点实验室、工程技术研究中心和企业技术中心，以及近150家涉软类新型研发机构。第二，潜在人才储备充沛。南京市53所高校开设了计算机、软件工程及相关专业，相关专业在校大学生人数约20万人，其中，南京大学、

162 阎家梁.南京软件产业集群发展现状研究[J].电子商务,2020(1):38-39.

163 数据来源：南京市雨花台区人民政府官网。

164 数据来源：工业和信息化部《2019年中国软件业务收入前百家企业发展报告》，江苏一共9家企业，其中南京占8家。分别是南瑞集团有限公司（第9名）、熊猫电子集团有限公司（第29名）、江苏省通信服务有限公司（第30名）、国电南京自动化股份有限公司（第52名）、南京联创科技集团股份有限公司（第60名）、江苏金智集团有限公司（第64名）、江苏润和科技投 资集团有限公司（第72名）、浩鲸云计算科技股份有限公司（第89名）、无锡华云数据技术服务有限公司（第95名）。

165 “江苏软件产业收入首破万亿”新闻通气会在宁召开[EB/OL].http://jxw.nanjing.gov.cn/jxzl/202102/t20210205_2817818.html.

东南大学软件学院均是国家示范性软件学院，为南京软件产业发展提供源源不断的人才“蓄水池”[166]。第三，城市品牌影响力持续加强。2005 年创办的南京软博会，至 2021 年已连续成功举办了 17 届[167]，已成为展示产业发展成就、吸引产业资源和加强对外交流的重要窗口。

2. 电子信息制造业

南京以集成电路、新型显示、信息通信等新兴产业作为电子信息制造产业的重点发展方向。根据南京市统计局，2020 年全市电子信息制造业营收 3078 亿元，总体呈现较快增长态势。其中，集成电路产业实现营收约 328 亿元，同比增长 38%左右；新型显示产业实现营收约 1350 亿元，同比增长 8%左右；信息通信产业实现营收 1400 亿元，同比增长 15%左右。

2019 年 2 月，南京出台《南京市打造集成电路产业地标行动计划》，提出到 2025 年全市集成电路产业综合销售收入实现 1500 亿元，跻身国内第一梯队。根据南京市发改委统计，截至 2021 年，全市集成电路产业规上企业数量 183 家（见表 8-1），包括 IC 设计业 155 家、晶圆制造业 2 家、封装测试业 8 家和 IC 支撑业 18 家，全年实现营收 475.25 亿元，同比增长 17.7%[168]。

表 8-1 2021 年南京市集成电路细分产业营收规模（亿元）

环节	规上企业数（家）	营收（亿元）	营收占比	同比增幅
IC（芯片）设计	155	333.28	70%	17.40%
晶圆制造	2	86.38	18%	5.20%

166 南京日报.解“码农”结构失衡，南京在破局[EB/OL].https://m.gmw.cn/baijia/2020-10/20/1301694527.html.
167 2021 中国（南京）软博会将于 12 月 15 日举行[EB/OL].https://wap.yzwb.net/wap/news/1808129.html.
168 南京日报.芯片设计营收过亿企业南京全国最多[EB/OL].http://njrb.njdaily.cn/html/2022-02/14/content_51_43661.htm?div=1.

封装测试	8	30.71	6%	84.10%
IC 支撑	18	24.88	5%	16.60%
合计	183	475.25	100%	17.70%

在产业发展空间布局方面，集成电路产业已形成“一核两翼多基地”的空间格局，即以国家级江北新区（含浦口区）为核心，江宁开发区、南京经开区为两翼，南京软件谷、徐庄软件园、麒麟科创园等多基地共同发展的集成电路产业布局体系（各区营收规模见表 8-2）。江北新区作为全国第 13 个、江苏省唯一的国家级新区，大力发展以“芯片之城”为核心的新一代信息技术产业。自 2016 年台积电（南京）晶圆厂落地江北新区以来，至今已经聚集了华大半导体、展讯通信、中星微电子等龙头企业，芯华章、创芯慧联、芯行纪、芯驰科技等细分领域的“单打冠军”。浦口区主要发展集成电路产业晶圆制造、封测和设备制造产业；江宁开发区着力打造第三代半导体产业基地；南京经开区大力发展中高端芯片设计与制造产业，如新型显示、人工智能、汽车电子等；南京软件谷、徐庄高新园、麒麟高新园、新港高新园等园区加快发展电源管理、物联网、人工智能等中高端芯片设计。

表 8-2 2021 年南京市各主要区域集成电路营收规模

环节	**全年营收（亿元）**	**同比增幅**
浦口区	118.1	2.90%
江宁区	112.93	24.80%
江北新区	99.36	24.50%
玄武区	17.23	58.20%
雨花台	36.72	18.10%
合计	**384.34**	

产业发展环境方面，南京于2016年便成立了南京集成电路产业服务中心，并入选工信部首批芯火双创平台，成为全国首个涵盖全方位产业要素的综合性集成电路公共服务平台。2020年南京集成电路大学，即中国首家“芯片大学”正式成立。此外，江北新区管理委员会分别于2019年、2020年发布了《南京江北新区集成电路人才试验区政策（试行）》《关于优化升级南京江北新区（自贸试验区）集成电路人才试验区政策》等政策，持续推动集成电路领域全链条人才培育。

3. 智能电网

智能电网是南京市的优势产业之一，目前已培育了集“发、输、变、配、用、调度、通信、综合能源服务及电力网络安全”等于一体的全产业链产业集群，形成“一谷两区”的空间格局。

根据南京市统计局，2021年南京智能电网行业规上企业达到504家，营业收入累计达到2449.10亿元，同比增长11.6%。2021年3月，南京新型电力（智能电网）装备集群被评为国家级先进制造业集群[169]。可见，南京市智能电网产业已经具备规模集聚优势，产业链上下游创新力、竞争力和抗风险能力均处于较高水平。

在收入构成上，智能电网行业中工业部分占比超过90%。2021年南京406家工业规上企业共计实现营业收入2291亿元，同比增长10.7%。软件服务部分增幅明显，98家规上企业营业收入同比增长25.9%，达到158亿元（见表8-3）。软件服务业有望继续为全行业提供强劲的增长点，这得益于近年来南京在软件服务业竞争力的提升以及智能电网的发展需求。

169 2021年3月国家公布第一批15个先进制造业产业集群名单，全国唯有深圳和南京有两个入选，南京软件和信息服务集群、南京新型电力（智能电网）装备集群成为首批国家先进制造业产业集群。

在产业空间布局上，南京智能电网产业基地位于江宁区。全区共有146家智能电网企业，2021年营业收入达到1168.85亿元，在全行业收入中占比达47.7%。其中，作为南京唯一的智能电网产业园区，江宁开发区共有89家企业实现营业收入941.61亿元，同比增长14.5%，占江宁智能电网产业收入的80.6%。另外，智能电网产业在江北新区、栖霞经开区也颇具规模。根据2019年4月出台的《江宁区打造智能电网产业地标行动计划》，到2025年江宁区智能电网产业主营业务收入将突破2000亿元，规上企业数量超150家，上市企业达20家。

表8-3 2021年南京市智能电网规上企业概况[170]

构成	规上企业数（家）	营收（亿元）	营收增速
工业部分	406	2291.06	10.70%
软件服务部分	98	158.04	25.90%
合计	504	2449.1	11.60%

4. 人工智能

在《南京市关于加快人工智能产业发展的实施意见》《南京市促进人工智能产业发展三年行动计划（2018—2020年）》等一系列政策支持下，南京人工智能产业发展迅速。南京按照“一带引领、两极支撑”的空间格局，将中国（南京）智谷、麒麟科创园、中国（南京）软件谷、江北新区、建邺区江心洲生态科技岛作为重点打造板块，产业布局不断完善，集聚效应初步形成。

截至2020年底，中国（南京）智谷已聚集人工智能集群企业300多家，核心产业规模超过70亿元，带动相关产业规模近800亿元，入选中国人工智能示范园区榜单，是南京乃至长三角区域

170 数据来源：南京市统计局。

集聚程度最高、创新能力最强、载体面积最大、综合配套最好的人工智能产业基地之一[171]。此外，根据AICC2021人工智能计算大会发布的《2021—2022年中国人工智能计算力发展评估报告》，南京排名第四（仅次于北京、杭州、深圳）[172]。

5. 区块链

近年来，南京市区块链企业呈爆发增长态势。《2021南京区块链产业白皮书》显示，全市区块链企业数量从2017年的10余家增加到2020年的1000余家。其中，2020年区块链企业数量同比增长394%，南京区块链企业信息服务备案31个，占江苏省的56.36%、全国的3.05%[173]。目前南京市已经集聚了荣泽信息、众享金联、安链数据、纯白矩阵科等一批区块链领域的优质企业，区块链产业发展初具规模。

在区块链应用方面，南京已构建了“区块链+”的应用生态，从最初的数字货币扩展到社会的各个领域。其中，较为成熟的区块链应用场景集中在政务和金融领域，其他如物流、农业、大数据等也有涉及，产业应用落地相对全面。在“区块链+政务服务”领域，通过基于区块链的电子证照平台、视频监控联网平台和信用信息平台等，实现了民生服务、交通数据、信用数据等跨部门、跨区域共同维护利用；在“区块链+数字金融”方面，在国内首次采用区块链等核心技术的扬子江数字金融平台一期，已经引入涵盖供应链数字金融、数字政府、数字技术和基础设施等领域的56家数字金融科技领军企业。

171 抢占人工智能产业发展先机——中国（南京）智谷扬帆起航[EB/OL]. http://www.njqxq.gov.cn/qxzx/zwyw/202012/t20201209_2747256.html.
172 潇湘晨报.南京全国第四[EB/OL].https://baijiahao.baidu.com/s?id=1714851688207765486&wfr=spider&for=pc.
173 数据来源：第三届中国区块链技术产业发展峰会举办发布的《南京区块链产业白皮书》。

在产业布局和产业生态建设方面，南京市区块链产业集群主要分布在鼓楼区和江北新区。鼓楼区于 2019 年率先启动区块链产业先导区建设，积极探索推进区块链资源集聚、企业引育、场景应用等。目前鼓楼先导区已吸引近 80 家专注于区块链技术研发、应用落地及上下游关联企业落户，区块链产业发展集聚区初步形成[174]，如深耕 NFT 技术的边界智能公司、基于区块链技术电子公证签署服务的江苏慧世联网络科技公司。区块链产业先导区与北京大学共建南京博雅区块链研究院和区块链发展中心，已累计孵化引进上下游企业 40 多家。

作为江北新区新金融核心的江北新区中央商务区，自 2018 年成立以来，已成功吸引了数十家区块链核心标杆企业入驻，集聚产业链上下游相关企业百余家，如万向区块链江苏总部、南京数字金融产业研究院、南京纯白矩阵科技有限公司、江苏数字产权交易有限公司等；打造了多个金融产业集聚点，如扬子江新金融示范区、扬子江区块链产业园、江北新区中央商务区新金融科技园等；同时，区块链产业相关活动已在江北新区中心商务区成功举办 20 多场，累计吸引 5000 多名客商到场，营造区块链产业发展的良好氛围[175]。

四、依托数字技术，激活实体产业发展活力

南京一直将数智化作为产业转型升级的重要切入点。依托本市软件和信息技术服务产业、集成电路和智能装备等产业优势，推动全市规上企业实施数智化改造升级。在贸易、金融等服务业

174 南报网.鼓楼打造区块链发展新高地[EB/OL].http://njrb.njdaily.cn/html/2022-05/08/content_51_49491.htm.
175 中国江苏网.南京唯一！江北新区中央商务区成功入选“江苏省区块链技术创新应用试验区”[EB/OL].https://jsnews.jschina.com.cn/kjwt/202112/t20211221_2916363.shtml.

领域，加快培育电子商务、跨境电商、直播电商等新业务。依托江北新区、江苏自贸试验区南京片区，以贸易金融为切入点，加快推进区块链数字金融技术运用，积极推动数字金融基础设施建设。

1．智改数转助推制造业转型

南京先后制定出台《南京市智能制造名城建设实施方案》《关于深化“互联网+先进制造业”发展工业互联网的实施意见》《江苏省星级上云企业评定工作指南》等一系列政策文件，在市级新兴产业专项引导资金中设立智能制造专项，加大对企业智能装备升级、智能工厂建设、智能制造系统集成商的扶持力度。南京市制造业的数字化转型发展可以概括为两个阶段：

第一阶段：促进智能制造赋能企业升级。

该阶段主要以智能车间和两化融合建设为抓手，积极推进智能制造三年实施方案，开展试点示范，引导企业生产工艺和设备智能化升级，推动企业向智能制造转型。

江苏省从2015年相继开始智能车间评选和两化融合管理体系贯标推广工作。江苏省2019年发布的《江苏省智能车间发展白皮书》和《江苏省两化融合管理体系贯标白皮书》显示，江苏传统制造业占比近七成，迫切需要以“智能+”推动传统制造业转型升级。江苏省智能车间试点评选工作从2015年就已经开始，截至2018年底，全省13个地级市共评出智能车间728家，分属26个行业，其中，南京市具有47家智能车间，排在苏州、无锡、常州之后。2020年全省新增智能车间252家，其中南京新增18家，仍居苏州、无锡、常州之后[176]。南京不断加快制造业的智能化改造，截至2021年底，全市累计推进实施工业企业自动化技术装备升级项目超1500个，成功培育国家级智能制造示范工厂和智能制造优秀场景4家，省、市级智能工厂49家，省级智能制造示范车间106个[177]。江苏省于2016年启动两化融合管理体系贯标工作。截至2019年年底，江苏省开展两化融合管理体系贯标企业数量为3185家，约占全国的14.64%，位列全国第三位。其中，南京市有200家企业通过两化融合管理体系评定（不包含5家成功换证企业，实际发放证书数量为205张），位列全省第一位。根据江苏省工业和信息化厅，2020年全省新增586家两化融合管理体系贯标试点企业，其中，南京新增23家，新增数量居于无锡（228家）、苏州（91家）、常州（55家）之后。

第二阶段：工业互联网平台助力企业数字化转型。

工业互联网平台借助云计算、大数据、人工智能等信息技术赋能制造企业，帮助企业实现降本增效、转型升级。2020年11月南京市政府出台《南京市加快工业互联网创新发展三年行动计划（2020—2022年）》，明确了基础设施、融合应用、产业生态、安全体系等方面的具体发展目标，细化了主要任务。围绕南京钢铁、石化、电子信息、新能源汽车等传统支柱产业，以“建平台与用平台”为抓手，双轮驱动工业互联网与制造业的深度融合。

第一，建设工业互联网平台。引入华为Fusion Plant工业互联网平台等3个国家级工业互联网双跨平台，提升朗坤苏畅、擎天低碳等10个省级重点工业互联网平台的国内影响力，支持大中

176　252个！2020年江苏省示范智能车间拟授牌名单公示丨快报2020年第232期[EB/OL]. https://www.sohu.com/a/438319061_99912196.

177　南京产业数字化的“十年画卷”[EB/OL]. http://js.ifeng.com/c/8HnnrtkmmWA.

型制造业企业打造企业级工业互联网平台。根据南京市工业和信息化局,全市已建成具备对外服务能力的工业互联网平台达40家,其中,10家重点工业互联网平台获得省级认定,5家入围2019年工信部工业互联网创新发展工程。第二,鼓励企业上云用云。持续实施企业上云行动计划,进一步促进云计算在工业企业的深度创新应用。根据南京工信局数据统计,自2019年启动星级上云企业的评定工作以来,截至2020年年底,南京市已经培育省级上云企业4130家,其中五星级、四星级、三星级上云企业分别为97家、769家、3264家。第三,建设工业互联网标杆工厂。鼓励和支持制造业骨干企业与工业互联网平台、云技术应用服务商展开深度合作,力争打造面向全产业链、制造全流程、产品全生命周期管理的工业互联网标杆工厂。截至2021年底,全市累计推动建设9家省级工业互联网标杆工厂,如南京钢铁股份、南京群志光电、南京科远等。

2. 数字技术赋能新商业模式

第一,电子商务。南京是东部地区重要中心城市、“一带一路”交汇点重要枢纽城市,也是全国电子商务示范城市、跨境电子商务综合试验区。网络零售、跨境电商、直播电商等新业态新模式新场景不断涌现。2021年,全市网络零售额达6501亿元,是2012年350亿元的18.6倍,全市跨境电商进出口总额达313.76亿元。打造了22家重点培育直播电商基地(园区)和33家重点培育直播电商机构[178]。中国(南京)跨境电子商务综合试验区跻身全国十强,也是江苏省唯一上榜城市[179]。此外,南京还培育壮大工

178 南京市加快培育建设国际消费中心城市[EB/OL].http://fzggw.jiangsu.gov.cn/art/2022/1/6/art_286_10309842.html.
179 南京亮出十年经济发展成绩单[EB/OL].https://k.sina.com.cn/article_2188202475_826d51eb02000yv1v.html.

业电子商务平台。根据《江苏省工业电子商务重点平台培育及推广应用工程实施方案（2020—2022年）》，金陵钢宝网等4个南京市平台被认定为2020年省工业电子商务重点培育平台，南京万米信息技术有限公司等4家企业被认定为省工业电子商务优秀解决方案服务商，南京卫岗乳业有限公司被认定为省工业电子商务应用示范企业[180]。

第二，数字金融。金融是现代经济的核心和血脉，也是提升城市能级的关键。数字金融作为“两城一中心”[181]产业布局的重要一环，在江北新区、江苏自贸试验区南京片区发展成效突出。至2021年上半年，南京片区已经集聚了约1000家各类金融机构，并设立总规模超50亿元数字金融和金融科技类投资基金，孵化了50多个金融示范项目；2021年7月，江北新区发展基金获得中国年度“中国最佳政府产业引导基金TOP30”[182]。截至2021年，该平台累计为中小微企业提供金融服务金额超过80亿元，数字资产登记业务已达214项[183]。南京市依托扬子江数字金融基础设施平台已参与多项国家试点，形成了多个标杆应用场景。

第三，数字医疗。南京市全面实施《南京市“互联网+医疗健康”三年行动计划（2020—2022年）》，积极推进互联网医院建设。根据南京市卫生健康委员会统计，截至2020年底，共有鼓楼医院、市第一医院等18家医院完成与省互联网监管服务平台对接、审批和上线运营[184]。此外，中国社科院健康产业发展研究中心发布

180 2020年江苏省工业电子商务重点培育平台及应用示范企业拟认定名单公示[EB/OL].http://gxt.jiangsu.gov.cn/art/2020/12/2/art_6281_9587513.html.

181 “两城一中心”指芯片之城、基因之城与新金融中心。

182 人民资讯.两年16项成果，南京自贸片区金融创新“高歌猛进”[EB/OL].https://baijiahao.baidu.com/s?id=1709513509218826769&wfr=spider&for=pc.

183 打造数字金融标杆平台 引领江北新区新金融产业发展[EB/OL]. http://www.yzig.com.cn/html/2021/jtdt_1215/554.html.

184 南京市卫生健康委员会.2020年度法治政府建设工作报告[EB/OL].http://wjw.nanjing.gov.cn/njswshjhsywyh/202101/t20210128_2808493.html.

的《2021 年互联网医院影响力排行榜》显示，全国共有 17 个省、21 个市的 127 家医院上榜，其中南京有 8 家医院、12 个科室上榜。

3. 数字乡村建设激活乡村振兴

农业数字化是农业现代化的高级阶段，是创新推动农业农村高质量发展的有效手段。2020 年南京市浦口区和溧水区成为首批江苏省数字乡村试点，其中浦口区还入选国家级数字乡村试点，也是全市唯一的试点区。浦口区入选国家级数字乡村试点区后，先后投入约 5 亿元，依托农创中心国家级农业科技平台，完成了 3 个平台、4 类数字农业基地和 10 个物联网基地的部署[185]。南京国家现代农业产业科技创新中心（简称“农创中心”）经农业农村部批复于 2016 年 12 月成立，是国内第一家，也是华东地区唯一的现代农业产业科技创新中心。目前已聚集了近 10 个院士团队，累计申请专利 227 项，先后获得“国家农村创新创业园区”“江苏省众创社区”和“江苏省星创天地”等荣誉[186]。

五、突出应用场景设计，建设高效治理城市

“十三五”期间，南京城市数字化以经济社会发展“强富美高”为总目标，实现城市数字化、网络化、智能化水平的显著提升。一是市级政务云建设取得明显起色。建成市政务数据中心（麒麟），为全市 112 个单位 1035 个信息系统提供计算、存储等基础软硬件支撑，全市政务部门上云率实现 94.5%。二是“互联网+政务服务”取得显著成效。例如，电子证照平台汇聚了 3675 余万张电子证照，为全市 29 个部门、50 个业务系统提供服务。加快推进“不见面审

185 国家级数字乡村试点，浦口成南京市唯一入选区 “数字引擎”助力“三农”发展提速[EB/OL].http://nyncj.nanjing.gov.cn/nygzdt/202201/t20220106_3254337.html.

186 中华人民共和国农业农村部.南京国家现代农业产业科技创新中心[EB/OL].http://www.moa.gov.cn/ztzl/xxhsfjd/sfjdfc/fwx/202111/t20211110_6381847.htm.

批”改革，实现全市55个部门1846个政务服务事项的互联网办理，以及84个民生、企业服务事项的自助服务系统上线运行。三是实现了民生服务信息化应用全面覆盖。超过690万人实名注册了“我的南京”APP，4000多项在线服务功能面向社会公众开放，包括劳动就业、社会保障、城市交通、健康医疗、文化旅游、社区生活等领域。四是城市运行管理数字化能力和网络和信息安全保障能力不断增强。构建城管大数据运行管理平台、城市信息模型（CIM）基础平台、智慧交通管理综合应用平台、规划和自然资源“一张图”数据资源体系以及全市网络应急预案体系等。[187]

“十四五”期间，南京市将以“1314”为总体框架推进城市数字化转，建设创新、宜居、安全、高效能的城市治理典范。“1314”是指1个城市数字化治理中心、数字政府、数字社会、数字经济3个领域、1个以新一代政务云、CIM平台、城市之眼综合感知平台等为重点的数字底座、4大集组织领导、项目建设、数据安全和资金保障等为一体保障体系。

参考文献：

1. 黄鹏.新基建图景下加快推进工业互联网创新发展[J].中国信息化,2020(4):13-14.
2. 《南京市“十四五”科技创新规划》
3. 《南京市“十四五”数字经济发展规划》
4. 《2022年南京市人民政府工作报告》
5. 全球首个！刚刚，这些重大科研成果在南京发布[EB/OL].https://page.om.qq.com/page/OAohcPnzqlcS01TzXuuRGVEg0?source=cp_1009.
6. 南京大学“功能集成光量子芯片”成果入选国家“十三五”科技创新成就展[EB/OL].https://news.nju.edu.cn/xsdt/20211025/i104964.html.

187 南京市大数据管理局.关于印发《南京市整体推进城市数字化转型“十四五”规划》的通知[EB/OL].http://dsjglj.nanjing.gov.cn/gkml/202202/t20220216_3295605.html.

7. 2021年中国城市科创金融发展指数发布[EB/OL]. http://kw.nanjing.gov.cn/njskxjswyh/202207/t20220705_3635265.html.
8. 南京以工业软件为支点 撬动“万亿”目标[EB/OL]. https://www.nanjing.gov.cn/njxx/202211/t20221125_3764627.html.
9. 我市智能电网产业链国内领先[EB/OL]. http://invest.nanjing.gov.cn/gzdt/202204/t20220401_3333687.html.

第二节 南京城市数字力打造经验

作为拥有2500多年建城史的我国东部地区重要中心城市，南京在经济、社会、交通、科教等领域都具有举足轻重的地位。在数字经济时代，城市核心竞争力转变为“城市数字力”，南京如何利用先进的数字科技提升原有产业优势和城市能级，巩固城市竞争优势？本节将从以下两个方面展开分析。

一、较早起步，数字化作为产业升级的主抓手

作为中国东部重要中心城市和工业基础雄厚的特大城市，南京是国内最早布局数字产业经济的城市之一。依托其在软件与信息技术和集成电路等领域的产业优势，一直将数字化视作产业转型升级的重要抓手。追溯历史，南京市数字化发展已有近10个年头。早在2013年南京就率先发布了《关于加快大数据产业发展的意见》。2020年4月，南京市出台了《南京市数字经济发展三年行动计划（2020—2023年）》，并成立了数字经济发展领导小组，统筹全市数字经济发展工作。2021年10月，南京市发布了《南京市“十四五”数字经济发展规划》，对“十四五”期间城市数字经济发展工作进行了系统部署，重点是创新引领、融合赋能、智慧城建等。2021年底召开的南京市第十五次党代会上，再次强调

了发展数字经济的重要性，更加明确了“数字产业化”和“产业数字化”的概念。2022年南京加快了数字经济的发展速度，2月底便出台了《南京市制造业智能化改造和数字化转型实施方案（2022—2024年）》，对制造业智能化改造和数字化转型等进行了部署。3月底南京市商务局又发布了《数字贸易发展行动方案（2022—2025年）》，强调了6大特色领域，即数字技术、数字金融、数字文化、跨境电商、知识产权服务和数据服务。6月初南京市委办公厅、市政府办公厅印发了《南京市推进数字经济高质量发展实施方案》，坚持把数字经济作为转型发展的关键增量，以数字经济与实体经济深度融合为主线，聚焦数字产业化、产业数字化、数字化治理。

二、先行先试，打造“产业地标”提升城市能级

从城市产业发展演进规律来看，受到城市自身资源要素和空间承载能力的限制，一座城市很难形成“大而全”的产业体系，则需要在原有基础上“精炼”为 “高而专”特色产业门类。产业地标是城市产业高原之上的一座高峰，是城市构建现代产业体系的核心和关键，它立足于战略性新兴产业或未来产业，致力于整合全球创新网络和全球价值链高端环节。

南京突出体制机制创新，以若干重点战略性新兴产业为抓手，建设产业地标的实践取得了显著成效。2018年南京市“4+4+1”主导产业营收超过36000亿元，同比增长超高12%，增加值占全市GDP比重约78%。在此基础上，南京又将目光投向了软件和信息技术服务、集成电路、人工智能、新能源汽车、生物医药等产业。各区立足了全市重点产业发展方向，再次集中力量，形成各自产

业特色。以集成电路为例，目前已形成以南京江北新区为核心，以江宁开发区、南京经济开发区为两翼的空间布局。

南京在打造产业地标过程中逐步形成了一整套机制，可以归纳为如下三个方面。一是以产业集群带动产业地标发展。南京“4+4+1”产业体系中确定的主导产业已初步形成一定规模的产业集群，分布在不同的区域。以先进制造业集群为例，目前已经涵盖了电子信息、新能源汽车、集成电路、生物医药等多个产业领域。同时，南京先进制造业集群在江苏省产业布局中扮演着重要角色，在江苏省重点培育的13个先进制造集群中，涉及南京的就有10个，其中以南京为发展主力的高达6个。二是以关键技术打造产业地标的核心竞争力。一个地标产业不仅要有规模，更要具备核心技术。南京全力推进重大科技成果加速转化，重点发展集成电路、新能源汽车、人工智能等优势产业；加强创新载体建设，加快引进和建设新型研发机构；帮助领军企业参与全球新一轮的科技革命和产业变革，积极推动建设跨国研发中心的集聚地。政策方面，围绕“创新名城”建设目标，南京市委一号文件连续5年出台多项促进产业地标打造的政策，如《南京市打造人工智能产业地标行动计划》《南京市打造软件和信息服务产业地标行动计划》和《南京市打造新能源汽车产业地标行动计划》等。三是以产业链协同提升产业地标的集聚力。通常，一个地区的地标性产业应具备完整的产业链，通过具有行业影响力的龙头企业，带动吸引产业链上下游其他领先企业集聚于此，形成产业链协同发展的产业集群生态。近年来，南京围绕重点发展的集成电路产业，在引入晶圆制造领域领先的台积电项目的同时，还吸引紫光、思科、华大九天、展讯、创意电子等集成电路制造设计类企业纷纷入驻，仅江北新区就聚集了集成电路产业相关企业近200家，涵盖集成电路的全产业链。

参考文献：

1. 魏向杰.特大城市培育产业地标的动因与机制分析——以南京为例[J].技术经济与管理研究,2020(6):120-124.

第三节　南京城市数字力打造案例

案例一、软件与信息技术服务产业，南京数字产业的招牌

软件与信息技术服务产业（以下简称“软件产业”）具有高技术创新性、高附加值性、低能耗性等特征，是数字经济的重要组成部分，也是城市数字力的重要体现。软件与信息技术服务产业作为知识密集型产业，对国民经济增长的拉动作用、对社会发展的促进作用、对国家综合实力的提升作用均极其显著。

多年来，南京市非常注重软件产业的发展，并取得了突飞猛进的发展，特别是自2000年以来，在2000年至2021年期间，软件行业产值增长370多倍，软件业务收入占GDP的比重也逐年提高，由2000年的1.76%提高至2021年的40.98%（见图8-1）。其实，早在2005年南京举办首届中国国际软件产品博览会时，南京软件产业收入仅为166亿元，占当年全市GDP的比重不足7%。但正是这个新兴产业带动南京这座传统工业城市摆脱了“重化工”的包袱，促进了南京市经济结构逐步“软化”。此后南京市软件产业规模每隔几年就上一个台阶，占全市GDP的比重也逐年提高，2021年软件产业占GDP的比重已超过40%。至今，南京软件产业

发展已经跻身南京支柱产业之列，为南京市经济转型发展注入了强劲动力。从产业规模增长的角度，将南京软件产业的发展分为如下四个阶段。

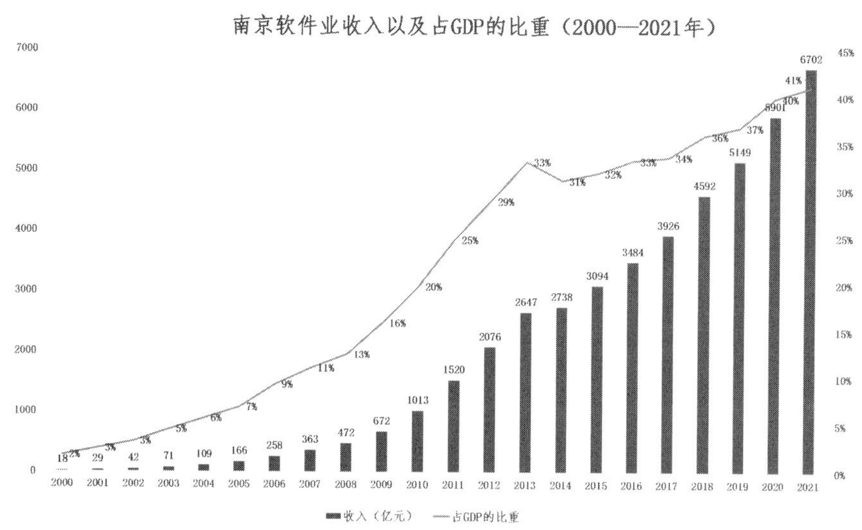

图 8-1 南京软件业收入以及占 GDP 的比重[188]

第一阶段：从 2000 年到 2004 年，南京市软件产业收入从 18 亿元增加到 109 亿元，实现了百亿的突破。这一时期，南京软件园和江苏软件园相继批准设立。1999 年 2 月经南京市政府批准成立南京软件园，2000 年 9 月被科技部认定为“国家火炬计划软件产业基地”；2000 年 12 月经江苏省人民政府批准设立了江苏软件园，2001 年 7 月被国家发改委、信息产业部命名为“国家软件产业基地”。

第二阶段：从 2005 年到 2010 年，南京市软件产业收入从 166 亿元到 1013 亿元（2010 年），实现了千亿的突破。2005 年《南京市关于进一步加快软件产业发展的意见》提出了非常全面、具体的推动软件产业发展的政策与措施。例如，以后每年都要举办

188 数据来源：工信部历年软件和信息技术服务业统计公报、南京市历年统计年鉴。

软博会，设立了打造“中国软件名城”的目标；在发展空间上明确以江苏软件园、南京软件园为核心，形成“两园多基地”的产业布局。南京市软件产业从这一年开始迅速发展，并于2010年9月被工信部正式认定为国内首个“中国软件名城”。

第三阶段：从2011年到2019年，南京市软件产业收入从1520亿元增加到5149亿元，实现了5000亿的突破。2011年8月，为高标准建设“中国软件名城”，南京市出台《关于以打造“一谷两园”软件产业集聚区为重点高标准建设中国软件名城的意见》，中国（南京）软件谷（以下简称“软件谷”）正式成立。至此，南京软件与信息技术服务产业“一谷两园”的产业格局已形成。软件谷整体位于雨花台区范围内，包括北园、南园、西园三大园区，各区分别围绕不同的主导产业打造产业基地。北园位于软件大道两侧，致力于建设具有全球竞争力的中国通信软件产业基地与全省乃至全国领先的软件产业公共服务平台；南园即铁心桥地区，聚焦发展超级云计算技术和应用服务；西园即省级雨花经济开发区，重点发展数字新媒体、互联网技术、电子商务和文化创意等产业。

第四阶段：从2020年至今，在新冠疫情的影响下，南京的软件业依然保持强大韧性。2020年和2021年的软件业务收入分别为5901亿元和6702亿元，年增长率分别为14.6%和13.6%。工信部《2021年软件和信息技术服务业统计公报》显示，南京软件业务收入规模排名第三，仅次于深圳和杭州。南京市更是于2021年年底出台《南京市推进软件名城提质升级打造万亿级产业行动计划》，提出“建设万亿级国家软件和信息服务集群”的发展目标。

作为南京市“一谷两园”软件产业集聚区的核心部分，软件谷自成立以来，软件产业发展十分迅速，业务收入由2015年的1070亿元增长至2020年的2170亿元，占全市比例37%左右，年均增速超过15%。软件谷不仅是全国首批、江苏唯一的国家新型工业化（软件和信息服务业）示范基地，还先后获得国家火炬计划现代通讯软件产业基地、国家数字出版基地、国家级博士后工作站、国家创新人才培养示范基地等多项国家级荣誉。软件谷具有以下三个发展特点和优势[189]。

第一，产业集聚度高。软件谷已经集聚涉软企业3800多家，其中，世界500强及世界软件百强企业18家，中国软件百强、中国电子信息百强及中国互联网百强企业32家；涉软从业人员总数达34万人，软件产业建筑面积超过1100万平方米。近年来，自主培育了18家上市企业、26家新三板挂牌企业，累计签约落地24家新型研发机构。现已形成了通信软件及运维服务产业、云计算大数据及信息安全产业、互联网+产业、人工智能及智能终端产业、芯片产业以及信创产业等“六大创新产业集群”。其中，通信软件及运维服务产业集群的企业代表有华为、中兴、三星、荣耀等；云计算大数据及信息安全产业集群的企业代表有富士通南大、中软国际、浩鲸科技和中新赛克等；互联网+产业集群的代表企业有满运软件、希音科技、众能联合、网觉软件等；芯片设计、测试、封装产业集群的代表企业有中兴光电子、国网智芯、泰治科技、沁恒微电子等；信创产业集群的代表企业有航天科工、统信软件、翼辉信息、润和软件等。

190 中国（南京）软件谷官网. http://rjg.njyh.cn/14739/list.htm.

第二，产业配套设施全。软件谷按照“国内领先、国际一流”标准，打造人才服务、企业孵化、公共技术、交流合作、投资融资等“八大服务平台”。当前，重要公共服务平台包括国家软件产品质量监督检验中心（江苏）、APEC 中小企业促进中心云服务平台、江苏省软件产品检测中心、江苏虚拟软件园、江苏省新技术与产业化协同创新中心软件谷分中心、南京联合产权（技术）交易中心、南京大学软件学院软件谷分院、华为人工智能创新中心、中软国际解放号、中软国际——华为云创新中心、翼辉自主实时操作系统平台、南京 VR 开放服务平台、软件谷集成电路产业公共服务平台等。此外，软件谷拥有 47 家双创载体，其中国家级 9 家、省级 18 家；截至 2022 年，累计签约落地新型研发机构 24 家，通过市级备案新型研发机构 23 家，落地机构孵化引进企业 600 余家。

第三，区位环境好。一方面，区位交通通达性高。软件谷位于南京市主城区范围内，拥有成熟便捷的交通网络，包括高铁南京南站，京沪、宁杭、沪汉蓉、宁安等 8 条高等级铁路；且距离南京禄口国际机场不到 20 公里，是主城进出空港的必经之地；已开通的地铁 1 号线以及多条规划中的地铁均经过软件谷；拥有机场高速、绕城高速、宁马高速、长江三桥等高速路网。另一方面，生态人文环境美。软件谷森林覆盖率超过 30%，绿化覆盖率超过 50%，是南京重要的“生态廊道”。牛首山、将军山、韩府山、花神庙、龙泉寺、桂花大道、樱花大道、玉兰大道等自然和人文景观也十分丰富。

案例二、江宁区智能电网千亿产业集群的崛起之路

电网的智能化升级是实现“双碳”战略的重要抓手。随着科技和信息化水平的提高，未来电网发展的新趋势是通过现代信息、通信和控制技术，提高电网智能化水平，适应未来可持续发展的要求。对我国来说，打造一个能匹配巨大电力需求的坚强电网是智能电网更大的意义之所在。近年来伴随着全社会用电需求的提升，高峰时段电力供应短缺问题依然存在。尽管可以通过提高清洁电力供给量来缓解电力供给缺口，但新能源电力并网也会带来巨大波动，这就需要在调度和配网等领域建立坚强稳固体系。智能电网概念于 2009 年由国家电网首次提出，次年 3 月“加强智能电网建设”便被写入了当年《政府工作报告》。

本节将回顾江宁开发区智能电网的发展历程，并重点总结千亿产业集群崛发展的经验。创办于 1992 年的江宁开发区，起步于县办自费型开发区，1993 年被批准为省级开发区，1997 年经国家科学技术委员会批准设立国家级高新技术工业园，2010 年获得国务院的批准，升级为中国国家级经济技术开发区，2019 年在全国 219 个国家级经开区中综合排名第 7，连续三年排名前 10。作为南京智能电网产业基地，江宁区近年来依托江宁开发区等重点园区，将智能电网作为产业创新主攻方向，形成千亿级的智能电网产业“高原”。

1. 前瞻布局规划引领

早在 2000 年前后，江宁区便注意到智能电网产业的巨大发展前景，引进和培育了一大批相关企业。经过多年精心培育，江宁区智能电网产业突飞猛进，产值规模和技术水平不断跃升，在全国形成较强的影响力。目前，已经集聚了 169 家规上企业和 17 家上市公司，企业总数超过300家[190]，包括南瑞集团、国电南自、南瑞继保、四方亿能、南高齿、科远智慧、金智科技等行业龙头企业，形成了9大环节齐全的大型先进制造业集群。此外，江宁区智能电网产业的科研实力也十分雄厚。拥有6位“两院”院士团队，规上企业研发人员总数超9000人，东南大学、南京航空航天大学等高校每年培养近千名专业技术人才[191]。2021年，江宁智能电网产业集群被工信部评为五星级国家新型工业化产业示范基地，规上总产值首次突破1100亿元。

2. 发挥科教聚集优势

科技部自2010年启动国家创新型城市建设试点工作以来，至2022年初，全国共有103个城市入选，南京是第一批入选的城市。江宁区围绕市委、市政府提出的“加快建设引领性国家创新型城市”目标，立足自身扎实的基础条件，进一步提出建设“引领性国家创新型城市核心区”。江宁区建设“引领性国家创新型城市核心区”的优势主要体现在三个方面。一是科教资源优势。江宁开发区早在20世纪90年代后期就认识到科教人才对区域经济和产业发展的重要性。1996年南航、河海大学等高校相继进驻开发区。目前全区拥有26所院校、20余万名在校师生，占全市的四分之一。二是人才优势。江宁区牢牢抓住南京科技力量和人才资源优势，以吸引两院院士、知名专家和学者等高级人才入驻为目标，先后建设了省高级专家园、电子信息人才市场。目前全区集聚了57名国内外院士和61名自主培育的国家重点人才工程专家，高层次人才集聚度全省领先。三是创新环境优势。紫金山实验室、麒

190 南京市江宁区人民政府.江宁智能电网产业发力“奔跑”[EB/OL].http://www.jiangning.gov.cn/xwzx/gzdt/202205/t20220526_3428229.html.

191 南京市江宁区人民政府.江宁区智能电网产业领跑全国[EB/OL].http://www.jiangning.gov.cn/xwzx/gzdt/202103/t20210322_2854772.html.

麟科技城、国家技术创新中心都落户江宁。江宁区还制定了《关于加快打造高水平人才集聚区，推进新时代人才强区建设的实施意见》和《江宁区创新能级跃升工程（2021—2025 年）及 2022 年实施方案》，争取成为引领性国家创新型城市建设的排头兵。

参考文献：

1. 汪小星，李红.南京市软件产业发展现状、问题及对策建议[J].电子商务,2013(12):8-10.
2. 王筱雪.南京市软件产业发展的现状和趋势分析[J]. 江苏科技信息,2016(12):10-13.
3. 李洁.南京江宁智能电网千亿崛起的背后[J].决策,2017(10):76-78.
4. 《江宁区打造智能电网产业地标行动计划》
5. 南报网.谋创新，南京江宁如何“轻舟行浪尖”[EB/OL].http://www.njdaily.cn/news/2022/0220/4190861137174959512.html.

第九章 苏州

建立多元融资体系，以制造龙头企业数字化转型为抓手，打造“数字化引领转型升级”标杆城市。

摘要

苏州，素有“人间天堂”的美誉，是长江三角洲地区重要的中心城市之一。苏州产业基础雄厚，拥有3个万亿级的产业集群——先进材料、电子信息、装备制造，是国内产业体系最完整的城市之一。同时，苏州还是一座创新之城，科技创新综合实力连续12年居全省首位；在《国家创新型城市创新能力评价报告2021》中排名第五，稳居全国创新型城市第一梯队。

近年来，苏州以“数字产业化”和“产业数字化”为主线，着力推动数字科技与实体经济深度融合。截至2021年底，全市已有6000多家工业企业推进实施了8000多个“智改数转”项目，近5000家规上企业采用了工业互联网，23个江苏省工业互联网发展示范平台。2021年，全市数字经济核心产业增加值超过3300亿元，占地区生产总值的比重约为14.5%。

本章回顾了苏州经济发展历程，探究其在工业建设方面的成功经验，并从数字新基建、数字科技创新、数字产业发展、产业数字化进程及数字化治理等方面对苏州城市数字力的发展现状进行研究。然后，总结苏州城市数字力建设的优势和特色，着重对政策顶层设计、苏南模式、新基建多元融资模式等方面进行剖析，从中获得启示。最后，文章以苏州工业园发展为例，从工业发展及产业转型的成功经验中看到“数字”的力量，并以区块链技术在金融、政务、医疗、水产养殖等各领域的融合应用来展示数字技术对传统产业的赋能作用。

第一节　苏州城市数字力打造现状

苏州，江苏省辖地级市，是国务院批复确定的长江三角洲重要的中心城市之一。2021 年，苏州 GDP 总量达到 22718.3 亿元，同比增长 8.7%，社会消费品零售总额 9031.3 亿元，同比增长 17.3%（见图 9-1）。GDP 总量在全国城市排名中位居第六，在江苏省内排名第一，同时也超过了成都、杭州、武汉等省会城市。全市数字经济核心产业增加值超过 3300 亿元，占地区生产总值比重约为 14.5%[192]。

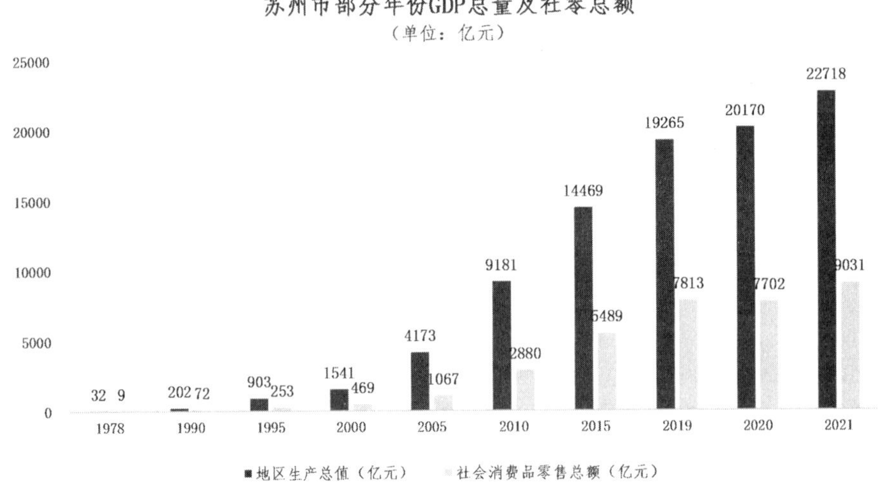

图 9-1 苏州市部分年份 GDP 总量及社零总额情况[193]

苏州是名副其实的工业大市，是我国工业体系最完备的城市之一。2021 年，全市规模以上工业总产值突破 4 万亿元（见图 9-2），同比增长 17.2%，其中，计算机、通信和其他电子设备制造业同比增长 10.8%。

192 数据来源：《2021 年苏州市国民经济和社会发展统计公报》。
193 数据来源：《苏州统计年鉴 2021》。

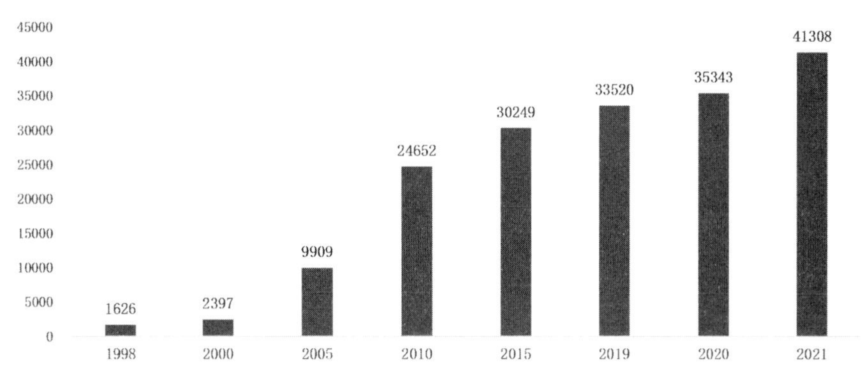

图 9-2 苏州市部分年份规上企业工业总产值情况[194]

近年来，苏州市的工业结构不断优化。2021 年全市制造业新兴产业实现产值 22307 亿元，占规上工业总产值的比重达 54.0%（见图 9-3）。电子信息、装备制造、先进材料、生物医药四大产业集群产值同比增长 17.1%，成为苏州经济稳健发展的基础。其中集成电路、电子元件、3D 打印设备、传感器、工业机器人等高技术产品产量分别比上年增长 38.4%、28.3%、68.5%、30.2%和 44.8%。

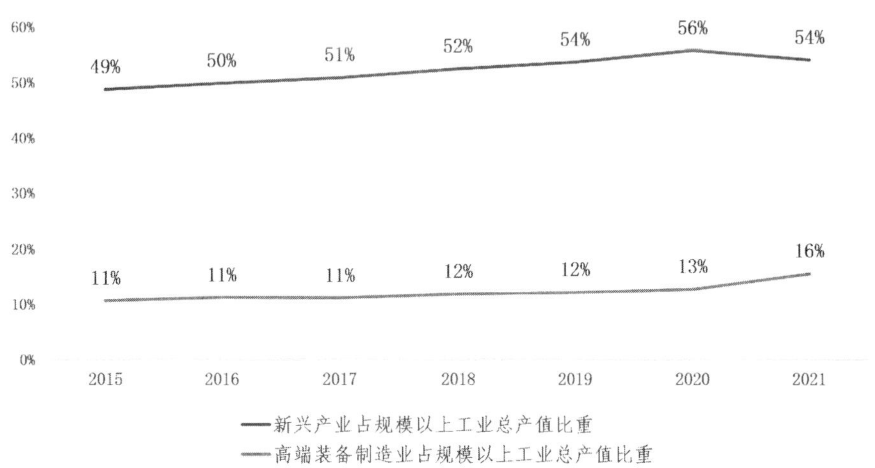

图 9-3 苏州市部分年份各类产业占规上工业总产值比重[210]

194 数据来源：《苏州统计年鉴 2022》。

纵观苏州经济发展，在小农经济时代，苏州依托地处长江出海口和江南平原、水网密布交通便利的地理优势，大力发展手工纺织、农业副产品加工等产业。改革开放后，上海被国家列为对外开放的门户之一，苏州凭借其紧邻上海的区位优势逐渐涉足进出口贸易、工业产品加工等，一批优秀乡镇企业在此背景下诞生，并在苏州政府的大力支持下蓬勃发展。截至 1989 年，乡镇企业总产值占苏南地区农村社会总产值的比重达到了 60%。20 世纪 90 年代，上海被定位为金融中心，作为上海腹地的苏州决定大力发展制造业。1994 年国务院正式批准成立苏州工业园区，此后苏州经济发展踏上了腾飞之路。自 2014 年起，苏州工业园区开启产业转型升级，由劳动密集型逐步向高科技型产业发展，以生物医药、纳米技术应用、人工智能等为代表的高科技企业陆续进驻园区。截至 2019 年，苏州工业园区 GDP 总量达 2743 亿元，在全国高新区综合排名第五，位列科技部建设世界一流高科技园区之中[195]。

如今，数字经济时代已经来临，苏州依托多年来扎实的信息化基础铺建工作，把推进数字经济和数字化发展工作列为苏州全市的头等大事和“一号工程”。2021 年 1 月，苏州市发布《苏州市推进数字经济和数字化发展三年行动计划（2021—2023 年）》，制定了“12345”数字化转型推进策略。根据计划，到 2023 年全市数字经济核心产业增加值实现 6000 亿元，年均增速超过 16%；瞄准前沿领域，加快布局，形成先发优势，如云计算与大数据、人工智能、区块链、智能网联汽车、数字电竞等；与数字经济相关的高科技企业要达到 3000 家，培育 100 家独角兽企业。苏州市将在“十四五”期间集中力量打造十个千亿级产业集群。大力培

195 金陵风语.苏州成中国第一大工业城市？产值远超上海的背后，都经历了什么[J].知乎专栏,2020.

育十大先进制造业集群，包括生物医药与高端医疗器械、新型显示、光通信、软件与集成电路、高端装备制造、汽车及零部件、新能源、新材料、高端纺织、节能环保等。规模以上工业总产值力争到2025年达到4.5万亿元。

一、雄厚工业基础助力新基建落地

基础设施建设是经济发展的根基。在工业经济时代，交通、管道、水利和电网等设施是最主要的基础设施，而在数字经济时代，5G、光纤通信、数据中心等成为了新的基础设施。

在5G领域，苏州是全国首批5G建设试点和商用城市，5G建设走在全省前列、在全国一、二线城市中排名第七，截至2021年年末，全市累计建设5G基站27166个，已签约启动774个5G融合应用项目，包括4大通用领域和9大重点行业，38个项目获评省级典型应用场景和优秀案例，位列全省首位[196]。

在光纤通信领域，苏州是我国光纤光缆的重要产地之一，其产量约占全国的35%左右。得益于其雄厚的光纤光缆产业基础，苏州早在2015年10月就成为全国首个千兆城市。

在数据中心领域，截至2021年年末，苏州全市在用数据中心共有31家，其中大型、超大型数据中心11家，另有已通过能评审批的在建拟建数据中心28家，整体数量较多、体量较大，发展势头迅猛。其中，苏州昆山中科曙光超算中心，总算力达400Pflops，处于全球领先水平[197]。

196 苏州已建5G基站21128个 5G持续发力[EB/OL]. https://www.suzhou.gov.cn/szsrmzf/bmdt/202107/599a94539bce46569a3463dfdd56dcdd.shtml.
197 苏州市数据中心健康蓬勃发展[EB/OL]. https://www.suzhou.gov.cn/szsrmzf/bmdt/202111/0bdb7ff7c0874ecb8049127d7b8bc4b1.shtml.

二、攀登科技高峰，提升产业能级

近年来，苏州深入贯彻创新驱动发展战略，高度重视技术创新工作，组织实施产业前瞻与关键核心攻关项目，提升自主创新水平。截至2021年，苏州科技创新综合实力已连续12年位居江苏省第一，在科技部发布的《国家创新型城市创新能力评价报告2021》中排名第五，稳居全国创新型城市第一梯队。

2021年，全社会研究与试验发展（R&D）经费投入占GDP的比重达3.91%，居全国大中城市第六位、全省第一位；万人有效发明专利拥有量达66.9件，获中国专利奖金奖4件，占全国十分之一；技术合同成交额达625.52亿元。2021年末，全市有效高新技术企业数达11165家，位居全省第一、全国第五，高新技术企业实现产值约2.1万亿元，占规上工业产值的比重达52.5%；“独角兽”培育企业157家（公示数），“瞪羚”企业528家，国家级专精特新“小巨人”企业累计达49家，科技型中小企业17942家，涌现出一批高成长性创新领军企业，如信达生物、基石药业、旭创科技等；全市省级以上工程技术研究中心达1193家，省级以上众创空间达340家，院士工作站达24家，省级企业重点实验室10家，省级以上学科重点实验室7家，累计建设市级新型研发机构78家。

在数字经济主战场上，苏州聚焦电子信息制造业的集成电路、新型显示和光子三大细分领域，以及人工智能、区块链等先导产业前沿领域进行核心关键技术攻关，取得了一系列国际领先的科研成果。

在集成电路领域，苏州依托多年全球产业链的积累，第三代半导体产业创新能力走在了全国前列。2021 年 3 月，国家第三代半导体技术创新中心（苏州）获得科技部批复，围绕第三代半导体材料在半导体照明、新型显示等领域，重点解决第三代半导体材料在耐高压、高功率密度、高能效、高宽带频率等特性需求下的科学问题。两年来，该创新中心引进院士团队 3 个、高层次人才近 20 人，组建了激光显示等 3 个领域核心攻关团队，实施省级以上重点研发计划 3 项，与高校院所、科技企业合作设立联合研发中心 17 个，包括氮化镓功率微波技术联合研发中心、微显示巨集成技术联合研发中心、超高分辨率 Micro-LED 显示技术联合研发中心等[198]。苏州市集成电路企业也在持续开展核心技术攻关并取得多项重要突破。例如，致力于氮化镓（GaN）外延材料的研发和产业化的晶湛半导体，截至 2021 年 6 月已申请国内外专利 300 多项，其所研发生产的高品质、大尺寸的氮化镓外延片突破了氮化镓产业链发展瓶颈，产品广泛应用于电力电子、微波射频和 Micro-LED 等领域。

在人工智能领域，苏州依托雄厚的制造业基础和丰富的人工智能应用场景，以人工智能与实体经济深度融合为主线，将人工智能作为先导产业进行重点培育，相继发布《苏州工业园区人工智能产业发展行动计划》《苏州市人工智能产业发展规划》《2019—2020 年苏州市人工智能产业发展白皮书》《苏州市促进新一代人工智能产业发展的若干措施》等文件。

目前，苏州已集聚人工智能企业 500 余家，初步形成了人工智能基础层、技术层、应用层的全产业链，在全国人工智能城市

198 8 家联合研发中心启动共建 国家第三代半导体技术创新中心建设再“提速”[EB/OL]. https://www.sipac.gov.cn/szgyyq/jsdt/202206/89a0e0e08c354555a9ff1fd1fc9a4b4d.shtml.

综合排名中位列第八[199]。涌现出思必驰、驰声科技、蛙声科技等优秀的语言语音企业，以及智加科技、出门问问、Momenta 等智能交通领域的明星初创企业。其中，思必驰是一家专业的对话式人工智能平台公司，拥有全链路的智能语音语言技术。截至 2021 年底，思必驰拥有各类已授权知识产权 900 余件，其中已授权专利近 400 项，软件著作权近 300 项，语音识别、声纹识别、口语对话系统等技术曾经多次在美国国家标准局、国际研究机构评测中夺得冠军。被列入工信部人工智能与实体经济深度融合创新项目、江苏省工业和信息产业转型升级项目、江苏省科技计划项目等，累计参与 40 余项国家标准、行业标准制定[200]。

科技创新离不开金融支持。苏州率先提出科技与金融深度结合，针对科技创新企业融资难的问题，转变财政资金引导方式，实行“拨改贷”“拨改投”“拨改补”创新政策，推出“科贷通”“高企贷”“苏数贷”“培育贷”“科研保”等一系列面向科技型中小企业、高新技术企业、数字经济相关的科技类创新企业和高新技术企业培育库入库企业的金融创新产品。此外，苏州还通过立法保障科技创新，出台《苏州市科技创新促进条例》，对于深入实施创新驱动发展战略和推动产业创新集群建设具有重要意义。

三、数字产业化稳步发展规模壮大

1. 做强电子信息产业

电子信息产业是苏州市首个万亿级产业。2021 年，全市电子信息产业实现产值 11623 亿元，同比增长 10.8%，占全市规上工业

199 苏州获批建设国家新一代人工智能创新发展试验区[EB/OL].http://kjj.suzhou.gov.cn/szkj/kjdt/202103/000a69ac9c38497a952e96ca32cd5f11.shtml.

200 数据来源：思必驰官网。

总产值比重约为28.1%，占全省比重40%以上，占全国比重约10%，是全省、全国乃至全球重要的电子信息产业生产基地。截至2021年末，苏州共拥有电子信息产业的上市企业62家、营收超百亿的企业18家；拥有电子信息产业的独角兽培育企业63家、市级瞪羚企业294家、高新技术企业2087家、专精特新企业103家；覆盖计算机与智能消费设备制造、信息通信、新型显示、集成电路、电子元器件与专用材料等产业集群。

同时，苏州市加快建设电子信息产业的企业技术中心、公共服务平台等研发机构。截至2021年底，全市在电子信息产业领域拥有6家国家企业技术中心、1家省产业创新中心、1家省制造业创新中心、国际超级计算昆山中心、量子科技长三角产业创新中心、苏州深时数字地球研究中心等，另外，苏州还围绕电子信息产业布局了23家新型研发机构和8家技术公共服务平台[201]。

（1）新型显示

根据苏州市工信局，截至2021年，全市拥有规模以上新型显示企业200余家，核心产值突破千亿元，初步形成涵盖原材料、面板、模组、整机、设备等环节的产业链，涌现出一批优质企业。例如，面板领域的苏州华星光电技术有限公司、昆山龙腾光电股份有限公司等；模组领域的苏州佳世达电通有限公司、伟时电子股份有限公司等；显示终端领域的晶端显示精密电子（苏州）有限公司、高创（苏州）电子有限公司等[202]。苏州在赛迪顾问发布的《2022新型显示十大城市及竞争力研究》中排名第9。

201 苏州：万亿级电子信息产业集聚新动能[EB/OL].http://finance.jschina.com.cn/sthb/202202/t20220214_2946137.shtml.
202 苏州公布新型显示20强企业[EB/OL].
https://www.suzhou.gov.cn/szsrmzf/szyw/202111/3857a812efa743fa822f7cbbf6e1077c.shtml.

此外，根据《苏州市培育发展新型显示产业创新集群2025行动计划》，到2025年，苏州市新型显示产业规模将达到2000亿元，新增8家上市企业，建成国内领先的新型显示创新产业示范区和创新应用示范区。超高清显示面板、上游关键材料等核心技术研发能力和终端产品制造能力全国领先，新型显示产品及其相关服务实现多维度深度应用。

（2）集成电路

苏州是我国集成电路产业起步早、基础好、发展快的城市之一。早在2005年，苏州工业园区就被认定为首批国家集成电路产业园。根据《2020年苏州市集成电路产业发展白皮书》，截至2020年全市共拥有集成电路及其相关企业230余家，相关从业人员超过4万人，产业整体销售收入625.7亿元，同比增长21.3%（见图9-4），基本形成了以“集成电路设计—晶圆制造—集成电路封装测试”为核心，以设备、原材料及服务产业为支撑的集成电路产业链。此外，根据苏州市工业和信息化局，2021年集成电路产业规模超过800亿元，比上年增长34.7%，正在朝千亿目标迈进。

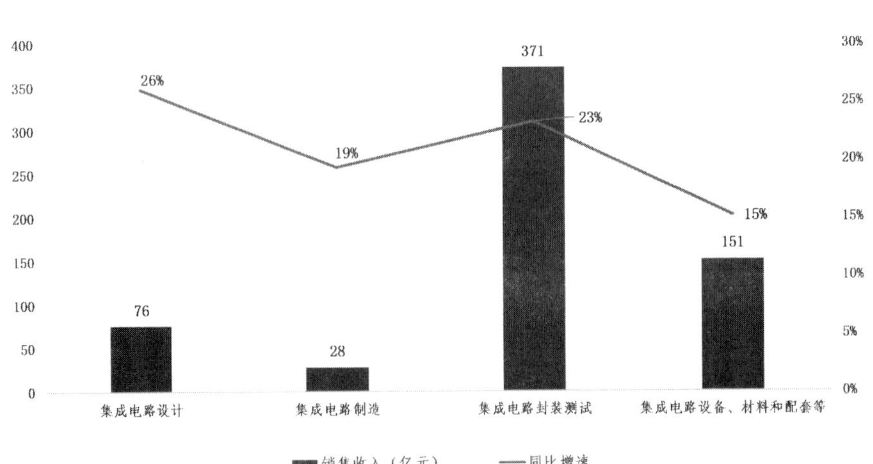

图 9-4 2020 年苏州市集成电路细分产业销售收入与增速

从产业链环节来看，在设计领域，全市拥有超 150 家集成电路设计类企业，产品主要涵盖电源管理芯片、智能硬件及物联网芯片、网络通信芯片、存储及信息安全芯片等；在晶圆制造业领域，代表性企业晶圆制造商和舰芯片制造（苏州）股份有限公司共有 2 条 8 寸生产线，目前单月产能 7 万片；在封装测试领域，苏州在产业规模和技术水平方面均具备领先优势，当前已全面掌握晶圆级封装（WLCSP）、硅通孔技术（TSV）、系统级封装（SiP）等世界三大主流封装技术。

从产业空间分布来看，苏州集成电路产业主要集中在苏州工业园区、昆山市、苏州高新区以及张家港市、吴江区、相城区等，代表性企业有和舰、通富超威、晶方科技、苏州能讯高能半导体、云芯、华天、长光华芯、国芯科技等[203]。

（3）光通信

根据《苏州市光通信产业白皮书》，2020 年苏州全市光通信产业相关产值突破 1600 亿元，已形成国内最完整的产业链和最具影响力的光通信产业集群之一。部分产品填补了国内空白或打破国外垄断。例如，高速光模块（100G 以上）出口额占全国光模块同类产品出口额的 95%以上，100G 以上高端产品整体销售额占全国比重超 60%，拥有亨通、通鼎、永鼎、中利、旭创、天孚、安捷讯、瑞可达等 10 多家上市企业。

苏州各地依托龙头企业深耕不同的细分领域，苏州工业园区重点布局光芯片、SDN（软件定义网络）交换机及高速光模块研发

203 瞄准“芯动向”增强“芯动能”[EB/OL].https://www.suzhou.gov.cn/szsrmzf/szyw/202103/08f65c9870814a0a87a9beb140aba2dc.shtml.

设计等领域，吴江区聚焦光纤光缆、通信光模块等，常熟主要围绕与5G强相关的光通信业务，苏州高新区聚焦光器件领域[204]。

2. 培育数字先导产业

（1）人工智能

近年来，苏州以人工智能与实体经济深度融合为核心主线，将人工智能作为先导产业进行重点培育，产业集聚与应用赋能成效显著，人工智能产业综合发展水平进入全国第一方阵。2021年3月科技部正式复函支持苏州创建人工智能创新发展试验区，苏州市以苏州工业园区作为载体建设核心先导区；同年4月苏州市出台《苏州市促进新一代人工智能产业发展的若干措施》，在人工智能产业的集聚发展、自主创新、融合应用、生态发展四个方面给予支持。根据苏州市工业和信息化局数据，2022年度苏州市人工智能相关产业规模约1200亿元，13个项目入围国家人工智能创新任务揭榜挂帅榜单，65个项目入围2022年江苏省人工智能融合创新产品和应用解决方案名单，两项指标均居全省第一[205]。此外，根据《苏州国家新一代人工智能创新发展试验区建设方案》，到2025年，苏州将聚集人工智能企业1000余家，培育250家应用示范企业，培育10家超亿级、5家超10亿级龙头企业，核心产业规模超过300亿元，带动相关产业规模超过2000亿元。

（2）区块链

苏州是我国较早发布区块链扶持政策的地区之一，早在2017年就率先出台区块链“苏九条”扶持政策。截至2021年末，苏州

204 苏州“四链一体”布局打造世界光通信之都[EB/OL].https://finance.sina.com.cn/jjxw/2021-07-12/doc-ikqciyzk4963507.shtml.

205 从ChatGPT看未来，2023苏州市人工智能行业峰会成功举行！[EB/OL].https://mp.weixin.qq.com/s/Z4KYQZTcEnlQHH3o33HcTA.

已集聚160家区块链企业，带动相关应用企业近300家，其中，30家企业入选江苏省区块链重点企业库，完成中央网络安全和信息化委员会办公室（以下简称“网信办”）区块链信息服务备案项目38个，占全省的44.4%。根据《中国城市区块链发展水平评估白皮书2021年》，苏州已从2019年的第18名跃升至2021年的第4名[206]。2021年11月工信部正式批复支持苏州区块链发展先导区，为进一步细化落实各项工作任务，苏州制定了《苏州市国家区块链发展先导区建设工作方案》。目前，苏州市已培育9家区块链“头雁”和“头雁培育”企业，累计推进10个项目入选江苏省区块链产业发展试点示范项目，18个项目入选江苏省区块链典型应用案例，65个项目完成中央网信办区块链信息服务备案[207]，形成了以相城区为核心，苏州工业园区、苏州高新区为创新应用区的“一核两区”产业格局，区块链产业综合实力快速上升。

四、产业数字化积极推进稳步前行

1. 制造业数字化

制造业是苏州立市之本、强市之基，但“大而不强”“有高原无高峰”等问题长期存在，转型升级需求十分迫切，推动企业“智改数转”已成为苏州市制造业高质量发展的关键。苏州大力推动制造业“智改数转”，先后出台《关于推进制造业智能化改造和数字化转型的若干措施》《苏州市推进数字经济和数字化发展三年行动计划（2021—2023年）》《苏州市制造业智能化改造和数字化转型2022年行动计划》等政策。近年来苏州制造业数字化

206 区块链产业综合实力全国城市第四 苏州获批创建首个国家区块链发展先导区[EB/OL].http://www.suzhou.gov.cn/szsrmzf/szyw/202112/e2b378c2eb4542d2885cda1913db5d3e.shtml.

207 全国区块链产业创新发展专题培训班顺利举行-苏州做典型经验分享[EB/OL].http://gxj.suzhou.gov.cn/szeic/xxhhrjfwy/202209/44bc5e162ba64472bb40ff22bc7060b8.shtml.

转型成果显著。2021年，全市共完成“智改数转”项目10634个（涉及工业企业7153家，其中规上工业企业5054家），全球“灯塔工厂”累计达5家，约占全国的1/7（全国共37家）；新增国家智能制造示范工厂和优秀应用场景8个、省级智能工厂和示范智能车间75个、省级智能制造领军服务机构15家；新增工信部工业互联网试点示范项目3个、新一代信息技术与制造业融合发展试点示范企业5家，新增省级工业互联网标杆工厂17家，累计认定星级上云企业3384家[208]。

2. 服务业数字化

当前，苏州市服务业的数字化主要集中在金融和商务贸易领域。苏州大力发展数字金融，在手机银行、数字人民币等细分领域取得了不俗的成绩。手机银行方面，2020年10月苏州银行推出“手机银行5.0”，利用云计算、大数据、人工智能等金融科技手段，新增70余项业务功能与服务，对200余项存量业务进行流程重构。目前该产品用户量已近400万，并获得2021中国数字金融金榜奖“手机银行最佳生态聚合奖”。数字人民币应用方面，苏州银行成功实现“一点接入”数字人民币APP，成为全国首家参与数字人民币流通领域的非运营机构城商行，成功构建了个人钱包、对公钱包、商户受理、场景应用等数字人民币闭环服务体系[209]。此外，苏州电子商务发展效果日益显著。“十三五”期间，苏州不仅形成了4个超1亿元的特色产业，包括丝绸、珍珠、茶叶、休闲食品等，还形成了1个电商销售超10亿元的大闸蟹产业。

3. 农业数字化

208 苏州“智改数转”上榜省政府督查激励[EB/OL].http://www.csjcs.com/news/show/356/1519158_0.html.

209 苏州银行提速全面数字化转型助力苏州数字经济发展[EB/OL].http://yuqing.jschina.com.cn/sn/202202/t20220224_2951950.shtml.

2020年3月，苏州市被列为首批江苏省数字乡村试点地区，并发布了《苏州市探索率先基本实现农业农村现代化三年行动计划（2020—2022年）》，农业数字化成效显著。首先，农业大数据和信息化应用水平大幅提升，形成208项、3070个数据字段的农业大数据资源库。其次，智慧农业应用示范持续推进，全市农业信息化覆盖率达70.12%，累计创建16个省级数字农业新技术应用类（智能农业）基地，认定34个市级农业物联网技术应用型“智慧农业”示范基地。最后，农村电商发展势头强劲。累计建设国家级电子商务进农村综合示范县1个、省级农村电子商务示范县3个、省级农村电子商务示范镇7个、省级农村电子商务示范村27个。

五、全方位各领域布局数字化治理

苏州正在逐步完善和加强基于大数据分析的城市治理模式，数字化、网络化和智能化的元素已经渗透到城市管理的各领域。自2020年8月发布《关于推进数字政府市域一体化建设的指导意见》以来，苏州搭建了“苏周到”APP、企业服务总入口、城市大数据可视化运营平台等门户，形成了“数字政府”市域一体化发展模式。在全省率先建成运行苏州市政务信息资源共享服务平台，截至2021年6月，平台共计开放438项资源，包括18个社会公共服务主题领域、232个数据资源和206个接口资源。

此外，苏州智慧城市建设已融入城市治理的各个领域。应急指挥基于“两级平台、多级用户”的体系结构，完成“1+10”苏州市应急管理综合应用平台体系建设，构建了以“一网两库一平台、二大应用做支撑”为主要内容的信用信息化体系；人力资源社会保障体系保障大数据工程实现“一网可查”和数据及时共享；交管部门完成“苏州市交通运输指挥中心（TOCC）指挥平台”等一批重大信息化工程，构建苏州市智能化交通运输体系。[210]

参考文献：

1. 刘中正,张巍巍.苏州市数字经济发展的优势与短板[J].科技中国,2022(3).
2. 陈娟.苏州市数字经济高质量发展的思考[J].商业经济,2021(12).
3. 《苏州市数字经济“十四五”发展规划》
4. 《2021年苏州市国民经济和社会发展统计公报》
5. 《2022年苏州市政府工作报告》
6. 《苏州市“十四五”科技创新发展规划》
7. 苏州科创综合实力连续12年全省第一[EB/OL].http://kjj.suzhou.gov.cn/szkj/kjdt/202203/da0a12851e184d7e989491c4466198f2.shtml.
8. 全国第四，全省第一！苏州全社会研发投入再创新高[EB/OL]. http://kjj.suzhou.gov.cn/szkj/kjdt/202211/44b2536652334c6fb779300cdc02f208.shtml.
9. 苏州市产业技术研究院.苏州人工智能+5G前瞻性产业发展报告[R].2020.
10. 苏州持续优化创新生态，释放创新活力[EB/OL].https://www.suzhou.gov.cn/szsrmzf/szyw/202111/790a65bfd6674754bfe23cf4378e1712.shtml.

第二节 苏州城市数字力打造经验

苏州不仅拥有“人间天堂”的美誉，更是现代中国的工业强市和重要生产基地。随着数字经济时代的来临，数字科技正在以越来越快的速度重塑产业发展格局和城市治理模式，城市数字力成为城市发展的核心竞争力。本节将从以下四个方面对苏州城市数字力建设的经验进行总结。

210 苏州市数字经济“十四五”发展规划。

一、多项政策举措引领产业迈向更高能级

当前，数字技术已经成为驱动经济社会发展变革的核心力量。具备坚实工业基础的苏州，如何通过有效的顶层设计，借助数字技术推动这座“巨轮”显得尤为关键。有效的政策及战略不仅要驱动传统产业创新和改革，更需要不断培育引进一批新兴产业龙头。苏州在城市数字力建设方面的政策举措体现在如下几个方面：

顶层设计明确。2021 年苏州发布《苏州市推进数字经济和数字化发展三年行动计划（2021—2023 年）》（以下称《三年计划》），制定了“12345”数字化转型推进策略，明确率先建成全国“数字化引领转型升级”标杆城市的总目标，对数字经济核心产业增加值、发明专利累计拥有量、PCT 专利申请量等核心指标作出要求。同时，由市委书记、市长担任双组长的推进数字经济和数字化发展工作领导小组正式成立，并建立联席会议制度，围绕基础设施、数字产业、数字创新、制造业智能化改造和数字化转型、数字政府、数字安全等六个方面设立工作推进小组。此外，为保证政策的落地性和可操作性，还发布了《苏州市 2021 年推进数字经济和数字化发展工作三项清单》，将苏州数字经济发展工作落到实处。

新基建指导政策相对完善。苏州出台《苏州市新型基础设施建设行动方案（2020—2022 年）》，提出了 25 条具体任务，涵盖网络信息基础设施、新型交通基础设施、科技创新基础设施、产业融合基础设施、智慧应用基础设施等五个方面，并梳理了 422 个项目，总投资金额 3692 亿元，进一步夯实数字经济发展基础。

以专项资金支持数字经济稳步发展。为贯彻落实《三年计划》，设立苏州市人工智能和大数据应用示范企业奖补资金、工业企业

智能化改造贴息奖励资金；对评为市级智能制造示范工厂及智能车间的企业给予奖励，并每年为相关工厂、车间免费提供智能制造诊断服务；以政府购买服务的方式构建智能制造咨询顾问团队，每年为中小企业提供不少于1000次免费顾问咨询服务；选择有能力的优秀服务商，每年至少为1000家苏州市中小企业提供生产要素数据采集和场景应用搭建服务。

此外，苏州还实施数字人才、企业、产业、园区四大培育计划。一是"数字英才"汇聚计划。针对数字产业发展需求，建立了人才需求预测和校企人才对接机制、行业人才评价体系以及人才流动服务平台，推行紧缺专业人才动态目录；二是企业梯度式培育计划。集中力量培育龙头骨干企业，并大力培养具有高成长性的中小企业，使其逐渐成长为"专精特新"企业和"隐形冠军"企业；三是数字产业壮大计划。聚焦新一代信息技术、软件和互联网领域，争创"5G+工业互联网融合先导区"等国家级品牌；四是重点园区建设计划。充分发挥数字经济产业园的载体优势，打造"种子仓—孵化器—加速器—产业园"接力式产业培育链条[211]。2022年7月，《苏州市数字经济"十四五"发展规划》正式发布，提出到2025年,苏州市数字经济核心产业增加值占GDP比重超18%（2021年占比为14.5%），率先建成全国"数字化引领转型升级"示范城市。

二、多元化融资体系助力新基建快速发展

苏州作为中国的工业重镇，处在工业转型、产业升级关键期，数字新基建或将成为助力传统产业升级迭代一把利器，助力苏州

211 关于推进我市数字经济高质量发展的建议相关回复.苏州市发展和改革委员会[EB/OL].http://fg.suzhou.gov.cn/szfgw/rdjy/202111/3c1f9676407147b4a98257c17cb8e8a0.shtml.

释放经济新活力。从苏州近期出台的《苏州市推进新型基础设施建设行动方案（2020—2022 年）》来看，苏州也已开始着力部署新基建建设方案，通过资源要素的优化配置，构建产业升级和高质量发展的数字“底座”。而“底座”的搭建需要资金支持，目前苏州的新基建发展主要面临两大问题：一是可抵押固定资产不足，传统银行融资走不通。传统上银行接受的抵押物一般是固定资产，如硬件设施设备，但新基建既包括有形的基础设施，诸如 5G 基站、数据中心等硬件部分，也包括大数据平台、操作系统等无形的软件系统，这导致其固定资产抵押物相对不足，传统银行融资方式受限；二是新基建投资具有金额高、回收期长、技术更新换代速度快等特点，需完善投资、融资和退出机制，吸引多元化的主体共同参与，而非仅由地方政府参与投资。

苏州在加速推进新基建建设过程中，一方面通过股权融资方式引入社会资本，另一方面探索创新融资模式，如资产证券化、房地产信托基金（REITs）等。2020 年 4 月中国证监会和国家发改委联合发布《关于推进基础设施领域不动产投资信托基金（REITs）试点相关工作的通知》，证监会起草了《公开募集基础设施证券投资基金指引（试行）》，明确支持京津冀、长江经济带、粤港澳大湾区等重点区域和新基建等重点行业开展 REITs 试点项目。REITs 依托“公募基金+资产支持专项计划（ABS 计划）”的产品结构，显著增强了对社会公众投资人、企业或机构的投资的吸引力度。2021 年 6 月 21 日，东吴苏园产业 REIT 作为首批 9 只基础设施公募 REITs 产品在沪深交易所上市，其底层资产包括新建元集团旗下苏州 2.5 产业园一、二期以及苏州工业园区科技发展有限公司旗下国际科技园五期B区[212]。盘活国有固定资产，推动国有资产保值增值，是公募REITs改革的重要初衷，同时通过发行REITs获得的增量资金能精准有效支持新项目建设。不难看出，多元化的融资渠道能有效地提升项目开发建设效率，而基于数字新基建快速高效的布局建设需求，公募REITs的运用或许是一个有效的资金流驱动方式。

三、苏南模式铸就苏州数字产业坚实根基

2021年苏州各区县GDP排名前4的依次为昆山市（4748.06亿元）、工业园区（3330.26亿元）、张家港（3030.21亿元）、常熟市（2672.04亿元）[213]，而传统的苏州城区——吴江、虎丘、吴中、相城和姑苏则排在其后，体现了典型的苏南模式特征，即县域经济发达，而市级经济则较为一般。

1983年著名的社会经济学家费孝通先生出版了《小城镇·再探索》，首次提到了“苏南模式”，即由政府出面组织土地、资金、劳动力等生产资料，出资兴办企业，并由政府指派所谓能人担任企业负责人的一种以乡镇政府为主的生产方式。这种将能人（企业家）和社会闲散资本结合起来的组织方式，推动了苏南乡镇企业的发展。其核心是“地方政府公司主义模式”“能人经济模式”和“政绩经济模式”，本质是通过地方政府进行对经济的干预，以地方政府来整合农村土地和劳动力资源，在没有土地管理法和劳动法的时期，降低了地方工业化的启动成本，快速完成资本原始积累，走出一条“先工业化、后市场化”的发展道路。乡镇企业的快速发展带动了苏南经济从20世纪80年代中期到90年

212 东吴苏州工业园区产业园封闭式基础设施证券投资基金招募说明书.
213 苏州市各区县GDP排行[EB/OL].https://www.maigoo.com/news/507617.html.

代中期出现连续10年的高速增长，截至1989年，苏南地区乡镇企业总产值占地区农村社会总产值的比重达到了60%[214]。苏南模式的成功，为苏州后来的国际招商引资及工业化发展打下了坚实基础。中国在2001年加入WTO之后，成为吸引世界FDI（外商直接投资）最多的经济体。随着国家逐步放松利用外资政策，各地政府争相出台优惠政策引资。而招商引资的成功根本上取决于外资进入的交易成本，公司化政府的外资制度安排，以及苏南地区的工业基础、地理区位、劳动力供给、公建配套等诸多优势，降低了外资的交易成本，使得苏南成为招引外资较多的地区。国外的资本、技术、先进设备等在此快速聚集，带动地区的制造业发展与产业集群成型，为之后工业数字化、智能化的再次转型奠定基础。

苏南模式下高度发达的县域经济铸就了苏州早期发达的农业、手工业、初级工业，乡镇企业因此积累了原始资本，并以低成本的资源要素和完备的制造业体系吸引外资，完成传统工业的转型升级。近些年，随着各类数字技术的不断演进迭代，市场对数字化、智能化设备设施的需求愈加旺盛，苏州数字产业正崭露头角，不少当地软件及零部件企业已经成长为细分领域的佼佼者。

四、加快推进制造业龙头企业数字化转型

一方面，苏州制造业具有数字化转型升级的强劲需求。苏州市具有完备的制造业体系，全市共有约16万家工业企业，2021年规模以上工业总产值突破4万亿元。在面对成本攀升、贸易摩擦、技术封锁等的多重挑战时，苏州市制造业产生了数字化转型升级

214 敖丽红.县域经济发展与“农三化”互动研究[M].东北师范大学出版社2019.

的内在需求。目前，苏州已有1000多家企业开展了智能化改造，积累了丰富的实践经验。另一方面，苏州具有特色的工业软件产业集群，为制造业数字化转型提供有力保障。苏州是全国第一家成功创建“中国软件特色名城”的地级市，全市拥有软件开发类企业700多家，如浩辰软件、亿友慧云、千机智能、同元软控等一批以工业软件为特色的创新型企业，并逐步形成集聚化发展。

苏州市政府也十分重视工业互联网平台的建设，相继推动设立苏州工业互联网创新中心、苏州工业互联网研究院等创新平台，并招引了中国工业互联网研究院、赛迪信息产业（集团）有限公司、中国信息通信研究院等入驻。目前，已有12家工信部评选的跨行业跨领域工业互联网平台落户苏州，为全市制造业数字化转型提供有力支撑。

参考文献：

1. 黄湘萌，蔡瑞林.苏州加快新型基础设施建设的投融资模式研究[J].科技智囊，2020(8):14-16.
2. 刘中正，张巍巍.苏州市数字经济发展的优势与短板[J].科技中国，2022(3):60-64.
3. 熊吉峰.转轨期我国小农经济改造研究[D].武汉：华中农业大学，2004.
4. 温铁军.解读新苏南模式[J].社会观察，2012(3):16-21.
5. 龚刚.社会主义现代化建设试点落地苏南[J].小康·财智，2019(6):26-27.

第三节　苏州城市数字力打造案例

案例一、苏州工业园区的产业升级迭代历程与启示

苏州工业园被誉为“中国改革开放的重要窗口”，是我国园区建设的标杆和国际合作的成功范例，也是苏州改革开放、承接国外资本和产业转移的重要载体，对于苏州乃至中国经济发展都具有重要意义。苏州工业园从吸引外资发展低端制造业起步，如今园区已成为一座现代化产业新城，累计吸引外资项目超5000个，实际利用外资323亿美元。2022年，园区实现地区生产总值3515.6亿元，固定资产投资521.6亿元，社会消费品零售总额1097.9亿元，进出口总额1077.9亿美元，实际使用外资20.9亿美元，已形成“2+3”特色产业体系[215]。2022年初，商务部公布2021年国家级经济技术开发区综合发展水平考核评价结果，苏州工业园区排名第一，实现七连冠[216]。研究苏州工业园产业升级发展历程对于其他园区和城市发展均具有一定的借鉴意义。

1. 成立背景

1992年中新双方高层的互访为苏州工业园奠定了基础，此后双方围绕合作开发事宜进行多轮协商和实地考察，最终确定苏州选址。1994年2月，国务院下发《关于开发建设苏州工业园有关问题的批复》，同意江苏省苏州市同新加坡有关方面合作开发建设苏州工业园区。随后，中新双方签署《关于合作开发建设苏州工业园区的协议书》《关于借鉴运用新加坡经济和公共管理经验

215 “2”是指新一代信息技术、高端装备制造两大千亿级主导产业，“3”是指生物医药、纳米技术应用、人工智能三大特色产业。

216 苏州工业园区管理委员会公开数据. http://www.sipac.gov.cn/szgyyq/yqjjfz/common_tt.shtml.

的协议书》和《关于合作开发苏州工业园区商务总协议书》三个重要文件。1994 年 5 月，苏州工业园区建设便正式启动。

2. 发展历程

苏州工业园产业升级迭代过程可以分为三个阶段。

第一，奠定基础阶段（1994—2000 年）。这一阶段苏州工业园确立了制造业的产业主体地位。1994 年，苏州工业园区工业增加值占地区生产总值的比例为 51%，第一产业占比高达 26%。可见传统农业占比在园区发展初期仍然较高。随着园区投资环境日益完善，进驻园区的制造业企业也越来越多，2000 年工业增加值约占地区生产总值的比例为 69%，而第一产业占比仅为 2.3%。第二，跨越发展阶段（2001—2011 年）。2001 年园区控股权由新方转移到中方，并正式启动二、三期的开发，园区进入大动迁、大开发、大建设、大招商、大发展阶段。这一阶段园区引入了大批产品技术含量较高的外资企业，并带动了以跨国公司配套为主的民营企业的成长壮大。随着民营企业的迅速发展，园区在产业结构方面也做出调整，聚焦发展电子信息制造、装备制造两大支柱产业，并加快发展纳米技术应用、生物医药、云计算等科技新兴产业。从 2006 年起，园区逐渐增加在第三产业和高新科技上的投入，力求从根本上提升园区自主创新力。截至 2011 年，园区研发投入占 GDP 比重达 4.6%，建成超 360 万平方米的各类科技载体、20 多个公共技术服务平台，共拥有 200 多个研发机构。第三，高质量发展阶段（2012一至今）。2012 年，苏州工业园区第二产业产值占地区生产总值的比例约为 62%，第三产业比重约为 38%，形成了二三产高质量协同发展的态势。2015 年 9 月底，国务院批复苏州工业园区开展开放创新综合试验，构建创新驱动发展新模式。2016年，苏州工业园区战略性布局人工智能产业，计划用3至5年的时间，打造国内领先、国际知名的人工智能产业集聚中心。2022年苏州工业园区实现了国家级经开区综合考评七连冠（2016—2022年）。

3. 发展现状

目前，苏州工业园已形成“2+3”特色产业体系。其中，2022年生物医药、纳米技术应用、人工智能三大创新产业集群分别实现产值1368亿元、1460亿元、805亿元，产值连续多年年均增长约20%以上。截至2022年底，累计有效期内国家高新技术企业约2500家，累计培育独角兽及独角兽（培育）企业180家，科技创新型企业超万家；累计评审苏州工业园区科技领军人才项目2654个；累计建成各类科技载体超1000万平方米、公共技术服务平台43个。

苏州是工业大市，苏州工业园区内聚集了9000多家制造业企业[217]。随着数字经济时代的到来，园区紧抓数字化转型的浪潮，全力推动制造业企业智能化改造和数字化转型。2021年全年推动“智改数转”项目1461个，完成相关投资约139亿元，规上工业企业生产机械化程度达到93%以上，管理智能化程度达到75%以上[218]。2022年苏州工业园区、相城区联合申报的工业互联网特色基地获评全国第五个国家级工业互联网产业示范基地，也是苏州第九个国家新型工业化产业示范基地。工业互联网产业示范基地的评选要求非常高，不仅要有雄厚的工业基础和完备的工业互联网体系，

217 江苏：进入“3.0时代”，软件园区创建有啥不一样？[EB/OL]. http://district.ce.cn/newarea/roll//202208/22/t20220822_38046259.shtml.

218 苏州工业园区打造数字经济时代产业创新集群[EB/OL]. https://www.suzhou.gov.cn/lwlbzl/bxgc/202201/b7fba65cb5f24cba85e8fb555e975df3.shtml.

更要有较高的工业互联网发展的综合水平，此前只有上海、北京、深圳等少数城市获评。此外，根据《苏州市推进数字经济时代产业创新集群发展指导意见》，园区将聚焦生物医药、人工智能、纳米技术应用三大新兴产业，力争到2025年，集聚高新技术企业4500家、瞪羚及瞪羚培育企业1000家、专精特新企业400家、上市及独角兽企业100家，三大新兴产业总规模突破5000亿元，跻身世界领先科技园区之列。

4. 经验启示

苏州工业园是我国第一个跨国合作项目,经过近30年的发展，从低端加工制造业起步，到形成“2+3”的特色产业体系，成为苏州乃至长三角地区经济的增长极。既体现了区域产业发展从低到高逐步演进和从引进到培育的客观规律，也离不开政府对于园区产业发展的前瞻布局、科学规划和持续发力。

早期凭借廉价的资源要素和邻近上海的区位优势，吸引外资在此投资设厂，但随着成本上升和环保压力增大，传统生产制造企业逐步撤离园区,园区经济转型发展曾一度面临较大压力。随着以人工智能、大数据、5G等为代表的新一代信息技术的日新月异，园区敏锐地发现新一轮技术和产业的发展方向，并在不断的发展探索中将三大特色新兴产业（生物医药、纳米技术应用、人工智能）确立为主要招商方向，并加大对两大主导产业（新一代信息技术、高端装备制造）的重视力度。例如，针对两大主导产业，通过广泛宣传、重点挖掘与引导支持，推动企业突破关键核心技术并转化为产业成果。特别是在支持“5G+工业互联网”融合发展方面，园区率先实现5G信号全覆盖，成为江苏省工业互联网示范工程首批“互联网+先进制造业”基地，为园区制造业高质量发展提供了有力支撑。又如，针对人工智能产业，园区早在2017年就出台了《苏州工业园区人工智能产业发展行动计划》，并于2020年又发布《苏州工业园区人工智能产业三年攻坚专项行动计划（2020—2022年）》，近年来，园区重点发力人工智能、软件和信息服务、集成电路设计等细分领域，已经集聚人工智能相关企业超830家，其中境内外上市企业10家，如凌志软件、思瑞浦等。此外，园区人工智能企业还取得了多个原创性成果，包括芯片和传感器、自然语言处理、下一代信息网络和工业软件等涉及人工智能的核心技术领域，在解决关键技术领域卡脖子问题上屡有突破，涌现出一大批优秀企业，如旭创科技、思必驰、浩辰软件、同元软控等[219]。

此外，苏州工业园区还将信息化列入区域总体发展战略，成为全国首批智慧城市试点、全国首个数字城市建设示范区、中国首批“智慧社区及社区公共服务综合信息平台”试点。苏州工业园区智慧城市运行平台投入运行，包括1个数字底座、4大智慧应用和1个领导驾驶舱。其中数字底座打通了园区31个单位43个业务系统，接入了6000余路视频资源、1.4万余个传感器数据，汇聚超过3亿条政务数据。

总之，苏州工业园区是中新两国共同开发建设的现代化新城，不仅拥有完整制造业产业链，还主动把握数字经济的时代潮流，积极推动产业数字化和数字产业化，为园区经济发展注入数字动能。

219 苏州工业园区人工智能产业成绩单：集聚相关企业830余家，境内外上市企业10家[EB/OL]. http://www.sipac.gov.cn/szgyyq/202109zbhzjld/202109/3cd9e7d0066646b6b5d6808a634aaad7.shtml.

案例二、积极探索区块链产业，技术应用先行先试

区块链是我国核心技术自主创新的重要突破口，被列为国家“十四五”规划纲要七大数字经济重点产业之一，也是奠定我国数字经济发展基础的关键技术，是构建数字世界不可或缺的“新基建”。区块链是由分布式网络、加密技术、智能合约等多种技术集成的新型数据库软件，具有数据透明、不易篡改、可追溯等特征，可用来解决网络空间的信任和安全问题。

2021 年 6 月，工信部等部门联合印发《关于加快推动区块链技术应用和产业发展的指导意见》，鼓励地方结合“监管沙盒”理念打造区块链发展先导区。2021 年 11 月，工信部正式批复“支持苏州市开展区块链发展先导区创建工作”，成为全国首个正式获批的国家区块链发展的先导区，这与苏州良好的区块链产业基础和发展环境密切相关。

早在 2017 年苏州就出台区块链扶持政策。2020 年 5 月苏州市相城区提出了 24 条具体扶持举措，涉及落户补贴、经营奖励、平台奖励、应用支持、金融扶持等 9 个方面。同年 9 月苏州市政府印发《关于加快推动区块链技术和产业创新发展的实施意见（2020—2022 年）》，提出深化区块链核心技术研究和实际应用突破。目前苏州已经具备较为丰富的区块链发展经验和较高的发展水平。赛迪区块链研究院发布的《中国城市区块链发展水平评估白皮书（2020—2021 年）》显示，苏州区块链发展水平已从 2019 年的第 18 名，跃升至 2021 年的第 4 名，进入全国第一梯队。全市共有约 160 家区块链企业，并带动了近 300 家相关技术应用企业，其中 30 家企业入选江苏省区块链重点企业库，4 家企业入选苏州市“头

雁”及“头雁培育”企业。完成38个中央网信办区块链信息服务备案项目，占全省备案总数的44.4%。

另外，苏州高度重视区块链技术与应用场景的深度融合，已经在央行数字货币流通、科技金融、工业互联网、政务管理、医疗等领域探索了40余个典型应用场景。

在公证领域应用，苏州搭建了以公证业务为主的“苏州公证链”，目前已保存116063个区块，存证数量达674262条。苏州还推出了区块链摇号系统、行政执法全过程记录、昆山赋强公证平台、“苏城存证”APP、“关证一链通”等应用产品，为公共法律服务真正从法治层面延伸到经济社会发展各方面提供了新思路。

另一个应用范围比较广泛的区块链场景是“大闸蟹”。在全国众多螃蟹品牌中，阳澄湖大闸蟹赫赫有名，很多商家都号称自家是正宗阳澄湖大闸蟹。但自2016年苏州拆除围网养殖后，养殖面积一度减少约50%，阳澄湖目前的养殖范围明显不足以产出市面所供应的大闸蟹。据推算[220]，市面上99%的阳澄湖大闸蟹都属于假冒产品。大量流通的“假冒伪劣大闸蟹”不仅严重损害了消费者的权益，也令正宗的阳澄湖大闸蟹招牌受损。而区块链技术的可追溯性和不可篡改性，为解决这一问题提供了新的解决方案。养殖方与区块链厂商合作，采集大闸蟹捕捞所在地、照片与合规证件等信息并上链；后续每一个流通环节的相关信息均采集、上链，终端消费者可通过扫描二维码对信息进行回溯，一旦发现信息不符，则能迅速向流通经办人进行追责或理赔。基于区块链技术，可以确保大闸蟹的真实性和唯一性，相当于给大闸蟹派发了一款专属的无法轻易篡改的“身份证”。

220 当区块链遇见大闸蟹[EB/OL].https://baijiahao.baidu.com/s?id=1613908850451551703&wfr=spider&for=pc.

未来，苏州将建立完善的BSN（区块链服务网络）、CTS（中国诚信基础设施）等基础设施，充分发挥区块链赋能金融行业的现有优势，逐步向供应链、工业互联网、智能制造等领域扩展，建设工业互联网区块链骨干节点，提高区块链赋能工业能力。

参考文献：

1. 苏州工业园区管理委员会官网
2. 王丽.苏州工业园区产业发展历程及认识[J].中国经贸导刊,2019(9):38-40.
3. 翟剑锋.苏州工业园区城乡区域发展及产业转型升级的历程分析[D].苏州：苏州工业大学,2019.
4. 王南,潘英丽.苏州工业园变迁图谱[J].中国道路,2016(6).
5. 胡兰,李钊,郑苏湘.开放创新迈向世界一流高科技产业园区——苏州工业园纪实[J].中国高新区,2015(12):20-29.
6. 工业互联网看苏州:获评国家新型工业化产业示范基地[EB/OL].http://gxj.suzhou.gov.cn/szeic/xxhtj/202201/9927b57696a44dba97d95afe99d4168d.shtml.
7. 胡金华.三年落地40余项应用场景，全国首个区块链发展先导区落户苏州[N].华夏时报,2021(12).
8. 全国首个区块链发展先导区落户苏州，对区块链产业发展有何影响？[EB/OL].https://baijiahao.baidu.com/s?id=1718588526392270543&wfr=spider&for=pc.

第十章 武汉

借助后发优势突破发展，提升科技人才引力、培育干部数字化素养，打造全国数字经济一线城市。

摘要

武汉是湖北省省会，也是中部六省唯一的副省级超大型城市。2020年，武汉市委市政府提出瞄准数字产业化、产业数字化，着力推动数字新基建、数字新产业、数字新融合、数字化治理。2020年全市数字经济核心产业实现增加值1393.62亿元，占GDP比重8.9%，数字经济总量占全市GDP比重超过40%，全市数字化转型的总体发展格局正在形成。

本章首先全面梳理总结武汉在数字基础设施、数字科技创新、产业数字化、数字产业化和数字化治理等方面的成效；其次，总结提炼武汉在城市数字力发展中形成的经验，包括快速形成政策体系、重视人才引育、提升领导干部认知以及加强产业引导基金等。最后，以武钢集团的数字化转型作为案例，展示了数字技术对于提升传统支柱产业效能的作用，并通过光谷的案例探索了武汉在光电子信息产业的“进击”之路。

第一节 武汉城市数字力打造现状

素有“九省通衢”之称的武汉，是中部六省市唯一的副省级超大型城市。2020 年，武汉市政府提出瞄准数字产业化、产业数字化，着力推动数字新基建、数字新产业、数字新融合、数字化治理。武汉市统计局数据显示，2020 年武汉全市数字经济核心产业实现增加值 1393.62 亿元，占 GDP 比重 8.9%，数字经济总量占全市GDP比重超过40%,全市数字化转型的总体发展格局正在形成。城市数字力已成为武汉经济社会全面高质量发展最重要的“引擎”。

一、聚力打造数字时代下的新“九省通衢”

武汉曾凭借其优越的地理位置、便利的水陆空交通条件，享有“九省通衢”的美誉。如今，武汉正加快建设高速通信网络、中部地区数据中心和算力服务枢纽、工业互联网标识解析国家顶级节点等，扮演承东启西、沟通南北的角色，打造数字经济时代新“九省通衢”。

1. 高速智能信息网络全面铺开

武汉是全国首批 5G 试点城市。截至 2022 年 5 月，全市累计建成 5G 基站 3.9 万多个。根据《武汉市“双千兆”城市建设 2022 年度工作方案》，到 2022 年底，全市每万人拥有 5G 基站数达到 20 个，行政村 5G 网络通达率 100%；城市 10G-PON 及以上端口占比超过 70%，城区基本实现千兆光网全覆盖[221]。2021 年 10 月，武汉在全国率先出台《武汉市深入推进互联网协议第六版（IPv6）

221 楚天都市报.武汉奋力打造“数字经济”一线城市[EB/OL]. http://sw.wuhan.gov.cn/xwdt/mtbd/202205/t20220517_1972492.shtml.

规模部署和应用实施方案》，为地方推进IPv6发展做出示范。国家IPv6发展监测平台数据显示，武汉IPv6的规模、网络、用户、流量均位居全国前列，移动流量占比达到70%，城域网IPv6流量占比达20%，整体上优于国家标准[222]。

2. 构筑城市圈发展数字新底座

2020年7月，武汉印发《武汉市突破式发展数字经济实施方案》，提出加强新型基础设施建设、打造存算一体的数据中心。当年11月武汉便与华为签约，启动建设"武汉云"，成为全国首个以城市命名的云，并于2021年9月正式投入运行。截至2021年底，全市已有20多家上云单位，应用系统超过160个。

作为全国首个"城市一朵云"，"武汉云"不仅是武汉市的"最强大脑"，也是武汉城市圈同城化发展新的数字底座。一方面，"武汉云"与武汉人工智能计算中心、武汉超算中心形成联动，"武汉云"向周边城市群提供政府管理、惠民服务、城市治理、产业创新等服务，推动武汉城市圈一体化发展；武汉人工智能计算中心是全国首家具有公共服务属性的人工智能算力平台，赋能武汉乃至华中区域人工智能产业发展。该计算中心于2021年5月正式运营，目前已吸引40多家知名科研院所和企业入驻，如武汉大学、中科院、斗鱼等[223]。另一方面，基于"武汉云"，着力打造数字经济赋能中心。随着"武汉云"启用，武汉数字经济产业创新联合体、武汉数字经济总部区也同步成立，共同构建武汉数字产业生态圈。其中，数字经济产业创新联合体聘请了双院院士李德仁作为武汉云首席科学家，发挥武汉大学、华中科技大学

222 打造IPv6+数字之城，武汉在全国率先启动IPv6规模部署[EB/OL].https://view.inews.qq.com/a/20211119A0ALNM00.

223 武汉智慧城市建设新名片 一城一云打造数字经济新引擎[EB/OL].https://baijiahao.baidu.com/s?id=1721912641058627294.

等高校及科研院所优势，集聚华为、烽火、腾讯等50余家互联网及信息技术龙头企业。武汉云数字经济总部区将以云计算产业为核心，聚集云计算领域核心企业及上下游配套企业300余家，形成超100亿云产业规模。截至2021年9月，已经进驻了17家行业龙头企业，包括京东科技、顺丰、平安、神州数码等[224]。

3. 工业“神经中枢”赋能万家企业

工业互联网标识解析国家顶级节点（武汉）于2018年11月上线，成为首个开通的全国五大顶级节点（武汉、北京、广州、上海、重庆），是跨区域工业互联网互联互通的“神经中枢”。据湖北省通信管理局统计，从2018年至2020年6月底国家顶级节点（武汉）累计接入28个二级节点、3700多家企业节点，服务范围涉及湖北、湖南、河南、江西四省，累计完成76.73亿个标识注册量、41.37亿次标识解析量，平均日解析量高达503万次[225]。2021年3月武汉市发布《武汉市“5G+工业互联网”创新发展三年行动计划（2021—2023年）》，提出要强化标识解析全面赋能，到2023年累计建成不少于15个左右标识解析二级节点，实现接入武汉顶级节点的标识注册量超过100亿，支持2000家以上企业入网上节点。

4. 超前部署卫星互联网新领域

卫星互联网是地面通信手段的重要补充，可有效覆盖海洋、沙漠、飞机等特殊场景。在SpaceX的推动下，全球掀起了卫星互联网的建设热潮。我国于 2020 年 4月20日将卫星互联网纳入

224 17家头部企业入驻“武汉云”总部区，一张网盘活武汉数字资产[EB/OL].https://www.thepaper.cn/newsDetail_forward_14366593.

225 武汉工业互联网标识解析顶级节点服务中部四省[EB/OL].https://www.hubei.gov.cn/hbfb/rdgz/202207/t20220722_4231073.shtml.

“新基建”的政策鼓励范围，而科技公司如谷歌、亚马逊、脸书（现更名为Meta）、苹果、华为、三星、波音等也纷纷加入了卫星互联网的建设。根据《武汉市突破性发展数字经济实施方案》，武汉市将依托国家商业航天基地，支持重点龙头企业主导建设低轨宽带、低轨窄带的通信卫星星座，率先在武汉建设卫星基站，打造我国首个卫星互联网应用示范区。2019 年 11 月，“行云工程”落户武汉市新洲区，打造武汉国家航天产业基地，将承建和运营我国首个天基物联网项目，计划在 2023 年完成构建由 80 颗低轨通信卫星组成的天基物联网信息服务系统。位于该基地卫星产业园的国内首条小卫星智能生产线已于 2021 年 5 月完成第一颗卫星下线。该卫星智能生产线于 2019 年启动建设，具有“柔性智能化、数字孪生、云制造”等特征，可使小卫星的生产效率提高 40%以上，满足 1 吨以下小卫星年产 240 颗总装集成测试的需求。

二、增强科创策源力，构筑创新发展新优势

近年来，武汉以打造具有全国影响力的科技创新中心为主线，加快创建湖北东湖综合性国家科学中心，推进将科教优势转化为创新优势、人才优势和发展优势，科技创新成果显著，城市创新能力位居全国第一梯队。

“十三五”期间，武汉市全社会研究与试验发展（R&D）经费投入从 2016 年的 227 亿元增长到 2020 年的 548 亿元，R&D 投入占 GDP 比重也从 2016 年的 1.91％增长到 2020 年的 3.51％，增长了 1.6 个百分点。2021 年，武汉全年发明专利授权量 18553 件，同比增长 26.49%，万人发明专利拥有量 60 件；技术合同登记成交额 1127.75 亿元，同比增长 19.68%；净增高新技术企业 2200 余家，

总量突破 8500 家，新增瞪羚企业 758 家，高新技术产业增加值占 GDP 比重达到 26%左右；武汉人工智能计算中心正式投运，武汉超算中心建设启动，全市共拥有国家重点实验室 30 家、国家工程技术研究中心 19 家、国家企业技术中心 41 家，中国科学院院士 32 人、中国工程院院士 42 人。近几年来武汉市涌现出一大批自主创新成果，如 9 纳米光刻试验样机、国内首款 128 层三维闪存芯片、国内首款 7 纳米智能座舱芯片、国内首台高精度量子重力仪等；累计获得国家、省级科技奖励 1250 余项。自 2019 年《国家创新型城市创新能力评价报告》对外发布以来，除 2021 年排名第六外，武汉在其余年份均位列第五。

在数字经济主战场上，武汉围绕“光芯屏端网”新一代信息技术，在光电子、“北斗+”、人工智能、量子技术、超级计算、网络安全等领域开展关键核心技术攻关，出台《武汉市攻克制约重点产业发展“卡脖子”技术实施方案》，通过“揭榜挂帅”方式立项实施多项 “卡脖子”技术攻关重大专项。

在光电子领域，武汉光电子产业主要集聚在东湖高新区，至 2021 年底已聚集光电子信息企业超 1000 家，“光芯屏端网”产业规模达 6000 亿元[226]，是我国最重要的光电子领域研发和生产基地。武汉利用其深厚的光电子信息技术基础，打造了完整的科研、孵化及成果转化体系。成立于 2017 年的武汉光电国家研究中心，是科技部批准组建的 6 大国家研究中心之一，经过多年发展，已位列国际光电领域基础研究第一方阵，在光电信息领域及其他交叉学科形成了大量领先世界的科研成果。据统计，武汉光电国家研究中心 2008～2021 年科学引文索引扩展版论文总数、被引总频次、

226 光电子信息产业何以率先实现突破？[EB/OL].http://lw.news.cn/2022-07/06/c_1310637115.htm.

ESI 高被引论文数均排名第一[227]。2022 年 7 月来自武汉的 21 个专利出现在第二十三届中国专利奖名单上，其中 3 项获得中国专利奖银奖，此外，武汉当地高校也是获奖大户，武汉理工大学有 3 项专利获得中国专利奖优秀奖，华中科技大学、湖北工业大学各有 1 项专利获得优秀奖[228]。

在“北斗+”领域，武汉东湖高新区不仅是我国“北斗产业化创新应用示范基地”，也是国家 863 计划地球观测与导航领域全国唯一对接地，目前已聚集超 500 家相关企业，核心企业总收入超 300 亿元。2020 年，武汉梦芯科技有限公司、武汉导航与位置服务工业技术研究院有限责任公司主导的“北斗实时动态定位技术在共享单车行业秩序管理的创新应用”，以第一位次摘取中国导航定位领域最高奖；北斗卫星导航终端领军企业武汉依迅在无人驾驶、高精度定位领域，申报了 150 项发明专利，其中 46 项已获授权[229]。2022 年，由武汉北斗产业创新中心自主研发的集温度、风力等环境传感器及北斗高精度定位功能于一体的终端设备，可全天候实时监测铁塔的沉降、倾斜等状态，提供全生命周期管理、安全风险预警等功能[230]。

武汉市深化科研领域体制机制改革。科技创新体系不断完善，出台《武汉市产业创新能力倍增计划（2016—2020 年）》《武汉市全域推进自主创新行动方案》《武汉科技创新“十大行动”工作方案》《武汉市科技创新提能工作实施方案》《武汉市进一步加快创新发展的若干政策措施》《武汉市打造国家科技创新中心

227 全球光电子生态尚未完全形成，院士专家热议：我国有很大机会率先实现突破[EB/OL].https://new.qq.com/rain/a/20220823A015QX00.

228 新型光纤让光信号“匝道”不再堵 21 项武汉专利获得中国专利奖[EB/OL].https://www.hubei.gov.cn/hbfb/szsm/202208/t20220804_4249144.shtml.

229 武汉依迅：申报 150 项专利抢占北斗产业高地[EB/OL].http://cjrb.cjn.cn/images/2020-12/25/4/25R04C.pdf.

230 5G+北斗高精度应用场景上的探索[EB/OL].https://new.qq.com/rain/a/20221117A04IK400.

实施方案》等系列政策文件。创新科技项目组织方式，实施重点项目攻关“揭榜挂帅”“赛马制”“里程碑”等制度，推进项目经费“负面清单+包干制”等改革试点。不断创新引才用才机制，实施“英才聚汉”“学子留汉”“楚才回汉”等系列工程，开展“武汉英才”推荐认定工作。

三、“光芯屏端网云智”，打造增长第二曲线

武汉市在数字产业化领域发展优势明显、特色突出，以“光芯屏端网云智”为代表的集成电路、新型显示器件、下一代信息网络三个产业集群入选国家首批战略性新兴产业集群，已建成国内最大的光通信产业基地、中小尺寸面板基地、国内重要的集成电路基地和移动终端基地。同时，武汉建设了大量国家级数字产业创新平台，如国家信息光电子创新中心、国家数字化设计与制造创新中心、国家先进存储产业创新中心等，获得了我国中部地区首个“中国软件特色名城”、国家新一代人工智能创新发展试验区等荣誉称号。

1. 光电子信息产业

20 世纪 80 年以来，光电子概念形成并成为各个发达国家争相发展的热点领域。光电子产业涵盖信息光电子、能量光电子、消费光电子、军事光电子等多个领域[231]。

2001 年，科技部、国家发改委批准在武汉建设首个国家光电子产业化基地，即“武汉·中国光谷”（简称“光谷”）。目前光谷已成为我国参与光电子信息领域国际竞争重要阵地和标志性品牌。据东湖高新区管委会介绍，早在 2010 年武汉光电子信息产

231 工业和信息化部电子信息司,中国电子元件行业协会.中国光电子器件产业技术发展路线图（2018-2022）[R].2017.

业营收就已经突破千亿元，是武汉继汽车产业之后的第二个千亿级产业[232]。目前，武汉已经形成以东湖高新区为核心，协同江夏区和洪山区两大区域的“光芯屏端网”产业格局，其中东湖高新区截至 2021 年底已聚集光电子信息企业 1000 余家，“光芯屏端网”产业规模达 6000 亿元[233]。

纵观武汉光电子信息产业发展历程，可以分为萌芽阶段、起步阶段、发展阶段和爆发阶段[234，235]。

第一，萌芽阶段（1970—1990 年）。

20 世纪 70 年代初，美国率先实现光纤技术突破。1974 年武汉邮电科学研究院（WRI）在武汉邮电学院和国家电信总局 528 厂的基础上成立，集中力量进行光通信系统研究，并于 1976 年拉出我国的首根石英光纤，从此改写了我国的通信史。1985 年中国第一家激光企业楚天激光（原名为楚天光电子公司）成立，在国内率先实现激光技术的产业化。此外，我国激光技术基本在实验室中用于科研或样品展示，鲜有进入市场的。武汉大学、中科院武汉分院等武汉地区的高校和科研机构也都开展了光电子领域的人才培养与科研工作，为光电子产业的发展提供了宝贵的人才和技术积累。

第二，起步阶段（1991—2001 年）。

东湖高新区于 1991 年被国务院批准为首批国家高新区，从此走向了发展的快车道，一大批光电子龙头企业和上下游产业及相关人才集聚于此，如烽火通信、长飞光纤光缆、武汉电信器件公

232 冯郁.光电子信息产业集群发展现状及特点分析[J].商业时代,2011(8):120-121.

233 光电子信息产业何以率先实现突破？[EB/OL].http://lw.news.cn/2022-07/06/c_1310637115.htm.

234 用光的速度创造辉[EB/OL].http://www.whdsw.org.cn/ztyj/571.jhtml.

235 陈亚辉.武汉光电子产业发展研究[D].武汉:华中科技大学,2007.

司、华工科技、楚天激光等。20 世纪期末，全球各国新技术及产业竞争的重点从微电子产业转向了光电子信息产业。为掌握新世纪竞争发展的主动权，诸多发达国家争相抢占光电子信息产业的制高点。根据对国内外技术发展趋势的分析与判断，湖北省委省政府、武汉市委市政府于 2000 年 5 月做出了重大决策，即依托武汉东湖高新区，打造国家光电子信息产业基地——“武汉·中国光谷”。2001 年 7 月原国家计划委员会（以下简称“计委”）正式批复同意在武汉东湖高新区建立国家光电子产业基地，“武汉·中国光谷”由此步入全面发展阶段。

第三，全面发展阶段（2001—2010 年）。

2001 年初，我国光电子产业由于受到国际市场的剧烈冲击和国内电信业分拆重组的双重冲击而陷入低迷。“武汉·中国光谷”将此次全球 IT 产业大调整视作发展机遇。光谷的大批企业在各级政府的大力支持下苦练内功，积极研发新产品，大力开拓国际、国内市场，如长飞公司先后实施了 6 期和 7 期光纤扩产工程。为进一步完善光谷自主创新体系，2003 年 11 月武汉还筹建了国家光电实验室。从筹建至今，光电国家实验室已成为面向国家战略需求、服务区域经济发展的重要环节。在此期间，“武汉·中国光谷”的光电子产业结出硕果。2007 年“武汉·中国光谷”全年光纤产量达 1200 万公里、光缆产量达 300 万公里，在国内市场份额达 50%，在国际市场份额也达 12%，且光电器件的国内市场份额位居首位。2009 年光纤光缆和光电器件的国际市场份额达分别为 25%和 6%[236]。

第四，产业集群爆发阶段（2011一至今）。

236 冯郁.光电子信息产业集群发展现状及特点分析[J].商业时代,2011(8):120-121.

目前，武汉已经成为国内最大的光纤光缆生产基地、光电器件生产基地、光通信技术研发基地、激光设备生产基地、中小尺寸显示器生产和研发基地。在信息光领域，武汉光通信产业实现了生产资料、关键器件的自主可控，并形成了较为完备的产业体系，包括上游光纤光缆、中游光器件及光模块、下游光系统设备。其中光纤光缆的国际市场占有率超过25%，销量已连续多年居全球首位[237]。在能量光领域，武汉激光产业引领全国，聚集了大批次的行业领军企业。例如，华工科技智能制造园（葛店园区三期），拥有15条钣金加工智能工厂产线，每年可生产3000台高功率激光切割装备；武汉锐科研制的全国首台1万瓦连续光纤激光器，结束了我国不能自主研发高功率光纤激光器的历史。

2. 软件信息服务业

自2013年武汉成为“中国软件名城”创建试点城市以来，大力发展软件与信息服务业。2016年武汉软件业务收入从2012年的365亿暴增到1321.8亿元，4年净增近千亿元，占当年全市GDP比重5.1%，成为武汉市支柱产业之一。2019年武汉市以《中国软件名城创建管理办法》修订以来的最高得分107.4分顺利通过评估验收，获评“中国软件特色名城”[238]。2021年武汉市完成软件业务收入2159.24亿元，同比增长13.2%，占全省软件业收入比重98.8%。在工信部统计的全国15个副省级城市软件业务收入排名中，武汉市继续保持第9位（见图10-1）[239]。

237 武汉市网信办.武汉光电子信息抢占产业上游制高点，多家企业自主研发取得新突破[EB/OL]. https://baijiahao.baidu.com/s?id=1704501566596675062&wfr=spider&for=pc.

238 武汉市人民政府新闻办公室.武汉又有了新别名：“中国软件特色名城”！[EB/OL]. https://baijiahao.baidu.com/s?id=1628407634990714719&wfr=spider&for=pc.

239 数据来源：中华人民共和国工业和信息化部官网工信数据《2021年1—11月份副省级城市软件和信息技术服务业主要经济指标完成情况表》。

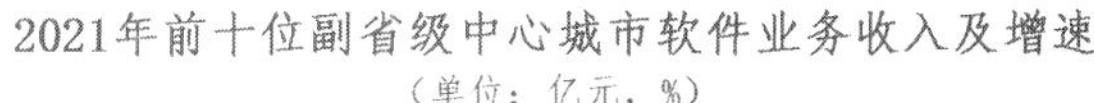

（单位：亿元，%）

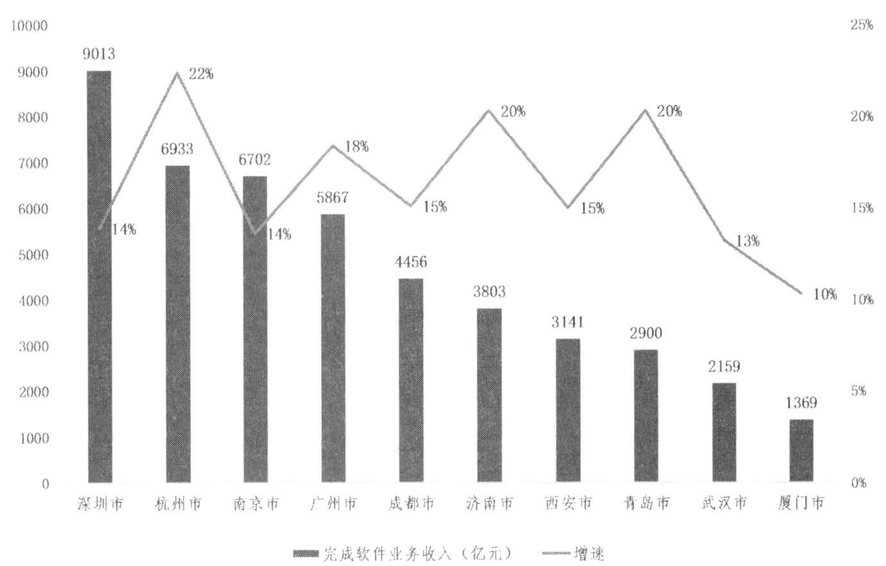

图 10-1 2021 年前十位副省级中心城市软件业务收入及增速

分领域来看，武汉市软件业软件产品与信息技术服务收入占全行业收入的比重大 95%；信息安全与嵌入式系统软件比重较小（见图 10-2）。

武汉市软件和信息技术服务业
细分领域收入占比（2021年1-11月份）

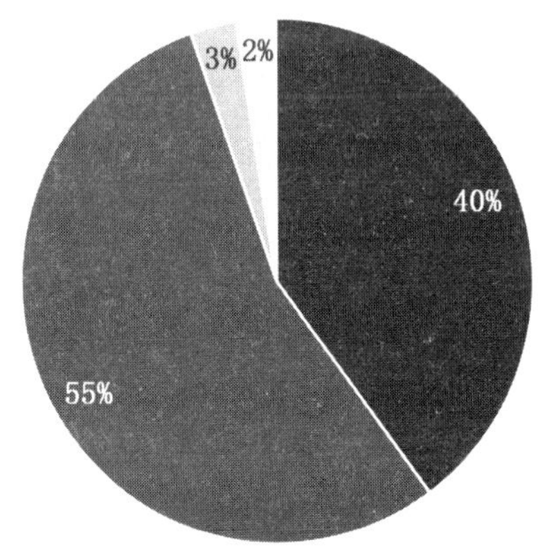

■软件产品收入　■信息技术服务收入　■信息安全收入　嵌入式系统软件收入

图 10-2 2021 年 1-11 月武汉软件和信息技术服务业细分领域收入占比

2021 年前十位副省级中心城市软件业务收入及增速通过多年发展，武汉已培育了 4 家中国软件百强、4 家中国互联网百强、5 家互联网独角兽企业，形成“互联网+”、光通信嵌入式软件、地球空间信息、信息安全四大特色软件产业集群。截至 2021 年 11 月，武汉共有软件和信息服务企业 1763 家。根据 2021 年度《武汉服务业百强企业》榜单显示，武汉上榜的软件及信息技术服务业企业达 23 家，成为服务业百强中企业数量最多的行业领域[240]。

武汉软件和信息技术服务业主要集聚在东湖高新区[241]。东湖高新区自 1988 年成立以来，依托人才、高校、龙头企业等突出优势，围绕操作系统、信息安全、信息消费等关键领域，走出了一条独具光谷特色的产业发展道路。2020 年，软件和信息服务业收入超过 1600 亿元，占全市比重近 80%，占全省比重超过 70%，成为武汉乃至湖北省经济增长的重要引擎。截至 2020 年底，东湖高新区聚集了约 300 家规上软件和信息技术服务企业，形成了几大特色领域，包括互联网+、地球空间信息、基础软件和工业软件、信息安全等。研发创新能力持续增强，多家企业入选“中国软件和信息技术服务业综合竞争力百强”榜单，包括中国信科、天喻信息、烽火通信、领航动力、佰钧成、烽火通信、邮科院等。

3. “北斗+”产业

武汉是我国商业卫星导航产业发展最早的城市之一。自 2008 年科技部批复东湖高新区建设国家地球空间信息产业化基地以来，武汉“北斗+”产业发展迅速，至 2013 年东湖高新区成为国家 863 计划地球观测与导航领域全国唯一对接地，并被科技部列入全国

240 光明网. 武汉服务业高质量发展推动城市能级提升[EB/OL]. https://m.gmw.cn/baijia/2021-09/17/1302585725.html.
241 光谷软件业务实现收入破 1600 亿元[EB/OL]. http://www.wehdz.gov.cn/zmq/xwdt_22850/mtbd/202105/t20210531_1708549.shtml.

首批创新型产业集群试点之一。目前已形成以梦芯科技、依迅北斗、湖北地信为代表的“北斗+”产业集群，聚集相关企业500余家，核心企业总收入超300亿元，企业总收入年增长率超15%[242]。

目前，“北斗+”应用场景已在武汉各领域应用。北斗+共享单车形成电子围栏能够更好地管理共享单车，助力城市治理；北斗+大数据疲劳驾驶预警系统、智能化主动安全监管系统对驾驶员进行实时监控，对其不安全行为进行分级预警；北斗+智慧渣土解决方案，已覆盖全市超过8000辆渣土车和数百个建筑工地；北斗+AI体温检测系统可通过健康码与地理坐标叠加来追溯个人轨迹，借助北斗卫星形成庞大的体温轨迹网，该系统成功入选工信部“2020年新型信息消费示范项目”[243]。武汉市北斗产业的发展离不开政府的精心培育。为了促进北斗与5G、人工智能等新一代高新技术深度融合，推动基于“北斗+”的智能化服务在关键领域的融合应用，武汉陆续发布了《武汉市北斗产业发展行动计划（2020—2022年）》《关于加快推进北斗产业发展的实施意见》，就发展目标、创新能力、应用场景和产业生态建设等方面做出了详细部署。

四、科技创新，推进制造大城到“智”造大城

武汉是我国重要的工业基地，工业基础雄厚。“一五”和“二五”期间，国家将武汉作为全国8个重点建设城市之一，以武钢为代表建设一批“武字头”企业奠定了武汉老工业基地的基础。70年来，武汉工业实现了从“一钢独大”，到“钢（铁）、机（械）、

242 武汉北斗应用摘取中国导航定位领域最高奖[EB/OL].https://new.qq.com/rain/a/20200923A0H0L000.
243 依迅北斗AI体温检测系统入选工信部2020年新型信息消费示范项目[EB/OL].https://www.toutiao.com/article/6861835565436928524/?wid=1662526595932.

纺（织）”，到“钢（铁）、（汽）车、机（械）、新（高新技术）”，再到光电子、钢铁及新材料、汽车与装备制造、生物医药、环保等五大产业的转型发展，直到形成目前的钢铁及深加工、汽车及零部件、装备制造、信息技术制造、食品烟草、能源及环保等六大千亿产值产业体系。发达的工业基础为武汉各行业数字化转型发展奠定了有利条件，但同时原有工业也面临着数字科技的冲击，需要进行数字化、网络化、智能化的提升改造，才能保持武汉在数字经济浪潮中的城市竞争力。

1. 制造业加速智能化升级改造

武汉正在加快推进制造业企业的数字化、网络化、智能化转型升级。武汉于 2019 年启动实施“工业智能化改造三年行动计划”，力争通过 3 年的时间实现规上企业智能化改造诊断全覆盖。截至 2020 年底，已有 9 家企业入选国家级智能制造试点示范、10 个项目入选制造业与互联网融合试点示范[244]。截至 2021 年 9 月，武汉已累计完成诊断服务 2158 次（家），完成数字化生产线改造 765 家。武汉在制造业企业智能化升级改造方面的举措主要包括以下三个方面：一是提供免费诊断服务。出台《推进咨询诊断平台建设加快工业智能化改造的工作方案》，引进全国顶尖的智能化改造咨询专家团队，为企业提供免费诊断服务和量身定制的智能化改造方案。至 2021 年 9 月，武汉圈定全市 3000 多家规上企业，累计完成诊断服务 2158 次（家），基本实现了重点规上企业诊断全覆盖。二是加大财政扶持力度。出台《武汉市工业智能化改造专项资金管理办法》《武汉市工业智能化改造示范项目奖励办法》

244 武汉市召开坚定不移推动工业和信息化高质量发展新闻发布会[EB/OL].http://www.wuhan.gov.cn/zwgk/xwfbh/202012/t20201216_1558946.shtml.

等文件，对工业智能化改造工程进行奖励和补贴。目前，武汉市已拥有9个智能制造国家级试点示范项目，包括长飞光纤、美的集团武汉公司、光迅科技、武汉华星光电、武重集团、爱帝集团、烽火科技等，位列全国第一方阵。此外，还涌现出了武钢有限智能工厂、东本三厂智能工厂、天马G6工厂、裕大华无人工厂等一批全国乃至全球领先的智能工厂。三是积极营造氛围。例如，开启智能化改造“周五之约”活动，每周五考察一家工业智能化改造示范企业；推广诊断机构问诊把脉、运营商对接服务等活动，通过线上线下相结合的方式向全市工业企业推广好的做法和经验。截至2021年9月，已经连续举办了54场，场均在线观摩人数超过2万人[245]。

2. 传统服务业积极拥抱数字化转型

服务业是产业转型升级、科技创新提能、城市功能品质提升、民生保障提质的重要引擎。2021年武汉市服务业实现增加值11064.21亿元，增长12.3%。服务业占GDP比重为62.45%。2020年武汉市综合百强企业中出现了10家新企业，其中9家来自服务业；38家位次提升的企业中，服务业占17家。在武汉全面加速数字化转型的浪潮中，武汉服务业也在加速与数字化的融合速度。

第一，传统商贸。2020年疫情结束之后，整体市场经济恢复迅速，武汉首先通过支付宝、云闪付、美团、建行生活、抖音、翼支付等数字化平台发放数字消费券，让传统商业街区重新焕发了新活力。其次，依靠城市更新项目发展5G商用场景应用示范，打造融合新零售、新品牌、新网络、新潮流于一体的新消费场景

245 “智”造大城打造工业智能化改造升级版武汉将建100家智能工厂[EB/OL].http://www.wuhan.gov.cn/sy/whyw/202109/t20210907_1773152.shtml.

示范区项目，推进四季美、白沙洲等专业市场提档升级，建设现货交易与电子交易相结合，集产品展示、信息发布、电子商务、物流仓储功能于一体的新型专业批发市场。最后，推动中百、鄂武商等传统商家主动拥抱数字化渠道，通过上线微信小程序、开展直播带货、自建电商平台等方式，线上线下融合，带动消费快速复苏。其中，中百推出武汉首个3.0版菜市场，提供生鲜产品和邻里生活一体化服务，受到武汉市民的一致好评。

第二，电子商务。武汉充分发挥地方特色，打造电子商务园区、直播电商产业基地等新型设施，推动直播电商、视频制作、品牌推广、融媒体等新业态发展。2000年疫情结束之后，武汉推出大量直播活动以销售武汉知名物产，如字节跳动的“援鄂复苏计划”，腾讯的“百星·百亿助力武汉——腾讯武汉品牌嘉年华”，中央广播电视总台“品牌强国工程”助力湖北公益直播带货活动等，为武市场恢复注入新鲜活力。以字节跳动电商为例，在2020抖音“818电商节”活动中，武汉服装直播基地的销售额相较2019年同期增长了20多倍[246]。

第三，旅游业。作为我国中部旅游大市，2020年疫情之后，为快速恢复武汉旅游市场人气，提振市场信心，武汉旅游业积极拥抱数字技术，推出多项数字化升级措施。例如，武汉大学推出了“武大樱花”为期10天的全景式、沉浸式在线直播。2021年五一假期，前四天游客达19万。武汉欢乐谷hoha电音节的抖音挑战赛话题，有2.7万支视频参与，播放量达到7.4亿。武昌区推出“一部手机游武昌”智慧旅游综合信息服务平台，整合了武昌

246 长江日报.全力参与武汉建设国际消费中心城市[EB/OL].https://baijiahao.baidu.com/s?id=1711122029364297145&wfr=spider&for=pc.

区吃、住、行、游、购、娱等在内的旅游信息，尽享智慧旅游服务。

3. 农业数字化转型，大力发展智慧农业

2020年武汉印发了《武汉市突破性发展数字经济实施方案》，推进农业数字化转型是其中一项重要工程。近年来，武汉市大力推动农业数字化转型[247]。在生产端，建设连栋温室大棚、规模化畜禽养殖场、工厂化渔业场等基础设施，为部署智慧农业装备提供基础。2020年12月，武汉首个数字化、智能化生猪产业绿色发展规划新建项目——上海沁侬武汉新农源项目建成投产。此外，结合北斗导航技术，基本实现了农机作业服务、农机维修、补贴发放的数字化。截至2022年3月，武汉市安装有北斗终端的农机达1800台套，预计2022年农机服务数字化作业面积将突破50万亩[248]。在销售端，建立供应链、运营服务和支撑保障等体系，完善农产品网络销售，重点抓好农产品电子商务。武汉联合美团、阿里、京东等平台企业以及中央电视台、抖音、快手等媒体平台，推销武汉特色农产品；部分优质农产品已经成功打入如盒马鲜生等平台供应链，实现了订单式生产，同时利用中央厨房、预制菜等新零售模式提高市场份额[249]。

4. 建筑业数字化转型进入快车道

作为全国建筑业大市，2021年武汉市建筑业完成产值约1.23亿元，已连续三年产值突破万亿元，稳居中部第一、全国前三。在桥梁、地铁、隧道、超高层建筑及工程设计与智能建造等领域

247 湖北智慧农村网.拥抱数字化转型武汉现代化农业更“聪明”[EB/OL].https://www.hbncw.cn/article/2bf986e52a9a4c2d930054c63c0b7fec.

248 潇湘晨报.数字农机“慧”春耕武汉大力推广农业生产全程机械化[EB/OL].https://baijiahao.baidu.com/s?id=1727530724040972281&wfr=spider&for=pc.

249.记者探访武汉首个“盒马村”，“粮食英雄”联姻盒马助农户不愁销路[EB/OL].https://baijiahao.baidu.com/s?id=1683041756827729602&wfr=spider&for=pc.

处于全国领先的位置。随着数字技术的不断发展，传统建筑业的数字化转型也迫在眉睫。武汉在建筑业数字化转型方面主要着力于以下几方面：在政策层面，武汉出台了《武汉市数字经济“十四五”规划》《市人民政府关于印发武汉市支持数字经济加快发展若干政策的通知》《武汉市突破性发展数字经济实施方案》等一系列文件，推动武汉建筑业数字化转型，以数字化创新带动建筑行业技术创新、管理创新和模式创新。在技术层面，充分运用无人机配送、区块链、建筑信息模型（BIM）、5G、物联网等技术，促进数字孪生城市以及地理空间信息数据库的建设。尤其是推广应用国产自主可控BIM的产业互联网平台，加大基于BIM三维空间模型数字建造的应用力度，推动基于BIM的数字孪生交付，实现“BIM+设计、施工、运维”的全生命周期建设模式。目前，武汉已经连续五年举办“BIM”应用大赛，2022年更是将比赛升级为“BIM+数字化”大赛，旨在提升武汉建筑全行业的数字化转型能力[250]。在科研层面，国家数字建造技术创新中心正式落地武汉华中科技大学，为数字建造领域提供高质量源头技术供给。该中心在前期工作中已形成包括工程云——智慧工地操作与控制中心、水务智能装备及数字化平台、管道智能维护移动机器人、城市历史建筑环境智能更新实验室、智能医院等技术成果，加速推动武汉建筑业数字化升级进入发展快车道[251]。

五、智慧城市崭露头角，助力“疫后重振”

250 长江日报.武汉市加快推进建筑业数字建造创新应用[EB/OL].https://baijiahao.baidu.com/s?id=1727229333742380222&wfr=spider&for=pc.

251 武汉市经信局.“1+N”，为建造业转型升级作出贡献[EB/OL].http://jxj.wuhan.gov.cn/xwzx_9/whjx/202206/t20220627_1994488.html.

武汉智慧城市建设一直走在国内前列，发展历程以2020年疫情为划分节点，大致可分为两个发展阶段。

第一阶段：2020年之前。早在2011年武汉就被科技部列为国家“863智慧城市主题项目”试点城市。2012年武汉“市民之家”建成，进驻单位66个，设立受理窗口318个、办理行政审批和公共服务事项426项，被武汉市政府列为2012年为民办理的“十件实事”之首。同年，武汉获得“2012年度中国智慧城市领军城市奖”。2013年《武汉城市圈区域发展规划（2013—2020年）》正式发布，推动电信网、广播电视网和互联网“三网融合”，促进网络资源共享和互联互通，构建“数字城市圈”。从此，武汉智慧城市建设驶上快速通道。2017年3月，武汉市政府提出“马上办、网上办、一次办”，以高标准实施“一窗式”联合办公模式，推动武汉各级政务部门打造“网上之城、移动之城”[252]。

第二阶段：2020年之后。2020年武汉不仅经受了疫情冲击的考验，也通过了城市智能化与数字化治理的检验。武汉积极利用城市数据资源和智慧应用抗击疫情，6月出台了《武汉市新型智慧城市顶层规划（2020—2022年）》和《武汉市突破性发展数字经济实施方案》，将建设“武汉云”作为承接武汉数字化战略的核心载体。武汉智慧城市建设迈入新阶段。至2021年底，武汉已建成智慧城市架构，主体是“武汉城市大脑+六大智慧应用+二十多个应用场景+市民码标准”。其中，“武汉城市大脑”由数据中枢、人工智能中枢、应用中枢和区块链中枢等四大部分构成，扮演着整合城市资源、感知城市运行、智能辅助研判和支撑应用建设等角色；“六大智慧应用”涵盖了服务居民与治理城市所需的方方

252 智慧城市之战，武汉“输不起”[EB/OL].https://view.inews.qq.com/a/20201119A0D3KM00.

面面，包含了一网通办、一网协同、一码互联、一网统管、一网共治和一站直通等基础型应用[253]。2021 年，武汉先后荣获“世界智慧城市（中国区）城市大奖”“2021 世界智慧城市复苏创新大奖”和“2021 中国领军智慧城市”三大殊荣，智慧城市建设得到多方肯定[254]。

参考文献：

1. 《2021 年武汉市国民经济和社会发展统计公报》
2. 《2022 年武汉市政府工作报告》
3. 武汉市科学技术局官网
4. 《武汉市科技创新发展“十四五”规划》
5. 《武汉市数字经济发展规划（2022—2026 年）》

第二节 武汉城市数字力打造经验

武汉凭借发达的水系资源和京广铁路大动脉，享有“九省通衢”的美誉。四通八达的交通优势不仅为武汉奠定了丰厚的发展基础，也赢得了珍贵的发展机遇。随着数字经济时代来临，城市的关键竞争要素转变为“城市数字力”。如何把握先进的数字科技培育，促进产业升级转型、吸引科技人才、转变城市治理思路，本节从以下四个方面总结归纳武汉在城市力建设方面的经验。

一、借助后发优势，快速形成配套政策体系

相对于其他城市，武汉市关于城市数字力打造方面的系统性政策文件出台较晚。2020 年 7 月，武汉正式出台了《武汉市突破

253 武汉智慧城市建设成果发布，涉及 20 余个应用场景[EB/OL].https://baijiahao.baidu.com/s?id=1715575825829003444&wfr=spider&for=pc.

254 武汉再夺智慧城市大奖，“武汉云”赋能智慧城市演进[EB/OL].https://baijiahao.baidu.com/s?id=1720639503675917777&wfr=spider&for=pc.

性发展数字经济实施方案》，提出了“力争用3年时间，全市数字经济取得突破性成果，建成全国数字经济一线城市”的发展目标，自此，数字经济作为武汉市新一轮城市发展的重大战略获得了前所未有的推动力度。之后，武汉又陆续出台了一系列有关加快推进城市数字力建设和数字经济高质量发展的专项规划和配套政策文件，如《武汉市新型智慧城市“十四五”规划》《武汉市加快推进新型基础设施建设实施方案》《武汉市大力推进产业转型提升工作实施方案》《市经信局落实武汉市加快区块链技术和产业创新发展有关奖励政策的实施细则》等（见表10-1）。

表10-1 武汉城市数字力建设相关政策文件（2020—2022年）

类型	年份	文件名称
规划类	2020	《武汉市突破性发展数字经济实施方案》
	2021	《武汉市现代服务业“十四五”规划》
	2022	《武汉市新型智慧城市“十四五”规划》
	2022	《武汉市数字经济发展“十四五”规划》
	2022	《武汉市数字经济发展规划（2022—2026年）》
配套政策类	2020	《武汉市促进线上经济发展实施方案》
	2020	《武汉市支持数字经济加快发展的若干政策》
	2020	《武汉市关于“数字+农业”指导意见（2020—2022年）》
	2020	《武汉市加快推进新型基础设施建设实施方案》
	2020	《武汉市加快推进新型智慧城市建设实施方案》
	2020	《武汉市北斗产业发展行动计划（2020—2022年）》
	2020	《武汉加快集成电路产业高质量发展的若干政策》
	2021	《武汉市推进5G+工业互联网发展打造未来工厂行动计划（2021—2023年）》
	2021	《武汉市人民政府关于加快促进企业技术改造若干支持政策的通知》
	2021	《武汉市人民政府关于加快区块链技术和产业创新发展的意见》
	2021	《武汉市大力推进产业转型提升工作实施方案》

	2021	《武汉国家新一代人工智能创新发展试验区建设若干政策》
	2021	《武汉市深入推进互联网协议第六版（IPv6）规模部署和应用实施方案》
	2022	《武汉市"双千兆"城市建设2022年度工作方案》
	2022	《武汉市关于加快推进北斗产业发展的实施意见》
	2022	《武汉市支持数字经济加快发展若干政策》
实施细则类	2020	《武汉市促进线上经济发展实施方案若干政策实施细则（试行）的通知》
	2022	《武汉市经信局落实武汉市加快区块链技术和产业创新发展有关奖励政策的实施细则》
	2022	《武汉市工业投资和技术改造专项资金有关管理办法》

二、出台多项举措，构建数字科技人才高地

武汉高度重视人才对数字经济发展的支撑作用，近年来人才引进和培育工作成效显著。作为武汉最高层次人才计划的"武汉英才"，仅2021年便有657名高层次人才成功入选，其中产业领军人才155名，优秀青年人才502名。他们90%以上拥有博士学位，80%以上研究领域契合武汉"965"产业（即9大支柱产业、6大战略性新兴产业、5大未来产业构成的武汉现代产业体系），70%以上主持或参与过国家重点项目，60%以上有海外学习工作经历[255]。2022年4月，武汉市数字经济发展研究院在东湖高新区揭牌，该研究院由武汉市政府与中国信息通信研究院联合成立，并吸引了武汉大学、华中科技大学等知名高校以及烽火、华为、腾讯等龙头企业积极参与，聚焦数字基建、数字产业化、产业数字化、数据价值化、数字化治理等重大方向开展研究，是助力武汉建设全

255 北京青年报.连续5年净流入！武汉人才资源总量达285.7万人[EB/OL].https://baijiahao.baidu.com/s?id=1723084709276220270&wfr=spider&for=pc.

国数字经济一线城市的重要智库机构和核心人才汇聚平台[256]。此外，武汉于2019年实施的高新技术企业三年培育行动计划，使全市高新技术企业突飞猛进,2019年至2021净增数分别达到881家、1842家、2892家，高新技术企业总数达到9151家[257]。

2022年5月武汉发布《武汉市支持数字经济加快发展若干政策》，提出了23条支持数字经济加快发展的具体举措，其中之一便是“加大数字经济人才支持力度”。具体包括三个方面，一是支持在汉高校、科研院所、龙头骨干企业、新型研发机构引进数字经济领域“高精尖缺”人才，符合条件的优先纳入“武汉英才”“3551”等人才计划，享受相应政策支持；二是支持重点高校加强数字经济新兴学科建设，优化专业结构和师资配备，加强复合型人才培养；三是深化产教融合、校企合作，建设一批数字经济产教融合联盟和人才培育基地。可以看出，武汉在数字经济人才吸引政策上，既重视以优厚的条件“引进来”，也重视通过数字经济人才在本地的培育，使其真正“留下来”。

三、培训与考核结合，提升干部数字化素养

武汉市深刻认知在数字经济发展战略实施中领导干部发挥的重要作用，在《武汉市突破性发展数字经济实施方案》中就提出了“全面提高各级领导干部懂数字化、抓数字化、用数字化的数字治理能力”的要求。2021年6月，武汉市委组织部选派干部赴“江浙沪”地区进行专题学习。各区还陆续召开了一系列专题报告会，如“人工智能产业发展”和“区块链赋能数字经济新基建”

256 武汉市数字经济发展研究院在光谷揭牌[EB/OL].http://www.hubei.gov.cn/hbfb/szsm/202204/t20220425_4096977.shtml.

257 全国第8！武汉高新技术企业数量五年翻两番[EB/OL].https://baijiahao.baidu.com/s?id=1728202511785918353&wfr=spider&for=pc.

等[258]。这些活动，有效拓展了领导干部的数字化视野、丰富了领导干部的数字经济知识、提高了领导干部落实数字经济发展战略的能力。

此外，武汉特别强调对数字经济工作的评价考核。2020 年 10 月，武汉制定了《武汉市信息化工作统筹协调机制实施细则》，并以此为依据，从数字基础、数字惠民、数字经济、组织效能、一网通办完备、公共数据开放度、基础设施整合度等维度，在全市开展信息化年度评估工作。武汉市第二年集中开展信息化评估并发布的专题报告——《武汉市信息化工作评估白皮书（2021 年度）》，成为国内首个以城市为单位开展信息化专项评估报告。通过考评分析，极大提高了领导干部对发展数字经济的认知，促进了武汉数字经济快速稳健发展。

四、较早设立产业基金，助力数字科技发展

武汉市较早就意识到多元化、市场化资金对于产业发展的助推作用。2013 年设立战略性新兴产业发展引导基金，武汉市级财政资金市场化、基金化运作改革的序幕由此拉开。截至 2021 年 9 月，武汉市财政已累计投入资金 200 余亿元，组建 5 支母基金、96 支子基金，引导社会投资规模近 1100 亿元，投资 1084 个项目，助力 58 家投资企业挂牌上市，重点支持了长江存储、华星光电、吉利汽车等重大项目实施，长江航天、国家新能源和智能网联汽车等基地建设，以及人工智能机器视觉系统、5G 滤波器等科技成果的转化落地。

258 武汉加快构筑数字经济枢纽新优势[EB/OL].http://www.wuhan.gov.cn/sy/whyw/202111/t20211122_1855661.shtml.

此外，为整合集中相对分散的政府基金，充分发挥基金对产业的引领促进作用，武汉市于 2021 年 9 月设立了武汉产业发展基金。该基金由武汉市财政首期出资 300 亿元，并计划在十四五期末形成约 3000 亿元的投资规模，重点投资光电子、人工智能等高端产业[259]。截至 2022 年 9 月 26 日，武汉产业发展基金全口径累计出资约 361 亿元，参与了 141 支母、子基金，带动了约 1280 亿元的各类产业基金实缴资本，共计投资了 1332 个项目，已有 59 个投资项目完成上市，涉及光电子信息、高端制造、生物医药等领域[260]。

2022 年 5 月发布的《武汉市支持数字经济加快发展若干政策》进一步强调要发挥财政资金和国有资本放大引导作用，设立数字经济核心产业发展基金，并明确重点支持集成电路、新型显示、光通信、基础和工业软件、元宇宙、区块链、人工智能等相关项目。

第三节 武汉城市数字力打造案例

案例一、5G+助力武钢打造智慧工厂

1. 我国钢铁行业数字化转型现状

钢铁工业是我国经济的重要支柱性产业之一，是建设现代化强国的重要支撑，是实现绿色低碳发展的关键领域。得益于我国城镇化的快速发展以及新基建和一带一路等政府的实施，我国钢材市场需求量不断增长。根据国家统计局，我国钢材产量从 2015

259 武汉产业发展基金四两拨“千金”[EB/OL].http://www.wuhan.gov.cn/sy/whyw/202204/t20220414_1955186.shtml.
260 产业投资-武汉产业发展基金有限公司[EB/OL].http://www.whidf.com/cybk

年的 11.2 亿吨增长至 2020 年的 13.2 亿吨，年均复合增长率约为 3.3%。根据国际钢铁工业协会，2020 年我国粗钢年产量 10.5 亿吨，占全球粗钢产量的 56%左右，成为全球粗钢产量最多的国家。

近年来，随着人工智能、大数据、5G 等新一代数字技术迭代升级，国家非常注重钢铁行业的升级转型发展，出台了《钢铁工业调整升级规划（2016—2020）》《工业互联网与钢铁行业融合应用参考指南（2021 年）》《关于促进钢铁工业高质量发展的指导意见》等一系列的政策与方案文件。在国家关于鼓励钢铁行业升级转型相关政策的促进下，钢铁行业已迈出数字化转型的步伐，初步形成了较为完备的自动化、信息化体系架构，生产制造、企业管理、物流配送、供应链管理等初步实现了工序衔接和数据贯通。2021 年，中国钢铁工业两化融合指数上升至 59.9，关键工序数控化率达到 70.1%，生产设备数字化率达到 51.3%。与 2015 年相比，2021 年中国钢铁工业两化融合指数提高了 19.4，行业数字化水平明显提高，已初步扭转了人们对钢铁工业“傻大黑粗”的行业认知[261]。

2. 我国钢铁行业数字化转型制约因素

然而，与金融、零售、交通、旅游等数字化转型速度较快的行业相比，钢铁企业数字化程度仍处于较低水平。制约我国钢铁行业数字化转型发展的因素主要有三个。第一，核心工艺数字化尚不成熟。一方面，关键工艺数据来源不完善。如烧结、高炉、转炉等关键设备，特别是中小型设备的计量仪表配备不齐全；主要生产原料的检化验样本结果不具代表性，如熔剂、焦炭、废钢

261 中国社会科学网.周维富.中国钢铁企业数字化转型——问题与对策[EB/OL].http://gjs.cssn.cn/kydt/kydt_kycg/202302/t20230214_5588082.shtml.

等原料，监测仪表也因为缺乏维护导致数据不准确。另一方面，核心工艺尚未真正量化建模。例如，高炉工艺本身同时存在气液固三相反应，横断面及纵断面上反应环境及物理化学参数差别巨大，过程的指标关系不明确，难以找到对高炉过程特征进行模拟表达。第二，数字化全面铺开受阻。许多钢铁企业在数字化转型的初期试点较为成功，但在全面推广阶段却遇到了很大挑战，被业内称为“试点陷阱”，如何突破瓶颈、全面铺开是钢铁企业数字化转型的关键所在。数字化转型与以往简单的上线生产制造执行系统（MES）或企业资源管理系统（ERP）有着较大区别，现在要求企业与多个合作伙伴协同，建立完善的数字化生态体系。第三，数据来源多，缺乏权威统一的数据标准，难以开发利用。钢铁企业在生产经营中产生大量数据，如生产制造数据、经营管理数据及外部市场数据等。即便是企业内部生产制造产生的数据，也因为复杂的钢铁生产工艺和涉及多个控制和执行系统的特点，导致数据来源非常分散且数据标准不统一，难以做到兼容、共享和应用。

3. 武钢集团的数字化转型实践

在数字经济蓬勃发展的背景下，推进数字化转型是钢铁行业实现高端化、智能化和绿色化的重要途径。目前，许多钢铁龙头企业已开始了数字化转型的探索。2016 年 9 月武汉钢铁（集团）公司与宝钢集团有限公司实施重组。为全面推进数字化转型和智能智造，宝武集团提出了“四个一律”和“三跨融合”的发展要求[262]，分别对应着宝武集团数字化转型的两个阶段。第一个阶段

262 武钢有限：建设 5G 智慧钢厂，引领产业数字化转型[EB/OL]. https://www.zte.com.cn/china/about/magazine/zte-technologies/2022/4-cn/4/1.html.

（2019—2021 年）是以装备和业务流程为基础,提升硬实力的工业互联阶段,被称为“四个一律”阶段。第二个阶段(2021—2022 年),是以数据为核心提升软实力的 5G 融合阶段,被称为“三跨融合”阶段。

（1）操作岗位“一律”机器人

钢铁行业长期存在许多工作环境差且操作重复度高的工作岗位，因此行业一直在寻找用“机器换人”的方法。但是，由于钢铁行业在高温环境中进行生产作业，且无法及时准确获取作业过程中的材料成分和检测数据，难以进行“机器换人”。随着人工智能（视觉技术等）、传感器、5G、大数据等技术的迭代升级,智能装备对生产作业过程中的数据采集和分析能力大幅提升，可以实现部分岗位的“机器换人”。宝武集团把机器人当成技术员工,构建了宝罗云平台,实现宝罗员工互联互通、深度学习,以应对多变的生产环境。

（2）操作室“一律”集中

钢铁行业生产现场有大量分散的操作室，管理难度大、现场环境差。通过智能设备采集生产现场数据,通过模型和算法进行判断，并提醒工人远程操作,将众多分散的不同类型的操作室集中起来，提高工作效率、改善工作环境,实现对产线的随时随地监控。

（3）运维“一律”远程

宝武集团将通用设备直接接入设备智慧运维平台,并建立设备检查维修系统，实现对设备数据的自动采集、状态分析、智能判断与综合诊断,提高状态分析能力、故障预警能力、计算定位能力。此外，该系统还支持组建线上设备专家队伍,通过网络化的方式进行设备管理,并通过大数据应用找到生命周期变化的规律,提升设备整体运行效率。

（4）服务环节“一律”上线

通过流程的标准化与数字化，宝武集团将外部供应链的所有流程业务迁移到平台上,实现供应链服务业务的贯通和协同。同时,宝武集团还可以服务钢铁产业链的合作伙伴。例如，中国宝武整合原有大宗商品电子商务优质资源，以全新商业模式建立的钢铁生态服务平台——欧冶云商，汇聚了大量中小微用户，带动万亿级产业的转型升级和创新发展，基本构建形成了共建共享、共治共管、共生共荣的钢铁生态圈。

（5）跨产业互通融合

宝武集团建立了统一的数据治理规范,并根据规范建立了销售、采购、制造、财务、公益等各类业务数据域。在数字化技术手段的支撑下,数据可以实现从现场装备到边缘节点,再通过子公司大数据节点到宝武集团大数据中心的各环节的双向流通应用，实现跨产业、跨基地互通融合。

（6）跨空间互通融合

每个宝武集团的一级子公司,基本都拥有多个分布在不同地域的制造基地,但在工艺和产品方面有相同之处。利用数字化手段打破时间和空间限制,拓展管理边界,实现高效协同。以统一的销售、采购、财务、标准、制造和服务为抓手,缩小基地间的差异,确保不同制造基地、不同类别的产品按照同样的标准进行生产,以同等价格对外销售。该系统还可以针对不同的产品选择成本最低的制造基地生产,也可以在某个基地设备检修的时候,用其他基地的产能进行补充,充分发挥协同优势。

（7）跨人机界面互通融合

围绕岗位、基层组织变革以及打通界面增效,通过“人人、人机、机机”界面的整合,实现岗位的整合、流程的优化、业务行为的智能化、业务界面的统一等,提升质量管理、成本控制、安全环保水平。

武钢集团是一家有着60多年历史的传统钢铁制造企业，也是新中国的第一大钢铁厂，曾为武汉市乃至整个国民经济的发展做出了巨大贡献。但长久以来武钢集团都面临着三大生产网络痛点。第一，复杂的工厂环境导致部署有线网络非常困难且成本高；第二，强电磁干扰的工厂环境导致严重的无线信号衰减；第三，天然的业务属性带来对数据安全、生产安全、网络安全的高要求。为满足“四个一律”和“三跨融合”的发展要求，武钢利用5G网络低时延、大带宽、广连接等特点，打通厂区内的信息孤岛，实现数字化转型。2021年上半年，湖北联通联手中兴通讯、中冶赛迪共同承建武钢5G专网项目。湖北联通根据武钢智慧制造业务需求和钢铁行业特点，选择独立专网模式建设，为武钢有限打造了一张国内规模最大的5G行业专网。整张网络由武钢独立运营，各类安全策略权限均由武钢设置，达到最高的安全等级和控制管理。武钢5G专网在物理传输层面上与大网保持着极高的独立性，园区内数据流、信令流均无需回传大网，园区网络与公众网络完全隔离，保障园区内数据安全。截至2022年8月，武钢已开通61个5G宏站，形成国内规模最大的5G企业内网，实现厂区范围内无线互联互通，5G+无人行车、5G+智能铁水调度、5G+无人机巡线等数字经济应用场景相继落地，甚至部分生产环节实现了少人化与无人化[263]。除了5G赋能外，武钢还利用物联网、数字孪生等技术，建成了公司层级的管控中心和各生产工序操控中心，通过对生产、设备、安保、能源环保、物流等环节的调度集成化，实现了全流程1000多个关键控制点的可视化和实时监管，把各工序融合成“人机一体、操维一体”的高效智能化模式，真正实现智慧管控“All in one”。截至2021年末，每班机组工人从28人下降至20人，成材率提升至98.65%，每吨钢材的能源消耗从54公斤标准煤下降至42公斤标准煤[264]。

案例二、中国光谷的“昨天、今天和明天”

1. “光谷”缘起

创建于1988年的东湖高新区，1991年被国务院批准为第一批国家级高新技术产业开发区，而“光谷”则是武汉东湖高新区的别名。上世纪末，全球新技术及产业竞争的重点从微电子产业转向光电子信息产业，为获得新世纪竞争发展的主动权，众多发达国家都力求占领光电子信息产业的制高点。我国科学家也多次提出建议，希望在我国光学科技资源最强大的湖北武汉，建设国家光电子信息产业基地。2001年经原国家计委、科技部批准，国家光电子产业基地，即“武汉·中国光谷”，在武汉东湖高新区挂牌成立。

2. 发展举措

263 长江日报.远程“一键炼钢”，武钢有限建成5G+全连接工厂[EB/OL].https://baijiahao.baidu.com/s?id=1720565546629817711&wfr=spider&for=pc.
264 转型！升级！这里的变化让人惊叹_武钢[EB/OL].https://www.sohu.com/a/500773673_121106908.

空间规划方面，1988 年东湖高新区成立时规划面积 24 平方公里，后经过 6 次东进南扩，至 2010 年 5 月，规划面积达到 518 平方公里，扩容近 22 倍，覆盖 8 个街道和 8 个专业园区[265]。

产业发展方面，从光电子信息产业起步，目前已形成生产资料、关键器件的自主可控的完整产业链。光谷因“光”而兴，但又不仅局限于“光”。2021 年 2 月，光谷首次提出了“221 产业体系”，即由“光芯屏端网”和生命健康两大万亿产业集群“两强带动”，数字经济和新消费“两新融合”，同时抢抓人工智能、空天信息、量子信息、脑科学、区块链等“未来产业”[266]。

科技创新方面，光谷是国内智力较为的密集区域之一。一方面，科技人员集聚。这里聚集了 42 所高等院校、56 个国家及省部级科研院所、30 多万专业技术人员和 80 多万在校大学生。另一方面，科技创新氛围浓厚。自 1999 年起，依托华中大学科技园，逐步探索出助推科技成果转化的“四级跳”模式，即科技成果在高校产生——成果在高校周边孵化——孵化企业在大学科技园成长——再到专业科技产业园规模发展。2012 年武汉出台旨在激发各类主体创新创业活力的“黄金十条”，包括允许和鼓励科研人员留岗创业、国有知识产权管理制度改革试点、支持建设新型产业技术研究院、科技型内资企业注册零首付、支持高新区初创科技型企业、遴选支持“光谷瞪羚企业”、设立股权激励代持专项资金、奖励天使投资机构或个人、科技企业孵化器供地支持、非公科技人员职称评定改革。

265 从 0 到 518 平方公里!看“中国光谷”是如何一步步炼成的?[EB/OL].https://www.sohu.com/a/221080373_729208.
266 走进光谷_武汉东湖新技术开发区政务网[EB/OL].http://www.wehdz.gov.cn/zjgg_53/202001/t20200116_882758.shtml.

人才政策方面，2009 年武汉发布《关于在武汉东湖新技术开发区建设人才特区的若干意见》，东湖高新区出台《关于实施 3551 人才计划的暂行办法》，通过体制机制创新，开始打造“人才特区”；2015 年光谷设立光谷人才基金，引入社会资本，打造“人才计划+人才基金”的“双核驱动”模式，人才政策进入 2.0 阶段；2021 年 7 月，武汉出台《武汉东湖新技术开发区关于推动人才创新创造支撑东湖科学城建设的若干措施》，其与优化升级的《“3551 光谷人才计划”实施办法》结合，将人才政策推进到 3.0 阶段[267]。

3. 发展成果

经过 30 多年的发展，光谷的综合实力和品牌影响力大幅提升，成为第二个国家自主创新示范区，并获得国家光电子信息产业基地、国家生物产业基地、国家首批双创示范基地等“称号”，知识创造和技术创新能力位居全国 169 个国家级高新区首位，成为全国 10 家重点建设的“世界一流高科技园区”之一。

经济总量方面，2021 年光谷地区生产总值突破 2400 亿元，同比增长 16.8%，占武汉 GDP 的 13.6%，人均 GDP 超过 3.2 万美元，连续五年年均增速达到 9.7%。光谷以全省 2.8‰的面积，创造了占全省 4.8%的 GDP；市场主体方面，2021 年国家高新技术企业达 4300 家，占武汉的 50%，全省的 30%，居全国高新区第四位；上市公司数量达 53 家，占武汉的 60%，占全省的 33%；科研成果方面，2021 年有效发明专利总量超 4.1 万件，发明专利授权量占全省的

267 武汉光谷发布“人才 11 条” 硬核政策广纳贤才[EB/OL].https://baijiahao.baidu.com/s?id=1707049983941885366&wfr=spider&for=pc.

25%，PCT 国际专利申请累计超 6000 件，居全国第二。科研经费投入高达 8.7%[268]。

4. 未来展望

2021 年《武汉东湖新技术开发区发展“十四五”规划》正式发布，将光谷定位为全球重大创新策源地、国家高精尖产业汇聚地、中部全面开放先导区和省市创新发展“领舞者”。对于光谷的愿景目标，东湖高新区党工委提出，到 2035 年，推动东湖科学城建设进入全国第一梯队，综合实力实现大幅跃升，率先实现社会主义现代化，基本建成“世界光谷”，成为全球科技创新的重要策源地、全球高端产业的重要集聚地、社会主义现代化建设的典型样本[269]。

参考文献：

1. 头豹研究院. 2021 年中国钢铁行业数字化转型短报告[R]. 2021.
2. 余嘉洋，王勋. 钢铁行业数字化转型综述[J]. 铁合金. 2021(5):44-48.
3. 麦肯锡季刊. 钢企数字化转型:须用巧力盘活潜力[EB/OL]. https://www.mckinsey.com.cn/.
4. 张欢. 中国宝武钢铁集团数字化转型实践与思考[N]. 中国信息化周报，2023 年 2 月 27 日第 19 版.

268 光谷这 5 年丨以湖北 2.8‰面积，创造 4.8%GDP；日均诞生 78 家企业[EB/OL]. https://baijiahao.baidu.com/s?id=1735981486100829189&wfr=spider&for=pc.

269 东湖高新区召开党工委扩大会，2025 年 GDP4000 亿，2035 年初步建成“世界光谷”[EB/OL]. http://www.wehdz.gov.cn/ggxw/ggxw_22688/202102/t20210220_1637309.shtml.

第十一章 无锡

规划引领、提早布局、“数实融合”促进产业升级，打造全国数字经济示范城市。

摘要

无锡是中国民族工商业的发祥地之一，素有“中国第一工商名城”称号。改革开放以来，无锡工业化进程加快，形成特色的“苏南模式”。受益于国家战略布局，无锡较早地成为国家“南方微电子基地”，并极大地带动了信息技术相关产业的发展，形成了规模较大、产业链较为完整的电子信息产业集群。近年来，无锡大力发展集成电路、电子信息、物联网等数字经济相关产业，推动“数字无锡”“智慧城市”“软件名城”建设，聚力打造集成电路、物联网、智能制造等新兴战略产业高地，加速无锡数字经济发展步伐。2021年无锡数字经济核心产业规模突破6000亿元，形成了物联网、集成电路、软件与信息服务等三大千亿级产业集群，并拥有多个全国第一个地级市的“美誉”，如全国第一个出台5G产业发展规划的地级市、全国第一个物联网连接规模超千万的地级市。

本章首先从数字基础设施、数字科技创新、数字产业化、产业数字化和数字化治理等方面总结无锡城市数字力发展现状，并深度梳理了无锡物联网和集成电路产业的发展历程与现状。然后，提炼总结无锡在数字力打造方面的典型经验。最后，以案例形式分析了无锡数字经济领域中较具有代表性的集成电路产业集群和雪浪小镇，进一步阐述无锡发展城市数字力的独特经验。

第一节 无锡城市数字力打造现状

无锡是中国民族工商业发祥地之一，素有“中国第一工商名城”的称号。改革开放以来，无锡工业化进程加快，形成特色的“苏南模式”。得益于国家战略布局，无锡较早成为国家“南方微电子基地”，并极大地带动了信息技术相关产业的发展，形成了规模较大，产业链较为完整的电子信息产业集群。近年来，无锡大力发展集成电路、电子信息、物联网等等数字经济相关产业，推动“数字无锡”“智慧城市”“软件名城”的建设，聚力打造集成电路、物联网、智能制造等新兴战略产业高地，加速无锡数字经济发展的步伐。

根据新华三数字经济研究院发布的《中国城市数字经济指数白皮书 2020》，无锡数字经济发展指数排名全国第七、长三角第三（仅次于上海和杭州）。2020 年全市数字经济核心产业规模以上企业 1156 家，实现营业收入 5572.78 亿元，同比增长 10.2%[270]。2021 年无锡数字经济核心产业规模突破 6000 亿元。在规模超千亿的产业集群中，物联网、集成电路、软件与信息服务 3 大产业集群继续领跑。其中，物联网产业规模达 3563 亿元，十年来产业营收年均增长 27.32%，集聚物联网企业超过 3000 家，成功入围国家首批先进制造业集群；集成电路产业规模达 1783 亿元，总量位居全省第一、全国第二，共有 A 股上市企业 11 家，形成了“集成电路无锡板块”[271]；信息传输、软件与信息技术服务业产业规模达

270 胡逸.无锡数字经济高质量发展之路[J].唯实,2021(9):51-53.
271 现代快报.无锡科技进步贡献率连续 9 年居全省第一[EB/OL].http://js.ifeng.com/c/8GagVw22U1G.

1746 亿元。根据无锡市工业和信息化局，2022 年一季度，规上企业生产经营虽然受到疫情影响，但数字经济仍保持快速增长，其中物联网产业规模达 855.67 亿元，较去年同期增长 12.54%；集成电路产业 198 家规模以上企业实现营收 444.58 亿元，较去年同期增长 13.1%，产业规模继续位列全省第一[272]。

一、率先发力数字新基建，筑牢数字力发展底座

1．率先发力信息通信基础设施

作为江苏省“新基建”的排头兵，无锡早在 2018 年就在全省率先布局 5G 网络试点建设和应用探索，并于 2019 年超前进入商用和普及应用推广阶段。2020 年 3 月，无锡出台《无锡市 5G 产业发展规划（2020—2025 年）》，成为全国首个出台 5G 产业发展规划的地级市。同年，无锡市政府与电信、移动、联通、铁塔四大电信运营商共同签署新一轮的战略合作协议，加快推动 5G 网络建设，协议总投资金额超过 287 亿元。截至 2021 年底，无锡累计建成 5G 基站超 14500 个，覆盖密度位居全省前列，实现地铁、机场、沪宁高铁无锡段三个重点区域 5G 网络“全覆盖”[273]。无锡还率先建成国内高标准全光网城市，光纤宽带覆盖率达 100%，平均速率超 140Mbps，在国内率先建成全免费 WIFI 城市。

无锡在国内率先实现窄带物联网全域覆盖和 IPv6 规模部署。截至 2020 年底，无锡累计建成窄带物联网[274]基站超 6300 个，覆盖商业用户超 150 万户，移动物联网连接数突破 1500 万，成为全国

272 无锡日报．“智改数转”赋能高质量发展，无锡拥抱数字经济“新蓝海”[EB/OL].http://www.wxrb.com/doc/2022/05/19/172040.shtml.
273 加速布局 5G 新基建“数字无锡”蓄势而上[EB/OL].http://www.js.xinhuanet.com/2022-05/25/c_1128682713.htm.
274 窄带物联网是由 3GPP（第三代伙伴关系协议）标准化组织定义的专为物联网设计的窄带视频技术标准，又叫作 NB-LoT(Narrow Band Internet of Thing)。

第一个物联网连接规模超千万的地级市。作为全国首批两个试点城市之一，无锡于 2009 年便启动了 IPv6[275]现场试验，2013 年被评为国家下一代互联网建设示范城市。伴随着《推进互联网协议第六版（IPv6）规模部署行动计划》的发布，无锡 IPv6 进入快速发展轨道，2017 年被第一次应用于物联网产品，2020 年建成国内首个基于 SRv6 的 IPv6+新型城域网[276]。

2. 领跑数据要素市场培育工作

数据是数字经济发展的核心生产要素，无锡在推进公共数据的汇聚、共享和开放等方面先行先试。一是推进公共数据共享制度建设。2020 年 5 月，《无锡市公共数据管理办法》（以下简称《办法》）出台，成为全国首个出台公共数据管理规章制度的地级市，这意味着无锡公共数据管理工作迈入法治化、科学化、规范化的阶段。二是搭建公共数据共享平台。2020 年 7 月无锡市公共数据开放平台正式上线，涵盖 22 类领域主题、9 大应用场景的超 2500 万条结构化数据对市民免费开放。截至 2020 年底，该平台访问总量已突破 50 万次，下载总量超过 5.1 万次，入选全国地市级“十大优秀创新案例”[277]。复旦大学和国家信息中心数字中国研究院联合发布的《2020 年中国地方政府数据开放报告》显示，无锡公共数据资源开放水平在地级市（含副省级）综合排名中位列江苏第一、全国第六，获得“数飞猛进”单项奖。截至 2020 年底，无锡城市大数据中心共归集 207.69 亿条政务数据，各委办局数据获取时间由 7 天减少为 5 分钟[278]。三是积极推进数据中心建设向集

275 IPv6 是 Internet Protocol version 6 的缩写，是最新一代的网络技术，用来解决 IPv4 网络地址资源不足的问题。
276 无锡入选国家 IPv6 技术创新和融合应用综合试点城市[EB/OL].http://www.jiangsu.gov.cn/art/2022/1/27/art_84324_10339368.html.
277 无锡市公共数据开放平台[EB/OL].http://bigdata.wuxi.gov.cn/doc/2021/04/28/3275095.shtml.
278 新华日报.《无锡市公共数据管理办法》实行一周年，“数治”城市无锡先行[EB/OL].https://new.qq.com/rain/a/20210601A0AXC800.

约化、高效率转变。2014 年启动建设无锡城市大数据中心一期项目，着重于“搭架构、打基础”，初步实现市级政府部门政务数据的汇聚与共享。2018 年启动建设大数据中心二期项目，着重于“抓治理、强服务”，建设了多层次数据仓库、数据治理平台等，形成标准规范体系。2019 年 9 月无锡城市大数据中心二期上线，为无锡智慧城市建设提供有效支撑[279]。2021 年 7 月，全国地市级首个工业数据中心——无锡工业大数据中心建成，目前该中心已面向无锡全域 8 万余家工业和信息技术企业接入约 3.2 亿条信息项，有力地促进了无锡制造业企业的数字化转型[280]。

二、持续聚焦科技创新，打造产业科技创新高地

近年来，无锡聚焦物联网、集成电路、量子科技、生命科学等前沿领域的基础研究与科技创新，形成了一批具有自主知识产权的原创性成果，迈入国家创新型城市第一阵营。

2021 年，无锡位列国家创新型城市排行榜第 13 位，地级市第 2 位；全社会研究与试验发展（R&D）经费投入占地区生产总值的比重达 3.21%，发明专利授权量 5764 件，同比增长 32.1%，万人有效发明专利拥有量达 49.9 件；高新技术产业产值占规模以上工业总产值比重达 49.19%，高新技术产业产值同比增长 20.97%。科创实力不断增强。国家超级计算（无锡）中心、国家集成电路特色工艺及封装测试创新中心、国家“芯火”双创基地（平台）、无锡先进技术研究院、无锡物联网创新促进中心等重大创新平台相继启动，全市共有 6 家国家级工程技术研究中心、8 家省级以上

279 荔枝新闻.无锡城市大数据中心二期上线[EB/OL].https://baijiahao.baidu.com/s?id=1644087337288545716&wfr=spider&for=pc.

280 数据中心世界.无锡建成全国地级市首个工业大数据中心[EB/OL].https://new.qq.com/omn/20210708/20210708A0D8WX00.html.

重点实验室、9家省级以上企业重点实验室和6家国家级国际合作基地[281]；“神威·太湖之光”连续4次问鼎全球超级计算机排名榜单TOP500第一名，应用成果3次获得“戈登·贝尔”奖；首次探底全球海洋最深处，创造了10909米的中国载人深潜新纪录。近十年，无锡累计获国家科学技术奖71项、中国专利奖75项，主导参与制定修订国际标准66项、国家和行业标准2386项，各项成绩均位居全国同类城市前列。

在数字经济主战场上，无锡聚焦集成电路、物联网等重点产业和关键领域，自2020年以来，采用“揭榜挂帅”“竞争择优”等项目组织形式，滚动实施关键核心技术研发计划和重大科技成果转化计划。在2020年度国家科学技术奖中，获得9个奖项，包括国家技术发明奖二等奖3项，国家科技进步奖一等奖1项、二等奖5项，获奖数量位于全国同类城市第一方阵，占全省获奖数量的20%以上[282]。

在集成电路领域，无锡是我国集成电路的重要基地。目前全市聚集了约400家集成电路相关企业，2021年全市集成电路营业收入约1800亿元，占全国比重约17%，产业规模位居全国前三。2020年，无锡集成电路企业获得3个国家科学技术奖。其中，“高压智能功率驱动芯片设计及制备的关键技术与应用”获得国家技术发明奖二等奖，“高密度高可靠电子封装关键技术及成套工艺”获得国家科技进步奖一等奖，“固态存储控制器芯片关键技术及产业化”获得国家科技进步奖二等奖，这些奖项均瞄准关键领域里产业自主可控。

281 数据来源：《2021年无锡市国民经济和社会发展统计公报》。
282 国家科学技术奖，无锡拿下9个！[EB/OL].https://new.qq.com/rain/a/20211104A02ZCI00.

在物联网领域，物联网已经成为无锡市最重要的产业名片。2021 年，全市物联网产业规模达 3564 亿元，聚集了 3000 余家相关企业，包括 79 家上市企业、33 家国家级专精特新“小巨人”企业和制造业单项冠军企业，如远景智能、朗新科技、中科微至、航天大为等。累计建成 178 个国家级平台载体，近三年累计获得 14 项国家科技进步二等奖以上奖项，年均授权发明专利 2000 多件，高性能 MEMS 传感器、物联网终端安全防护等成果达到世界一流水平。牵头或参与制定物联网领域国际标准 14 项、国家标准 62 项、行业标准 17 项。2021 年 3 月，由无锡物联网产业研究院牵头编制的物联网金融标准正式发布，成为全球首个物联网金融领域国际标准，标志着无锡在物联网金融领域拥有了国际话语权，同时也对人民币数字化起到了重要的科技支撑。

无锡在科技创新机制改革方面敢为人先，创造了多个第一。例如，率先在全国建立“三类”企业梯次培育机制。2018 年出台《无锡市创新型企业倍增计划（2018—2022 年）》，针对创新型企业不同发展阶段的个性化需求，分三个层面（雏鹰企业、瞪羚企业和准独角兽企业）进行分类扶持和定向培育，构建大中小企业梯次并进的创新矩阵。2021 年颁布《无锡市科技创新促进条例》，成为全省首部设区市科技创新立法，被省人大常委会列入 2021 年全省立法精品工程培育项目。

三、数字产业化蓬勃发展，构建经济增长新动能

1. 物联网产业成为无锡最具影响力的数字产业

物联网是数字经济时代最具有代表性的基础设施之一。伴随着 5G、低功耗广域网等基础设施日益完善，数以万亿计的设备接

入网络并产生海量数据，结合人工智能、边缘计算、区块链等新技术将释放巨大商业和社会价值。

目前物联网已经成为无锡市最重要的产业名片。早在2006年，无锡就建立起了“太湖国际科技园”，开始对物联网产业进行战略部署，除了集成电路和微电子产业外，还大力发展微纳传感网产业，并建立了国内首座“微纳传感网国家产业园”。2009年8月，看到无锡在传感器研究方面的技术积累，时任国务院总理温家宝在中科院无锡高新微纳传感网工程技术研发中心考察时提出，“在传感器发展中，要早一点谋划未来，早一点攻破核心技术”，“尽快建立中国的传感信息中心，或者叫‘感知中国’中心”。同年11月，《国家传感网创新示范区（国家传感信息中心）》规划方案获国务院批复同意。无锡物联网产业从此受到了国家层面的高度重视，在科教资源、产业资源和扶持政策等方面得到了强有力的支持。无锡也更加积极主动发力物联网产业。一是制定出台了物联网发展规划和一系列的配套政策。2012年8月《无锡国家传感网创新示范区发展规划纲要（2012—2020年）》获得国务院批准，明确了示范区发展目标，即建成国内物联网“技术创新核心区、产业发展集聚区、应用示范先导区”。无锡十分重视通过产业应用来带动物联网产业的发展，在电力、交通、环保、医疗、安防等领域部署示范项目。二是积极引入科研机构和专业人才。2009年11月，中国科学院、江苏省人民政府、无锡市人民政府签署共建中国物联网研究发展中心三方协议。江苏物联网研究发展中心于同年12月30日经江苏省批复成立，并迅速吸引了一批物联网相关专业的人才。三是引入大批龙头企业。中国五大运营商中国移动、中国联通、中国电信、国网和中国广电都在这个阶段纷纷落户无锡，西门子、NTT、航天科技集团、中兴智能交通等品牌资源迅速集聚无锡。

经过数年的精心培育和发展，无锡物联网产业迈入集群发展阶段。2016 年无锡将自 2010 年就开始举办的中国国际物联网（传感网）博览会正式更名为“世界物联网博览会”。此时物联网在国际上已成为各国新技术的研发热点和经济增长的新引擎，产业大规模发展的条件正在快速形成。目前，无锡集聚了物联网相关企业 3000 余家，形成了涵盖传感器、感知设备、网络通信、应用服务和智能硬件等较完整的物联网产业链。截至 2021 年，无锡物联网产业营收增至 3564 亿元，约占全国的 25%，占江苏省比重稳定在 50%左右，已成为中国物联网产业发展的核心区。2021 年无锡物联网集群入选国家首批先进制造业集群，与物联网创新促进中心双双跻身“国家队”[283]。目前无锡物联网技术应用覆盖全市 300 多个细分行业，承担了车联网（C-V2X）城市级示范应用等 23 个国家级重大应用示范项目。此外，还在全球 78 个国家 830 多座城市，承担了物联网项目[284]。

经过多年的发展，无锡物联网产业集群形成“一核多元”空间格局。无锡各区域明确各自的重点发展领域，将物联网发展区域划分为核心区、重点区和支撑区[285]。其中，核心区重点发展共性技术和产品；重点区着重发展应用技术和产品；支撑区则为产业发展提供相关产业配套。从产业链角度来看，各区域也明确了各自的重点发展领域，如江阴的智慧能源，梁溪的智能传感器，锡

283 无锡日报.赞！无锡这个产业被新闻播点名表扬了！[EB/OL].https://new.qq.com/rain/a/20220326A06FLV00.html.
284 中国青年网.一朵涟漪成浪潮，江苏无锡加速拥抱“万物互联”新时代！[EB/OL].https://baijiahao.baidu.com/s?id=1714659933204224050&wfr=spider&for=pc.
285 无锡市新产业研究会.物联网篇：无锡市新产业发展报告（2019）[R].2020.

山的智慧农业，惠山的智能制造，滨湖的智慧交通、物联网信息安全、高端软件，新吴的智能传感器、高端软件等。

2. 集成电路产业，为产业升级提供强“芯”动能

以芯片为核心的集成电路产业被誉为工业的“粮食”，处于电子信息产业的上游，是电子信息产业发展的先导性行业，也是推动我国战略新兴产业发展的物质基础和技术保障。无锡是中国集成电路产业当之无愧的“摇篮”。不仅是全国最早发展集成电路产业的城市，还是国家微电子工业南方基地、科技部全国七大集成电路设计产业化基地之一，与上海市先后获国家发改委批准成为两大国家微电子高技术产业基地，中国第一块大规模集成电路就诞生于此。

无锡集成电路产业发展从20世纪60年代起步。20世纪60年代，为响应国家关于“大力发展电子工业”的号召，无线电机械学校与国营742厂合并，从事新型半导体器件的研发和生产。1978年，742厂从日本东芝公司引进彩色电视机配套线性集成电路生产线，承担国家双极型线性集成电路工程项目，成为当时国内工艺最先进、规模最大的集成电路生产线。20世纪80年代，无锡被确定为“国家南方微电子工业基地”，先后承担了国家“七五工程”“908工程”“八五工程”等，组建了无锡微电子联合公司、中国华晶电子集团公司，为无锡集成电路产业发展打下坚实基础。其中，华晶电子日后被誉为“中国微电子产业的黄埔学校”。2000年无锡以华晶电子（后更名为“无锡华润微电子有限公司”）为主体建立无锡市微电子高新技术工业园区，成为全国第一家微电子产业园。进入21世纪，无锡集成电路产业发展势头依然强劲。

“国字号”的科创机构、载体平台快速集聚。中国电子科技集团公司与滨湖区共同打造的国家集成电路无锡设计中心先后引入了中科芯集成电路与先进技术研究院、中微爱芯和十一科技华东分院等重点企业。清华大学与无锡市政府联合共建清华大学无锡技术研究院。近年来，无锡抓住国际半导体产业转移和美国技术脱钩的压力等机遇和挑战，深入实施“产业强市、创新驱动”的主导战略，先后出台了“加快集成电路产业发展”和“进一步支持集成电路产业发展”等一批针对性强的政策文件，无锡 SK 海力士二工厂、华虹集团研发和制造基地、全讯射频、力特半导体、英飞凌科技等重大项目相继建成投产，不断推动无锡集成电路产业迈向新高度。

近年来，无锡市集成电路产业快速发展，市场占有率逐年提高，产业规模位居全国前列。十三五期间，无锡集成电路行业产值从 770.87 亿元增长到 1421 亿元，年均增幅约 13%。根据中国半导体行业协会统计,2021 年全国集成电路主业营业总收入为 10458 亿元，同比增长 18.2%[286]。2021 年无锡市集成电路营业总收入 1783 亿，占全国比重约 17%，同比增长 25.4%，其中设计、制造、封测“核心三业”营业收入合计为 1246.61 亿元（见图 11-1），占全省的 45%、全国的 11%，综合实力排名全国第二，产业规模位居全国前三[287]。目前全市聚集了 400 多家集成电路产业链企业，其中包括 198 家规模以上企业、12 家上市企业和 17 家国家专精特新小巨人企业，并聚集了一批在业界具有影响力的龙头企业和单打冠军，如华虹无锡、华润微电子、长电科技、中科芯、SK 海力士、卓胜

286 2021 年中国集成电路产业运行情况[EB/OL].http://www.csia.net.cn/Article/ShowInfo.asp?InfoID=107455.
287 中共无锡市委研究室.打造集成电路“产业地标”的成功探索[J].群众,2022(3):49-51.

微、芯朋微等[288]。2021年无锡集成电路产业方面亮点频出：4月无锡集成电路全产业链保税模式改革试点项目通过了南京海关的批复；5月华虹无锡集成电路研发和制造基地一期项目全面达产，提前实现月投片4万片的规划产能；11月无锡6家集成电路单位获2020年度国家科学技术的3个奖项，包括华进半导体、长电科技、华润上华、芯朋微等[289]。

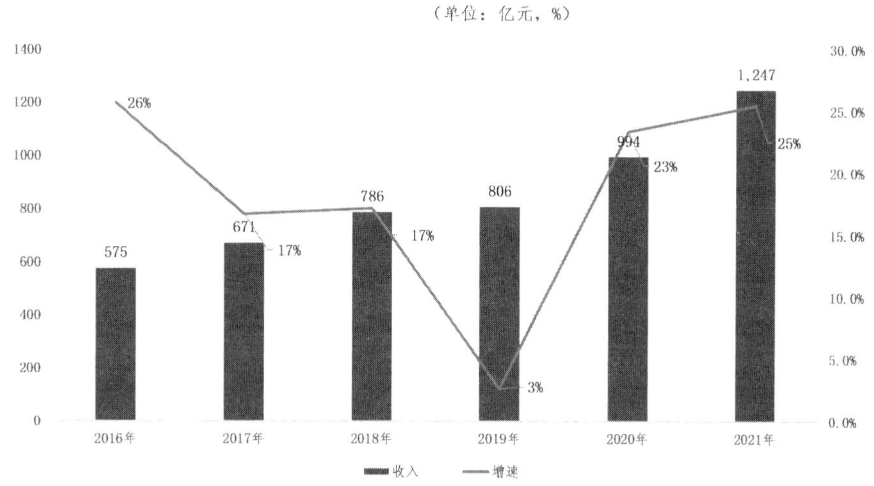

图11-1 2016—2021年无锡集成电路主营业务收入及增速

此外，无锡市建设了一批专业特色园区、研发机构、服务平台，形成对集成电路产业持续发展的有效支撑，如国家集成电路设计（无锡）产业化基地、无锡高新区集成电路产业园、无锡国家集成电路设计中心、江阴国家集成电路封测高新技术产业化基地等。其中，无锡高新区（新吴区）是无锡集成电路产业的集聚区，汇聚了全市约80%的集成电路企业和70%的集成电路产业产出，还集中了中国电科第58研究所、江苏省产业技术研究院智能集成电路设计技术研究所、中国人民解放军总参56所、江苏省物联网

288 国家微电子的“黄埔军校”和“人才摇篮”，无锡市集成电路产业有多强？[EB/OL].https://www.eet-china.com/news/202208252155.html.

289 2021年无锡半导体产业“亮点”，集成电路产业规模实现1780亿元[EB/OL].https://baijiahao.baidu.com/s?id=1727001878760534695.

研究发展中心、华进半导体等多家机构与平台，成为无锡集成电路产业发展的主阵地。

3. 全国车联网创新发展的先行者和前沿阵地

从国家首批车联网示范应用城市，到获批建设首个国家级车联网先导区，无锡一直走在中国车联网发展最前沿。基于物联网、集成电路等领域的优势地位，无锡早在 2017 年就启动了车联网建设，建成全球第一个覆盖无锡太湖博览中心周边 3.7km 开放道路的 C-V2X 开放道路示范样板项目，实现了 V2I（车与路）、V2V（车与车）等 12 个典型应用场景，全面验证了 C-V2X（车与万物）相关的端到端关键技术与解决方案。2019 年 5 月，无锡被批准为首个国家级的车联网先导区[290]。截至 2020 年年底，已累计完成 600 多个路口基础设施的改造升级以及超 350 平方千米的 LTE-V2X 通信网络覆盖[291]，实现“人、车、路、网、云”数据的高效互联互通。

四、数字科技助力“工商名城”实现产业转型发展

以物联网、工业互联网、集成电路等为代表的数字技术及产业，不仅是推动无锡经济高质量发展的重要驱动力，也是无锡传统产业数字化转型的技术支撑。

传统制造业不仅是无锡经济社会发展的重要基础，也是产业数字化转型的主阵地。无锡工业发展起步较早，是中国近代民族工商业的发祥地之一，拥有国家级车联网先导区、国家集成电路特色工艺及封装测试创新中心、国家“芯火”双创基地等多项制造业相关国家级品牌。2020 年规上工业总产值达 17595 亿元，产

290 刘玮,张翼鹏,关旭迎,匡尚超,李凤.C-V2X 车联网城市级规模示范应用[J].电信科学,2020(4):27-35.
291 无锡发布. 你好，长三角[EB/OL]. https://view.inews.qq.com/k/20210525A0BS7B00?web_channel=wap&openApp=false.

值超千亿元的制造业产业集群达9个。无锡制造业数字化转型先后经历了三个发展阶段——试点两化融合、深耕布局智能制造、大力发展工业互联网与智能制造。

第一，两化融合试点阶段。以2007年我国提出“发展现代产业体系，大力推进信息化与工业化融合”为发展契机，无锡大力推动两化融合，于2011年启动《关于推进信息化与工业化融合三年行动计划（2011—2013）》，将两化融合试点示范作为产业转型升级的切入口，在园区、行业、企业3个层面以及研发设计、生产流程、经营管理、采购营销、节能减排5个环节展开部署，并于2014年被评为“国家级两化深度融合试验区”。

第二，深耕布局智能制造阶段。为加速产业转型升级，并将智能化作为重点，无锡在2015至2017年期间，先后出台了产业强市战略纲领性文件和智能制造三年行动计划等，将产业数字化转型推进智能制造阶段。

第三，大力发展工业互联网和智能制造阶段。2020年无锡明确打造全国产业数字化转型标杆城市的目标，出台《无锡市工业互联网和智能制造发展三年行动计划（2020—2022年）》，将工业互联网和智能制造作为重要抓手。据统计，在2017至2020年期间，无锡以年为单位滚动推进智能化改造项目，累计投资约870亿元。其中，2020年100个智能化重点项目共完成投资额258.5亿元，超90%的规上工业企业实施了技术改造，其中16家企业被评为“省智能制造领军服务机构”。

无锡还将在“十四五”期间实施“十百千万”计划，围绕企业智能化、数字化转型，争取全面普及规上制造业企业的数字化改造以及基本实现重点骨干企业的智能化转型，保持并持续提升智能制造水平在全省的优势地位。

在服务业领域，随着数字技术的日益成熟，办公、娱乐、教育、医疗等多个领域已经实现了广泛的线上化。在零售领域，截至2021年末，无锡网络零售额首次突破1000亿元，同比增长10.2%，增速高于全省平均水平，总量位居全省第三。在医疗领域，无锡市妇幼保健院等5家医院获批互联网医院牌照[292]，市二院、市中医医院率先实现医保脱卡结算，市级公立医院实现医疗收费电子票据全覆盖。在农业领域，无锡积极推进数字技术在农业生产、销售等环节深度融合。在生产环节，实施“互联网+”农业工程，在种植养殖、设施栽培和环境监测等环节积极运用物联网技术；在销售环节，推出“基地+社区直供”，打通农产品进城“最后一公里”，实现了电子商务以及产销对接服务全市域覆盖。

五、“以人为本”，打造全国新型智慧城市标杆

数字化正在以越来越快的速度改变人类生活，重塑城市治理体系，是现代城市保持竞争优势的关键阵地。无锡在城市数字化转型的过程中，坚持“以人为本”，凭借在物联网和集成电路等领域的优势地位，在城市数字化转型方面取得显著成绩，接连获得“2020中国领军智慧城市”“2020中国智慧城市示范引领奖”“2020中国智慧城市示范城市奖”等荣誉。

1. 打造政务服务新模式，提升政务服务效能

292 无锡eTV全媒体.互联网医院牌照！无锡5家医院拿到了[EB/OL].https://baijiahao.baidu.com/s?id=1670722743815250333&wfr=spider&for=pc.

深化“一网通办”，拓展政府服务渠道。一方面，无锡通过迭代升级全市政务服务“一张网”，实现全市97.9%的事项可在线办理、91.8%的事项实现不见面办理、132个事项跨省通办、130个事项在江苏省内通办、120个事项和服务在长三角通办。开展电子证照底图入库工作。自2021年起，市、区县两级各部门通力合作，共归集约450万张电子证照，开放430余类电子证照目录[293]。另一方面，开通“成全e站”服务终端，覆盖各级政务服务大厅、部分商业银行网点和村（社区）便民服务中心等408个人流密集点位，提供1247个自助办理服务事项[294]。推动“苏服办”APP无锡站与“灵锡”城市服务APP的集成融合。截至2022年6月，“灵锡”APP注册用户突破1200万，日活跃用户峰值突破700万，上线约1000项服务，涉及数字身份、智慧社区等多个生活场景[295]。

2. 有序推进数字化治理，提升城市运行水平

深入推进全市城市管理、市场监管、公共交通及公共安全等城市治理领域的智慧化建设，城市治理能力不断增强。其中，智慧城管是无锡市物联网应用示范工程，在试运行（2021年1月至8月）期间，市级平台共采集各类事件约60万件，其中86%的由系统自动交办处置单位，大幅度缩短处置时间，全市按期结案率提升至97.96%。该项目被评为“2020年智慧江苏重点工程”，并入选住房和城乡建设部（以下简称“住建部”）优秀案例及行业信息化示范产品[296]。智慧停车管理平台，目前已采集市区7395个场库和121.47万个泊位的静态数据，以及628个场库和20.14万

293 中国江苏网.张千山：打造现代化一流政务服务环境[EB/OL].http://zfrx.jschina.com.cn/ywel/ttnews/202204/t20220415_2980672.shtml.

294 无锡日报.无锡全面深化“一网通办”，加快建设现代数字政府[EB/OL].http://wxrb.com/doc/2022/05/13/170523.shtml.

295 “数字无锡”——全“数”前进[EB/OL].https://m.thepaper.cn/baijiahao_19129181.

296 无锡市智慧城管平台正式上线[EB/OL]. https://www.sohu.com/a/491071664_121123719.

个泊位的动态数据，可实现便捷出行，最大化利用有限的停车资源[297]。“新一代雪亮技防工程”项目，汇聚了22万余路视频资源，日均数据服务量约66万余次，成功经验在全省推广并获得省公安厅重大改革创新项目金奖[298]。

参考文献：

1. 胡逸.无锡数字经济高质量发展之路[J].唯实,2021(9):51-53.
2. 唐浩.无锡市集成电路产业发展路径的研究[D].苏州：江南大学,2021.
3. 无锡市新产业研究会.无锡数字经济发展报告2021[M].上海社会科学院出版社,2021.
4. 中共无锡市委研究室.打造集成电路“产业地标”的成功探索[J].群众,2022(3):49-51.
5. 翟斌.数字经济背景下无锡推进产业数字化转型的发展路径研究[J].产业创新研究,2022(4):17-19.
6. 殷晴.《江苏要情动态》无锡产业数字化转型“标杆探索”路径解码[EB/OL].https://www.sohu.com/a/472616146_121119253.
7. 无锡市“十四五”科技创新规划
8. 十年，看无锡科技的向“新”力！[EB/OL].http://www.wxrb.com/doc/2022/09/29/204657.shtml.
9. 无锡以物联网创新赋能数字经济[EB/OL].http://www.jiangsu.gov.cn/art/2022/11/25/art_87821_10680005.html.

第二节 无锡城市数字力打造经验

基于自身独特的产业基础和资源禀赋，无锡率先发力数字新基建，着重发展以物联网、集成电路、车联网、智能制造等为代表的新兴产业，并借助技术手段打造全国智慧城市标杆，城市数字力得到全面快速提升。无锡在打造城市数字力方面的经验可以归纳为以下三个方面。

297 无锡eTV全媒体.无锡市中心停车难？解决方案正在来的路上[EB/OL].https://baijiahao.baidu.com/s?id=1717009073632372912&wfr=spider&for=pc.

298 瞄准现代化,聚焦高质量奋力打造现代警务高质量发展先行示范区[EB/OL].http://wxrb.com/doc/2021/12/17/134929.shtml.

一、做好顶层设计和前瞻性规划

顶层设计是无锡数字经济高质量发展指路明灯。2012年以来，无锡先后出台了一系列有关加快推进数字经济高质量发展的专项规划和配套政策文件，形成了“5年有实施意见、3年有行动计划、年度有工作要点”的政策规划体系（见表11-1）。

表11-1 无锡城市数字力建设相关政策文件（2012—2021年）

年份	规划文件名称
2012	无锡市国家传感网创新示范区发展规划纲要（2012—2020年）
2013	无锡市微电子产业规划（2013—2020年）
2016	无锡市“十三五”制造业转型发展规划（2016—2020年）
2016	无锡市信息基础设施专项规划（2016—2020年）
2018	无锡市集成电路产业发展规划（2018—2020年）
2020	无锡市5G产业发展规划（2020—2025年）
2020	无锡太湖湾科技创新带发展规划（2020—2025年）
2021	无锡市“十四五”数字经济专项规划
2015	关于以智能化绿色化服务化高端化为引领，全力打造无锡现代产业发展新高地的意见
2017	无锡市智能制造三年（2017—2019年）行动计划
2017	无锡市加快发展以物联网为龙头的新一代信息技术产业三年（2017—2019年）行动计划
2018	关于进一步支持以物联网为龙头的新一代信息技术产业发展的政策意见
2018	无锡市推进新型智慧城市建设三年行动计划（2018—2020年）
2019	中国（无锡）跨境电子商务综合试验区实施方案
2019	关于加快推进数字经济高质量发展的实施意见
2019	关于进一步深化现代产业发展政策的意见
2020	无锡市加快推进数字经济高质量发展三年行动计划（2020—2022年）

2020	无锡市加快推进数字经济高质量发展2020年工作要点
2020	无锡市加快发展以物联网为龙头的新一代信息技术产业打造世界级产业集群三年行动计划（2020—2022年）
2020	无锡市工业互联网和智能制造发展三年行动计划（2020—2022年）
2020	无锡市促进软件产业高质量发展的若干政策
2020	关于加快推动新基建积极培育新动能的实施方案
2020	《无锡市数字经济核心产业统计分类目录》
2020	《无锡市数字经济高质量发展工作评价细则》
2021	无锡市实施“十百千万”工程推进企业智能化改造数字化转型三年行动计划（2021—2023年）

例如，2019年无锡市委、市政府提出发展以数字经济为首的“三大经济”，出台《关于加快推进数字经济高质量发展的实施意见》，提出“把无锡建设成为全国数字经济示范城市”的目标，明确到2025年无锡数字经济高质量发展的重点工作任务。在此基础上又出台了《无锡市加快推进数字经济高质量发展2020年工作要点》，细化了各项工作任务，明确了责任分工。另外，《无锡市加快发展以物联网为龙头的新一代信息技术产业打造世界级产业集群三年行动计划（2020—2022年）》《无锡市5G产业发展规划（2020—2025年）》《无锡市工业互联网和智能制造发展三年行动计划（2020—2022年）》等一批配套文件相继出台，明确了数字经济各个细分领域的目标任务。此外，还编制了《无锡市数字经济核心产业统计分类目录》，并出台《无锡市数字经济高质量发展工作评价细则》。2021年无锡又出台《无锡市“十四五”数字经济专项规划》，进一步明确发展目标、发展格局和重点任务。

二、提前布局新型基础设施建设

无锡在多项数字基础设施方面均领先全国布局，为数字经济发展提供了坚实支撑。一是大力推进全光网城市建设。无锡分别与江苏电信、江苏移动签署战略合作协议，共同推进“智慧无锡•全光网城市”建设。2021 年无锡成为全国首批“千兆”“双智”城市，光纤宽带覆盖率高达 100%，平均速率超过 140Mbps，并且在国内率先成为免费 Wi-Fi 城市。二是持续完善 NB-IoT 窄带物联网建设。自 2016 年 12 月无锡成为全国首个 NB-IOT 商用网络试点城市以来，不断加速 NB-IoT 全域布局，持续深化 NB-IoT 在智能抄表、智慧停车、智慧医疗等领域的应用，同时把完成 NB-IoT 优化列入新型智慧城市建设三年行动计划发展目标。三是率先实现 IPv6 规模部署。作为全国首批试点城市之一，无锡于 2009 年启动 IPv6 现场试验，并于 2018 年 9 月实现 IPv6 规模部署全覆盖，为新一代信息技术应用构建了良好的网络环境。四是加快 5G 网络建设。出台“加快推进 5G 网络建设发展若干意见”“5G 基础设施空间布局规划”“5G 产业发展规划”等多个指导性文件，为 5G 建设和发展保驾护航。

三、数实融合促进产业转型升级

数字经济的发展离不开传统产业的数字化转型，而产业数字化转型也需要数字技术作为支撑，因此，加强数字技术与传统产业的深度融合已成为必然趋势。

1. 推进制造业的数智化升级

近年来，无锡一直把智能制造作为制造业转型升级的主要阵地。针对中小制造业企业“不会转”“不能转”“不敢转”等问题，建立了“点、线、面”梯次推进工作机制。全面梳理产业数字化转型不同阶段的困难与问题，制定三个“三年行动计划”，实施各有侧重的“五大工程”。

首先，两化融合阶段。该阶段所面临的核心问题是企业缺乏数字化转型的意识、市场缺乏适合的数字化产品且数字化转型的投入产出效益不明。无锡在全国率先启动了五大工程，即工业软件开发应用、改造提升传统产业示范、“两化融合”园区建设、公共服务平台建设和节能改造与综合管理。其次，智能制造主攻阶段。该阶段企业的数字化转型开始出现分化，先行的企业已经产生了智能化的需求，而较为落后的企业才认识到转型的价值。结合该阶段的特点，无锡在全省率先成立智能制造推进处，以“智慧化、绿色化、服务化、高端化”为引领，将各项工作分层次、分领域进行推进。最后，大力发展工业互联网和智能制造阶段。该阶段企业数字化转型的关键问题已转变为“应该如何转”。无锡围绕数字化、网络化、智能化这条转型主线，提出实施五大工程，即制造业数字化提升、工业互联网发展、企业智能化建设、创新体系建设和模式业态创新。此外，无锡还建立了市、区两级联动的财政支持体系，以缓解企业转型资金压力、降低项目投资门槛，让更多工业投资项目进入市重点工业投资计划和“千企技改”计划；放宽制造业企业上云扶持政策。为进一步增强企业数字化转型信心，2020 年市工业互联网和智能制造专项资金针对 127 个项目提供了约 5000 万元的扶持资金。对首次列入国家智能制造系统解决方案供应商推荐目录和江苏省智能制造领军服务机构的单位，给予一定额度的奖励。

2. 促进服务业的数字化发展

在电子商务领域。无锡抓住国家跨境电商综合试验区建设机会，将跨境电商作为经济转型的新动能，自 2018 年 7 月获批成立国家跨境电子商务综合试验区以来，已经先后获得江苏省“七个第一”[299]，包括省级公共海外仓总数位居全省第一、省内首家实现跨境电商进口代理企业直接对外付汇、省内第一批跨境电商专业服务平台建设完成等。根据无锡商务局，无锡已有 18 家公共海外仓，其中 8 家为省级公共海外仓，总数位居江苏省首位。2021 年公共海外仓出口产品价值金额高达 2.95 亿美元。同时，无锡将跨境电商发展政策纳入开放型经济高质量发展实施意见中，重点从载体建设、企业引育、人才培养、服务配套等方面给予扶持，良好的产业氛围先后吸引了一批跨境电商龙头企业进驻无锡，如京东、中国制造网、别样海外购等。在数字文化领域。无锡抓住国际电影数字化机遇，以无锡国家数字电影产业园为载体，积极发展数字文化产业，鼓励发展动漫、网游、数字音乐等数字内容和虚拟现实产业，构建现代影视工业化发展体系，打造数字影视产业链及衍生链。作为我国最早的影视基地城市，早在 1987 年，中央电视台就在无锡建立了唐城、三国城和水浒城等影视外景拍摄基地。当前每年在无锡拍摄的影视作品已超 100 部。与此同时，无锡的软件、动画、动漫产业已具规模[300]。

参考文献：

299 中国（无锡）跨境电子商务综合试验区 -线上综合服务平台[EB/OL].https://cmpanda.com/consult/consultDetail?informationId=630.

300 无锡国家数字电影产业园[EB/OL].http://wuxistudio.com/index.php?s=/article/lists/category/5.html.

1. 翟斌.数字经济背景下无锡推进产业数字化转型的发展路径研究[J].产业创新研究,2022(4):17-19.
2. 无锡市新产业研究会.无锡数字经济发展报告2021[M].上海社会科学院出版社,2021.
3. 殷晴.江苏要情动态——无锡产业数字化转型“标杆探索”路径解码[EB/OL].https://www.sohu.com/a/472616146_121119253.

第三节　无锡城市数字力打造案例

案例一、无锡集成电路产业集群

2021年，无锡集成电路集群规模达1783亿元，其中，无锡高新区聚集了全市约80%的集成电路企业和70%的集成电路产业产出，在晶圆制造、芯片设计、生产测试、封装、模组、功率器件及整机等方面已形成发展优势，拥有海力士、华虹半导体、中科芯等一批核心企业和国家集成电路特色工艺及封装测试创新中心（以下简称“创新中心”）。在前文关于无锡集成电路产业发展脉络的基础上，本节重点探究海力士、华虹无锡和国家集成电路特色工艺及封装测试创新中心三个具有代表性企业（组织），希望通过微观视角来进一步观察无锡集成电路产业发展现状。

1. SK海力士

海力士在无锡的发展可以分为三个阶段[301]。第一阶段：2004至2017年，双方合作起步，成果初现。2004年8月，SK海力士—意法半导体项目在南京签约。从2005年SK海力士在无锡高新区投资设立半导体制造工厂以来，至2017年SK海力士在无锡的投资总额达105亿美元，技术水平达到20nm。同时，SK海力士还

301 潇湘晨报.老朋友，新合作！这家世界500强企业为何在无锡高新区频频“加码”？[EB/OL].https://baijiahao.baidu.com/s?id=1723240924961770586&wfr=spider&for=pc.

与无锡太极实业合资成立海太半导体，目前海太半导体已成为全国十大半导体封测企业之一。第二阶段：2017 至 2021 年，双方全面合作，实现合作共赢。2017 年 10 月，SK 海力士无锡二工厂项目启动，该项目总投资金额约 86 亿美元。自该项目投产以来，产品良率节节攀升，技术水平也从 20nm 提升到 17nm。这一时期，SK 海力士在无锡快速建成了全球顶尖半导体产业的第一生产基地，投资金额约占全国投资总额的三分之二，常年位居无锡市纳税百强企业榜单前十。第三阶段：2022 年至今，双方深度合作。2022 年双方签订战略合作协议，进入高度深化合作阶段。新阶段合作项目将推动 SK 海力士无锡工厂工艺实现 14-16nm，生产效率提升 27%，能耗节约近 40%，同时进一步巩固提升全球 DRAM 制造市场份额，打造全球 DRAM 最大供应基地。

2. 华虹无锡

华虹无锡是由华虹集团旗下华虹半导体有限公司、上海华虹宏力半导体制造有限公司、国家集成电路产业投资基金股份有限公司和无锡锡虹联芯投资有限公司共同投资组建的。2017 年 8 月，无锡市政府与上海华虹（集团）有限公司签署战略合作协议，华虹集团集成电路研发和制造基地项目正式进驻无锡高新区。其中，规划投资约 25 亿美元的一期项目（华虹七厂）仅用 17 个月便实现投产，创造了“华虹速度”。根据华虹半导体 2021 全年业绩公告，2021 年是华虹无锡 12 英寸晶圆厂投入运营的第三年，自 2021 年 10 月起，月投片量超 6.5 万片，全年产能利用率均维持在 100%

以上。2022 年华虹半导体将继续致力于华虹无锡 12 英寸生产线的产能扩充，年底将总产能释放至超过 9 万片/月[302]。

3. 国家集成电路特色工艺及封装测试创新中心

2020 年工信部正式批复无锡试点建设国家集成电路特色工艺及封装测试创新中心。该创新中心不仅是江苏省新一代信息技术领域首个国家创新中心，也是无锡的首个国家制造业创新中心，主要开展系统级封装/集成先导技术研究，为产业界提供系统解决方案，服务范围包括设计仿真服务、先进封装技术服务、测试服务、战略调研与知识产权服务等。目前已建成 1 万多平方米的研发大楼，集聚了 71 家产业链上下游单位，拥有各类研发人员约 300 人，累计申请专利约 880 项，连续三年实现盈利[303]。

案例二、无锡雪浪小镇

雪浪小镇，规划占地面积 3.5 平方千米，位于无锡经济开发区核心区域。2017 年 8 月，在各级政府的大力支持下由中国工程院院士、阿里云创始人王坚博士发起创立。雪浪小镇基于无锡传统制造业和物联网产业优势，布局发展以工业互联网为代表的数字产业，以“思想策源地、产业新跑道、资本新天地”为使命，打造全球物联网产业地标。

1. 雪浪大会

创立之初，雪浪小镇便明确了数字产业与制造业协同发展的理念，并将工业互联网作为主赛道，致力于打造“服务新制造的第三方平台公司和标杆企业聚集地”。为了提升产业界对于制造

302 华虹官网.https://www.huahong.com.cn/?m=channel&id=28.

303 金台资讯.新一代信息技术产业领域国家创新中心落户无锡[EB/OL].https://baijiahao.baidu.com/s?id=1664750006653733190&wfr=spider&for=pc.

业数字化转型价值的认知，雪浪小镇依托“雪浪大会”发起了“唤醒计划”。首届唤醒大会于2018年召开，提出了“从制造业中来，到制造业中去”的口号，踏上了探索制造业与互联网融合发展的道路。2019年第二届大会提出“新工业人、新工厂、新工业梦”的主题，精准地切中了当下制造业的痛点，在首届大会的基础上进一步探索实现制造业数字化升级的方法与路径。据统计，在头两届雪浪大会上，共有近 2000 家无锡当地乃至长三角地区制造业龙头企业、近千家创新公司，总计近 10 万人次参与其中。到了2021年的第三届雪浪大会，又吸引了 20 多家制造业骨干企业加盟，来自全国的800多家制造业骨干企业和无锡本土1600 多名制造业企业负责人出席大会[304]。至2022年，雪浪大会已成功召开四届了。

2. 产业路径

不同于传统的依托成熟龙头企业来打造产业集群的发展路径，雪浪小镇形成了独特的发展路径——“小镇＋平台＋生态＋集群”，即，一是引入具有发展潜力的科创团队。二是依托企业及产业平台打造产业生态，让相关产业领域的企业可以匹配到合适的上下游企业，形成彼此之间的良性互动。三是利用优质产业生态形成的品牌影响力来进一步招商引资、招才引智，进而形成产业集群。例如，引入原创性团队——雪浪数制团队，依托其在工业及互联网领域的强大背景和深厚沉淀，迅速研发出雪浪OS工业数据操作系统和雪浪云国家工业互联网平台。基于雪浪云国家工业互联网平台，小镇积极探索“1+N”发展模式，即：1个面向工业企业的跨行业、跨地域的工业互联网平台，N个制造业龙头企业垂直工业

304 从制造业中来，到制造业中去——2021雪浪大会侧记[EB/OL].https://m.thepaper.cn/baijiahao_13340156.

互联网平台。目前小镇已全面运营雪浪云工业互联网，并引育了远景智能城市操作系统、中科院工业智能计算、浪潮大数据加工及交易平台、安超云云计算、博士车联网等多个重大产业平台。与此同时，200多家创新企业和一批顶尖孵化器和金融服务机构相继落户小镇，包括中科海拓、远景智能、数之联、达坦能源、飞榴科技等。在这样的衍生发展过程中，各类生态合作伙伴企业、工业APP相继落户雪浪小镇，数字产业生态圈由此逐渐形成。此外，中国工程院院士、阿里云创始人、雪浪小镇名誉镇长王坚还搭建了“雪浪工程院”，利用生态企业的研发力量以及院士的背书，将数据算法、城市创新、制造业创新等领域的专家和有相关技术需求的企业“链接”起来，彼此以志愿者或者交流者的身份来共同探讨，用低成本的方式帮助行业解决数字化进程中的难题。

参考文献：

1. 胜平，刘勇．无锡国家高新区智慧产业的实践与探索[J]．绍兴文理学院学报，2022(3)：87-96．
2. 无锡市新产业研究会．无锡数字经济发展报告2021[M]．上海社会科学院出版社，2021．

第十二章　合肥

前瞻布局前端科技、精准招商、务实创新，助力城市实现跨越式发展。

摘要

合肥，安徽省省会，是长三角城市群副中心城市和综合性国家科学中心，近年来经济发展迅猛，GDP 总量迈上万亿大关。新型显示、集成电路、人工智能产业集群成功入选第一批国家级战略性新兴产业集群。当前，合肥正着力打造具有国内比较优势的数字经济高地，争创国家数字经济创新发展试验区。

本章在梳理合肥数字基础设施、数字科技创新、产业数字化、数字产业化和数字化治理现状的基础上，分析总结了合肥在城市数字力建设中的四大特点，即（1）前瞻布局量子通信等数字基础设施；（2）科学精准招引领军企业、完善产业配套，迅速做大做强数字产业；（3）重视工业生产和工业产品的数字化改造，为经济发展提供新动能；（4）坚持务实、创新，形成产业发展的独特打法和可持续的产业竞争优势。最后，以案例形式分析了人工智能产业和汽车产业在合肥的发展历程，进一步阐明了合肥在数字产业化和产业数字化上的独特经验。

第一节 合肥城市数字力打造现状

合肥，既是安徽省省会，又是长三角城市群副中心城市和综合性国家科学中心，近年来，创新动能汇聚迸发，创新成果持续涌现，2020 年 GDP 首次破万亿。据统计，合肥市新型显示、集成电路、人工智能 3 个产业集聚企业超 1000 家，其中规模以上重点企业近 400 家，2020 年全产业链产值突破 2000 亿元，同比增长 25.9%，对全市工业贡献率达 63.3%。新型显示、集成电路、人工智能产业集群成功入选第一批国家级战略性新兴产业集群，获批数量位居全国第四位、省会城市第二位。2020 年，合肥市数字经济规模超 4000 亿元，占 GDP 比重超四成；数字经济核心产业增加值 906.7 亿元，同比增长 20.1%，占 GDP 比重为 9%，比上年提高 0.9 个百分点，高于全国平均水平 1.2 个百分点。从构成看（见图 12-1），2020 年数字产品制造业增加值 527 亿元，占全市数字经济核心产业比重达 58.1%；数字技术应用业增加值 266.4 亿元，占比 29.4%；数字要素驱动业增加值 69.4 亿元，占比 7.6%；数字产品服务业增加值 44 亿元，占比 4.9%[305]。预计 2021 年全市数字经济增加值占 GDP 比重达 45%以上，数字经济核心产业增加值占 10%以上[306]。

2021 年 4 月，合肥市获批安徽省唯一的数字经济创新发展试验区，根据安徽省委、省政府“数字江淮”战略部署及试验区批复的要求，合肥正着力打造具有国内比较优势的数字经济高地，

305 合肥市数字经济核心产业发展状况[EB/OL].http://tjj.hefei.gov.cn/public/14891/106927479.html
306 合肥：预计 2021 年数字经济增加值占 GDP 比重达 45%以上[EB/OL]. https://ah.news.163.com/22/0812/09/HE1DG9TR04078CPA.html.

争创国家数字经济创新发展试验区。2021 年 9 月，合肥市荣登赛迪顾问发布的“2021 数字经济城市发展百强榜”，并获评数字经济发展新一线城市。

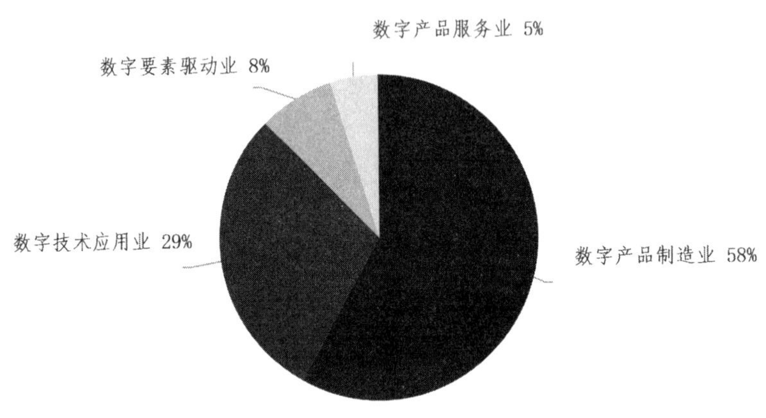

图 12-1　2020 年合肥市数字经济核心产业增加值构成

一、高标准建设数字基础设施，发挥数字化引领作用

合肥提出要高标准构建“创新驱动、示范引领、协同高效、开放共享、安全可靠”的数字基础设施体系，充分发挥数字化引领、撬动、赋能作用，到 2025 年底，基本建成“泛在连接、协同计算、全域感知、数据赋能、融合升级、安全可信”六位一体的新型数字基础设施，将合肥打造成为全国数字基础设施建设标杆城市的发展目标。

1. 通信网络

光纤化改造全面完成。截至 2020 年底，合肥全市光缆线路长度达 33 万公里，实现新建小区、商务楼宇光纤入户全覆盖，行政村光纤覆盖率达100%；移动电话用户为1108.61万户，移动电话普及率达118.3部/百人，其中4G移动电话用户达到720.2万户，占比65%；固定互联网宽带接入用户总数2021年底达435.1万户，其中100M速率以上用户数达到376.3万户，占比86.5%[307]，固定宽带家庭接入能力达300M；截至2021年底，累计建成13000余个5G基站，实现5G网络市区、县域和乡镇连续覆盖，逐步向行政村深度覆盖，获评“宽带中国”示范城市优秀城市；完成5000余个窄带物联网（NB-IoT）物理站点部署，基本实现城市地区物联网全面覆盖，全省率先实现行政村窄带物联网全覆盖。2021年12月，合肥国际互联网数据专用通道正式开通，建成了2个工业互联网综合性标识解析二级节点，并于2022年4月获批建设国家级互联网骨干直联点，成为我国互联网网间互联架构的顶层关键环节。

2. 存算能力

公共算力服务平台建设方面，2021年6月合肥先进计算中心“巢湖明月”投入运行，具备科学计算峰值12PFlops、智能计算峰值256Pops。目前设备综合负载率达到55%，已广泛服务300余家企事业单位，累计助力中科大、中科院合肥物质院及国内高校163个团队完成各类原始创新研究200余项。大型数据中心建设方面，由马钢集团与中国联通共同投资建设的“长三角（合肥）数字科技中心”规划了2万个机架，预计2022年完成2500个机架的一期建设；安徽电信大数据产业园在合肥市高新区推进的1.6万架规模数据中心预计于2022年实现装机投产；2022年4月，由合肥

307 2021年12月安徽省信息通信业发展情况[EB/OL].https://ahca.miit.gov.cn/txfz/xytj/art/2022/art_655fb66e5f4f4fb186d5d74446bc5d8b.html.

华云信创云数据中心建设的T4标准数据中心正式通电运行[308]。截至2022年6月，全市已建数据中心机架数（折合2.5KW标准机架）达12600个，已建机架数占全省比例超40%。已建数据中心平均上架率达70%[309]。

初步建成以"云网合一、云数联动"和电子政务外网为依托的全市逻辑统一的政务云体系架构。截至2022年5月，政务云总计提供约3万核VCPU、40TB内存及4000TB存储规模，并已实现全市28家单位46个业务系统上政务云。云计算加速企业数字化转型，截至2021年7月，全市上云企业超过1.3万家。全省首个融合5G技术的边缘云平台在长虹美菱工业园上线。

3. 物联感知

通过在公共安全、市政管理、应急管理、生态环境等领域部署前端感知节点，合肥初步实现对城市运行状况的动态感知。截至2020年底，"雪亮工程""天网工程""平安小区"等项目已部署各类感知前端6万余路，实现城域重点区域高清视频监控全覆盖。截至2021年12月，"城市生命线"工程已累计布设100多种、8.5万套前端感知设备，实现全市50多座桥梁、800多公里燃气管网、700多公里供水管网、200多公里排水管网、200多公里热力管网、14公里中水管网和50多公里地下综合管廊的综合监控[310]。通过安全生产和自然灾害感知网络的建设，实现对非煤矿山（尾矿库）、危险化学品企业、烟花爆竹批发企业的重点监控以及森林火险火情、地震、地质灾害、防汛抗旱、气象灾害等领

308 关于市政协十五届一次会议第0035号提案的答复函[EB/OL].https://zwgk.hefei.gov.cn/public/7201/107806921.html.
309 关于市政协十五届一次会议第0041号提案的答复函[EB/OL].https://zwgk.hefei.gov.cn/public/7201/107824919.html.
310 到2025年底，将合肥建成全国数字基础设施建设标杆[EB/OL].http://news.sohu.com/a/506376070_121260545.

域的动态感知。此外，合肥还初步建成全市生态环境自动监测网络，涵盖22个空气质量检测站、67个水质自动监测站和404家污染源企业的监测设施。

4. 数据资源

建设智慧城市中枢平台，政务数据资源“汇治用”水平显著提升。截至2022年5月，依托“城市中台”打通全市近200个业务系统，汇聚近340亿条数据，完成393类8203万套电子证照的汇聚制证工作，融合开发2000余个数据服务能力，为中小学报名、人才安居、不动产登记等448个业务应用场景提供“不打烊”线上服务，累计减少群众7000万余次“跑腿”及材料提交[311]。

2021年12月上线合肥数据要素流通平台，提供主体资质认证、数据合规认证、交易主体评级、数据资产评估等服务，并依托区块链存证技术提供数据争议仲裁。截至2022年6月，数据要素流通平台已吸纳124家数商入驻，对接300余类数据产品，已审核上架134项，累积撮合数据交易24笔，交易额超3000万元[312]。

二、充分发挥科教优势，探索创新重构发展格局道路

近年来，合肥以打造全国综合性国家科学中心为主线，创新生态环境日益改善，重大科技成果不断涌现，科技创新已成为合肥最闪亮的城市名片。2021年，全社会研究与试验发展（R&D）经费投入占地区生产总值的比重达3.52%，居省会城市第3位；全年发明专利授权量达9741件，同比增长28.3%，技术合同交易额突破700亿元；国家高新技术企业超4500家，比上年增加1250家，

311 我市积极打造“云网数”引擎驱动数字政府发展[EB/OL].https://zwgk.hefei.gov.cn/public/7201/107695567.html.
312 关于市政协十五届一次会议第0393号提案的答复函[EB/OL].https://zwgk.hefei.gov.cn/public/7201/107790320.html.

境内外上市企业73家，其中13家企业登陆科创板，位居全国城市第六、省会城市第二。集成电路、新型显示、人工智能跻身首批国家战略新兴产业集群；共拥有国家级重点实验室12个，国家级工程技术研究中心（含分中心）7个，国家级企业技术中心（含分中心）53个。2021年末全市共有院士工作站70个，在肥服务两院院士138人。2021年各类财政资金支持形成的科技成果398项，其中11项科技成果获国家科技奖。当前，全市已有、在建和预建的大科学装置10余个，大科学装置数量位居全国前列。在《国家创新型城市创新能力评价报告2021》中排名第9，创新能力位居全国第一梯队；在《2022自然指数——科研城市》排名第16，跻身全球20强。

在数字经济主战场上，合肥围绕“芯屏汽合”“急终生智”，在量子计算、人工智能、集成电路、新型显示等领域开展核心技术攻关，涌现出一大批国际领先的科研成果。

在量子计算领域，合肥高新区量子信息产业日益完善，科技实力稳居全国第一方阵，成为全球量子信息产业发展的领跑者。我国量子通信技术研发和产业化按照“三步走”策略逐步进行，即基于现有光纤的城域网、基于可信中继的城际网和基于卫星中转的洲际网。合肥发挥其在量子科技的先发优势和量子产业的集聚优势，承担了我国量子技术研发和产业创新的重要工作，并取得一系列世界领先的成果。例如，2009年在合肥开展的全通型量子通信网试验成功验证了城域网基础技术的可行性；2012年全球首个规模化量子通信网络——合肥城域量子保密通信试验示范网正式建设；2016年由中国科学技术大学潘建伟团队研发的“墨子”号全球首颗量子科学实验卫星发射成功。2017年世界首条千公里级量子保密通信干线——“京沪干线”正式开通，合肥是其中的重要节点城市，中国科学技术大学作为项目建设主体；2020年由中国科学技术大学潘建伟、陆朝阳等团队研发的世界最快量子计算机“九章”问世。当前，合肥高新区拥有科大国盾、国仪量子、本源量子等11家量子信息重点企业和20余家关联企业，约600人直接从事量子领域科研工作，近3年累计在国际一流期刊中发表论文150余篇，论文数量居全球首位。此外，合肥全市量子信息产业相关专利数量占全国的12.1%，位居全国第二（仅次于北京）。

在人工智能领域，合肥在基础创新和应用创新方面不断突破，进入全国人工智能第一梯队。在“2020年全球人工智能最具创新力城市榜单”中，合肥全球排名第47，全国排名第4，仅次于北京市、香港特别行政区和上海市。其中，在基础研究方面，合肥具有起点高、起步早的特点，拥有以中科大、中国电科38所等为代表的院所，以中国科学技术大学先进技术研究、清华大学合肥公共安全研究院等为代表的新型研发机构，以及以语音与语言信息处理、认知智能国家重点实验室等为代表的人工智能领域国家科技创新平台。在应用创新方面，合肥人工智能产业发展迅猛，培育了科大讯飞、华米科技等一批重点企业，依托“中国声谷”加快建设人工智能产业核心区。截至2021年6月底，中国声谷已入驻企业1100余家，上半年产值约630亿元。

近几年，合肥坚持“全市一盘棋”，在制度安排、政策保障、环境营造等多方位全面推动科技创新，顺利完成首轮“全创改”70项改革任务，“地方深度参与国家基础研究和应用基础研究的投入机制”入选全国推广的“全创改”典型经验。设立投资引导基金，助力科技成果就地交易、转化和应用。制定并落实“人才政策20条”“人才创新创业8条”、重点产业人才政策等人才政策，连续三年入选“魅力中国——外籍人才眼中最具吸引力的中国城市”榜单前10位。

三、多种措施齐头并进，助力数字产业发展突飞猛进

2020年，合肥市计算机、通信和其他电子设备制造业规上企业实现营业收入2258.8亿元，同比增长26.2%；信息传输、软件和信息技术服务业规上企业实现营业收入448亿元，同比增长15.8%[313]。全市规模以上数字产品制造业企业260户，营业收入2744.61亿元，同比增长26.5%；数字产品服务业企业91户，营业收入672.81亿元，同比增长41.6%；数字技术应用业企业328户，营业收入420.05亿元，同比增长7.7%[314]。数字产业化呈现主体增多、规模增大、动力增强的特点。

1. 新型显示产业

2008年以来，合肥通过产业基金与京东方合作，以“国有资本投资入股——通过资本市场退出——循环再投入”的形式，带动社会资本高强度投资以京东方为龙头的新型显示行业，先后建设了京东方6代线、8.5代线、10.5代线，实现了新型显示产业的跨越赶超。随着京东方、维信诺、康宁、法液空等一批行业龙头企业集聚，以及在新型显示全产业链上的原材料、装备、核心零部件等断点、空白环节培育得近30家专精特新企业，合肥已集聚形成了覆盖上游装备、材料、器件，中游面板、模组以及下游智能终端的完整产业链，实现了“从沙子到整机”的全产业链布

313 数据来源：《合肥市统计年鉴2021》。
314 市统计局副高级统计师王莉解读：合肥市数字经济核心产业发展状况[EB/OL]. http://tjj.hefei.gov.cn/public/14891/106927479.html.

局，产业整体规模在国内居于第一方阵，创新能力、本地化配套水平均在国内居于领先水平，成功入选首批国家战新产业集群和首批省级重大新兴产业基地。2021 年合肥新型显示产业产值同比增长 19.3%，新增授权专利 600 余件，累计授权 3161 件，拥有市级及以上各类技术创新载体 92 家（含国家级载体 10 家，省级载体 48 家）[315]。

2. 集成电路产业

在政策规划方面，2013 年 10 月，合肥市出台《合肥市集成电路产业发展规划（2013—2020 年）》，首次提出“合肥芯”的中国“硅谷”之梦，该规划比 2014 年发布的《国家集成电路产业发展推进纲要》还要抢先一步，为合肥集成电路产业发展指明了方向、路径和目标。在人才支撑方面，合肥拥有中国科技大学、合肥工业大学等几十所高校、2.5 万名微电子相关专业学生、47 家院士工作站、59 家博士后科研流动站及 98 家博士后科研工作站。在产业集群方面，合肥围绕集成电路这一战略性新兴产业，推进集成电路与本地新型显示、装备制造、家电等主导产业深度融合，加快发展驱动、存储、电源管理等特色芯片，打造了存储、显示驱动、智能家电、汽车电子等 4 个特色芯片产业板块，并分别在高新区（智能家电、汽车电子）、经开区（存储、装备）、新站高新区（显示驱动、材料）形成产业集聚。在领军企业方面，拥有合肥长鑫、合肥晶合、合肥通富、联发科技、芯碁微装等国内一流的中大型企业。2021 年，全市集成电路产业实现产值近 400 亿元，同比增长约 30%，规模以上工业统计的主要产品产量中集成电路比上年增长 68.5%；集成电路企业新增授权专利 279 件，总数

315 合肥新型显示产业整体规模居国内第一方阵[EB/OL]. http://jx.ah.gov.cn/zzqs/zdcy/146508471.html.

达 5556 件；新增省企业技术中心等省级以上创新平台 10 家，拥有省级以上创新平台 37 家。目前合肥已经汇聚集成电路企业超 400 家、从业人员超 2.5 万人[316]。

3. 人工智能产业

合肥市发挥中科大、科大讯飞等机构的科研与技术优势，依托中国声谷的核心技术园区，以“技术驱动＋应用引领”推动人工智能产业发展。目前已初步构建起“基础应用技术+底层硬件+数据计算+智能终端+行业应用”全产业链的发展格局，包括以科大讯飞为核心的智能语音板块、以新华三等为骨干的网络安全板块和以华米科技为核心的智能穿戴板块。其中，中国声谷作为全国首个国家级 AI 重要产业基地，已获得 11 项“国字号”荣誉。2020 年中国声谷国家智能语音产业基地入驻企业 1024 家、营业收入 1060 亿元[317]，从业人员超过 10 万人，形成了产业发展的良好环境；科大讯飞在其开放平台设置了教育、医疗、智慧城市、农业、环保、汽车、旅游等 18 个赛道，每条赛道均有上千个团队在开发创新应用，科大讯飞则提供了包含标准体系、测试平台、认证体系、培训平台、低代码开发平台等多方位的保障。截至 2021 年，合肥市人工智能产业集群聚集了 846 家企业，同比增长 23.2%；全年人工智能产业规模超过 815 亿元，增长率约为 21.1%，其中智能语音产业规模超过 185 亿元，在该产业总产值中所占比重达到 64.9%[318]。

四、应用场景示范引领，各产业领域数字化加快推进

316 新政所向 “芯”欣向荣[EB/OL].https://www.hefei.gov.cn/ssxw/csbb/107817120.html.
317 人民日报聚焦合肥高新区：“中国声谷”开启“智能之门”[EB/OL].https://new.qq.com/rain/a/20210804A0AUJE00.
318 安徽合肥：人工智能产业声名远扬[EB/OL].https://m.gmw.cn/baijia/2022-03/08/35570821.html.

依托合肥市大数据特色小镇、中国声谷·蜀山数字经济产业园、中国网谷、京东云（长三角）数字经济产业园、光谷金融港等园区平台，汇聚数字创新企业和创新资源，驱动产业数字化转型。2022年3月，合肥市首批发布83个数字经济经典应用场景，覆盖工业、服务业、建筑业、农业等多个行业，涵盖大数据、人工智能、物联网、5G等多个数字技术，通过示范引领，深化数字技术在各领域的应用，加快传统产业数字化转型。

1. 工业数字化

推进工业数字化转型，以智能制造、工业互联网为方向。

合肥市实施了智能制造"百千万"工程（即百家智能工厂、千个数字化车间、万条数字化生产线），并发布国内首个智能制造地方标准。截至2021年，全市累计培育128家省市级智能工厂、1189个数字化车间，1.3万家企业完成"上云用数赋智"，372家企业通过国家两化融合管理体系贯标评定[319]。涌现出联宝电子、美亚光电、合力叉车、万力轮胎、客来福家居、奥瑞数控、哈工大机器人、巨一自动化、欣奕华等一批智能制造典型案例和优秀产品，特别是新型显示龙头企业京东方，在中国智能制造50强排行榜中位列第六。根据21世纪产业研究院发布的《2019中国智能制造指数（CIMI）报告》，合肥凭借优良的产业环境，在全国参评的35个大中城市中排名第四，仅次于深圳、上海、北京。

工业互联网平台是制造业数字化转型的核心引擎。截至2021年，合肥市已培育工业互联网重点平台30余家，连接工业设备数量达210万台套，平台APP数量超过3000个；上线"工赋合肥"，

319 数字赋能合肥产业发展"量质跃升"[EB/OL].http://www.hfswxcb.cn/wwxdt/18288937.html.

汇聚130余家服务商资源，征集场景需求900余个。通过构建“平台+”场景、技术、行业、园区的多层次工业互联网生态，赋能产业数字化转型。讯飞图聆工业云围绕设备预测性维护、产品质检、安全生产、工艺参数优化等工业场景，形成典型场景解决方案400多个，成为全省唯一的国家级“双跨”平台；美的洗衣机美智工业互联网平台，融合数字孪生、AI视觉等新技术，实现供应链管理、智能化排产、柔性化生产、质量控制等全流程智能化管控，成为安徽省继联合利华合肥工业园之后的第2家“灯塔工厂”；合力等4家平台入选国家级特色型工业互联网平台，荣事达等15家平台入选省级行业平台；经开区依托海恒创投打造基于数字产业大脑的融合创新智慧园区，获批工信部工业互联网园区融合应用新模式试点示范[320]。

2. 服务业数字化

推进服务业数字化升级，积极培育线上经济。

一是物流服务领域。成立于2010年的合肥维天运通公司是国内最早运用互联网平台服务中国公路物流的企业，已形成“全链路数字货运+货车司机职业社区+车后服务”等多种业态为一体的业务布局。根据招股书，其开发的“路歌”平台已为9600多家托运方及230万名货车司机提供了服务。根据2021年的在线GTV（运费交易金额）计算，路歌已成为国内规模第二大的数字货运平台[321]。二是养老服务领域。2017年合肥市创造性地打造“1+3+5+N”智慧养老院架构体系，在全省起到了示范引领作用。2021年“‘1+3+5+N’智慧社区居家养老”等6个应用案例入选全国人工智能养老社会

320 合肥市大力发展工业互联网赋能产业转型升级[EB/OL]. https://www.hefei.gov.cn/ssxw/xxkd/107752745.html.
321 大赚190亿，310万“卡友”撑起一个IPO[EB/OL]. https://www.thepaper.cn/newsDetail_forward_21968945.

实验地区典型案例，占养老领域入选案例50%[322]。截至2021年12月,合肥市已获批第四批智慧健康养老示范基地，创建了6家国家级智慧健康养老服务示范企业、9个示范街道，以及19个省级智慧养老示范项目。三是金融服务领域。2019年8月建设银行安徽省分行与合肥市政府签订《“数字普惠”政银合作协议》，启动“合肥智慧快贷”产品研发。2020年11月“合肥智慧快贷”产品成功上线，利用多维涉企政务数据，实现对小微企业的精准画像，使得小微企业获贷率比以前提高40%。截至2021年11月，累计服务客户5621户，授信30亿元，贷款余额24.5亿元。“合肥智慧快贷”产品作为合肥市数字赋能金融的优秀成果，预期可服务超过10万户合肥本地小微企业和近50万的个人客户[323]。四是电子商务领域。根据安徽省电子商务统计监测平台数据，2021年合肥全市实现网上零售额1169.92亿元，同比增长20.3%，其中实物商品网上零售额933.57亿元，同比增长14.6%。2016年1月，中国（合肥）跨境电子商务综合试验区获国务院批准设立。截至2021年6月，全市拥有跨境电商企业近1700家。2021年合肥市实现跨境电商交易额130亿元，同比增长53.6%，较2016年增长了67倍。此外，合肥依托中国（肥东）互联网生态产业园、安徽白马电子商务产业园，大力发展直播电商，目前全市已建成有一定影响力的电商直播基地10多家，专业直播间400余间[324]。

3. 农业数字化

322 合肥市养老服务 “智慧养老”服务贴心 “医养结合”模式新颖[EB/OL].https://www.sohu.com/a/509100644_120046857.

323 数字普惠：以“数”赋能，金融惠企提质增效[EB/OL].http://www.xinhuanet.com/money/20211221/7707bc3343194630889bdc55e4feda42/c.html.

324 2021年合肥市网上零售规模迈上新台阶[EB/OL].https://baijiahao.baidu.com/s?id=1723291132756353213&wfr=spider&for=pc.

合肥打造了一批数字农业试点示范项目，包括“智慧农业谷”、庐江县国家现代农业示范区、包河区大圩农业物联网小镇等。其中，“智慧农业谷”由合肥市与中科院合肥物质科学研究院于2020年合作建设，建设内容涵盖合肥智慧农业协同创新研究院、智慧农业装备与技术产业园、环巢湖智慧农业实验示范基地，重点围绕农业传感器、大数据、机器人、新材料等领域，从应用基础研究、核心关键技术、集成创新应用三个层次开展研究，实现人工智能与农学深度融合。截至2021年底，“智慧农业谷”项目累计投入建设资金约6000万元[325]。

另外，合肥还引导支持新型农业经营主体数字化改造，涌现出长丰数字草莓应用、“猪联网”生猪产业数智生态服务平台、“种粮一体化”农业产业互联网平台等一批数字农业代表场景。其中，长丰数字草莓项目搭建了基本覆盖草莓生产经营全过程的大数据平台，并依托传感器等智能设备获取草莓全周期信息，持续优化温湿度、光照、土壤、水肥、病虫害防治等参数，实现草莓生产全环节品质调控闭环。截至2021年，改造建成5个示范主体11个“数字草莓”自动化大棚[326]。

五、“城市大脑”，构筑亲民、安全、高效的城市环境

2020年初，合肥市正式提出“城市大脑”概念，统筹构建市级大数据平台、新一代政务云、政务信息能力整合支撑平台三位一体的“城市大脑”底座。合肥市大数据平台着眼于让数据和资源信息实现零距离共享，先后接入近200个系统、231亿条数据，

325 长丰：智慧助力赋能“希望的田野”[EB/OL].https://kepu.gmw.cn/agri/2022-02/17/content_35525901.htm.
326 长丰县“三个一”，打造数字草莓产业新模式[EB/OL].http://www.ahwx.gov.cn/szxc/dxal/202206/t20220623_6098053.html.

编制8955类数据资源共享目录，已实现与国家、省信息交换共享平台的互通；合肥市政务云以“云网合一、云数联动”为基础，以电子政务外网为依托，建成全市逻辑统一的政务云体系架构；合肥市政务信息能力整合支撑平台基于市级大数据平台，整合各类政务数据资源，已向全市交通管理、政务服务、公共服务、公共安全、应急保障等多个领域提供近2000个数据资源能力服务[327]。为深化“城市大脑”建设，2021年5月，合肥市印发《合肥市“城市大脑”建设方案（2021—2023年）》，提出“1+3+4+N”的内容包括，即构建1个市级大脑，夯实信息基础设施、融合基础设施、创新基础设施等3项基础设施，建设完善数据中台、智慧中台、业务中台、时空中台等4大城市中台，深化城市管理、城市安全、应急指挥、交通出行、生态环保、市场监管、社会保障、社区治理、农业和农村治理等20个领域100项左右智慧场景建设应用。

通过“城市大脑”的持续建设，合肥数字化治理水平不断提高。一方面，城市变得更高效。打造“交通超脑”，建设交通流量实时感知及分析预测大数据平台，试点区域交通拥堵率下降20%，重点路口排队长度约降低15%；另一方面，城市变得更安全。“城市生命线”二期上线运行，建设模式在全国300多个地级市推广实施，实现对燃气爆炸、桥梁垮塌、路面坍塌、城市内涝、大面积停水停气等重大安全事故的“全面感知、全面接入、全面监控、全面预警”；统筹推进智慧平安小区建设，建成智慧平安小区1804个，覆盖率达53.38%，社区可预防性案件的发生率降低了90%以上；此外，城市变得更便民。在全国率先提出“一码通域”工程，

327 “城市大脑”让合肥“秀外慧中”[EB/OL].https://baijiahao.baidu.com/s?id=1690719427435118534&wfr=spider&for=pc.

已实现在政务服务、医疗健康、文化旅游等 10 余个领域应用；增强“一网通办”功能，新增智慧办事事项 24 个[328]。

参考文献：

1. 《2021 年合肥市国民经济和社会发展统计公报》
2. 《2022 年合肥市政府工作报告》
3. 《合肥市“十四五”科技创新发展规划》
4. 自然指数：中国科研城市在全球排名快速上升 北京保持第一[EB/OL]. http://www.gov.cn/xinwen/2022-11/29/content_5729408.htm.
5. 合肥量子城域网建设启动，可覆盖城市范围的量子密钥分发[EB/OL].https://www.thepaper.cn/newsDetail_forward_14581374.
6. 安徽合肥：量子科技实力稳居全国第一方阵[EB/OL].https://www.cnr.cn/ah/news/20211214/t20211214_525687327.shtml.
7. 合肥高新区：量子产业“渐入佳境”[EB/OL].http://jx.ah.gov.cn/zzqs/czcy/146110061.html.
8. [合肥晚报]量子科技合肥结硕果[EB/OL].https://news.ustc.edu.cn/info/1056/77825.htm.
9. AI 创新城市榜单： 合肥排名全国第 4[EB/OL].http://union.china.com.cn/zhuanti/txt/2020-11/26/content_41372807.html.
10. 合肥人工智能产业发展迅猛[EB/OL].http://jx.ah.gov.cn/zzqs/czcy/146212131.html.

第二节 合肥城市数字力打造经验

新中国成立初期，合肥成为安徽省省会城市，从此开启了城市建设和发展的新篇章。经过 70 年左右的探索和努力，合肥从“籍籍无名”到“气质鲜明”，实现了跨越式发展。与其他同等级城市相比，合肥既无深厚的历史文化沉淀，也无雄厚的工业基础，之所以取得今天的成绩，主要依靠改革创新的智慧和努力。本节将聚焦于数字经济时代下合肥借助数字科技力量，精准把握产业发展趋势，逐步提升城市竞争力的典型经验。

328 合肥市常务副市长王文松谈数字化赋能合肥市高质量发展的实践[EB/OL].http://www.xinhuanet.com/info/20210803/9ecdc7f09eee4bce8732f5290ec12069/c.html.

一、前瞻布局尖端技术，谋篇未来发展空间

发挥中国科学技术大学等科研院所在量子通信技术领域的基础研究能力和先发优势，引导先进通信技术产业化，前瞻布局新型基础设施，谋篇数字经济未来空间。经过多年发展，合肥市在量子信息基础研究领域已形成“一院三平台”的机构体系，即量子信息与量子科技创新研究院、合肥微尺度物质科学国家研究中心、中科院量子信息重点实验室、中科院微观磁共振重点实验室。量子信息领域知名专家如潘建伟、郭光灿、杜江峰三位院士，均在中科大开展基础研究与成果转化工作。

合肥作为我国量子信息技术创新策源地，一直以来对量子通信技术和量子信息产业高度重视。作为信息基础设施，量子城域网是数字新基建的重要构成。从 2004 年起，一系列量子保密通信城域网建设项目在北京、上海、合肥等地陆续部署，但基本上都属于试验网和示范性质。在 2021 年 9 月召开的“2021 量子信息产业大会”上，合肥市政府宣布启动“合肥量子城域网启动建设”，并全面采用自主可控的量子通信设备和业界领先的经典量子波分复用技术等，完成融合量子通信技术的政务外网升级改造，为市公安局、市税务局、市司法局、市住房公积金中心等 10 多家公共服务部门提供量子加密通道，有望成为实用化量子通信网络的标杆范例。

建设天基信息网、互联网和移动通信网互联互通的天地一体化信息网络[329]，有助于解决我国信息网络“信息难兼容、服务响应慢、安全有隐患”的问题。目前全国共有六大信息港。天地一体

329 天地一体化信息网络由天基骨干网、天基接入网、地基节点网组成，并与地面互联网和移动通信网互联互通。天基骨干网主要由地球同步轨道卫星组成，天基接入网由低轨卫星和浮空平台等组成，地基节点网由多个地面互联的地基骨干节点（信息港）组成。地面信息港是天地网络信息交互枢纽，实现多源信息的统一存储、管理、融合、处理和共享，为各类用户提供对天地一体化网络信息资源的统一访问和综合应用，是国家一体化大数据服务体系重要组成部分。

化信息网络合肥中心主要建设“一院一港”，即天地一体化信息网络研究院（合肥）和合肥地面信息港。其中，研究院主要聚焦天基骨干网、天基接入网、地基节点网以及大阵列、大数据和物联网等关键技术研究，信息港由天地信息收发阵列、数据融合中心和数据服务中心组成，是开展大数据研究及提供信息服务的核心平台。天地一体化信息网络合肥中心的建设，将使合肥成为天地一体化信息网络工程重要建设主体，带动合肥在大数据分析处理、数据应用服务等领域规模化发展，形成天地一体化信息产业集群，成为华东地区天地信息与数据交互枢纽。

二、科学精准招引龙头，做大做强数字产业

按照“领军企业—重大项目—产业链条—产业集群”的发展思路，合肥以引进培育领军企业和加快建设重大项目为抓手，推动产业不断强链、补链、延链，加速产业集聚，实现数字产业“从无到有”“从小到大”“从弱到强”的跨越式发展。

在领军企业和重大项目选择上，合肥遵循与本地现有产业基础相得益彰的原则，既能有效助力原有产业发展，又为培育更有市场前景的相关产业打好根基，进而有序实现产业迭代升级。

在引入京东方的选择上，合肥基于以下几点考虑：一是合肥已与青岛、佛山并列成为中国三大家电产业基地，要实现进一步突破，必须有本质上的改变；二是合肥当地企业有大量液晶显示屏采购需求。当时合肥的海尔、长虹及滁州的康佳三家彩色电视机厂商正逐步向液晶电视转型，共有约 1000 万台彩色电视机产能，液晶显示屏年采购金额在 500 亿元至 700 亿元之间；三是液晶显示屏成本占液晶电视机成本的 70%，如果不能实现本地配套液晶显

示，合肥家电龙头企业可能出于物流成本的考虑而选择外迁；四是液晶显示产业链条长、对 GDP 拉动效应大，且从投资到达产的速度远快于传统产业。根据京东方 5 代线的运营经验，对当地的投资拉动是 1：6，产值拉动是 1：4，合肥用 3 至 5 年的时间即可打造一个千亿级的高技术产业；五是国内拥有自主知识产权、完整掌握液晶面板核心工艺和产品技术的企业只有京东方。于是，合肥不惜一切代价引入京东方[330]。

类似的，在与兆易创新合作上，合肥基于以下几点考虑：一是合肥拥有对芯片产品的强大市场需求。面板问题逐步缓解后，“有屏无芯”的矛盾随之突出。根据合肥市发改委 2013 年的统计数据，合肥家用电器、面板显示、汽车电子和绿色能源等产业领域每年的芯片需求量达数十亿片，需求金额突破 300 亿元[331]（见图 12-2）。其中，动态随机存取存储器（DRAM）是最主要的芯片品类；二是 DRAM 芯片的国产化势在必行。从 2008 年开始，集成电路进口额超过原油，成为我国第一大宗的进口商品。其中，存储器芯片是我国芯片市场中的最大品类，也是最能体现集成电路规模经济效应和先进制造工艺的产品。然而，三星、SK 海力士和美光等海外企业占据着这类产品 95%市场份额，国内企业只能依靠进口。三是兆易创新拥有 DRAM 芯片自主核心技术，可以完成研发设计，一旦生产配套跟上，即可实现市场价值。于是，合肥与兆易创新合作成立合肥长鑫，建设 12 英寸存储器晶圆制造基地。可以看出，无论是新型显示领域的京东方还是集成电路领域的兆易创新，合肥在选择上首先基于现有产业发展需要，其次科学分析拟

330 专访合肥市发改委主任王厚亮：五年液晶热恋始末[EB/OL].https://it.sohu.com/20090414/n263374366.shtml.
331 40 年，安徽芯片崛起之路[EB/OL].https://baijiahao.baidu.com/s?id=1731079402796326710&wfr=spider&for=pc.

选择产业的发展趋势和市场前景，然后在领军企业和重大项目选择上坚持拥有自主核心技术。

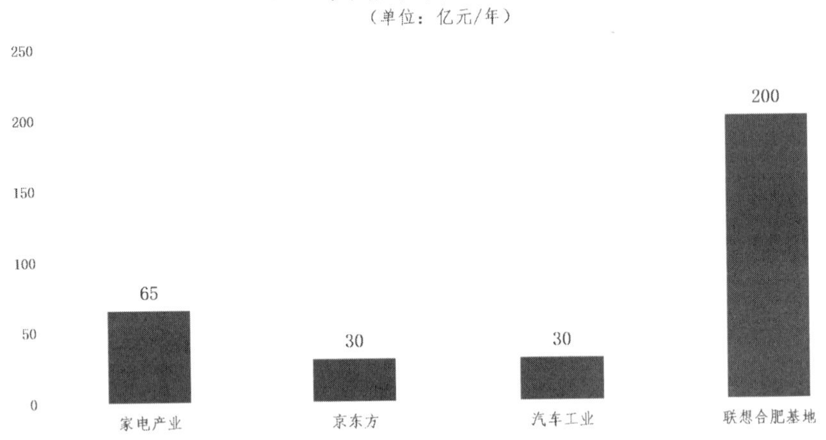

图 12-2 2013 年合肥市集成电路市场需求

数据来源：合肥市发改委。

在产业链和产业集群打造上，合肥不满足重大项目一时带来的领先优势，遵循持续创新研发、不断填补空白的原则，推动产业门类横向延伸、产业链上下游纵向拓展，进而形成生态良性循环的产业集群。引入京东方 6 代线之后，合肥又与京东方合作先后建成了国内首条采用氧化物半导体技术的 TFT-LCD8.5 代线、全球首条 10.5 代线以及国内最大规模 OGS 触摸屏生产线。京东方扎根后，引发了巨大的连锁效应，维信诺、彩虹、康宁、三利谱、住友化学、法国液空等一批具有国际影响力的新型显示龙头企业随后纷纷进驻，合肥得以形成涵盖上游装备、材料、器件，中游面板、模组以及下游智能终端的完整产业链。在产业集群效应下，技术创新不断突破，如彩虹自主研发液晶玻璃基板打破国际垄断、视涯硅基 OLED 微显示器件性能国际领先、东超科技空气成像技术引领显示形式变革。同样的，合肥长鑫 19nm 工艺的 DDR4/LPDDR4

芯片成功量产后，又研发推出17nm工艺的DDR5内存芯片，且良品率不断提升。此外，合肥大力引进、培育IC设计企业联发科技、台湾晶圆代工企业力晶科技、直写光刻设备企业芯碁微装、封测企业通富微电子、面板芯片企业合肥晶合、NOR Flash存储芯片企业恒烁半导体、智能芯片先行者寒武纪等，填补多项国内相关领域空白，形成从设计、制造、封测、设备材料到应用的产业闭环。

目前，合肥新型显示、集成电路产业的创新能力、本地化配套水平均在国内居于领先水平，已入选首批国家战略性新兴产业集群。在这两个产业集群的打造上，合肥仅花了十年不到的时间。

三、聚焦工业数字化，培育经济发展新动能

数字经济是当前经济发展的新动能，根据中国信通院的测算，数字经济规模的80%由产业数字化贡献。合肥2021年GDP总量达到11412.8亿元，近十年累计涨幅214%，成为全国经济强市（GDP超过5000亿元的城市）中进步最大的城市，这一成就与合肥在传统产业数字化特别是工业数字化上的努力密不可分。合肥的工业数字化不仅注重生产数字化，更强调核心工业产品的数字化。

生产数字化上，合肥创新实施了将智能制造项目补贴比例提升至最高20%的智能制造“万千百”工程。2020年对194个技改项目补助4.06亿元，其中对70个机器换人、智能化改造项目补助1.61亿元；累计培育智能工厂117家、数字化车间1107个，推广应用工业机器人7500余台（套），形成了一批具有示范带动效应的典型项目[332]。例如，2020年9月，联宝科技自主研发并拥有完整知识产权的智能标杆线“哪吒”和“水星”顺利投产，将

332 解析“合肥制造”的创新“密码”[EB/OL].https://baijiahao.baidu.com/s?id=1707839955866472439&wfr=spider&for=pc.

笔记本电脑主板生产线自动化率和整机组包生产线自动化率分别提升到90%和50%,平均不到1秒即可下线1台笔记本电脑。自2017年营收首次突破500亿元之后，联宝科技营收快速增长，至2020年实现1016亿，成为合肥首家千亿企业，稳坐全球最大PC生产基地宝座[333]。在长虹美菱完成数字化改造的冰箱生产线上，每个数据都是实时可控的，这些数据汇聚到工厂的工业互联网大数据中心，与采购、销售、物流等环节互联互通，不仅使生产效率提升了35%、废损率下降了32%，还大大提高了制造的柔性化程度，有效应对日益突出的多元化、定制化需求及随时可能发生的各类突发状况[334]。借助工业互联网技术，长虹美菱实现了研、产、销全价值链的集成和优化，荣获2019年国家级工业互联网企业试点示范项目。有数据显示，实施数字化改造后，企业经营核心指标普遍表现优异，平均产值提升23.3%，生产效率提升32.7%，产品研发周期缩短24.9%，单位产品能耗降低27.7%[335]。生产数字化的推进，极大提高了企业的生产效率，是增加工业经济产出的关键。

产品数字化上，合肥顺应消费需求变化，重点引导家电、汽车等传统核心工业产品的智能化升级。合肥冰箱、洗衣机、空调、彩电等家电“四大件”产量均超过1000万台，连续10年位居全国城市首位，但智能家电产量仅占全部家电产量的三成。合肥通过推动家电产业与人工智能产业融通互促、制定国内首个智能家居行业标准、开展智慧住宅（园区）示范项目，着力打造“智能家电—智能家居—智慧家庭”产业生态，目标是到2025年培育形成2000亿级的智能家电（居）产业集群。惠而浦、TCL、美的等

333 联宝科技：逆势而上交出千亿答卷[EB/OL].http://jx.ah.gov.cn/sy/syzx/qyfzdx/145533781.html.

334 2021世界制造业大会的合肥“智造”力量[EB/OL].https://baijiahao.baidu.com/s?id=1716571045361839674&wfr=spider&for=pc.

335 “终”流砥柱，“智”造美好！[EB/OL].https://new.qq.com/rain/a/20220322A0A8PE00.html.

家电企业在政策和市场双重引导下，积极研发并推出智能家电产品和智能家居系统。截至2021年，合肥累计有228款产品/系统通过智能家电（居）国家标准认证，总数居全国第一[336]。合肥汽车产品早期以货车、客车等商用车为主，后来逐渐在乘用车市场上占有一席之地。2021年全市汽车产量为63.71万辆，占全国产量的2.4%、安徽省产量的42.4%。作为单位价值最大的大宗工业消费品，其电动化和智能网联化升级对工业经济增长具有巨大拉动作用。合肥很早就抓住了汽车产品数字化升级的发展趋势，2009年成为第一批新能源汽车示范推广城市，截至2012年底，合肥推广了5622辆新能源汽车，占全国总量的20%，位居各试点城市首位。近年来，随着汽车电动化及智能网量化的深入，合肥引进了造车新势力的代表——蔚来汽车，其推出的ES6和ES8两款高端车型，受到市场广泛好评，2021年ES6、ES8的销量分别为41474辆、20050辆，同比分别增长48.4%、84.6%[337]。产品数字化的推进，提高了产品的市场匹配度和附加值，是优化工业经济产出的关键。

四、坚持务实创新，摸索产业发展独特打法

合肥在数字产业培育和产业数字化转型上取得的突出成绩，离不开政府领导团队在实践中摸索出的独特打法，走出了一条以政策链推动创新链、产业链、资金链多链协同的发展之道。

与其他发达城市相比，合肥经济基础几乎没有任何天然优势。2005年合肥GDP仅为854亿元，在全国地级以上城市中排名61位。合肥于2005年作出“工业立市”的重大决策，奠定了城市发展的

336 合肥：“十四五”培育形成2000亿级智能家电（居）产业集群[EB/OL].http://jx.ah.gov.cn/sy/syzx/sxjxyw/146753421.html.
337 2021年新能源SUV销量榜[EB/OL].https://baijiahao.baidu.com/s?id=1721913159137910541&wfr=spider&for=pc.

根基，确定了城市发展的主线。之后，合肥一直把项目建设和投入作为工业发展的中心工作，精心筹划重点产业招商项目，以优势产业品牌拓展招商引资资源。2021 年，合肥工业增加值从 2005 年的 292 亿元增长至 2472.25 亿元，增长了 8.5 倍，GDP 突破 1.1 万亿，在全国的排名上升至第 19 位，成为全球发展最快的城市之一。其战略性新兴产业的发展格外引人注目，多次获得国务院通报表扬。

合肥唯一独特的资源就是中国科学技术大学。这家顶尖大学 50 多年前几经周折最后被合肥“收留”并全力支持，由此形成了深厚的市校情谊。2012 年合肥市政府与中科大的交流合作进一步深化，建立了市校合作长效机制，除了每年召开一次市校合作联席会议外，还联合成立了中国科学技术大学先进技术研究院，作为市校合作的重要平台和载体，承接中科大基础研究成果的技术研发与产业转化。同时，还开展了“市校人才交流挂职”活动，鼓励在校学者到政府部门挂职，大大提高了合肥干部队伍的科技氛围和产业素养，这对合肥后来在产业投资领域的多次成功大有裨益。

如今合肥最为人称道的就是其“风投”战绩。实际上，合肥在产业领域的多次成功投资案例并不是“赌对了”，而是基于其对产业发展逻辑的深刻理解以及对资本运作手段的灵活把握。项目选择上，尊重产业发展规律，选择具有成长前景且能填补国内技术空白的细分产品，推动本市产业结构优化调整；风险把控上，审慎尽调投资项目和合作方，充分发挥市场对风险的化解价值，设计科学合理的对赌条款，防范大规模投资风险；资本运作上，最大限度调动多元化金融资源，以最小的资本投入撬动尽可能大的项目，实现资金使用效率最大化；投资退出上，始终坚持促进城市产业发展、产业升级的初衷，遵循“不谋求控股权，产业向好发展后及时退出，再投入到下一个项目”的原则，不与创业者、资本方争利，激发创业者斗志，形成资本活跃的创新土壤。目前，合肥探索建立的“找准产业方向——尊重产业规律——国有资本引导社会资本——项目落地孵化——保值增值退出——循环发展”产业投资运作模式已日臻成熟。

“以小博大”是合肥产业实现跨越式发展的关键手段。除了通过政府引导基金撬动社会资本外，合肥不断创新探索，形成了维度多元、产品丰富的科技金融服务体系，多方位推动资本要素与优质产业项目结合，发挥金融资本的倍增效应。例如，在全国投贷联动试点中，合肥创新形成“贷投批量联动”模式，即按照“批量推荐——分级评估——协同授信——投贷联动”的运作机制，由政府根据白名单批量推荐企业，并以超额风险补偿资金池进行风险补偿，降低了银行的业务开展成本及信息不对称和坏账风险，使银行机构敢贷、愿贷，有力支持了科创企业融资需求；在全国“信易贷”平台建设中，合肥形成独具特色的“130”融资模式，即“1 分钟申请、3 分钟放款、0 见面审批”，平台授信总额近 700 亿元，其中信用贷款的比例超 90%，平均融资成本 4.6%，与原来企业融资成本相比，相当于为企业节约成本约 10 亿元，获得全国“信易贷”特色平台荣誉称号。

第三节 合肥城市数字力打造案例

案例一、中国声谷

中国声谷作为首个国家级人工智能重要产业基地，是合肥人工智能产业蓬勃发展的承载平台和重要推动者，见证了合肥人工智能产业“由一个龙头企业带动形成一个产业，进而壮大为一个生态”的全过程。

1. 发展历程

1952 年贝尔实验室研发出第一个语音识别系统“Audrey”，标志着智能语音技术的萌芽。到 20 世纪 90 年代，中国智能语音技术也有了长足发展，形成以清华大学王作英教授和以中国科技大学王仁华教授为领军人物的“南北二王”格局。科大讯飞创始人刘庆峰正是王仁华教授人机语音通信实验室的一员，其牵头做的语音合成系统不但保证音质，还具备了优良的语音自然度，合成的语句近乎“人声”，成为 1998 年国家“863 计划”成果比赛中最为轰动的科研成果。1999 年刘庆峰创业，成立了安徽硅谷天音信息科技有限公司，后改名为科大讯飞。科大讯飞依托中科大迅速成长，在多项技术上拥有国际领先成果，如语音合成、语音识别、口语评测、自然语言处理等。2012 年科大讯飞在国内智能语音市场已占半壁江山，市场占有率达到 54%。至此，中国声谷的内核初步形成。

2012 年 8 月，工信部与安徽省政府签署了《关于共同推进安徽语音产业发展合作备忘录》，确定将合肥智能语音产业集聚发展基地（即中国声谷）建设成为全国语音产业发展示范区，推动语音技术研发、语音技术推广应用、语音产业园区建设。部省合作，中国声谷正式启航，合肥人工智能产业从龙头企业先行迈向产业集群式发展阶段。

2017 年 12 月，安徽省政府发布《中国（合肥）智能语音及人工智能产业基地（中国声谷）发展规划（2018—2025 年）》，提出打造“一核两区多园”的空间格局。其中，“一核”是以科大讯飞公司为主的核心区，“两区”是位于合肥高新区的孵化区和产业区，“多园”是围绕重点应用领域建设的多个智能语音与人工智能特色产业园。中国声谷从智能语音领域扩展到人工智能全领域发展。

2021 年 7 月，安徽省政府印发《中国声谷创新发展三年行动计划（2021—2023 年）》，提出到 2023 年，力争实现营业收入 3000 亿元，入园企业 1500—2000 家；培育 3 家销售收入超 100 亿元的企业、50 家销售收入超 10 亿元的企业和 5 家上市公司；企业研发上市智能语音及人工智能创新产品达到 4000 项，形成信息技术应用创新国产计算机年产 200 万台生产能力。中国声谷向世界级人工智能产业地标迈进。

2. 发展成就

产业集聚上，除科大讯飞外，中国声谷还汇聚了多个人工智能领域的领军企业。在智能消费领域，华米科技自有品牌智能手环全年累计出货量位列全球前五，自主品牌产品贡献了 46.5%的收入和超过 50%的毛利润；在类脑智能领域，中科类脑荣获安徽省人工智能技术一等奖，获得了三轮总计超 1.6 亿元的融资[338]，成为国

338 创业“新兵”点亮能源行业 AI 之光[EB/OL]. https://finance.china.com.cn/roll/20220506/5800101.shtml.

家级“专精特新”小巨人企业；在智能办公领域，咪鼠科技2022年1至9月累计销量达到22万件，累计服务超过500万个人用户和5万家企业客户[339]。到2021年末，中国声谷累计入驻1423家企业，带动产值1378.6亿元，实现连续五年产值和企业增长率超30%[340]。

科技创新上，聚集了70家省级以上创新平台，包括语音及语言信息处理国家工程实验室、农业物联网技术集成与应用重点实验室、合肥综合性国家科学中心人工智能研究院等；科大讯飞开放平台聚集超过219万个开发者团队，开放434项平台能力，总应用数超115万；中科类脑推出的类脑智能开放平台，汇聚了180项全球领先的工程算法及150项高价值数据集；中国科技大学先进技术研究院已孵化企业271家，累计申请专利超200项。截至2020年底，已建有国家级技术创新载体16家，国家级企业技术中心42家，国家级孵化器和众创空间30家[341]。

经过近十年的发展，中国声谷先后获得11项“国字号”荣誉，其中包括国家新型工业化产业示范基地、国家小型微型企业创业创新示范基地、国家新型信息消费示范项目、国家先进制造业集群、国家特色服务出口基地等。合肥在“2020全球人工智能最具创新力城市榜单”排名全国第四、全球第四十七，成为全球人工智能产业创新的重要阵地。

3. 经验总结

第一，强化科技创新，引领产业化发展。充分发挥中国科学技术大学及其他科研机构的基础研发能力，针对具有国际先进性

339 安徽咪鼠科技有限公司官网.https://www.mimouse.com/about.html.
340 “声谷速度”，如何炼就？[EB/OL].https://mp.weixin.qq.com/s/-HOZp8uuKGkDF-6OomiGpg.
341 央媒点名！“中国声谷”凭什么能？[EB/OL].https://mp.weixin.qq.com/s/_RMJYm_E5XuK-vu35UolSw.

的科研成果开展技术转化，培育商业化运作主体，并持续给予基础研发支持。对于市场化氛围初步成熟的领域，高举高打，尽可能调动各方资源，特别是高层资源，赋能市场发育和商业化发展。依托中科大等力量布局研究院、重点实验室、创新中心等重要创新平台，如成立中国科学技术大学先进技术研究院作为产业技术创新的重要载体，形成“基础研究—应用研究—成果转化—企业孵化—测试验证—中试”完整创新链，为先进技术产业化提供全流程配套服务，既提高科技创新产业化效率，在相关领域内保持创新引领地位，又多方位吸引、汇聚复合型人才，持续增强竞争力。

第二，通过精准施策，帮扶企业成长。先后出台《支持中国声谷建设若干政策》（2017 年）、《支持中国声谷创新发展若干政策》（2021 年），针对原始技术创新、企业做大做强、产业集聚发展、新技术和新产品推广应用、人才培养和引进、对外宣传等给予专项奖励和补贴。重视政府资金的放大效应，设立总规模 50 亿元的智能语音及人工智能产业发展基金，撬动社会资本参与支持处于初创期、成长期和成熟期的产业化项目发展。多方位支持企业融资，针对上市融资企业给予专项奖励，鼓励有关银行创新金融产品、优惠贷款利率，支持融资性担保公司提供无抵押信用担保，对符合条件的项目政府可利用自身信用担保贷款，形成投贷保结合的帮扶模式。

第三，搭建服务平台，构筑产业生态。一方面，开放公共平台，激发创新活力，鼓励龙头企业带动孵化小企业。2010 年科大讯飞就建立了语音开放平台，孵化了如咪鼠科技的生态内创新企业 600 余家。中国声谷成立后已建成具有核心技术的语音开放平台、类脑智能技术及应用平台、NLP 开放平台、智能写作平台、智能办公平台等 18 个公共服务平台；另一方面，中国声谷投资建设制造中心，为集群企业提供产品设计、智能装配、3D 打样、检测检验等服务，帮助初创型企业解决样品制造难题，以“中国声谷”名义开设线下体验店、线上旗舰店，帮助初创型企业解决市场开拓难题，为企业提供从“想出来”到“做出来”再到“卖出去”的全生命周期解决方案。

案例二、汽车产业涅槃重生

汽车产业是合肥市的支柱产业之一，20 世纪 60 年代由合肥江淮汽车制造厂、淝河汽配厂等国有汽车制造厂发展而来，最终形成了以江淮、安凯为核心的较完整的汽车产业链，并成为“中国十大汽车集团之一”“中国大客车前五强”。近十多年，随着比亚迪、吉利等自主品牌车企的崛起，江淮、安凯并未推出适销对路的产品，合肥汽车产业总体实力逐渐衰弱。面对汹涌而来的汽车电动化、智能化、网联化和共享化变革大潮，合肥紧抓机遇，不断探索、谋划汽车产业涅槃重生之路。

1. 汽车产业存在的问题

合肥本地汽车产业以江淮、安凯为龙头，牵引、带动产业链各环节的发展。2003 年安凯因资金流问题，在政府牵头下，由江淮兼并重组。2018 年江淮汽车归母净利润同比暴跌 282.02%，亏损达 7.86 亿元，创下自 2010 年以来最差净利，江淮集团及合肥汽车产业跌入谷底。合肥汽车产业存在的问题主要体现在以下几方面：一是缺乏自主研发能力。无论是早期大获成功的客车底盘，还是瑞风 MPV，都主要依靠外部技术支持，这种通过简单技术转让就俘获市场的方式，使江淮汽车缺乏独立自主研发的动力和能力，也造成其难以持续推出具有市场竞争力的产品；二是产品质量危机严重。2013 年央视“3·15”晚会曝光江淮汽车同悦轿车底盘周围钢板及车身钢板锈穿，引发消费者对江淮汽车质量的质疑，并造成江淮汽车销量大幅下降。因排放造假问题，江淮汽车于 2014、2019 年两次深陷品牌和舆论危机，2019 年被北京市生态环境局处以 1.7 亿元罚款，创下了国内车企因排放问题罚款的最高纪录；三是经营管理不善。由于对产品市场和生产管理缺乏长期稳定的预判，在市场环境好时扩张过快，导致产能闲置、库存积压、应收账款高企、经营业绩下滑等问题，给企业持续发展带来巨大挑战。

2. 产业升级的重大举措

合肥汽车产业面临的危机，既有行业周期波动及产业技术变革的影响，更有自身体制僵化、缺乏创新的原因。面对困境，合肥积极作为，逐步探索出适合当地情况的产业升级之路。

首先，积极参与新能源汽车示范推广，融入产业变革大局。2009 年合肥成为国家首批 13 个“节能与新能源汽车试点城市”之一，2012 年又成功入选全国首批新能源汽车推广应用城市，是当之无愧的新能源汽车产业化先行者。2010 年 1 月，安凯客车在合肥运营世界首条纯电动公交示范运营线路，从此，合肥的新能源汽车示范推广先后从市区公交，延伸到县区公交、企业通勤、租赁、观光旅游、环卫、私人、物流等领域。为解决示范运营中存在的难题，合肥市与合工大、江汽集团等高校、企业联合组建合肥市新能源汽车研究院，为新能源汽车推广提供重要技术保障。

同时，合肥出台《合肥市新能源汽车推广应用实施方案（2013-2015）》《合肥市新能源汽车充电桩建设暂行规定》等政策，支持新能源汽车产业发展。在新能源汽车的早期推广中，合肥的新能源汽车推广量一度达到全国的20%[342]。

其次，引导本地汽车产业混改，激发企业生产经营活力。通过混改实现优质资源整合和经营效率提升是传统国有汽车企业应对产业变革的重要手段。2018 年《汽车产业投资管理规定》发布后，外资企业在中国的投资限制有所突破，合肥抓住机遇，迅速与大众汽车达成多项混改协议。大众集团投资 10 亿欧元，获得江淮汽车母公司——江汽控股 50%股份，同时增持合资企业江淮大众股份至 75%，获得合资公司管理权。同时，大众集团将授予江淮大众基于 MEB 平台的 4 至 5 个大众集团品牌产品，优先考虑在江淮大众生产大众 B 级车、C 级车等插电混动汽车和燃油车，甚至包括商用车产品。通过股权合作引入跨国车企，既有利于盘活国有资本，改变传统国企的僵化局面，又有利于车企利用外资车企先进经验和品牌价值，提升技术开发和生产水平，带动供应链整体升级。

再次，引入造车新势力，改变汽车产业发展理念。汽车产品的全面数字化使其属性从机械产品变为信息终端，造车理念发生颠覆性变化。传统车企受制于体制机制和人员素质惯性，想要实现自我革新存在较大困难。脱胎于信息通信技术领域的造车新势力具有天然的理念优势，更能适应汽车市场的巨变。合肥引入的蔚来汽车，是造车新势力的优秀代表，其在高端车型定位、极致用户体验和创新商业模式上独树一帜，是全球化的智能电动汽车

342 合肥新能源汽车推广数量全国居首[EB/OL]. http://news.sina.com.cn/o/2013-05-31/102527275951.shtml.

品牌，拥有极高的市场认可度。蔚来中国总部落地合肥，建设新桥智能电动汽车产业园区，开展整车、核心零部件、自动驾驶等创新研发，将极大促进智能网联汽车产业链各环节在合肥的汇聚，使合肥汽车产业在变革中焕发新活力。

最后，打造“新能源汽车之都”，促进产业链全面升级。2020年底，合肥市发布《关于加快新能源汽车产业发展的实施意见》，正式提出合肥要打造新能源汽车之都。经过多年持续推广应用，合肥新能源汽车产业规模效应渐显，已聚集300多家规上企业[343]，形成涵盖整车、关键零部件、应用和配套的完整产业链。但仍存在产业规模偏小、配套能力欠缺、品牌效应不强、创新研发不足的问题。以“新能源汽车之都”建设目标为抓手，有力促进合肥社会各界统一思想、攻坚克难，推动全产业链再上新台阶。

3. 经验总结

把握产业升级趋势，找准产业发展方向。合肥汽车产业能走出低谷，在产业变革大潮中逐渐成长为引领者、弄潮儿，与其对汽车产业发展趋势的深刻把握密切相关。无论是成为最早的新能源汽车试点城市、示范城市，还是放开外资限制后迅速与大众达成合作，抑或是引入造车新势力的选择上，合肥都把握了最佳时机，踩准了产业发展的关键节点，获得了丰厚的回报。少走弯路、步步为营，使政府到企业都形成了发展新能源汽车的高度信心和强大动力，为汽车产业的电动化、智能网联化升级奠定了扎实的人心基础。

343 合肥：推动新能源汽车产业快速发展[EB/OL].http://www.gov.cn/xinwen/2022-08/28/content_5707212.htm#1.

多点持续发力，夯实产业升级基础。围绕电动化、智能网联化，合肥精耕细作，经过十多年的持续引进和培育，拥有了以国轩高科为代表的电池企业，以华霆动力为代表的PACK企业，以锐能科技、贵博新能、优旦科技、力高新能源为代表的BMS企业，以巨一动力为代表的电机企业，以维德电源为代表的电驱动企业，以阳光电源为代表的电机控制器企业，以壹石通材料为代表的隔膜涂覆材料企业，以科大讯飞为代表的车用语音控制企业，以晟泰克、楚航电子为代表的ADAS传感器及辅助驾驶解决方案企业，以仓擎智能、中科智驰、智信汽车为代表的无人驾驶企业等核心零部件配套企业集群。同时，还成立了合肥新能源汽车研究院、合肥市智能网联汽车创新中心等平台组织，开通了4.4公里的自动驾驶5G示范线，开展了安徽省首批智能网联汽车开放道路测试牌照发放，积极谋划打造5G智能网联汽车示范区。这些举措和成效，为汽车产业的转型升级奠定了坚实的基础。

引入领军车企，实现产业跨越式发展。通过引入蔚来汽车、大众汽车，研发推出高品质、高端化产品，带动供应链优化升级，促进产业集群结构调整，进而吸引、汇聚更多产业链优质资源。合肥在投资蔚来，并推动大众集团与江淮汽车、国轩高科合作落地后不久，又参与了威马汽车D轮融资，与华为宣布将重点围绕汽车电子产业进行合作，与零跑汽车签订战略合作协议，产业能级进一步提升。2021年合肥生产新能源汽车首次突破10万辆大关，达到14.5万辆，增长1.5倍，实现营收1029.5亿元，产值同比增长45.4%[344]。在多个领军车企带动下，产业实现跨越式发展。

344 2021年合肥工业增速创10年来新高 居全国省会城市第2位[EB/OL].https://baijiahao.baidu.com/s?id=1724969181692767499&wfr=spider&for=pc.

参考文献：

1. 排放造假后江淮汽车深陷困境：净利润不够交罚款[EB/OL].https://www.sohu.com/a/327113883_469168.
2. 合肥：从偏隅一方到新能源汽车重镇|非凡十年[EB/OL].https://new.qq.com/rain/a/20201208A0CMDA00.
3. 合肥:疯狂押注智能汽车产业,“赌城”外衣下的专业投资远见[EB/OL].https://new.qq.com/rain/a/20210223A05F2W00.
4. 江淮汽车将投资近10亿建设新能源乘用车车身零部件项目[EB/OL].https://new.qq.com/rain/a/20201208A0CMDA00.

附录

附录摘要

附录部分共有两章，一章着眼于全球，对美国、欧盟和日本数字经济发展历程和发展特征进行总结梳理，以期对我国数字经济的健康发展有一定的借鉴意义。另外一章着眼于国内，在前文关于我国城市数字力建设实证研究的基础上，梳理、提炼城市数字力发展的规律和特征，总结我国数字经济发展整体态势，并对未来发展重大问题进行展望，数字技术核心领域的突破创新、数据安全和数据体系的持续完善、数字场景开发应用力度的系统性强化等是未来需要重点发展的领域。

附录一 国际主要经济体数字经济比较分析

摘要

2020 年新冠疫情对各国经济造成不同程度冲击。根据世界银行最新统计数据，2020 年全球 GDP 同比下滑 3.6 个百分点。但数字经济却表现出强大韧性。根据中国信通院的研究分析：总量与占比方面，2020 年数字经济增加值规模达到 32.6 万亿美元，占 GDP 比重为 43.7%，较去年同比提升 2.5 个百分点；增速方面，2020 年全球经济深度衰退，主要国家经济均出现负增长。在此背景下，2020 年全球数字经济名义同比增长 3.0%，比同期 GDP 增长率显著提升 5.8 个百分点[345]。另外，从具体国别看，美中德日英数字经济规模较大，占全球数字经济总规模的 79%。其中，美国 2020 年数字经济蝉联全球第一，规模达到 13.6 万亿美元，占全球比重为 41.7%；中国数字经济规模为 5.4 万亿美元，位居全球第二。本章对美国、欧盟和日本数字经济发展历程和发展特征进行总结梳理，以期对我国数字经济的健康发展起到一定的借鉴作用。

345 第二产业数字经济占比测算不包含通信设备、计算机和其他电子设备制造业；第三产业数字经济占比测算不包含信息传输、软件和信息技术服务业。

第一节 美国数字经济以技术领先优势巩固全球竞争力

在过去的30年里，计算机、互联网技术的每一次进步和迭代都会引起新一波的全球国家竞争的新问题。半个多世纪以来，美国一直是全球数字革命的重要策源地，创造了世界上首台电子计算机和首台个人电脑，并发明了阿帕网（互联网的前身），还率先提出数字地球、人工智能、电子商务、大数据、云计算、工业互联网等概念。自20世纪90年代以来，美国将信息技术研发和产业发展作为国家重点战略，开始了长达30年的战略布局和持续推进，旨在保持其全球技术领先地位，增强国家竞争力。

一、美国数字经济发展历程

自20世纪90年代开启数字战略以来，美国数字战略经历了三个阶段，即专注于技术创新和信息基础设施建设的克林顿—小布什时期、专注于新技术应用的奥巴马时期和专注于国际竞争的特朗普、拜登时期。

1. 克林顿——小布什执政时期（1993—2001年，2001—2009年）

20世纪90年代，克林顿政府非常重视并大力推进信息基础设施建设及信息技术研发。美国制定了《国家信息基础设施行动计划》，率先提出“信息高速公路”和“数字地球”的概念，计划20年内投资4000亿美元以实现家庭电信光缆的全覆盖。与此同时，美国高度重视信息技术研发。自1998年美国商务部发布《浮现中的数字经济》以来，美国开启了发展数字经济的序幕，后续又发布了《新兴的数字经济》《数字经济2000》《数字经济2002》《数字经济2003》等报告，为美国信息产业发展以及确立全球数字经济领导地位提供了坚实保障。

2. 奥巴马执政时期（2009—2017年）

奥巴马政府继续大力推进数字化战略，先后在云计算、人工智能、大数据、先进制造、5G、量子通信等前沿领域进行布局，并着力推进先进数字技术的推广和应用。在宽带领域，2010年美国开始执行“国家宽带计划”，至2017年固定宽带用户数量增长了2倍多，宽带的普及和应用得到了极大提升；在云计算领域，为确保各地政府优先考虑采购云计算服务，美国设立多个云计算管理机构处理各地政府云计算事务；在人工智能领域，2016年美国发布《国家人工智能研究与发展战略计划》，提出关于政府资助人工智能领域研究和开发的总体规划、美国人工智能优先发展的七大战略方向及相关建议。同年美国还发布了《为未来人工智能做好准备》，阐述人工智能的发展现状、问题与机遇，并提出23项具体建议措施；在大数据领域，美国于2012年发布《大数据研究与发展计划》《美国开放数据行动计划》《联邦大数据研究和发展战略规划》，以抓住大数据革命带来的发展机遇；在先进制造领域，美国于2011年接连发布《先进制造业伙伴计划（AMP）》《先进制造业国家战略计划》《国家制造业创新网络计划》等，将先进制造纳入国家战略体系。这些措施增强了美国数字经济的发展实力。

3. 特朗普、拜登执政时期（2017—2021年，2021—今）

近年来，特别是在斯诺登泄密事件后，各国都十分担心被美国监听，纷纷加强信息基础设施建设，优化数字化战略布局，增强数字经济竞争力。例如，以中国为代表的新兴国家在数字技术领域取得了前所未有的进步；欧盟通过《数字单一市场战略》《数字服务法案》等措施来促进本地区数字经济发展，降低美国数字巨头对其数据安全的影响。为了维护美国在数字技术和产业发展领域的全球领导地位，自特朗普执政以来开始采取全面对抗策略。

特朗普于2019年签署了《维护美国人工智能领导地位的行政命令》，大幅度提高了人工智能和量子信息科学领域的研发经费预算，为强化美国在关键技术领域的国际竞争力提供有力保障。自新冠疫情暴发以来，美国持续强化数字经济领域的国家战略，相继出台了一系列竞争性法案，如《临时国家安全战略指南》《2021年战略竞争法案》《2021美国创新与竞争法案》等，以确保美国在人工智能、云计算等领域的全球领导地位。此外，美国还制定了《数字战略（2020—2024年）》，力争在全球范围内打造一个由美国为主导的数字生态系统。2022年2月，美国推出《量子信息科学和技术劳动力发展国家战略计划》，以促进先进数字技术的教育和推广，培养更多的量子信息人才。

二、美国数字经济特征

通过对美国数字经济战略的历史脉络梳理，可以发现美国数字经济发展呈现如下特征。

第一，政策上前瞻性和连续性。

20世纪90年代，克林顿政府率先提出“信息高速公路”“数字地球”等概念；进入21世纪以来，奥巴马政府高度重视云计算、人工智能、大数据、先进制造、5G、量子通信等前沿领域的技术应用；近年来，随着全球数字技术的蓬勃发展，美国为了保持其全球领先地位，颁发了一系列聚焦国家竞争的法案，如《2021美国创新与竞争法案》《数字战略（2020—2024年）》等。

第二，高度重视新兴产业的全球领先优势。

美国政府十分关注并采取了多种措施支持和促进芯片、人工智能、5G、先进计算机等前沿数字技术领域的研究。

在经费投入方面，2015-2020财年期间，美国国防部曾为人工智能技术科研活动申请了22.4亿美元的预算，2021财年在人工智能、5G、微电子等关键领域投入了70亿美元，2021年6月通过了《2021美国创新和竞争法案》，承诺将在5年内在芯片、人工智能、量子计算、半导体等关键领域投入约2500亿美元。在战略合作方面，2019年12月，美日签署《东京量子合作声明》，确立了两国在量子科学领域的合作。与此同时，东京大学和IBM公司签署了合作意向书，以推动量子计算技术创新和产业应用。此外，美国还以“网络安全”为由推动国际合作。2020年10月，美国电信行业解决方案联盟（ATIS）宣布成立行业组织Next G联盟，涵盖了从芯片厂商到设备厂商再到终端厂商、软件应用在内的多个国家成员。2020年11月，美国国防部联合人工智能中心（JAIC）召集了12个国家，以AI国防防御合作为重心，启动建立人工智能联盟。美国、法国、加拿大等国家还推动设立首个“全球人工智能合作伙伴关系”（GPAI）组织，以强化人工智能治理规则制定及应用落地等方面的合作。在人才吸引方面，拜登政府提出免除对科学、技术、工程和数学（STEM）领域博士毕业生签证数量的上限限制。斯坦福大学的《2021年人工智能指数报告》显示，美国吸引了全球绝大部分的人工智能人才。北美2019年AI博士国际生占比达64.3%，其中近82%的AI国际毕业生留在美国工作。

参考文献：

1. 胡微微、周环珠、曹堂哲.美国数字战略的演进与发展.中国电子科学研究院学报[J].2022(2):12-17.
2. 中国信息通信研究院.全球数字经济白皮书——疫情冲击下的复苏新曙光[R].2021.
3. 张东冬.转向“数字霸权”：美国国家人工智能战略及其国际影响[J].当代世界与社会主义.2020(5):158-168.
4. ITIF.美国全球数字经济大战略[R].2021.

第二节　欧盟数字经济进程落后，借治理规则重塑地区影响力

长期以来，欧盟通过一体化模式和多边机制，实现了稳定快速发展。在新的形势下，欧盟提出构建“数字单一市场”战略，推进前沿关键领域发展，全面推进经济社会数字化转型。

一、欧盟数字经济发展历程

欧盟数字化进程起源于20世纪90年代，其数字战略从强调建设网络基础设施以促进数字经济发展，到重点建设“数字单一市场”，再到如今倾向于通过加强监管来推动全球数字治理，旨在创建基于欧洲价值观的数据保护监管体系，重塑全球数字治理秩序，争夺全球数字经济的话语权。

1. 网络基础设施建设（1993—1998年）

自20世纪90年代以来，随着计算机、互联网等信息技术的更新迭代及日益普及，信息技术逐步融合到社会经济的各个领域，

成为推动社会经济发展的重要引擎。这一时期，美国、日本等发达经济体均已开始大力推进信息基础设施建设和信息技术研发，为跟上发展步伐，欧盟也决心加快推进网络基础设施建设。1993年欧盟发布《增长、竞争和就业白皮书》，强调建设泛欧网络基础设施，以解决就业问题并促进经济增长。同时，欧盟提高了信息通信技术研发方面的投资力度，1994 年至 1998 年累计投资金额达 36.26 亿欧元。

2. 信息化推广和普及（1999—2009 年）

这一时期，欧盟整体信息化水平仍低于美日等发达经济体。例如，家庭互联网连接方面，2001 年超过一半的美国家庭已经接入互联网，而欧盟接入的比例只有 37.7%。在信息通信技术研发投入方面，2002 年欧盟的研发费用占研发总支出比例为 18%，显著低于同期美国水平（34%）。为增强信息与通信技术产业竞争力，欧盟于 2000 年发布《电子欧洲 2002 行动计划》，希望将欧盟打造为世界上最具竞争力、最具活力的知识经济体，加速从工业社会向信息社会过渡。2002 年欧盟相继发布《电子欧洲 2005 行动计划》《欧洲信息社会 2010》等政策计划，并取得显著成效。例如，欧盟地区的上网人数占比从 2005 年的 43%上升到 2008 年的 56%，欧洲宽带用户达到 1.14 亿人，有超过 50%的家庭和 80%以上的企业使用固定宽带。

3. 推动数字经济发展（2010—2017 年）

2010 年 5 月，欧盟委员会（以下简称“欧委会”）提出“欧洲数字化议程计划”，计划用 5 年的时间在欧盟成员国范围内部署超高速宽带，以促进电信领域相关产业的发展。此外，还提出了创建统一的数字市场、改善信息技术标准和兼容性、增强互联网信任与安全、增加研发投资、提高全民数字素养等7大任务。2015年欧盟《数字单一市场战略》正式发布，旨在消除成员国之间的管制壁垒，打造涵盖数字文化、数字未来、数字生活、数字信任、数字购物、数字连接等多个领域的单一化市场。欧盟数字单一市场建设取得一定成效。2017年，欧盟实现手机漫游费的全面取消，并发布《建立欧盟数据经济》，提出要明确数据产权，以规范市场和交易行为，促进数据流通和增值，全面释放数据价值，确保欧洲区域都能从数字创新中充分获益。

4. 争夺数字治理规则，引领全球监管创新（2018—至今）

蓬勃发展的数字经济在为社会财富增长创造巨大潜力的同时，也带来一些新风险，如数据安全、隐私泄露、数字垄断等。这一时期欧盟将重心放在加强网络平台监管、遏制不正当竞争、推动隐私保护和规范数字市场秩序等方面。

2018年《通用数据保护条例》正式生效，成为史上最严格的数据保护法案，赋予了欧盟居民访问个人数据以及限制个人数据处理方式的权力。2020年12月，欧盟公布了《数字服务法案》和《数字市场法案》两项新草案。与此同时，还针对美国科技巨头发起反垄断调查，10年来累计罚款金额达300亿美元。2015年谷歌因滥用其在网络搜索引擎领域的主导地位而被处以41.4亿欧元的罚款，2017年至2019年期间又被处罚93亿欧元。同样受到欧盟罚款的科技巨头还有亚马逊、苹果、脸谱、英特尔等。从2020年开始，欧盟为了降低技术依赖、强化数字产业监管框架、引领全球数字技术监管治理及规则制定，发布了一系列的战略文件，如

《塑造欧洲的数字未来》《欧洲数据战略》《人工智能法案》《2030数字罗盘：欧洲数字十年之路》等，力争将欧盟打造为可与中美比肩的数字经济领域的第三只领头羊。

二、欧盟数字经济特征

通过对欧盟数字经济战略的历史脉络梳理，可以发现欧盟数字经济发展呈现如下特征。

第一，欧盟数字化水平相对落后。

近年来，尽管欧盟各成员国的数字建设取得一定成效，但欧盟整体数字化水平与其他发达经济体仍然存在一定差距。根据欧委会对世界各国数字经济与社会指数的统计结果，2015 年至 2018 年期间，美国、挪威、瑞士、澳大利亚、日本等国家数字化能力的平均得分均高于 50 分，而欧盟仅为 48 分。在网络联通领域，美日韩宽带接入水平显著领先于欧盟，中国网络联通也在不断缩小与欧盟的差距，至 2018 已缩减到 6%；在网络带宽速度领域，欧盟的表现也差强人意。截至 2021 年 4 月，欧盟的移动和固定带宽平均网速分别是 68Mbps 和 127Mbps，显著低于同期中国和美国的水平[346]。

第二，欧盟数字经济竞争力不足。

作为全球科技创新的领跑者之一，欧盟曾拥有生产先进电子通信设备和掌握尖端通信技术的企业，如诺基亚、爱立信、西门子、Skype 等。但随着新一轮数字革命和全球产业结构升级调整，欧盟在新兴数字经济市场中逐渐失去其优势地位。根据咨询公司 Statista 的统计数据，2013 年至 2019 年期间，欧盟占全球信息

346 中国移动和固定带宽平均网速分别为 149Mbps 和 173Mbps，美国分别为 82Mbps 和 192Mbps。

通信技术的市场份额从21.8%下降到19.1%，而中美分别增长了3.5%、4.5%。此外，欧盟还缺乏能与中美相抗衡的龙头企业。在“2019年福布斯全球数字百强企业名单”中，美国、中国、日本和欧盟分别有39家、11家、13家和13家企业，而且排名靠前的数字企业主要来自美洲和亚洲，欧洲企业大多排在50名之后。

第三，不断完善数字治理规则，重塑区域竞争力。

欧盟注重隐私保护和数据治理，主要出于以下三方面的原因。一是欧盟各国文化向来注重隐私保护，将个人隐私视作人权的一部分，并通过专门的国家机关强制实施隐私保护。例如，瑞典于1973年颁布的《数据库法》，规定建立“数据监督局”作为保护隐私的国家行政机构。二是顺应时代发展的需要。数字技术快速发展和急剧扩张在给人们日常生产生活带来便利的同时，也带了隐私泄露的安全隐患。例如，电子商务、社交媒体等平台通过捕捉用户的网络浏览痕迹，判断用户偏好，实施个性化推荐，可能会给隐私安全带来威胁。三是重塑区域影响力，摆脱技术依赖。欧盟希望通过在数字规则制定方面取得领先优势，创造出符合欧盟价值观的数字治理模式，来维护欧洲数字主权。

参考文献：

1. 薛岩、赵柯.欧盟数字治理：理念、实践与影响[J].和平与发展，2022(1)：80-102.
2. 中国信息通信研究院.全球数字经济白皮书——疫情冲击下的复苏新曙光[R].2021年.
3. 布普塞尔，张进京.欧洲数字议程[J].中国信息界.2011(2)：72-78.

第三节　日本数字经济起步早，但步履艰难

近几十年来，日本老龄少子化、农村偏远地区人口减少等社会问题突出，为此，日本政府一直以来希望通过推进数字经济发展，充分发挥原有信息通信技术产业优势，提高社会生产效率。

一、日本数字经济发展历程

在数字经济的顶层设计方面日本起步较早，最早可追溯到于1995年发布的《面向21世纪的日本经济结构改革思路》，做出了重点发展通信、信息等相关产业的安排。自2000年以来，日本数字经济发展经历了三个阶段。

1．第一阶段（2000—2011年）

这一时期，日本十分注重数字信息技术在经济社会中的应用，先后启动了E-Japan（2001）、U-Japan（2004）、I-Japan（2009）等战略计划，数字经济初具雏形。为推动数字信息产业的发展，日本于2000年成立了“IT战略总部”，又于2001年颁布了集中力量投入宽带基础设施建设的“E-Japan战略”，两年后又颁布了“E-Japan战略II”，以推动数字信息技术在经济社会领域中的应用，如食品、医疗、金融等；2004年日本出台了旨在建设泛在网络社会的“U-Japan战略”，从网络、终端、平台和应用四个方面建立数字信息技术与经济社会的连接；2009年日本政府制定“I-日本战略2015”，提出面向数字经济新时代的战略方针；2011年日本颁布了“推进信息通信技术维新愿景2.0版”，旨在打造强大的数字信息经济。

2. 第二阶段（2012—2015年）

这一时期，日本先后出台了《日本振兴战略》和《促进成长战略的方针》，以机器人革命为抓手，带动产业结构变革。2013年日本发布《日本复兴战略》，提出打造能在全球竞争中胜出的制造业以及具有高附加值的服务业，使日本成为全球信息化最高的社会。同年日本还推出《推进成长战略的方针》，旨在促进地方经济发展，提高地方的信息化水平。围绕如何激活地方经济，日本设置了“地方产业竞争力协议会”，将IT战略总部升级为内阁的“高速信息通信网络社会推进战略本部”，统筹相关部门工作，并推进数字信息技术在区域振兴、智慧农业等领域的应用。

3. 第三阶段（2016—至今）

日本力图通过数字经济实现经济复兴，围绕“超智能社会5.0”计划，通过人工智能、物联网、大数据等技术推动社会向数字化、智能化转型。自2016年以来，日本政府逐步在人工智能的中长期规划和年度重点工作方面形成了自上而下的政策体系。

在中长期规划方面，日本相继发布了《第五期科学技术基本计划（2016—2020年）》和《第六期科学技术基本计划（2021—2025年）》。其中，2016年日本发布《第五期科学技术基本计划（2016—2020年）》，首次提出实现超级智能社会（Society 5.0）的战略目标，即通过最大限度活用信息通信技术、融合网络世界和现实世界，将给每个人带来富足生活的“超级智能社会”作为未来社会的形态。在年度重点工作方面，日本发布了《科学技术创新综合战略》《统合创新战略》系列文件。其中，《科学技术创新综合战略2016》是首个促进信息化发展的综合性战略，内容包括超智能社会平台及基础技术建设、人才力量的培养、推进大学改革及研究经费改革及加强科学技术创新等。《科学技术创新综合战略2020》则针对AI、物联网、大数据等新兴网络技术、自动行驶技术、机器人、3D打印等领域，以破坏性创新为目标，制定研发计划。

二、日本数字经济特征

第一，智慧工厂、智慧医疗、物联网等相关领域优势明显。

根据2021年3月日本发布的《IoT国际竞争力指标（2019）》报告，日本在智慧工厂（工业机器人、机器视觉）、智慧医疗（X射线、超声波）、关键器件（图像传感器、MCU、分立半导体）、家电&办公自动化设备（家用游戏机、便携式游戏机）等领域占据领先的市场份额；在智能能源（智能仪表、智能照明设备）、智慧城市（数字标牌、生物识别系统）、物联网产品等领域的市场份额位居前列。据统计，日本工业机器人全球市场站额约为50%，其中，发那科（FANUC）的市场份额占比最高，占比达17.3%，安川电机的占比达12.9%。此外，日本还有三菱、欧姆龙、OTC、爱普生、川崎、那智等一批优秀的机器人企业[347]。

第二，大力发展人工智能产业以解决社会经济难题。

在政策设计领域，日本政府一方面通过不断完善机构设置，增强战略统筹力度。日本于2016年成立人工智能技术战略委员会，负责统筹管理人工智能相关研究工作。随着人工智能领域竞争的加剧，日本又于2018年成立“综合创新战略推进委员会”，并设立“人工智能战略实施委员会”。另一方面，通过发布一系列的

347 数据来源：前瞻产业研究院。

具体落实措施，推动人工智能研究和应用落地。如《人工智能战略》系列、《人工智能技术战略》《人工智能研究开发目标与产业化路线图》《以人为中心的人工智能社会原则》等。其中，《人工智能战略 2019》将人工智能上升为国家战略，对人工智能发展方向进行了全面讨论。

在经济领域，日本聚焦人工智能技术与传统制造业的深度融合，以数字化和智能化来提升日本制造业竞争力。2017 年，日本提出“互联工业”的概念，并发布了“智能工厂路线”“互联工业东京宣言 2017”等，进一步明确制造业与其他产业的融合方向。此外，《制造业基础技术的振兴政策（2020—2021 年）》也强调数字化转型对于日本制造业的重要性。在社会领域，日本积极推进人工智能在医疗、养老护理等领域的应用，以缓解“少子老龄化”带来的难题。2021 年，日本发布《医疗领域研发促进计划》，提出运用人工智能、物联网等技术促进高级诊断及治疗设备与系统的开发，并促进有助力提升老年人生活质量和预防疾病的医疗器械研发。在治安领域，2019 年日本警察厅开始进行车辆类型识别等治安领域的人工智能应用实验，2021 年又将人工智能技术应用于嫌疑人数据分析和搜查系统开发。

此外，日本企业积极响应政府号召。索尼公司设立子公司 SONY AI，并于 2020 年 5 月发布智能视觉传感器（Intelligent Vision Sensor），成为索尼在 AI 领域的一个重大突破。PFN 是一家深度学习领域的日本 AI 独角兽企业。在国际超级计算大会（ISC）发布的 Green 500 榜单中，PFN 公司开发的用于深度学习的超算 MN-3 位列榜首。

第三，数字经济发展起步早，但发展面临挑战。

日本作为数字经济起步最早的东亚国家，早在1956年《机械工业振兴临时措施法》中便将振兴数字经济相关产业政策纳入政策制定范围内，但日本数字经济发展却相对迟缓。2018年日本广告公司电通与英国牛津大学研究机构共同发起了一项有关数字经济与社会状况的问卷调查，在所调查的24个国家和地区中，日本在“数字经济满意度指数”方面得分倒数第一（位列第24），在“数字社会指数”方面倒数第三（位列第22）。此外，中美两国均发展出世界领先的数字化平台企业,如美国的GAFA和中国的BAT[348]，但日本始终没有发展出类似企业。

究其原因，可以发现少子老龄化对日本发展数字经济产生了不利影响。日本自2008年人口达峰后，人口总数逐年下降且高龄人群占比逐步上升。少子老龄化对日本经济社会，特别是数字经济的发展产生深远影响。一方面，随着企业员工年龄增大，工作效率及新技术利用能力下降，且思想更加趋向于保守。日本数字技术发展主要集中在工业物联网及智慧工厂等与传统制造业密切相关的产业领域，造成这一现象的直接原因是日本少子老龄化所带来的企业社长年龄增加，以及研发人员数量不足。根据日本经济产业省预测,2025、2030年日本人工智能人才缺口将分别达到8.8万人、12.4万人。但日本在人工智能国际人才“争夺战”中处于不利地位。一是日本IT人才平均收入仅为美国的一半；二是人工智能、大数据等领域的高级IT人才，更倾向于在全国范围内选择待遇高且能实现自身价值的领先企业；三是日本人工智能教育与培训课程体系尚不健全。另一方面，少子化减少了数字经济新业态应用人群数量。通常认为青年人是接受新鲜事物的主力军，

348 GAFA特指谷歌Google、苹果Apple、脸书Facebook和亚马逊Amazon；BAT特指百度Baidu、阿里巴巴Alibaba和腾讯Tencent.

能够为数字经济发展提供相对较多的反馈及测试样本。而日本的少子化令需要大量人群进行测试反馈的互联网企业捉襟见肘，对数字产业的快速带来负面影响。

参考文献：

1. 蓝庆新、马蕊、刘昭洁.日本数字经济发展经验借鉴及启示[J].东北亚学刊,2018(11):56-60.
2. 田正.日本数字经济发展动因与趋势分析[J].日本经济,2022(2):26-35.
3. 蓝庆新、彭一然.日本“数字新政”战略动机与发展特征[J].人民论坛,2020(9):128-131.
4. 季建文、薛军、申喆良.少子老龄化背景下的日本数字经济及对中国的镜鉴[J].现代日本经济,2021(6):52-63.
5. 邓美薇.日本人工智能的战略演进和发展愿景及其启示[J].日本问题研究,2022(2):11-21.
6. 机器人大王.年终盘点2020年日本AI(机器人)领域的重大新闻回顾[EB/OL]. https://www.toutiao.com/article/6912286569369977348/?wid=1661410325288.

附录二　我国城市数字力发展特征、数字经济发展态势及未来展望

摘要

本章一方面在前文关于我国城市数字力建设实证研究的基础上，梳理、提炼城市数字力发展的规律和特征，包括数字基础设施建设先行成为主流趋势、产业数字化成为城市产业提质升级的主要方向等，对其他城市打造城市发展核心竞争力和数字经济发展具有重要借鉴意义；另一方面，总结我国数字经济发展整体态势，并对未来发展重大问题进行展望，包括数字技术核心领域有待实现突破，以掌握数字经济发展的主动权；数据安全和数据体系有待进一步完善，以促进数据价值充分释放；加大数字场景开发应用力度，以促进数字经济与实体经济的深度融合发展等。

第一节　我国城市数字力发展典型特征

城市数字力是数字经济时代下城市竞争力的核心要素。城市数字力通过对影响城市竞争力的其他要素产生“重构性”与“颠覆性”影响，成为城市经济发展的新引擎，是构建新发展格局的重要抓手和城市竞争的前沿阵地。在对十个典型城市的分析中，我们发现中国城市数字力发展具有一定规律性，呈现出一些共性特征。

一、数字基础设施建设先行成趋势

数字基础设施是在新一轮科技革命和产业变革下形成的具有基础性、公共性、外部性等基础设施一般属性的科技与经济深度融合的基础服务体系。它通过促进信息充分流动、克服信息不对称带来的弊端，缓解资源错配，提升资源配置效率。数字基础设施建设越完善，数字能力提升速度就越快，这已经成为各地政府的普遍共识。基于此，各座城市在数字力打造过程中都遵循了“基础设施建设先行”的原则，对数字基础设施建设提出了系统的规划方案。例如，2020 年 4 月上海印发《上海市推进新型基础设施建设行动方案（2020—2022 年）》，提出到 2022 年形成高速、泛在、融合、智敏的新型基础设施高水平发展格局，坚持“新老一体、远近统筹、建用兼顾、政企协同”的原则，促使新型基础设施成为上海经济高质量发展和城市高效治理重要支撑。并提出了包含 25 项建设任务和 8 项保障措施的 4 大建设行动方案；2021 年 11 月合肥印发《合肥市“十四五”数字基础设施发展规划》，提出了到2025年底，基本建成“泛在连接、协同计算、全域感知、数据赋能、融合升级、安全可信”六位一体的新型数字基础设施，并将推动数字基础设施一体化作为合肥市积极融入“数字长三角”建设、提升核心竞争力的关键战略抉择。

数字基础设施包括网络通信层、存储计算层和融合应用层三个层次，其中网络通信层承担数据的感知、采集与传输，是数字基础设施的“感官”和“神经”系统；存储计算层支撑海量数据的存储和计算，是数字基础设施的“大脑”；融合应用层是管理数字基础设施和创造应用价值的“灵魂”。在这三个层次上，5G网络、工业互联网、算力基础设施是各城市争先布局的重点领域。作为数字信息基础设施的“领头羊”，5G的规模应用对促进产业数字化转型至关重要。各座城市将5G基站建设量、5G网络覆盖率作为5G网络建设的重点指标。目前，北京、上海、广州、深圳的5G基站建设量均已超过5万座，北京5G网络实现五环内室外连续覆盖，上海实现全市域5G网络基本覆盖，广州实现中心城区和重要区城5G网络覆盖，深圳实现5G网络全市全覆盖。此外，其他城市在5G网络建设上也不遗余力，杭州累计建设5G基站2万余个，获工信部“5G网络覆盖最佳城市”称号；无锡累计建成5G基站1.4万余个，实现地铁、机场、沪宁高铁无锡段三个重点区域5G网络“全覆盖”。工业互联网作为数据汇聚、资源配置、应用创新的载体，正处在由单项赋能向综合赋能转变、由试点应用向规模化推广发展的关键阶段，成为各方布局的热点和地方推进数字化转型的关键抓手。北京、上海、广州、武汉、重庆5座城市已建设工业互联网标识解析国家顶级节点，为国内工业互联网发展提供标识注册和解析服务。顶级节点之下，各城市还纷纷建设了二级节点。例如，武汉已接入二级节点28个，接入企业节点3616家，标识注册量超过76亿个，累计标识解析量39.86亿次；苏州已建成二级节点13个，累计接入企业3246家，标识注册量53亿条，标识解析量43亿次[349]。算力基础设施是城市数字力发展的“底座”，对推动城市经济发展、提升城市竞争力作用巨大。相关数据显示，计算力指数平均每提高1点，数字经济和GDP将分别增长3.5‰和1.8‰[350]。目前，天津、广州、深圳、长沙、济南、无锡、郑州、苏州、成都、西安已建成国家级超算中心。

二、科技创新助力城市发展谋新篇

近年来，我国坚持贯彻实施创新驱动发展战略，将科技自立自强作为国家发展的战略支撑，创新体系更加健全，创新环境不断优化，创新能力显著增强。根据世界知识产权组织发布的《2021年全球创新指数报告》，我国创新能力综合排名上升至第十二位。科技创新成为引领社会经济发展的第一动力，城市间的竞争也越来越多地呈现为科技创新能力的“较量”。

创新科研体制，释放科创活力。稳步推进科研经费“包干制”，实行重大科技项目“揭榜挂帅”“赛马”等新举措，摒弃“唯论文、唯职称、唯学历、唯奖项”的人才评价机制，出台“科技创新条例”等，促进科研人员专心科研，在国际前沿研究和关键核心技术攻关上取得更多重大突破。例如，北京出台促进科技成果转化条例、“科创30条”等法规政策。深圳率先发布《深圳经济特区科技创新条例》，以立法形式明确要求市级科技研发资金中

349 苏州市稳步推进工业互联网标识解析体系建设发展[EB/OL].http://gxj.suzhou.gov.cn/szeic/xxhtj/202112/22d3d53bc1db45fdaf12f1eb51da86e5.shtml.

350 算力基础设施如何夯实数字经济发展“算力底座”？[EB/OL].https://www.sohu.com/a/573952884_121227836.

每年基础研究的投入比例。武汉实施重点项目攻关“揭榜挂帅”“赛马制”“里程碑”等制度，推进项目经费“负面清单+包干制”改革试点。无锡率先在全国建立“三类”企业梯次培育机制。针对创新型企业不同发展阶段的个性化需求，在雏鹰企业、瞪羚企业和准独角兽企业三个层面分类扶持和定向培育，构建大中小企业梯次并进的创新矩阵。

加大基础研究力度，实现更多“从 0 到 1”的原创性突破。基础研究能力是科技创新活力的源泉，是实现科技自立自强的前提和根基。2021 年，我国全社会研究与试验发展经费投入（以下简称“研发投入”）达 27864 亿元，同比增长 14.2%，投入规模仅次于美国，稳居世界第二位。其中基础研究经费为 1696 亿元，同比增长 15.6%，占研发投入比重达 6.09%[351]。北京是我国基础研究资源最密集、实力最强的区域。2021 年北京全社会研究与试验发展（R&D）经费投入达 2629.3 亿元，其中基础研究经费 422.5 亿元，约占全国的 1/4，在人工智能、量子计算、集成电路和区块链等领域涌现出一大批重大突破，如北京量子信息科学研究院袁之良团队首创的量子密钥分发开放式新架构，不仅可以确保量子通信的安全性，还能大幅降低系统建设成本，为我国建设多节点广域量子网络奠定基础。上海人工智能实验室联合商汤等单位发布的新一代通用视觉技术体系“书生”（Intern），旨在系统化解决任务通用、场景泛化和数据效率等人工智能视觉领域的瓶颈问题。南京大学的“功能集成光量子芯片”，突破现有量子光源的技术瓶颈和信息编码维度限制，为发展具有更高信息容量和更高安全性的量子信息技术提供了一条崭新的路径。

351 去年我国研发投入约 2.79 万亿元 基础研究经费比上年增长 15.6%[EB/OL]. http://www.gov.cn/xinwen/2022-02/09/content_5672642.htm.

科技创新引领新兴产业发展，培育壮大高新科技企业群体，助推经济社会高质量发展。近年来，我国加大人工智能、大数据、区块链、量子通信等新兴技术的应用创新，培育了智能终端、远程医疗、数字金融等新产品、新业态。突破关键核心技术卡点，太阳能光伏、风电、新型新能源汽车、新型显示、“北斗+”、特高压输电等产业跃升至全球前列。截至2021年，我国高新技术企业数量达33万家，上交税额达2.3万亿元，拥有有效发明专利121.3万件，占国内企业有效发明专利总量的63.6%，研发投入占全国企业投入的70%；在上海证交所科创板、北京证交所上市的企业中，高新技术企业占比超过90%[352]；全国共有“独角兽企业”301家，“专精特新”企业4万多家，“小巨人”企业4762家[353]，中小科技企业发展韧性不断增强，成为技术和商业模式创新的主力军。例如，2021年，杭州全市国家高新技术企业总量突破1万家，科技型中小企业总量达2.2万家，上市公司269家，其中165家为高新技术企业，数量居全国第四；合肥全市国家高新技术企业超4500家，境内外上市企业73家，其中13家企业登陆科创板，位居全国城市第六、省会城市第二。

三、产业数字化成为发展主导力量

当前，大数据、云计算、区块链、人工智能等新一代数字科技逐渐渗透到第一、二、三产业的经营与发展模式中，以数据为关键要素，以数据价值释放为核心，以数据赋能为主线，对产业链上下游的全要素进行数字化升级、转型和再造，这一产业数字化的进程打通了不同层级与不同行业间的数据壁垒，提高了经济

352 科技部：2021年全国高新技术企业数量已达33万家[EB/OL].https://www.chinacourt.org/article/detail/2022/06/id/6724365.shtml.

353 2021年我国研发投入全球第二，高新技术企业达33万家[EB/OL].https://new.qq.com/rain/a/20220926A090NF00.

整体运行效率和产出规模，是城市数字经济的主导力量。根据中国信通院的数据，2021 年我国产业数字化规模达到 37.18 万亿元，在数字经济中所占比例达到 81.7%，在 GDP 中所占比例达到 32.5%。同样，产业数字化在城市数字经济规模中也占有最大比重。例如，2020 年上海产业数字化规模超过 1 万亿元，占数字经济比重约为 80%；南京产业数字化规模约 5049 亿元，占数字经济比重约为 62.9%。而在产业数字化中，工业数字化和服务业数字化又是重中之重。

工业是经济之本，工业数字化对数字经济的强健发展至关重要。根据德国国家科学和工程院的研究，工业数字化能够大幅提升工业供给质量和效率，并将生产效率和能源利用率分别提高 40% 和 50%。此外，工业数字化的全面互联、数据智能特征，还能够低成本、高效率地深度挖掘潜在市场需求，带来开放式创新、扁平化管理、规模化定制、多样化服务等工业新思维。例如，作为制造业大市的苏州，拥有 3 万多亿的工业底盘，在全国率先开展“智能制造免费诊断”，自 2016 年以来，苏州市工信局采用公开招标方式筛选优质服务商，连续 6 年累计投资 9600 亿元为 80 家智能工厂和 1830 个智能车间提供免费诊断服务。苏州全市 503 个省级示范智能车间中，76%的车间建成后减少了 10%以上的用工人数，80%的车间提高了 10%以上的劳动生产率，75%的车间产品达标率超 97%[354]。

服务业涉及生活、生产的方方面面，其数字化转型能够产生丰富多样的新业态、新模式，释放巨大的产业红利。商务部数据显示，2020 年，服务业、工业和农业三大产业企业数字化转型对企业增加值的贡献度分别为 15.47%、12.89%、4.69%，服务业与工

354 数字经济的“他山之石”丨徐州、贵阳、苏州发展数字经济启示录[EB/OL].https://tangshan.huanbohainews.com.cn/2021-11/19/content_50068989.html.

业、农业的差距逐渐扩大，分别高出 2.58 和 10.78 个百分点，可见，数字化转型对服务业的拉动作用较为显著[355]。杭州依托阿里巴巴，自 2005 年起产业发展重心由工业逐渐转变为服务业，成为享誉中外的“国际电子商务之都”，第三产业增加值占比由 2005 年的 44.1%增长至 2021 年的 67.9%。2020 年，杭州电商服务业增加值达到 1933.48 亿元，五年年均增长 18.5%，跨境电商进出口总额 1084.16 亿元，同比增长 13.9%。杭州持续引领电子商务行业发展，近几年，兴起了以“直播”为代表的电商新模式，聚集了全国 60%以上的 MCN 机构，淘宝、抖音、快手三大直播平台开播主播数达到 6.9 万人。浙江省电子商务促进中心数据显示，2021 年 1 月至 10 月期间，杭州直播电商交易额达 5024.8 亿元，占全国总额的 23.4%，在全国城市中位居首位[356]。

四、数字产业化呈现特色集群发展

数字产业化将大数据、云计算、人工智能、物联网等数字技术进行市场化应用，形成数字产业链和产业集群，由此把数字化的知识和信息转化为生产要素，把数字技术优势转化为经济和产业优势。数字技术是数字经济的核心驱动力，数字产业化是数字经济发展的基础和源泉。各城市都将数字技术创新及其产业化作为数字经济发展的核心要务，通过政策支持，不断汇聚、孵化、培育数字技术创新企业，壮大数字产业实力。由于创新要素基础不同、产业政策倾向差异及产业发展规律限制，各座城市形成了各具特色的数字产业名片。无锡依托中科院无锡高新微纳传感网

355 把握服务业全面数字化转型新机遇[EB/OL].http://dzsws.mofcom.gov.cn/article/zt_shisiwudzswfzgh/zjjd/202112/20211203223244.shtml.

356 1-10 月全省直播电商交易额同比增长[EB/OL].124.6%http://www.zjpepc.com/index.php?g=&m=Index&a=onlion_live_details&id=11.

工程技术研发中心，在全国率先布局物联网产业，2009年获批建设国家传感网创新示范区，经过十多年发展，成为名副其实的“物联网之都”；合肥依托中国科学技术大学和科大讯飞，在人工智能特别是智能语音领域独树一帜，成为全国首个国家级AI重要产业基地；南京依托南京大学、东南大学、南京邮电大学等众多高校，于2005年起把软件产业定位为第一优先鼓励发展的产业，2010年被工信部认定为中国首个“中国软件名城”；上海依托早期的上海元件五厂、上海电子管厂和上海无线电十四厂以及改革开放后成立的上海贝岭、上海飞利浦、上海松下等中外合资企业，逐步成为国内集成电路产业链相对最为完整、产业结构最均衡、产出规模最大、产业人才最富集的城市；武汉依托华中科技大学、武汉大学、武汉邮科院等高校和科研机构，在光电子学、物理电子学、光通信和信息处理的理论研究方面已跻身国内前列，某些领域甚至站在世界前列，成为世界一流的光电子信息产业高地。

由于数字技术多处于早期发展阶段，产业成熟度有待发展，典型城市的数字产业往往呈现集群化发展的特征。产业集群化发展，有利于促进企业创新、降低交易成本，进而在集聚区域形成品牌效应和产业向心力。无锡物联网产业以“感知中国中心”为核心，集聚了3000多家物联网企业，形成了关联芯片、感知设备、网络通信、智能硬件和应用服务等完整的产业链。物联网领域上市企业达78家、国家级制造业单项冠军企业和专精特新小巨人企业11家、省级隐形冠军和专精特新小巨人76家。2020年物联网产业营收3136亿元，12年来营收年均增长超20%，规模增长超过13倍[357]；合肥以“中国声谷”为核心载体，截至2021年底，入驻

357 物联网之都——无锡是怎样炼成的?[EB/OL].https://www.aisoutu.com/a/849327.

企业总数达 1423 家，集聚了一批以科大讯飞、华米科技等为代表的龙头企业，培育了一批以中科类脑等为代表的独角兽企业，具备智能语音、人工智能、信创等多个细分领域的领先优势[358]；上海集成电路产业围绕张江、临港形成了双核驱动模式，汇聚了中芯国际、韦尔股份等 1200 余家行业重点企业和全国 40%的产业人才，形成了涵盖各类原材料、半导体设备、芯片设计、芯片制造与封装测试的完整产业链，2021 年产业规模达 2500 亿元，占全国的 1/4；南京形成了以“一谷两园”为核心的产业集聚区，汇聚了南瑞集团、熊猫电子、浩鲸云计算、汇通达等软件信息服务行业的领先企业；武汉依托“中国光谷”，重点汇聚光电子信息产业类企业，截至 2021 年市场主体达到 16 万家，近五年平均每天新注册企业 78 家、平均每天诞生 3 家高新技术企业，光纤光缆生产、光电器件生产、光通信技术研发、激光设备生产等 4 个基地均为全国最大，光电子产业链完善度位居全球第一。

五、数字治理技术与机制协同发展

在数字经济时代，数字治理是提高城市治理现代化的重要路径，受到各地政府和市场主体高度关注。此外，突如其来的新冠疫情，在一定程度上加快了城市数字治理的转型与升级。城市数字治理区别于传统城市治理，强调信息技术和信息系统在城市治理中的重要作用，倡导通过数字化方式进行政府治理职能“再整合”，逐步弥合城市治理不同部门间的“信息鸿沟”，打通各个单位的“数据孤岛”，最终破解城市治理难题。目前，智慧城市建设在全国普遍开展，通过利用物联网、云计算、大数据、空间

358 中国声谷这十年[EB/OL].https://baijiahao.baidu.com/s?id=1738025377055148031&wfr=spider&for=pc.

地理信息集成等数字技术搭建的智慧城市系统，广泛融合进城市规划、设计、建设、管理与运营等领域中，使得城市管理、教育、医疗、交通运输、公用事业和公众安全等城市关键基础设施和公共服务更互联、更高效、更智能，大大提高了城市治理效率和水平，改善了企业的商业发展环境，提升了市民的获得感、幸福感和安全感。例如，上海的“一网统管”城市治理智慧平台汇集50多个部门的185个系统、近千个应用，打破了从市到区再到街镇三级相互之间的信息壁垒和层级壁垒，覆盖经济治理、社会治理、城市治理等各个方面，为上海城市治理工作提供了强大的数据平台。其提出的“城市最小管理单元”，将上海城市精细化管理水平提到新高度。上海目前拥有480万栋建筑物、4.75万幢高层建筑、24万台电梯等，这些都是城市运行管理中的最小单元，蕴藏着上海这座超大型城市精细化管理的密码[359]；“城市大脑”是杭州为城市生活重点建设的数字化平台，覆盖了经济、政治、文化、社会、生态五大领域，涉及医疗、交通、警务、文旅等11大系统和48个应用场景，使资源配置更高效，提升了城市治理的现代化水平。城市大脑每隔两分钟扫描一次全市交通状况，并更新途交通量、拥堵指数、延误指数、安全指数、快速路车速等交通指标，将信息及时向出行者发布，帮助出行人群合理规划出行路线，降低时间消耗，有效解决城市交通供需平衡的问题[360]。

作为治理工具的数字技术，其本身并不具备主体性，社会问题的求解无法完全依靠技术得到答案，同时数字技术与城市治理的融合也会带来诸如数据共享、数据安全、数字鸿沟的新问题，

359 上海聚焦城市最小管理单元 一网统管夯实基层精细化管理[EB/OL].http://sh.sina.com.cn/news/m/2021-08-16/detail-ikqciyzm1693390.shtml.

360 为城市交通装上“智慧大脑”[EB/OL].https://new.qq.com/rain/a/20220224A035H600.

这就要求政府在数字治理中加强配套制度和机制体制的创新与完善。目前我国数字力发展较强的城市都积极在这些方面做出了有益的探索。北京打造的“目录区块链”系统，将全市各级政府部门的职责、目录和系统“上链”锁定，确保所有目录可见、可用、可考核，有效促进了全市大数据的汇聚共享、数据资源的开发利用和营商环境的改善[361]；深圳出台《深圳经济特区数据条例》，通过立法强化数据安全管理。《深圳经济特区数据条例》要求对敏感个人数据或者重要数据处理者设置更加严格的安全管理责任，规定设立数据安全管理机构、明确数据安全管理责任人，并制定去标识化或匿名化处理等安全措施，定期开展风险评估并向有关主管部门报送风险评估报告。

第二节 我国数字经济发展整体态势

一、数字经济成为经济增长的强大动力

近年来，我国数字经济发展较快，取得了显著成绩，特别是新冠肺炎疫情暴发以来，新一代信息技术在支持抗击新冠肺炎疫情、恢复生产生活方面发挥了重要作用。2021 年我国数字经济发展取得了新进展，数字经济规模达到 45.5 万亿元（见图附录 2-1），比“十三五”初期提升了 1 倍多，同比名义增长 16.2%，比 GDP 同比名义增速高 3.4 个百分点，占 GDP 的比重达到 39.8%。

361 北京构建“目录区块链”，破解数据共享应用难题[EB/OL].https://www.ndrc.gov.cn/xwdt/ztzl/szhzxhbxd/zxal/202008/t20200812_1235865.html?code=&state=123.

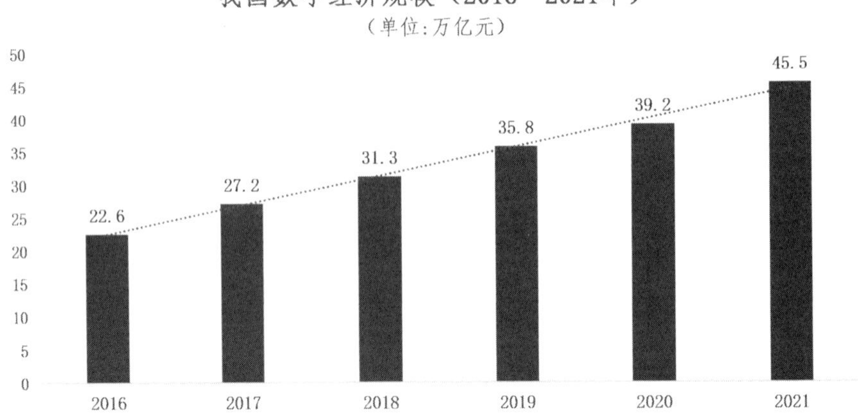

图附录 2-1　我国数字经济规模（2016—2021 年）

数据来源：中国信通院。

二、数字技术与实体经济深度融合发展

产业数字化对数字经济增长的主导作用，随着云计算、大数据、物联网、人工智能等新一代信息技术的演进以及与实体经济的深度融合而更加突出。产业数字化与数字产业化规模比约为 4.45:1。2021 年我国产业数字化规模达到 37.18 万亿元，同比名义增长 17.2%，在数字经济中所占比重达到 81.7%，在 GDP 中所占比重达到 32.5%；同年，我国数字产业化规模为 8.35 万亿元，同比名义增长 11.9%，在数字经济中所占比重为 18.3%，在 GDP 中所占比重为 7.3%。

1. 制造业数字化转型仍是产业数字化的核心

数字化转型的核心方法论是工业互联网。工业互联网融合应用进入快速发展期，形成了六大典型的融合应用模式，包括平台化设计、智能制造、个性化定制、网络化协同、服务化延伸和数字化管理。应用范围不断拓展。目前已经在原材料、消费品、装备等31个工业重点门类广泛部署，覆盖了41个国民经济大类，培育了150多个较大规模的工业互联网平台，涉及了160万多家平台服务的工业企业。应用程度不断深化。从设备管理、生产过程管控等延伸到更复杂的环节，如产品研发设计、制造与工艺优化、产业链供应链管理等。我国规模以上工业企业关键工序数控化率达到55.3%，数字化研发工具普及率达到74.7%。应用水平不断提升。“5G+工业互联网”应用在世界范围内处于领先地位，与5G、大数据、人工智能等融合创新更加活跃。数字化的新业态和新模式也在不断发展和创新，全国范围内企业开展网络化协同的比例达到38.8%，开展服务型制造的比例达到29.6%。

2. 服务业数字化转型持续领先发展

借助数字化的赋能，各种传统服务项目实现了线上线下的融合发展，包括零售、餐饮、旅游到办公、教育、医疗等，这将进一步促进服务业的繁荣。在电子商务领域，网络零售持续高速发展，2021年全国网上零售额达13.1万亿元，同比增长14.1%，其中，实物商品网上零售额达10.8万亿元，同比增长12.0%，占社会消费品零售总额的比重达24.5%，对社会消费品零售总额增长的贡献率达到23.6%。社交电商已形成了较为普遍的高效应用，据商务大数据监测显示，重点监测的电商平台在2021年的直播总场次超过2400万，总观看人次超过1200亿，直播商品超过5000万，活跃主播超过55万。网络支付领域，2021年我国共完成1512.28亿笔移动支付业务，总金额达526.98万亿元，同比分别增长22.73%和21.94%。加快网络支付工具互联互通，央行明确提出，要加快条码支付互联互通标准的制定，统一编码规则，打通支付服务壁垒，推动不同APP、条码之间实现互认互扫。与此同时，数字人民币推进速度加快，截至2021年底，数字人民币试点场景突破808.5万个，个人钱包开户数达2.6亿个，交易金额达875.7亿元，涵盖生活缴费、餐饮服务、交通出行、购物消费等多个领域。此外，在线外卖、在线办公、在线医疗、在线视频等数字化服务风生水起，截至2021年底分别拥有5.44亿、4.69亿、2.98亿和9.75亿用户。

3. 农业数字化转型初见成效

近年来，农业生产经营活动中数字技术普及率不断提高，农业数字化转型稳步推进。释放农业数字经济潜能的根本途径是不断提升农业生产的信息化水平。根据农业农村部信息中心，2020年全国农业生产信息化程度为22.5%，农产品质量安全可追溯信息化程度为22.1%。农村电子商务在乡村振兴中发挥重要作用。2021年全国农村网络零售额达到2.05万亿元，较上年增长11.3%，增速较上年加快2.4个百分点，网上销售农产品金额达4221亿元，同比增长2.8%。数字乡村建设深入推进，在全国部署了117个数字乡村试点、9个农业物联网示范省和100个数字农业试点。

三、产业数字化高速发展促进结构软化

2021年中国数字产业化规模达8.35万亿元（见图附录2-2），同比名义增长11.9%，在数字经济中所占比18.3%，在GDP中所占比7.3%。从数字产业化内部细分行业看，在数字产业化增加值中信息通信技术服务部分占据主导地位，软件产业和互联网行业在其中的占比持续小幅提升，与去年相比分别增长2.13和0.6个百分点，电信行业和电子信息制造行业的占比则略有下降。其中，（1）保持较快增长的是软件与信息技术服务业。2021年全国软件

和信息技术服务业规上企业超 4 万家，累计实现营收 9.5 万亿元，同比增长 17.7%。（2）互联网和相关服务业保持健康发展。2021 年全国规上互联网和相关服务企业实现营收 1.55 万亿元，同比增长 21.2%，增速较上年提高了 8.7 个百分点。（3）电信业保持稳中向好的态势。2021 年电信行业营收稳中有升，累计实现收入 1.47 万亿元，较上年增长 8.0%，增速同比上升 4.1 个百分点。（4）电子信息制造业快速增长。2021 年全国规上电子信息制造业增加值较上年增长 15.7%，增速创近十年来新高。

图附录 2-2 我国数字经济内部结构（2016—2021 年）

数据来源：中国信通院。

四、数字化治理能力提升成为重要保障

以大数据、云计算、人工智能等为代表的新一代数字技术正加速与实体经济融合发展，在改善政府治理流程、提升治理精度和效率等方面扮演着重要角色。随着数字技术在政府公共管理活动中的渗透程度不断提升，数字化治理的含义与范围也在不断演

变。本书基于对学界、智库、企业、媒体等数字化治理相关概念的研究及总结，倾向于认为当前的数字化治理包括两个层面的含义：一是“用数据作治理”，即利用数字技术手段提升政府治理效率，包括电子政务、互联网+政务以及当前以“城市大脑”等集成平台为典型特征的数字政府建设，本质上是将数据或数字技术作为提升政府管理效率的手段与方法；二是“对数据的治理”，即将“对数据本身的治理”纳入视野。不仅包括政府内部数据的收集、管理与共享，还包括对社会各界所产生数据的治理，涉及数据交易、数据安全、隐私保护等相关议题。

1. 理论与实践交相呼应，数字政府建设发展势头强劲

一方面，学术界对数字政府进行了丰富的理论研究和归纳总结，为促进我国数字政府建设提供坚实的理论支撑。具体可分为三个方面：一是归纳总结数字政府的发展历程。比较具有代表性的是从数字技术演化及在政务领域应用的角度将数字政府发展历程分为“政府信息化”阶段、“电子政务”阶段和“数字政府”阶段[362]；以重大政策为节点将数字政府建设分为初步摸索的“+互联网”、积极探索的互联网化和追求普惠的“互联网+”阶段[363]。二是归纳总结各地数字政府建设经验。例如，浙江省“最多跑一次”改革的起源、进展及成效[364]；广东省以整体政府理念推进“数字政府”改革实践，打破条块分工带来的碎片化建设模式[365]。三是总结归纳数字政府建设中存在的挑战及路径建议。例如，大数据

362 黄璜.数字政府：政策、特征与概念[J].治理研究,2020(3):6-15.
363 张锐昕、王玉荣.中国政府上网 20 年：发展历程、成就及反思[J].福建师范大学学报（哲学社会科学版）,2019(5).
364 郁建兴等.“最多跑一次”改革：浙江经验、中国方案[J].中国人民大学出版社,2019:218-226.
365 逯峰.广东“数字政府”的实践与探索[J].行政管理改革,2018(11):55-58.

技术带给公共管理的若干问题和挑战[366]；缺乏从终端用户的视角对政府内部组织和流程进行整合的理念[367]。

另一方面，各级政府从政策规划、机制改革、模式创新等方面强力推动数字政府建设。首先，在政策规划方面。自党的十八大以后，国家高度关注数字化建设，多次提到要建设数字中国，深化“互联网+政务服务”，实现国家治理体系和能力的现代化。2019 年党的十九届四中全会提出“推进数字政府建设，加强数据有序共享”，将数字政府建设由地方探索提升至国家顶层设计层面。2020 年党的十九届五中全会再次提到数字政府，凸显了数字政府建设的重要意义。2022 年 6 月份国家又发布了《国务院关于加强数字政府建设的指导意见》，指出当前各级政府在业务信息系统建设和应用方面成效显著，“最多跑一次”“一网通办”“一网统管”“一网协同”“接诉即办”等创新实践不断涌现，数字技术在新冠疫情防控中发挥重要支撑作用。各级地方政府积极响应国家号召，纷纷研究、制定具体行动方案。广西是较早发布数字政府行动计划的省份，2018 年 8 月便发布了《广西推进数字政府建设三年行动计划（2018—2020 年）》。随后，广东、江苏、浙江、湖北、福建、安徽等省份也相继发布数字政府建设计划。例如，江苏省于 2018 年 9 月发布《智慧江苏建设三年行动计划（2018—2020 年）》，浙江省于同年 12 月发布《浙江省深化“最多跑一次”改革推进政府数字化转型工作总体方案》。其次，在机制改革方面。数据作为数字经济时代的关键生产要素，贯穿于数字政府建设的各种领域和各个环节，为了系统性地统筹数字政府建设工作，大多数省份成立了独立的大数据管理部门，通过将

366 江小涓.大数据时代的政府管理与服务：提升能力及应对挑战[J].中国行政管理，2018(9)：6-11.
367 钟伟军.公民即用户：政府数字化转型的逻辑、路径与反思[J].中国行政管理，2019(10).

跨地区、跨部门的政务数据打通、共享，推进政府管理的数字化变革。例如，广东在2014年便成立了广东省大数据管理局，是较早成立的省份。最后，在模式创新方面。目前各地主要采用了“管运分离”的模式，即充分借助市场力量开发建设数字政府运营平台，政府负责“管理”，企业负责“运营”。例如，广东省成立数字广东网络建设有限公司，负责全省数字政府建设运营，广东省政务服务数据管理局则负责“管理”职责。该模式很好地利用了市场技术和行政统筹的优势。

2. 数据安全体系日益健全，为释放数据价值保驾护航

在数字经济时代，数据已经成为核心生产要素，是决定数字经济发展水平和竞争力的关键资源。

党中央高度重视数据要素发展。习近平总书记明确提出“要构建以数据为关键要素的数字经济”“发挥数据的基础资源作用和创新引擎作用”。目前我国已初步构建形成较为完整的数据资源体系，包括数据采集、数据整理、数据聚合、数据分析等。然而，企业数据泄漏、个人信息滥用等数据安全问题频发，而且随着新技术迭代升级，针对数据的攻击、窃取、劫持、滥用等手段也在不断演进，对经济社会等领域产生了巨大潜在影响，因此，需要建立专门制度体系，提升数据安全和个人信息保护能力。

2021年11月14日，为落实《中华人民共和国网络安全法》《中华人民共和国数据安全法》《中华人民共和国个人信息保护法》等法律中关于数据安全管理的规定，规范网络数据处理活动，保护个人、组织在网络空间的合法权益，维护国家安全和公共利益，国家互联网信息办公室发布《网络数据安全管理条例（征求意见

稿）》。《网络数据安全管理条例》是《网络安全法》《数据安全法》《个人信息保护法》中关于数据安全管理内容的实际落地，相较三大法律，具备更强的操作性，对于推动数据安全产业快速发展有着非常重要的意义。除了以上三部法律和一个条例外，还有《密码法》《网络安全等级保护条例》《关键信息基础设施安全保护条例》（征求意见稿）《商用密码管理条例》（征求意见稿），共计“四法四条例”，共同为发挥数据生产要素的价值及数据安全保驾护航。

参考文献：

1. 中国信通院.中国数字经济发展2022[R].2022.
2. 北京市社科院.北京数字经济发展报告（2021-2022）[M].北京：社会科学文献出版社,2022.
3. 李海舰等.中国数字经济前沿[M].北京：社会科学文献出版社,2021.
4. 中国信通院.数字时代治理现代化研究报告:数字政府的实践与创新[R].2022.
5. 何伟.我国数字经济发展综述[J].信息通信技术与政策,2021(2):1-6.
6. 炼石网络.图解《网络数据安全管理条例（征求意见稿）》及数据安全技术体系[R].2021.

第三节　我国数字经济未来发展展望

一、以数字技术创新突破为引擎，掌握数字经济发展主动权

数字技术是数字经济发展的底层逻辑和根基。以人工智能、大数据、云计算、区块链等为代表的新一代信息技术的快速发展和交叉融合，在推动传统产业的转型升级的同时，也催生出新产业、新业态、新模式，深刻地改变了产业经济体系和人类社会生活。我国具有海量数据和丰富应用场景优势，但在数字技术基础

方面还存在不足，缺乏原创技术和理论支撑。例如，与美国相比，我国在半导体、操作系统、云计算等底层核心技术仍有差距。我国要建设完善的数字经济，就必须加强关键核心技术领域的突破，强化基础领域的科研能力，掌握数字经济发展的主动权。一方面，要聚焦数字科技前沿领域，如集成电路、人工智能、工业互联网等，建立核心技术的全球竞争力；另一方面，要加强新型数字基础设施建设，夯实数字经济发展的基础。

二、以数据安全和数据交易为重心，不断完善数据资源体系

数据已经成为数字经济时代的生产要素，也是最关键的生产要素，就像土地、劳动力、技术和资本一样。然而，数据安全形势日益严峻，高价值数据泄漏、个人信息滥用情况突出，亟待建立完善的数字治理体系，明确数据所有权、访问权和交易相关的机制，为数据流通和价值发挥提供制度保障。

一是数据安全问题。由于数据的所有权、访问权以及交易相关的法律框架体系仍未健全。消费者在享受大数据分析技术提供便利的同时，也面临着数据隐私问题带来的潜在风险。例如，我国 Cookie 隐私第一案——南京鼓楼区的朱女士诉百度案[368]。之所以成为广泛关注的第一案，是因为它发生在互联网蓬勃发展、个人隐私保护和网络安全保护等相关法律尚不健全时期，且一审和二审法院给出两份截然不同的判决。

二是数据交易机制。与其他生产要素一样，数据作为一种商品，既具有使用价值，又具有交换价值。目前，我国数据资产交易存在的主要问题集中在数据确权、数据定价和交易机制三大方

368 Cookie 隐私第一案终审：法院判百度不侵权[EB/OL]. https://tech.sina.com.cn/i/2015-06-12/doc-ifxczyze9463119.shtml.

面。第一，数据权属确认难。由于数据不具备实物形态，具有更新速度快、可无限复制的特点，同时数据的种类层次多样，既有多渠道获取的“原始数据”，也有经过关联加工后的“信息数据”，还有经过人为解读和经验充实后的“知识数据”，以及基于经验知识形成判断、谋略或行动的“智慧数据”，使其权属边界模糊、难以确认[369]。第二，数据价值定价难。数据资产的价值主要来自其直接或间接产生的业务收入，但具体数据资产的价值并不是一个固定值，而是随着不同因素变化的动态值，这就给数据定价带来了很大的技术难度。第三，数据交易规范难。我国虽然已建设运营了众多数据交易平台，但存在数据要素交易市场场内交易发育不充分、场外交易乱象频发的问题。另外，从结构上看数据要素市场部门壁垒、区域壁垒和产业壁垒突出，从实际运行看支撑数据要素流通的交易要件体系尚未有效建立[370]，严重制约了数据交易的实现。未来需要利用隐私计算、区块链等技术手段解决数据确权和定价难题，建立多层次、统一化的数据交易市场，规范数据流转交易渠道，进一步深化和创新数据交易流转的规则和制度。

三、以数字场景开发应用为焦点，促进“数实融合”深度发展

对于数字经济，习近平总书记强调“要站在统筹中华民族伟大复兴战略全局和世界百年未有之大变局的高度，统筹国内国际两个大局、发展安全两件大事，充分发挥海量数据和丰富应用场景优势，促进数字技术和实体经济深度融合，赋能传统产业转型升级，催生新产业新业态新模式，不断做强做优做大我国数字经

369 科学技术部梅建平：处理能力与效率问题已成为大数据发展瓶颈[EB/OL].https://caifuhao.eastmoney.com/news/20220110184146685598980.

370 朱岩：全球数据要素市场发展现状及其启示[EB/OL].https://www.shangyexinzhi.com/article/5088861.html.

济”。一般意义上，数字经济发展包括两大部分：一是产业数字化，二是数字产业化。产业数字化的本质就是数字经济与实体经济的结合，这也是数字经济发展的主体部分[371]。数字经济将创新成果和创新源泉融于实体经济中，提升了实体经济的创新能力，同时数字经济在生产要素配置中具有优化与集成作用，推动实体经济从业态结构到商业模式全方位变革，提升了实体经济的全要素生产率。数字经济为实体经济提供新的科学技术知识和生产组织形式，实体经济为数字经济提供应用市场和大数据来源。数字经济与实体经济各领域的深度融合所带来的生产效率的提升以及生产模式的改变，成为产业转型升级的重要驱动力。发展经济的着力点是实体经济，离开实体经济的数字经济将成为“空中楼阁”，数字经济必须与实体经济融合发展、相互支撑。

当前，我国数字经济与实体经济融合发展不断推进，根据中国信息通信研究院测算，2021 年我国产业数字化规模达 37.18 万亿元，占数字经济的比重达 81.7%，占 GDP 的比重达 32.5%。实体经济的数字化过程将为传统实体经济的发展带来深刻改变。

然而，深入分析数字经济与实体经济融合的领域和结构，我们会发现，数字经济与实体经济深度融合面临着五大难题，即“不全”“不深”“不能”“不便”“不愿”。“不全”是指数字技术在不同行业和地区中的覆盖率仍旧不足；“不深”是指数字技术尚未无法实现对产品全生命周期和全产业链的深度赋能；“不能”是指由于关键核心技术和信息基础设施的限制，数字经济与实体经济仍无法充分融合；“不便”是指由于监管体系与标准规

371 任保平、迟克涵.数字经济支持我国实体经济高质量发展的机制与路径[J].上海商学院学报，2022(1):3-14.

范尚且不完善，融合发展无据可依；“不愿”是指由于成本、技术水平和人才储备的限制，一些企业数字化转型的主动性不足。

破解数字经济与实体经济深度融合存在的难题，需要形成一批具有技术水准高、解决方案完整、应用模式成熟、可复制和可推广的数字技术应用场景。总结提炼场景案例中的典型模式和成功经验，为数字经济与实体经济融合发展提供参考与示范。数字化应用场景将时间和空间作了延伸和拓展，构建了具有较强可塑性的人与人、人与物、物与物之间的泛在连接，其设计效果直接决定了数字经济与实体经济融合发展的前景和需求。数字化应用场景的开发要从分散式场景创新演变到分布式场景创新，分散式是点状的彼此割裂的场景应用，分布式是彼此分离但又通过数据联系在一起的场景应用，只有数据交汇、耦合才能点燃数据的内在价值。同时，随着数字经济的深入发展，单纯注重技术赋能和效率提升的观念和模式会发生转变，数字治理的必要性和紧迫性会不断增强，这就要求数字化应用场景的开发从“技术孪生”扩展到“治理规则孪生”。因此，数字化场景开发既要重视工业、服务业、农业领域具体项目的应用示范，更要强化以城市为单元，系统化设计数字化应用场景。

参考文献：

1. 杨道玲、傅娟、邢玉冠.“十四五”数字经济与实体经济融合发展亟待破解五大难题[J].中国发展观察，2022(2):65-69.
2. 刘昌新、吴静.塑造数字经济：数字化应用场景战略[J].清华管理评论，2021(6):92-96.
3. 中国信息通信研究院政策与经济研究所.数据价值化与数据要素市场发展报告（2021）[R].2021.